महिला सशक्तिकरण और सुरक्षा विषयक चुनौतियाँ

महिला सशक्तिकरण और सुरक्षा विषयक चुनौतियाँ

संपादक

डॉ. नीशू कुमार

प्रशांत पब्लिशिंग हाउस

प्रथम प्रकाशन—2018

प्रकाशक

प्रशांत पब्लिशिंग हाउस

सी—34, 28 फुटा रोड़ गली न. 3
वेस्ट करावल नगर
दिल्ली—110094
मो : 9810396373, 8826258746
email : prashantpublishinghouse@gmail.com
www.pphbooks.co.in

ISBN : 978-93-88526-01-2

मुद्रक

रोशन आफसेट प्रिंटर्स दिल्ली

समर्पण

कीर्तिशेष पं. चमनलाल शर्मा

पं. ईश्वरचन्द्र शर्मा

पं. रामकुमार शर्मा

पं. अरूण कुमार हरित

पं. अतुल हरित

जिनके जीवन आदर्शों पर शिक्षा की अखण्ड ज्योति प्रज्जवलित है।

भूमिका

महिलाएं समाज की महत्वपूर्ण इकाई एवं सम्पूर्ण मानवीय आबादी का आधा हिस्सा है। मानव सभ्यता के विकास के प्रत्येक चरण में भारत सहित विश्व के सभी क्षेत्रों में उनका महत्वपूर्ण योगदान रहा है। उनकी सहभागिता के बिना मानव समाज का विकास तो क्या अस्तित्व भी संभव नहीं है परंतु फिर भी राजनीति, प्रशासन, समाज, अर्थव्यवस्था, धर्म कला एवं साहित्य आदि विधाओं में उनके प्रति उपेक्षा साफ देखी जा सकती है। वर्षों के संघर्ष के बाद आज भी वह दूसरे पदान पर हैं और समानता, अपनी पहचान, आजादी और सम्मान के लिए संघर्षरत हैं। इक्कीसवीं सदी के मानवतावादी, समातावादी और प्रगतिशील समाज में, जहां उनके लिए समान संवैधानिक अधिकार एवं कानूनों की व्यवस्था है, उनके प्रति बढ़ते अपराध गंभीर चिंता का विषय हैं। यही कारण है कि महिलाओं के राजनीतिक, आर्थिक, व्यक्तिगत एवं सामाजिक अधिकारों को परिभाषित, स्थापित एवं प्राप्त करने हेतु वैचारिक विमर्श निरंतर हो रहा है, ''फेमिनिज्म'' जैसी विचारधारा आंदोलन का रूप ले चुका है।

वर्तमान युगीन बदलती परिस्थितियों व महिलाओं को सैद्धांतिक रूप से प्राप्त बराबरी के हक ने एक ओर उनकी महत्वाकांक्षाओं व आत्मविश्वास को बढ़ाया है तो दूसरी ओर समाज की पुरूष वर्चस्व की पक्षपाती मानसिकता में कोई विशेष परिवर्तन नहीं होने से महिलाओं के लिए चुनौतियाँ पहले से अधिक गंभीर है। एक व्यक्ति के रूप में अपने स्वतंत्र अस्तित्व की पहचान पाने के महिलाओं के प्रयत्न एवं समाज के बड़े हिस्से द्वारा पुरूष वर्चस्व को

बनाए रखने के की कोशिशें एक साथ जारी हैं जिसके परिणामस्वरूप स्थितियां अधिक चुनौतीपूर्ण हो गई हैं। मानवीय मूल्य, गरिमा, समानता, स्वतंत्रता जैसे शब्द महिलाओं के संदर्भ में तब तक बेमानी हैं। जब तक उन्हें समर्थ और सशक्त बनाकर समाज एवं राष्ट्र निर्माण में उनकी बराबर भागीदारी सुनिश्चित न की जा सके।

आजकल सबसे बड़ा प्रश्न महिला सुरक्षा का है। वह सड़क, कार्यस्थल, विद्यालय, अस्पताल यहां तक कि अपने घर में भी सुरक्षित नहीं है। प्रकृति की सबसे सरल, सहज एवं संवेदनशील रचना होने के बाद भी वह प्रशंसा की पात्र नहीं समझी जाती। दुनिया के अधिकाश समाजों एवं राष्ट्रों की मुख्य धारा में वह पीछे है। समाज एवं राजनीति में महिला को महत्वपूर्ण स्थानों व अधिकारों से वंचित रखा जाता है। उनकी आर्थिक सहभागिता का उचित मूल्यांकन नहीं होता। कला, साहित्य विज्ञान एवं तकनीक जैसे क्षेत्रों में उनके योगदान को या तो रेखांकित नहीं किया गया या महिलाओं के दृष्टिकोण से उसे नहीं प्रस्तुत किया गया। पुरूष वर्चस्व पूर्व की भांति आज भी एक बड़ी चुनौती के रूप में उनके सामने प्रश्न बन कर खड़ा है। विभिन्न स्तरों पर महिलाओं के समक्ष उपस्थित प्रत्येक चुनौती के उत्तर ढूढ़ने का प्रयास आवश्यक है। डॉ. नीशू कुमार द्वारा संपादित इस पुस्तक ''21 वीं सदी में महिला सुरक्षा'' को मैं इन चुनौतियों के प्रत्युत्तर के एक प्रयत्न के रूप में देखती हूँ जिसमें महिलाओं के स्वप्न, सघर्ष एवं जीवन के लगभग सभी पक्षों से संबंधित शोध आलेखों का संकलन किया गया है। विभिन्न समस्याओं की विश्लेषणात्मक विवेचना इसे महिलाओं के संदर्भ में उपयोगी बनाती है। मुझे विश्वास है कि यह पुस्तक जिज्ञासु एवं सुधी पाठकों के लिए उपयोगी सिद्ध होगी।

प्रो. रेनू शुक्ला
अध्यक्ष प्रा. भा. इतिहास, संस्कृति एवं पुरातत्व विभाग
कन्या गुरूकुल परिसर, (गु. कॉ. वि.)
देहरादून

आभार

डॉ0 नीशू कुमार

सहायक आचार्य

राजनीति विज्ञान विभाग

चमन लाल महाविद्यालय, लण्ढौरा,

हरिद्वार (उत्तराखण्ड)

सूचना प्रौद्योगिकी के वर्तमान दौर में जहाँ भारत आर्थिक व रक्षा के क्षेत्र में विश्व पटल के शीर्ष पर स्वयं को प्रदर्शित कर रहा है। वहीं भारत की आधी आबादी अर्थात् महिलाएँ स्वयं की स्वतन्त्रता, समानता पहचान के भारतीय संस्कृति के इस परम्परागत व रूढ़िवादी समाज में संघर्ष कर रही है। बदलते वैश्वीकरण के दौर में, जहाँ महिलाएँ निजी एवं सरकारी क्षेत्रों में स्वयं की नेतृत्व की क्षमता व प्रशासनिक कुशलता से आर्थिक व प्रशासनिक सहयोग कर रही है तो वही महिलाओं के साथ यौन उत्पीड़न, बलात्कार, अपहरण, ऐसिड अटैक, हत्या, वेश्यावृति, घरेलू हिंसा, ऑनर किलिंग, भ्रूण हत्या आदि के साथ कुपोषण व असामान वेतन एवं समान नागरिक संहिता का ना होना प्रदर्शित करता है कि संविधान के दर्शन के अनुसार महिलाएँ कहाँ खड़ी है। अतः परिणामस्वरूप वर्तमान भारत 'महिला सुरक्षा' के लिए संघर्ष कर रहा है।

भारतीय संस्कृति जहाँ सहिष्णुता, स्वतन्त्रता, समानता, संरक्षण, सहयोगात्मक व्यवहार का प्रतीक रही है वही दिल्ली में निर्भया कांड (2012), जम्मू में नाबालिग बच्ची के दरिंदगी व निर्मम हत्या, मंदसौर (म0प्र0), उत्तरकाशी में नाबालिग की बलात्कार कर हत्या (2018) आदि अमानवीय

कृत्यों से हमारी संस्कृति पर प्रश्न चिन्ह लग गया है। वही वर्तमान भारत में 'महिला सुरक्षा' एक दूरस्थ स्थान तब लगा कि तीन तलाक, धार्मिक स्थलों पर महिला प्रवेश, वेश्यावृति या महिला तस्करी पर समाज व राज्य मूक दर्शक का कार्य कर रहा हो। अर्थात् शाहबानों (1985) व शायरा बानों (2016) के मामले व सबरीमाला मंदिर द दरगाह प्रवेश की माननीय सर्वोच्च न्यायालय के दिये से फैसले से पुरूषवादी मानसिकता से ग्रस्त समाज ने विरोध प्रदर्शित किया। अतः प्रदर्शित होता है कि भारतीय समाज महिलाओं के उत्थान के लिए कितना तैयार है।

महिलाओं के प्रति बढ़ते अपराध किसी आंशिक या क्षणिक समय का प्रभाव नहीं है क्योंकि वैदिक संस्कृति में महिला सम्मान की स्थिति में थी, उन्हें सार्वजनिक सभा करने, वाद–विवाद में भाग लेने का पूर्ण अधिकार था। जिसके उदाहरण गायत्री, शकुंतला के रूप में है लेकिन भारत में राज्य निर्माण की प्रक्रिया में स्वार्थपूर्ण हितों का प्रचलन होने लगा। जिससे धीरे–धीरे महिलाएँ वस्तु के रूप में समाज के सामने प्रस्तुत है। सल्तनत काल, मुगल काल एवं ब्रिटिश उपनिवेश काल के विदेश शासन महिलाएँ सदैव हाशिए पर रही। लेकिन ब्रिटिश उपनिवेश काल में महिला कल्याण के लिए परम्परागत रीति रिवाजों के विरूद्ध कानून निर्माण के साथ–साथ शिक्षा व कानून की पढ़ाई का प्रावधान किया। जिसने अनेक स्वतन्त्रता संग्राम में महिलाओं को राष्ट्रीय स्वतन्त्रता संघर्ष में नेतृत्व का मौका दिया।

स्वतंत्रता प्राप्ति के बाद भारतीय संविधान दर्शन के स्वतन्त्रता, समानता, बंधुत्व व गरिमा पूर्ण जीवन की संकल्पना को मूर्त रूप देने के लिए, अनेक कानून बनाएँ, जिसमें स्पेशल मैरिज एक्ट 1954, हिन्दू मैरिज एक्ट 1955, नेशनल कमीशन और वुमेन एक्ट 1990, सैक्सुअल हर्समेन्ट ऑफ वूमेन एण्ड वर्किंग पैलेस एक्ट 2013 वही संसद ने 2015 में संसद द्वारा जुवेनाइल जस्टिस बिल से 16 से 18 वर्ष का किशोर जघन्य अपराध में लिख पाया जाता है तो कठोर सजा का प्रावधान है। उक्त कानूनों के बावजूद देशभर में महिलाएँ स्वयं को सुरक्षित महसूस नहीं कर रही है। जिसे जेंडर इनइक्वेलिटी इंडेक्स रैंक (भारत) व जेंडर गेप इंडेक्स रैंक (भारत) एवं मानव विकास इंडेक्स (भारत) रैंक में निम्न स्तरीय प्रदर्शित करता है कि भारतीय समाज समानता

व स्वतन्त्रता के साथ मानवीय विकास किस स्तर पर स्थित है।

'महिला सुरक्षा' के लिए बेहद आवश्यक है कि उन्हें अपने घर से लेकर सार्वजनिक स्थान तक संरक्षण, सुरक्षा नहीं आत्मविश्वास आत्मसम्मान के साथ स्वयं को प्रस्तुत कर सके, क्योंकि घरेलू हिंसा (निरोधक) अधिनियम 2005 से स्पष्ट है कि सर्वप्रथम महिला परिवार में भी सुरक्षित नहीं है। इसलिए बेहद आवश्यक है कि समाज, राष्ट्र राज्य, प्रांत स्तर पंचायती स्तर पर गैर सरकारी संगठन व शिक्षण संस्थानों की भागीदारी निश्चित हो। जिससे महिलाएँ अपने अधिकारों व सुरक्षा के प्रति जागरूक हो सके और समाज महिलाओं के सम्मान उदार व सहिष्णुतापूर्ण व्यवहार कर सके।

प्राचीन भारतीय संस्कृति में महिला सम्मान को विश्व आर्थिक फोरम सहित अनेक रिपोर्ट व इंडेक्स दोहरा चुके हैं क्योंकि महिलाओं को आर्थिक व सामाजिक सहयोग व सम्मान से भारतीय समान उन्नत, समृद्ध, व मजबूत होगा। इस पुस्तक के सम्पादन से मुझे पूर्ण आशा है कि समाज में वांछनीय परिवर्तन होंगे एवं महिलाओं की सुरक्षा व अधिकारों के संरक्षण के प्रति समाज में जिस तरह से बर्फ जमी है वह अवश्य पिघलेगी साथ ही सम्पादन में पूर्ण सहयोग के लिए विद्वतजनों, सहकर्मी एवं दूरस्थ विश्वविद्यालयों, व महाविद्यालयों के विद्वानों, विदुषियों एवं शोधार्थियों का सहृदय आभार, जिन्होंने अपने बहुमूल्य विचारों से मुक्त ताजा ज्ञानपूर्ण शोध पत्रों को प्रेषित कर ग्रंथ को साकार रूप देने में अपनी अहम भूमिका अदा की और प्रकाशक मुद्रक का आभार जिन्होंने मुझे शोध के एकीकरण करने में मदद की। अंत में अपने पितातुल्य राम कुमार शर्मा जी का आभार जिन्होंने अपना आर्थिक एवं भावनात्मक सहयोग व आशीर्वाद के रूप में दिया।

अनुक्रम

अध्याय–1

भारतीय समाज में स्त्री विमर्श ऐतिहासिक एवं सामयिक संदर्भ (विशेष–सुरक्षा / संरक्षण)

डॉ0 नीशू कुमार

सहायक आचार्य राजनीति विज्ञान विभाग

चमन लाल महाविद्यालय, लण्ढौरा, रूड़की

हरिद्वार (उत्तराखण्ड)

सारांश

मनुष्य के द्वारा आज विकास के नये कीर्तिमान स्थापित कीजिए जा रहे हैं। सूचना प्रौद्योगिकी के इस दौर में औपचारिक, अनौपचारिक, आवश्यक, अनावश्यक सूचनाओं की पहुँच, उपलब्धता बेहद आसान हो गई है। मानवीय सभ्यता का यह आज तक का सबसे नवीनतम ज्ञान है। लेकिन मानवीय समाज में महिला, अश्वेत, शूद्र, आदि समुदाय को शोषण व अपेक्षित की स्थिति में रखा गया है। भारत जैसा राष्ट्र जहाँ सैनिक शक्ति, व अर्थव्यवस्था दुनिया के शीर्ष देशों में वर्णित है वही महिलाओं की स्वतन्त्रता, समानता, शिक्षा, प्रजनन की स्वतन्त्रता निम्न स्तरीय देशों में वर्णित है क्योंकि जैंडर इनक्वेलिटी इंडैक्स में 87⁄144 व जेंडर गेप इन्डैक्स में 108 / रैंक की स्थिति है। साक्षरता (महिला) दर 65.4 प्रतिशत प्रतिशत है एवं लोकसभा व राज्य सभा में प्रतिनिधित्व 10 से 12 प्रतिशत है। ये उपरोक्त आंकड़े भारत में आधी आबादी की स्थिति को प्रदर्शित करते है। वही भारत में जम्मू, मंदसौर,

उत्तराखण्ड (उत्तरकाशी) में हुए नाबालिग बच्चियों के साथ हुए दुष्कर्ष एवं हत्या, भारतीय संस्कृति में नारी के अस्तित्व की सुरक्षा पर प्रश्न चिन्ह लगा देता है।

मानवीय सभ्यता एवं संस्कृति के विकास का क्रम लाखों साल पुराना है। मानवीय विकास के साथ–साथ मनुष्य के आसपास के वातावरण ने स्वयं को परिवर्तित किया है। जिसमें प्राकृतिक भौतिक स्थिति, वन्य जीव, जन्तुओं आदि शामिल है। प्रकृति में, मनुष्य ने एक अविकसित जीव के रूप में जन्म लिया। जिसने हजारों–लाखों वर्षों के परिवर्तन के बाद एक सुसंगठित मानवीय ढांचे को प्राप्त करा। जिसमें मनुष्य को एवं पुरूष दो लिंगों को चिन्हित किया गया। शारीरिक संरचना के साथ–साथ मानसिक स्तर पर तार्किकता का भी क्रमिक विकास मनुष्य में हुआ। जिसका परिणाम में, पृथ्वी पर अन्य जीवों की अपेक्षा मनुष्य ने स्वयं को समूह परिवार समाज कबिला, गाँव, गोप, प्रांत, राष्ट्र–राज्य के रूप में सबसे बेहत्तर एवं कम समय को संरक्षित किया। इस संरक्षण का एक पहलू "सुरक्षा" का भी है क्योंकि यदि मनुष्य स्वयं को संरक्षित नहीं कर पाता, तो अन्य वन्य जीव–जन्तु एवं प्राकृतिक दशाएँ मनुष्य को खत्म कर देते।

मनुष्य जाति ने वर्तमान में मानवीय जीवन को सरल, सहज, एवं सुगम बनाने के लिए सम्यता के नये आयामों को प्राप्त किया है। जिसमें असाध्य बीमारियों कैंसर, एड्स, हपेटाइप्स–सी आदि का इलाज ढुंढने के साथ–साथ प्रौद्योगिकी विकास को कृत्रिम बुद्धिमत्ता एवं जेनेटिक इंजीनियरिंग के विकास के रूप में प्राप्त कर चुके हैं किन्तु आज भी मनुष्य समुदाय का बड़ा भाग समाज के परम्परागत एवं रूढ़िवादी रिवाजों से शोषण का शिकार हो रहा है। जिसमें महिला, दलित समुदाय, आदिवासी गरीब समुदाय के रूप में देखा जा सकता है। प्रस्तुत प्रस्तुति में, महिला समुदाय के आर्थिक, सामाजिक, राजनीतिक पिछड़ापन एवं सुरक्षा को सन्दर्भित किया जा रहा है। सर्वप्रथम प्रश्न यह है कि प्राकृतिक रूप से समान शारीरिक संरचना एवं मानवीय श्रृंखला को आगे बढ़ाने में, महिला समुदाय का योगदान पुरूषों से किसी भी स्तर पर अप्रसांगिक एवं अपेक्षित नहीं है, बल्कि महत्वपूर्ण एवं सहयोग पूर्ण रहा है, अर्थात् महिला समुदाय को प्राकृतिक रूप से प्राप्त प्रजनन का लक्षण विशिष्ट गुण है जिसके परिणामस्वरूप महिलाओं को जगत जननी कहा जाता है। प्रजनन गुण से उत्पन्न मातृत्व प्रेम, एवं सहज, सरल स्वभाव मनुष्य

जाति को प्रेम, सद्‌भाव, सहिष्णुता की सीख देता है।

''स्त्री पुरूष की गुलाम नहीं– सहधार्मिणी, अर्धंगिनी और मित्र है''

प्राचीन वैदिक साहित्य नारी को वास्तविक महत्व देते हुए, व्याख्या देते हैं कि नारी की परिवार की नींव है, परिवार समुदाय की एवं समुदाय राष्ट्र की। इससे स्पष्ट है कि नारी का देश, राष्ट्र निर्माण में आधार रूपी योगदान है। वैदिक काल में महिलाओं को पुरूषों के समय अधिकार प्राप्त थे। जैसे समान शिक्षा, धर्म, राजनीति और सम्पत्ति आदि अधिकार। ऋग्वेद की अनेकों ऋचाएं विश्ववारा सक्रियता निवावरी घोषा लोपामुद्रा, अपाला आदि विदुषी नारियों को रची हुई है। ऋषि याज्ञवल्क्य की पत्नी मैत्रेयी सहित गार्गी, सुलभा का नाम दार्शनिक वाद–विवाद में भाग लेने एवं पुरूषों से शास्त्रार्थ करने के लिए विख्यात है। अतः हिन्दू धर्म की वैदिक परम्परा में किसी भी स्तर पर स्त्री, महिलाओं को प्रतिबंधित नहीं किया गया बल्कि सार्वजनिक जीवन में महिला पुरूषों के साथ सहयोग से भाव से जुड़ी रही हैं। पर्दा प्रथा, बाल विवाह, विधवा पुर्नविवाह, सती प्रथा के साक्ष्य वेदों में नहीं मिले, जबकि स्वयंवर, विवाह ना करने, क्षत्रिणी होने साक्ष्य मिलते हैं। महिलाओं को देवी का स्वरूप मानकर उन्हें सम्मान एवं पूज्यनीय दर्जा प्राप्त था। जिसे निम्न श्लोकों से प्रमाणित कर सकते हैं–

सरस्वती देवयन्तों हवन्ते सरस्वती महवेर तायमाने।

सरस्वती सुकृतों अहयन्त सरस्वती दाभुषे वार्यदात।।

(स्रोतरू ऋग्वेद 10/17/17 से)

अर्थात् दिव्यगुणों की कामना करने वाले विदुषी देवी को निमंत्रित करते हैं। यज्ञों के अवसरों पर उसके अनुष्ठानों के लिए ऐसी स्त्री को निमंत्रित किया जाता है। उत्तम कर्म करने वाले विदुषी देवी को बुलाते हैं और वह दानशील व्यक्तियों को उत्तम ज्ञान देती हैं।

''समानों मन्त्रः समिति समानी, समानं मनः सह चित्तमेषाम।

समानं मन्त्रममिमंत्रमे वः, समानेन को द्रविषा जुहोमि।।''

अर्थात् हे समान्त नर–नारियों! तुम्हारे लिए यह मंत्र समान रूप से दिये गए है, तथा तुम्हारा परस्पर विचार भी समान रूप से हो।

तुम्हारी सीमाएँ सबके लिए समान रूप से खुली हुई हो, जन्मजात भेदभाव उनके अन्दर नहीं है। तुम्हारे मानव चिता समान रूप से मिला हुआ हो, मैं तुम्हें समान रूप से ग्रंथों का उपदेश करता और समान रूप से ग्रहण करने योग्य पदार्थों को देता हूँ। अतः स्पष्ट है कि महिलाओं की स्वतन्त्रता, समानता में किसी भी प्रकार की असुरक्षा की भावना नहीं थी।

समय परिवर्तन के साथ भारत वर्ष में राज्य निर्माण प्रक्रिया ने एक विशेष वर्ग का निर्माण कर दिया। जिसे शासकध्सामंत या राजा कहा गया। इस व्यवस्था को संवैधानिक करने के लिए कौटिल्य ने 'अर्थशास्त्र' एवं मनु ने ''मनुस्मृति'' नामक ग्रन्थ लिखे। ऐसा माना जाता है कि यही से मनुष्य समाज में आचार संहिता का निर्माण हुआ। मनुस्मृति ने जहाँ नारी सम्मान को देवता के वास (निवास) के तुल्य मान्यता एवं जिस घर में नारी सम्मान होता है वहाँ समृद्धि एवं सम्पन्नता बनी रहती है परन्तु मनुस्मृति नारी को पिता, पति, पुत्र के संरक्षण में रहने का प्रावधान करता है और कहा गया है कि ढोल और ढंका, पशु व नारी ये चारो ताडन के अधिकारी, जैसी नकारात्मक प्रवृत्ति भी मिलती है। नारीवादी कहते है कि यही से महिलाओं के सम्मान में क्षरण व असुरक्षा का भाव पैदा हुआ। यह स्थिति धीरे–धीरे तीसरी शताब्दी से 12वी शताब्दी तक भयावय रूप धारण कर चुकी थी। इस युग को स्त्रियों के लिए अंधकार का युग कहना गलत नहीं होगा क्योंकि तत्कालीन समय में भारत वर्ष नये राज्यों का उदय, ब्राह्म आक्रमण, (यूनानी व फारस आक्रांता), भारतीय धार्मिक प्रवृत्ति का उदय (बौद्ध, जैन) इत्यादि संघर्षों में समाज संघर्षरत् था। यही से शोषित, शूद्र, अछूत (छूआछूत प्रकृति) वर्ग का उदय हुआ। अब महिलाएँ शिक्षा से वंचित होकर आर्थिक एवं सामाजिक स्तर पर पुरूष समुदाय पर निर्भर हो गई। कन्यादान का आदर्श व बाल विवाह की प्रकृति ने समाज को अपनी जद में ले लिया। भारत में राज्यों की सुदृढ़ता ने महिलाओं को चार दीवारी तक सीमित कर, विधवा विवाह ना करने, सती व जौहर होने पर बल दिया गया।

भारतीय पौराणिक कथाओं में सीता, राधा, रूक्मणी, द्रोपदी जैसे महिलाओं ने अपने वैभाव से जहाँ पुरूष सत्ताओं को अपनी रक्षा सुरक्षा के विवश कर दिया, वहीं 12 वीं शताब्दी तक महिलाओं का आत्मविश्वास इतना टूट गया कि महिलाएँ स्वयं को दास, गुलाम महसूस करने लगी।

ऐतिहासिक रूप से भारत में महिलाओं की स्थिति–

12 वी शताब्दी में हुए मौहम्मद गोरी व पृथ्वी राज चौहान के बीच युद्ध ने नवउदय मुस्लिम धर्म के लिए भारत में प्रवेश के लिए निर्णायक साबित हुआ। मुस्लिम धर्म की संस्कृति के नाम पर अनेक शासकों ने भारत में साम्राज्य स्थापित किया। मुस्लिम आगमन से भारतीय समाज में कमजोर वर्ग के प्रति चिंताजनक स्थिति पैदा हुई। जिसमें विशेषत् महिलाओं को लक्ष्य बनाया गया। हालांकि मुस्लिम धर्म की शिक्षा की माने, तो महिलाओं के सम्मान को वरीयता दी जाती है, किन्तु भारत आगमन वाले मुस्लिम शासकों, राजाओं व उनसे सम्बन्धित सैनिकों ने गैर मुस्लिम महिलाओं पर अत्याचार करना शुरू कर दिये। जिसमें अलाउद्दीन व पदमावती का प्रसंग सप्रमेण है कि अलाउद्दीन खिलजी ने हिन्दू रानी की प्राप्ति के लिए बेकसूर लोगों की हत्या व लूटपाट का सहारा लिया। हालांकि कुछ उदाहरण महिला उत्थान के भी थे, जैसे कि रजिया सुल्तान, का शासक बनना। इस्लाम धर्म में महिलाओं संपत्ति का अधिकार दिया गया था लेकिन सत्ता परिवर्तन अन्य धर्मों में भय का वातावरण पैदा कर दिया। जिसमें विशेषतः हिन्दू महिलाएँ थी। अतः हिन्दू महिलाएँ जहाँ अपनी खोई हुई पहचान के बाद आत्मविश्वास नहीं जुटा पा रही थी, वही इस्लामिक राज्य के अत्याचार व दोयम दर्जे के व्यवहार ने इन्हें, चार दीवारी में कैद रहने, प्रदा प्रथा, बाल विवाह जौहर सती होना जैसी प्रकृति ने इन्हें पूर्णतः पुरूष आश्रित बना दिया। अर्थात् स्त्रियों का संरक्षण व उन्हें वस्तु की तरह सुरक्षा प्रदान की जाने लगी। अतः स्त्रियों का जीवन पूर्णतः पिता, पति, पुत्र के आसरे व संरक्षण पर निर्भर हो गया। हालांकि मुगल काल में विधवा महिलाओं को पति, पिता की सम्पत्ति पर अधिकार था किन्तु बेचने का नहीं।

पुरूषवादी सत्ता के बीच जोधाबाई, रजीया सुल्ताना, नूरजहाँ, पदमावती, गुलबदन बेगम, जहाँ आरा (शाहजहाँ की पुत्री) सलीमा सुल्ताना, जेबुन्निसा, मीराबाई, रानी दुर्गावती, ताराबाई, संघमित्रा लीला अहिल्याबाई आदि महिलाओं ने अपने व्यक्तित्व, ज्ञान, शासनिक व सैनिक क्षमताओं के आधार पर अपनी विशिष्ट पहचान बनाई। ये सभी महिलाएँ राजपूतानी व सामंती परिवारों से सम्बन्धित थीं। ज्यादातर भय व शोषण की शिकार महिलाएँ मध्यम व निम्न वर्ग की महिलाएँ थी। भारतीय समाज के लिए यह वह दौर था कि जब भारत

में जाति प्रथा ने पूर्ण रूप से पैर पसार लिए। समाजों में, समुदायों के सर्वश्रेष्ठ होने की होड़ लग गई और यह जाति प्रथा आज भारत में चुनौती के रूप में है।

ब्रिटेन उपनिवेश काल–

प्लासी युद्ध (1757) व बक्सर युद्ध (1964) ने निश्चय कर दिया कि मुगल शासन सत्ता भारत की तत्कालीन परिस्थितियाँ में बनी रही रह सकती थी। अतः 1764 में ब्रिटेन उपनिवेश का आगमन निश्चय हुआ। जिसने भारत में शासन सत्ता को वैधानिक व नियमित संवैधानिक रूप प्रदान किया।

अंग्रेजी शिक्षा के प्रचार के परिणामस्वरूप देश में पाश्चात्य का प्रवेश होने लगा। उन्नीसवीं शताब्दी में राजा राममोहन राय और स्वामी दयानन्द आदि सुधारवादी नेताओं के प्रयत्नों से अनेको अंधविश्वासों और (रूढ़ियों) तथा सामाजिक कुरीतियों का अंत हुआ, जिससे नारी की स्थिति में काफी सुधार हुआ। राजा राममोहन राय ने अन्य अनेक देशी व विदेशी समाजसेवियों तथा विद्वानों ने उसकी आवश्यकता पर बल दिया तो अंग्रेजों द्वारा शासन व्यवस्था के साथ–साथ शिक्षा पर भी बल दिया गया और 1781 में 'कलकत्ता–मद्रास' और 1792 में बनारस में संस्कृत कॉलेज की स्थापना की गई। 1923 में जब संस्कृत कॉलेज खोला गया, तो राजा राममोहन राय के अनुग्रह पर विज्ञान, गणित और अर्थशास्त्र आदि शिक्षा देने की आवश्यकता पर बल दिया गया। उन्हीं के प्रभाव में ईश्वरचन्द्र विद्यासागर ने नारी–शिक्षा के प्रचार के लिए वर्षों काम किया। फलस्वरूप उनके प्रयास से "बैथ्यून कॉलिज (महिला कॉलेज) की स्थापना हुई। अतः प्राइमरी, हाईस्कूल कॉलेज की पढ़ाई महिलाओं उपयोगी हो गई। 1857 कलकत्ता विश्वविद्यालय बना, जिसके बाद 20 वर्षों में बंबई, मद्रास, इलाहाबाद में भी विश्वविद्यालय स्थापित हुए। 1882 में पहली बार लड़कियाँ स्नातक (ग्रेजुएट) हुई।

अंग्रेजी शिक्षा की इस पहल से, सरकार ही नहीं बल्कि आर्य समाज, ब्राह्म समाज, सर्वेंट्स ऑफ इंडिया सोसाइटी तथा अन्य लोक सेवकों द्वारा लड़कियों के लिए स्कूल व कॉलेज खोले गये। 1917 में एस0एन0डी0टी0 महिला यूनिवर्सिटी स्थापित हुई। शिक्षा प्राप्त महिलाओं को शिक्षा, डॉक्टरी आदि कई क्षेत्रों में जीविका मिलाने लगी। इससे महिलाओं में आर्थिक व सामाजिक स्थिति में परिवर्तन आया।

सामाजिक कुरीति पर भी अंग्रेजी सरकार द्वारा प्रतिबंध लगाये। 4 दिसम्बर 1929 में सती–प्रथा को गैर–कानूनी व दंडनीय अपराध घोषित कर दिया गया। 1856 में विधवा पुर्नविवाह कानून बनवाकर ईश्वरचंद विधा सागर ने महिला की सामाजिक सुरक्षा को उत्प्रेरित किया। बड़ौदा के गायकवाड़ ने 1901 में बाल–विवाह निरोध कानून पास किया जिसके अधीन 12 वर्ष की लड़की व 16 वर्ष के लड़के का विवाह अवैध ठहरा दिया गया।

1857 के स्वतन्त्रता संग्राम से लेकर 1942 के भारत छोड़ों आन्दोलन तक महिलाओं का योगदान प्रशंसनीय रहा है। रानी लक्ष्मीबाई, बेगम हजरत महल ने अंग्रेजी शासन सत्ता की हड़पने की नीतियाँ के खिलाफ संघर्ष किया। वही शिक्षित भारतीय महिलाओं ने तत्कालीन शासन की गलत नीतियाँ के खिलाफ एवं स्वराज प्राप्ति के लिए आंदोलन किये। कुछ महिलाएँ क्रांतिकारी संगठन से जुड़ी रही।

भारतीय समाज के परम्परागत रीति रीवाजों एवं रूढ़िवादी कुरीति के खिलाफ जाकर निम्नलिखित महिलाओं ने अपना शौर्य दिखाया– भीकाजी कामा, दुर्गाबाई देशमुख सावित्रीबाई फूले, वेलू (नचियार) अरूणा आसिफ अली, सुचेता कृपलानी, सरोजनी नायडू, विजय लक्ष्मी पंडित, अब्दी बानो बेगम, इंदिरा गांधी, आदि।

उपरोक्त से स्पष्ट है कि लम्बे समय तक, भारतीय समाज ने महिला समुदाय को अपेक्षित स्थिति में रखा। 19वीं–20वीं शताब्दी में महिलाओं को प्रेरित करने के लिए गये सामाजिक व शासन स्तर पर प्रयासों ने महिलाओं के प्रति समाज की कुपोषित सोच को दूर कर, धार्मिक, सामाजिक व राजनीतिक पहचान बनाने के अवसर प्राप्त हुए। जिसके प्रमाण संवैधानिक विकास में देखने को मिलते हैं, संविधान में बिना किसी लिंग भेदभाव के स्वतन्त्रता, समानता एवं अभिव्यक्ति का अधिकार दिया गया। संविधान के अनेक अनुच्छेदों 14, 15, 16, 19, 21, 32, 39, 42, 44 आदि में महिलाओं अवसर की समानता अभिव्यक्ति की स्वतन्त्रता, जीवन जीने के लिए गरिमापूर्ण स्थितियाँ, संवैधानिक, उपचार, सामाजिक न्याय, प्रस्तुति, यूनिफार्म सिविल कोर्ट आदि शामिल हैं।

स्वतन्त्रता के बाद महिला की सुरक्षा या आत्मविश्वास में वृद्धि–

मनुष्य सदैव स्वयं की सभ्यता संस्कृति को परिवर्तनशील व सतत् रूप से विकसित करता रहा है। स्वतन्त्रता प्राप्ति के बाद, भारतीय संविधान व संसद द्वारा निर्मित कानूनों के अनुसार समाज में महिलाओं का अस्तित्व स्थापित किया। कानूनों में भारतीय संसद द्वारा, विशेष विवाह कानून (1954), हिन्दू विवाह और विवाह–विच्छेद कानून (1955), हिन्दू उत्तराधिकारी कानून–1956, दहेज निषेध कानून–1961 आदि का निर्माण कर नारी के शोषण व अनाचार का अंत करने का प्रयास किया गया। इन कानूनों के निर्माण में बहुत से महापुरूषों का सहयोग व प्रयास रहा। जिसके सन्दर्भ में इंदिरा गांधी (पूर्व प्रधानमंत्री) ने कहा था कि "हम भारत की स्थितियाँ वास्तव में सौभाग्यशाली है कि हमारे पक्ष की रहनुमाई के लिए राजा राममोहन राय, विद्यासागर, महात्मा गांधी, सरदार पटेल, पं. जवाहर लाल नेहरू व महर्षि राव जैसी विभूतियाँ हमें उपलब्ध रही।"

राजा राममोहन राय, को समाज की नींव संसद द्वारा निर्मित कानूनों से पारसी, यहुदी, मुस्लिम महिलाओं को, भारतीय उत्तराधिकारी कानून 1925 के अनुसार विधवा को अपने पति व विधुर को अपनी पति की सम्पत्ति व मुस्लिम महिलाओं को शरीयत कानून के अनुसार 'मेहर' की राशि उपलब्ध कराई जाती है। मुस्लिमों में मृतक व्यक्तियों के वारिसों अर्थात् उत्तराधिकारियों में उसकी माता, पत्नी, लड़की होती है अर्थात् स्वतन्त्रता प्राप्ति के बाद महिलाओं को भारतीय समाज के सभी वर्गों में स्वतन्त्रता, सम्मान एवं सुरक्षा प्रदान की जाने लगी।

स्वतन्त्रता प्राप्ति के उभरे आर्थिक हितों में महिलाओं की भागीदारी व शारीरिक एवं मानसिक सुरक्षा के लिए देवदासी निषेध कानून (1947), फैक्ट्री एक्ट (1948) खान (खनन) कानून (1951) नारी–बाल–क्रय–विक्रय निषेध कानून (1956), प्रसूति का कल्याण कानून (1961), कानूनों का निर्माण किया गया जिनसे आर्थिक रूप से कार्यरत महिलाओं को मानवीय एवं गरिमापूर्ण परिस्थितियाँ मिल सके, तथा महिलाओं को वैश्यावृत्ति एवं उपयोग की वस्तु के रूप में खरीद बेचने की अमानवीय प्रवृत्ति पर प्रतिबंध लगाकर, महिलाओं द्वारा अनैतिक व्यापार में लिप्त होना एक गंभीर सामाजिक समस्या पर लगाम

लगाने का प्रयास किया गया। इस व्यवसाय में महिलाओं को कई पुरूषों के साथ बिना भेदभाव या संवेगात्मक लगाव के शारीरिक सम्बन्ध दोहन करना पड़ता है। यह अमानवीय व संकटनीय अवस्था है महिला समुदाय की।

उक्त शासन–सत्ता द्वारा किये गए प्रयास किन्हीं हद तक स्वतन्त्रता प्राप्ति के बाद भारतीय समाज को सूत्रपात किया। इन प्रयासों को और बल मिला जब महिला साक्षरता में वृद्धि होने लगी एवं शिक्षा आधारित केन्द्रीय सेवा, प्रांतीय सेवाओं, आर्मी, डॉक्टर, शिक्षा क्षेत्र, के साथ अखिल भारतीय सेवाओं में महिलाओं का चयन उनके बौद्धिक क्षमता के आधार पर होने लगा। राजनीति क्षेत्र एवं न्यायायिक क्षेत्रों में भी महिलाओं का रूझान बढने लगा। कुछ प्रमुख महिलाओं ने अपनी क्षमता का भिन्न–भिन्न क्षेत्रों में प्रदर्शन किया। जैसे सुचेता कृपलानी (मुख्यमंत्री), सरोजनी नायडू (राज्यपाल), अंजू (प्रशासनिक सेवा), किरण बेदी (भारतीय पुलिस सेवा), इंदिरा गांधी (प्रधानमंत्री) एम0 फातिमा बिवी (सर्वोच्च न्यायालय जज) आदि ने पुरूषवादी समाज में अपनी विशिष्ट पहचान स्थापित की।

भारत के समस्त इतिहास पर विहंगम दृष्टिपात करने से स्पष्ट हो जाता है कि भारतीय महिलाएँ वैदिक काल के बाद सैकड़ों हजारों वर्षों तक मूल प्राकृतिक मानवीय अधिकारों से वंचित रहने तथा अनेक अत्याचार, अनाचारों, कठिनाईयों और समाज द्वारा थोपी गई प्रतिबंध व बंधनों को धैर्य पूर्व सहने के बाद आज अपने मानवीय स्वतन्त्रता व अधिकारों की प्राप्ति में काफी हद तक सफल रही है। व्यवहारिक दृष्टि से स्वतन्त्रता प्राप्ति के बाद भारतीय संविधान द्वारा प्रदान महिलाओं को अधिकारों वे कानूनों द्वारा सुरक्षा व संरक्षण, अधिकांश क्षेत्रों में नगण्य रहा। जिसकी प्रमुख वजह रही समाज का सैकड़ों वर्षों पुराने रीति रिवाज, व पुरूषवादी सोच एवं क्रियान्वयन में प्रशासन की नगण्य जवाबदेहिता, अनुत्तरदायित्व के चलते 20वीं शताब्दी में समाज में महिलाएँ स्वयं सुरक्षित व संरक्षित नहीं कर सकी। अतः इसके लिए पुरूष व महिला दोनों को संयुक्त रूप से प्रयत्न करना होगा, जिससे कि भारतीय समाज आर्थिक समृद्धि पारिवारिक दुख और आध्यात्मिक शांति के नए आयाम स्थापित कर सके।

1990 के दशक में भारत में वैश्वीकरण के सिद्धान्त को अपनाया गया, जिससे भारत की नीति–निर्माण की प्रक्रिया में उदारीकरण, निजीकरण को

अपनाया गया। भारतीय समाज एवं बाजार पर इस खुलेपन की प्रकृति का प्रभाव पड़ा। भारतीय समाज का पिछड़ा एवं अत्यंत पिछडा वर्ग देश–दुनिया की अलग–अलग संस्कृति–सभ्यताओं से परिचय हुए। जिसकी प्रमुख वजह थी कि संचार माध्यमों से सूचनाओं की पहुँच लोगों तक आसान हो गई और लोगों की आय में वृद्धि होने लेगी। यहाँ तक कि महिलाएँ सरकारी सहित निजी क्षेत्रों में कार्य करने लगी, जिसे महिलाओं की साक्षरता में हुई 14.4 प्रतिशत की ऐतिहासिक वृद्धि (1991–2001) से प्रमाणित किया जा सकता है। (जनगणना–2001)

शिक्षा के क्षेत्र में हुए सुधारों से महिलाएँ औपचारिक व अनौपचारिक क्षेत्रों में से अनौपचारिक क्षेत्रों में कार्य करने लगी। लेकिन भारतीय समाज की ऐसी प्रकृति थी कि महिलाएँ सार्वजनिक क्षेत्रों में पुरूषों या गैर मर्द के साथ कार्य नहीं कर सकती, किन्तु कुछ शिक्षित परिवारों ने इस परिवर्तन को सहजता के साथ स्वीकार कर लिया। लेकिन रूढ़िवादी एवं परम्परागत रीति रिवाजों से पीड़ित समाज ने समाज में आए इस परिवर्तन को स्वीकार नहीं किया। उनके लिए महिलाएँ एक वस्तु की तरह घर की इज्जत मान–मर्यादा का प्रतीक है।

वैश्वीकरण के बाद भारतीय समाज आर्थिक निर्भरता की ओर बढ़ने लगा, जिससे भारतीय समाज में आर्थिक हितों की पूर्ति करने के लिए महिला एवं पुरूष दोनों को आर्थिक गतिविधि में संलग्न होना आवश्यक हो गया और 1991 में 26.79 प्रतिशत महिलाएँ आर्थिक क्षेत्र संलग्न हुई लेकिन अभी भी बहुत बड़ी महिला जनसंख्या आर्थिक वंचना से ग्रस्त थी। जिससे आर्थिक तंगी के चलते महिलाएँ स्वास्थ्य, खाद्य पोषण के स्तर पर पिछड़ने लगी अर्थात् 20वीं शताब्दी के अंत तक, समाजवादी समाज तथा सबसे निर्धन व्यक्ति की आंख का अंतिम आँसू पोंछ लेने के आदर्श को मुक्त बाजार वाले समाज की अवधारणा ने पराजित कर दिया। बाजार की नई शक्तियाँ, जिनका जोर तकनीक और प्रबंधन पर है, महिला मुद्दों समेत राष्ट्रीय विकास का प्रतिमान तय करने लगी। इस तरह के राजनीतिक, प्रशासनिक और वैचारिक परिवर्तन ने समाज के वंचित वर्गों और महिलाओं के लिए मूलभूत प्रश्न खड़े कर दिए क्योंकि क्षेत्रीय, धार्मिक, जातीय और सामुदायिक पहचान को संघर्षमय स्थिति पैदा हुई। राज्य के शिक्षा के महत्वपूर्ण क्षेत्रों, स्वास्थ्य, पर्यावरण और सामाजिक सेवा से धीरे–धीरे पीछे हटने के कारण वंचित

सहित महिला वर्ग के कष्टों में इजाफा हुआ।

21वीं शताब्दी के शुरूआत में भारतीय समाज व राजनीति में बदलाव देखे गये, जहाँ भारतीय राजनीति बहु–पार्टी व्यवस्था से गठबंधन के दो संगठनों में परिवर्तित हुआ वहीं भारतीय समाज प्रौद्योगिकी के माध्यम से विश्व भर की संस्कृति से परिचित हो रहा था। शिक्षा व आर्थिक बाजार के विस्तार से भारतीय समाज सैकड़ों हजारों वर्ष से चली आ रही, रूढ़िवादी सोच को बदलने को मजबूर था, किन्तु समाज का एक बडा तबका जो बदलते हुए शिक्षा व आर्थिक बाजार से अनभिज्ञ था। वह आसानी से स्वयं को नहीं बदल सका, जिसमें प्रमुखतः महिला वर्ग शिकार हुई लेकिन सार्वजनिक जागरूकता व अधिकारों के प्रति सजगता में वृद्धि होने लगी। जिससे वंचित वर्गों को शिक्षा, रोजगार व परिवार को स्वतन्त्रता, समानता का अधिकार मिलने लगा, अर्थात् भारतीय संविधान की मूल भावना का क्रियान्वयन हुआ।

1990 के दशक की उथल पुत्थल के बाद, 21वीं शताब्दी के शुरूआत कई ऐसी घटनाएँ हुई, जिनसे भारतीय समाज, शिक्षा जगत, शोध जगत, शोध विभाग, नीति निर्माण को सामाजिक कल्याण के विषय से भटका दिया। जैसे 1998 का परमाणु परीक्षण के बाद अंतर्राष्ट्रीय व्यापार सेंटर पर आतंकी हमला, 2002 में गोधरा दंगे आदि इन सबके बावजूद भारतीय शासन सत्ता द्वारा राष्ट्रीय महिला नीति 2001 का निर्माण किया, यह राष्ट्रीय नीति पूर्व में गठित नीतियाँ, गरीबी हटाओ, न्यू मॉडल चर्खा योजना (1987), मातृ एवं शिशु स्वास्थ्य कार्यक्रम (1992), राष्ट्रीय मातृत्व लाभ योजना (1994), ग्रामीण महिला विकास परियोजना–1996, स्वास्थ्य सखी योजना (1997) आदि योजना को व्यापक पैमाने पर संचालित करने का प्रयास किया गया। राष्ट्रीय महिला उत्थान नीति–2001 द्वारा महिलाओं को आर्थिक, सामाजिक, व राजनीतिक स्तर पर सुगम वातावरण, आधारभूत स्वतन्त्रता में समान रूप से हिस्सेदारी, सहभागिता के साथ कानूनी प्रणाली और सामुदायिक प्रक्रिया विकसित करना एवं समाज में महिलाओं के प्रति व्यवहार में परिवर्तन एवं अपराध में व्याप्त असमानताओं को दूर करने का प्रयास किया गया। व्यवहारिक दृष्टि से हम 21वीं शताब्दी में प्रवेश कर चुके हैं, किन्तु आज भी वैश्विक स्तर पर महिलाओं से जुड़ा परिदृश्य बहुत तसल्लीबख्श नहीं है क्योंकि राजनीतिक दृष्टि से, आधी आबादी (40 प्रतिशत) महिलाओं की होने बावजूद केवल 10 से 12 प्रतिशत महिला राजनीतिक प्रतिनिधित्व है,

पंचायती स्तर पर 50 प्रतिशत महिला का राजनीतिक प्रतिनिधित्व है।

21वीं शताब्दी के प्रारंभ ने महिलाओं के रोजगार के परिदृश्य में नई चुनौतियों से अवगत कराया है क्योंकि भारत में शहरी व ग्रामीण स्तर पर महिलाओं की रोजगार प्राप्ति व रोजगार का वातावरण में काफी अंतर है। जहाँ शहर में महिलाएं संगठित व औपचारिक, अनौपचारिक क्षेत्रों में अपनी दक्षता व शैक्षिक क्षमता के आधार पर पहचान बना रही हैं वहीं ग्रामीण स्तर पर महिलाएँ अधिकांश कृषि या पशुपालन के क्षेत्र में संलग्न हैं। विश्व आर्थिक फोरम के अनुसार 28 प्रतिशत महिलाएँ भारत में आर्थिक क्षेत्र में अपनी प्रभावी भागीदारी दे रही है।

किसी राष्ट्र की पहचान, सम्मान एवं उन्नति का आंकलन उस राष्ट्र के महिलाएँ, बच्चों एवं वृद्धों की स्थिति से पता लगाया जा सकता है। भारतीय समाज में महिलाएँ परम्परागत रीति–रिवाज से पीड़ित रही है। जिसकी प्रमुख वजह रही है सार्वजनिक सामूहिक सहभागिता में नगण्य भागीदारी, जिससे महिला समुदाय समय के लिए अधिकारों की निश्चितता व शिक्षा एवं रोजगार में अपना प्रतिनिधित्व नहीं कर सकी, लेकिन 21वीं शताब्दी बदले सामाजिक आयामों ने परिवार व समाज की मांग व आपूर्ति के नयी दिशा दी। जिसमें समाज में कन्या भ्रूण हत्या, दहेज की मांग, घरेलू हिंसा, पोषण मुक्त भोजन की आवश्यकता, यौन उत्पीड़न (कार्यस्थलों पर), विधवा असुरक्षा, समान कार्य के लिए समान वेतन ना मिलना आदि ने वर्तमान महिला में असुरक्षा का भाव पैदा कर दिया। महिलाओं के प्रति ये मामले 1970–80 के दशक से ही थे, लेकिन इनका स्वरूप बदल गया था। अर्थात् 21वीं शताब्दी में आर्थिक पहलू स्थापित हो चुका है। वहीं भारतीय शासन–सत्ता द्वारा राष्ट्रीय महिला नीति–2001 में सामाजिक, आर्थिक, राजनीतिक पहलूओं को स्वतन्त्रता, सहभागिता, सहयोगात्मक, बनाने का प्रयास किया गया।

सूचना प्रौद्योगिकी के प्रभावी होने बाद, महिलाओं के प्रति होने वाली हिंसा, घरेलू हिंसा, उत्पीड़न, यौन उत्पीड़न आदि मामले देश भर से आने लगे। जिनमें महिला असुरक्षा व महिलाओं प्रति हिंसा में दिल्ली, मध्य प्रदेश, उत्तर प्रदेश, राजस्थान आदि राज्यों में स्थिति बेहद नाजुक है। बढ़ती महंगाई में, अधिकांश ग्रामीण व शहरी स्लम बस्ती में कुपोषण के मामले सामने आ रहे हैं। घरेलू हिंसा के 70 प्रतिशत परिवारों से आ रहे हैं, एवं 30 मिनट में

एक महिला यौन उत्पीड़न बलात्कार का शिकार हो रही है। हर 7 मिनट में दहेज हत्या के मामले भी आए हैं।

उक्त समस्याओं के समाधान व निकारण के लिए सरकार द्वारा महिलाओं की हिंसा व यौन उत्पीड़न के लिए कानूनों का निर्माण किया गया और कुपोषण, बीमारियाँ मातृत्व लाभ के अवकाश व सेनेटरी पैड के उपयोगों के लिए स्कीम का क्रियान्वयन किया। जिसमें कानून निम्नलिखित हैं–

- घरेलू हिंसा (निरोधक) अधिनियम–2005
- सेक्सुअल हरासमेंट एट वर्क प्लेस प्रिवेंशन, प्रोटिविशन, एंड रिड्रेसल एक्ट–2013 (विशाखा गाइडलाइन)
- एसिड अटैक कंट्रोल एक्ट–2002
- आपराधिक कानून (संशोधन) अधिनियम–2013 (जे.एस0 वर्मा समिति)

घरेलू हिंसा (निरोधक) अधिनियम– 2005, इसके अनुसार शारीरिक, मानसिक, आर्थिक, मौखिक, एवं यौन दुर्व्यवहार के विरूद्ध अनुच्छेद का प्रावधान किया गया है। प्रथम श्रेणी मजिस्ट्रेट द्वारा पीड़िता की सुरक्षा हेतु आदेश पारित किए जा सकते हैं– संरक्षण, आदेश, अभिरक्षा आदेश, निवास आदेश, मैट्रिक आदेश, प्रतिकार आदेश। संरक्षण आदेश के उल्लंघन के लिए एक वर्ष तक कारावास या 20000 रूपये जुर्माना या दोनों दंड का प्रावधान है। महिलाओं के विरूद्ध घरेलू हिंसा निवारण अधिनियम 2005 में प्रत्येक महिला को राहत पाने का अधिकार दिया गया है। माता, बहन, पुत्री, पत्नी, विधवा, वृद्ध नाबालिक, विवाहित तलाकशुदा, अविवाहित सहित किसी भी उम्र की महिला को इस अधिनियम के अंतर्गत रखा गया है। पीड़ित महिला स्वयं किसी का सहायता से रिपोर्ट दर्ज करा सकती है। इस अधिनियम की जागरूकता के कई गैर–सरकारी संगठनों को जिम्मेदारी की गई है।

दिसम्बर 2012, को दिल्ली (राष्ट्रीय राजधानी क्षेत्र) में हुए सामूहिक दुष्कर्म कांड के गठित जस्टिस जे0एस0 वर्मा समिति को महिलाओं के विरूद्ध होने वाले अपराधों को रोकने के उद्देश्य से कानून में संशोधन कर अपनी सिफारिश प्रस्तुत की। जिसमें एसिड हमले को भी शामिल किया गया। वर्मा

समिति की सिफारिशों पर 'आपराधिक कानून (संशोधन) अधिनियम–2013' को लागू किया गया। किसी महिला पर तेजाब फेंकने पर 10 वर्ष तक कारावास व आत्मरक्षा का अधिकार भी प्रदान किया गया।

राजस्थान में हुए यौन–उत्पीड़न के एक मामले में माननीय उच्चतम न्यायालय ने सरकारों को निर्देश दिये, जिन्हें विशाखा गाइडलाइन्स (1997) कहा गया। विशाखा गाइलाइन्स को कार्य स्थलों पर महिला यौन शोषण एवं उत्पीड़न रोकने की दिशा में मील का पत्थर माना जाता है। कार्यस्थल पर महिला उत्पीड़न से संरक्षण अधिनियम 2013 के आधार पर कार्यस्थल पर महिला यौन उत्पीड़न से संरक्षण किया जा रहा है। इसमें महिला सुरक्षा से जुड़े मुद्दों पर व्यापक प्रवाधान किए गए हैं। भारतीय दंड संहिता में भी ऐसे प्रावधान किए गए हैं। महिलाओं के विरूद्ध होने वाले यौन उत्पीड़न को रोकने की दिशा में ये सराहनीय प्रयास हैं।

किशोर न्याय (बालकों की देखरेख और संरक्षण) अधिनियम 2000, एवं लैंगिक अपराधों से बालकों का संरक्षण अधिनियम– (पॉक्सो)–2012, दिल्ली गैंग रेप केस के बाद किशोर अपराधियों की की उम्र 18 से घटाकर 16 करने पर विमर्श एवं बहस चल रही है। गंभीर अपराध में संलिप्त 16 वर्ष से अधिक उम्र के किशोर अपचारियों पर सामान्य अदालतों में मुकदमा चलाने का फैसला, जुवेनाइल जस्टिस बोर्ड पर छोड़ दिया जाता है। संविधान के अनुच्छेद 15(3) में बालकों (पुरूष व स्त्री लिंग दोनों) के लिए विशेष उपबंध करने का प्रावधान है। इसलिए बालकों को लैंगिक हमला, लैंगिक उत्पीड़न एवं अश्लील साहित्य के अपराधों से बचाते व बालकों व महिला तस्करी से रोकना व विशेष न्यायालय की स्थापना करने के उद्देश्य से पॉक्सों कानून लागू किया गया।

महिलाओं व बच्चों के विकास को गति प्रदान करने के उद्देश्य से सरकार द्वारा 30 जनवरी 2006 को पृथक मंत्रालय के रूप में, "महिला एवं बाल विकास मंत्रालय" की स्थापना की गई, जोकि महिलाओं व बच्चों से जुड़े सरोकारों से प्रतिबद्ध रहकर बच्चों पर केन्द्रित कानूनों एवं नीतियों को प्रोत्साहित करता है और उनके लिए सुरक्षित वातावरण के विकास के उपाय सुनिश्चित करता है। व्यक्ति को बढ़ने के उचित अवसर मिलें और वे कुपोषण के शिकार न हों तथा बाल अधिकारों के प्रति जागरूकता बढ़े। वर्तमान में

मंत्रालय द्वारा ''बेटी बचाओ, बेटी पढ़ाओ'' (2015) का क्रियान्वयन सफलतापूर्वक किया जा रहा है एवं 26 अप्रैल 2013 को राष्ट्रीय बल नीति घोषणा की, जिसमें 18 वर्ष से कम उम्र के बच्चों की मुख्य रूप से, जीवन विकास, शिक्षा, सुरक्षा एवं सहभागिता के अधिकार के साथ बिना भेदभाव समान अधिकारों सहित अनुकूल पारिवारिक वातावरण के निर्माण आदि बिन्दुओं पर केन्द्रित है।

इसके अतिरिक्त भारत सरकार ने अनेक योजनाओं जैसे बेटी बचाओ बेटी पढ़ाओ, सुकन्या समृद्धि योजना, जननी सुरक्षा योजना, कस्तुरबा गांधी बालिका विद्यालय योजना, पायलट प्रोजेक्ट योजना, महिला ई–हाट योजना, मुद्रा स्कीम, प्रधानमंत्री उज्जवला योजना, प्रशासनिक सुरक्षा की दृष्टि से हिम्मत एप (दिल्ली पुलिस), डॉयल 1090 (उ0प्र0 पुलिस), निर्भया पिस्टल, पैनिक बटन, पेपर स्प्रै, आदि के साथ सामाजिक, आर्थिक मजबूती देने के लिए शिक्षा क्षेत्रों मानव संसाधन मंत्रालय सम्बन्धित विश्वविद्यालय अनुदान आयोग भारतीय सामाजिक विज्ञान अनुसंधान परिषद के द्वारा–छात्रवृत्ति, अनुसंधान धनराशि व अनुदान आवंटित कर रही है। जिसमें पोस्ट ग्रेजुएट इंदिरा गांधी स्कोलरशिप फॉर सिंगल गर्ल चाइल्ड, पोस्ट डॉक्टरल फेलोशिप टू वूमेन कंडीडेट, राजीव गांधी नेशनल फेलॉशिप आदि है।

नई शिक्षा, नई स्वतन्त्रता, नए युग में मानव द्वारा अपनी सभ्यता संस्कृति को नई व सुविकसित दिशा देने में प्रयासरत है, लेकिन पिछले कुछ वर्षों में महिलाओं के साथ हुए, अमानवीय व्यवहार ने आधुनिक मानवीय प्रगति पर प्रश्न चिन्ह लगा दिये हैं। क्योंकि शाहबानों से शायरा बानों तक तीन तलाक (तलाक–ए–विद्दत) ने मुस्लिम महिला समुदाय को सामाजिक, शारीरिक व मानसिक रूप से प्रताड़ित किया है। 2017 में सुप्रीम कोर्ट के द्वारा तीन तलाक को अवैध घोषित करार दिया गया, जिसके उपरान्त पुरूषवादी सोच व मानसिकता के लोगों ने इसका विरोध किया। अर्थात् धर्म, जाति व संप्रदाय के नाम पर हमारे समाज में महिलाओं का शोषण होता रहा है। वहीं कुछ उदाहरण जैसे अरूणा शनबॉग, दुष्कर्म कांड, निर्मया दुष्कर्म कांड, पत्रकार तेजपाल द्वारा सहायिका का यौन शौषण, भंवरी देवी हत्या कांड (राजस्थान) हालांकि जम्मू व मंदसौर में नाबलिग बच्चियों के साथ हुए बलात्कार, निर्मम हत्या वही विशिष्ट शिक्षण संस्थान जवाहर लाल नेहरू विश्वविद्यालय,

दिल्ली में एक छात्रा ने अपने अध्यापक पर यौन उत्पीड़न का आरोप लगाया, और देवभूमि उत्तराखण्ड अगस्त 2018 में उत्तरकाशी में एक नाबालिग बच्ची को पांच लोगों ने हवस का शिकार बनाया तथा बाद में हत्या कर दी। कुछ धर्म गुरूओं पर आरोप सिद्ध हुए है कि उन्होंने धार्मिक लालच व अपने बाहुबल पर महिलाओं का यौन उत्पीड़न व बलात्कार किया, जिनमें चर्चित आसाराम, नित्यानंद, रामरहीम कांड प्रमुख है।

अन्त में प्रश्न यह उठता है कि भारत वर्ष में राष्ट्रपति, प्रधानमंत्री, स्पीकर, रक्षामंत्री, विदेश मंत्री, आर्थिक मामलों में राज्य मंत्री, प्रमुख विदेश सचिव, प्रमुख राष्ट्रीय पार्टियों की प्रमुख, राज्यपाल, मुख्यमंत्री, राज्य में प्रमुख सचिव, रक्षा–मिसाइल वैज्ञानिक, संघलोक सेवा आयोग अध्यक्ष एवं अखिल भारतीय सेवा, प्रांतीय सिविल सेवा, व केन्द्रीय सेवाओं सहित बैक, शिक्षण संस्थानों स्वास्थ्य क्षेत्रों में महिलाओं का प्रतिनिधित्व व नेतृत्व आज सराहनीय है, किन्तु देश में बलात्कार, महिला घरेलू हिंसा, यौन उत्पीड़न, सार्वजनिक स्थानों पर स्वतन्त्रतापूर्वक विचरण व अभिव्यक्ति की आजादी आज भी महिलाओं के लिए सोचनीय स्थिति में है।

उक्त विश्लेषण से स्पष्ट है कि भारतीय समाज में महिला वर्तमान में भी संघर्षरत है। महिला समुदाय राजनीतिक, सामाजिक, आर्थिक, सरकारी व निजी क्षेत्र परिवार समाज, समुदाय एवं वर्ग में स्वयं की पहचान स्थापित करने के लिए शिक्षा सहित विज्ञान प्रौद्योगिकी क्षेत्र, खेल के मैदान नये कीर्तिमान स्थापित कर रही है परन्तु 21वीं शताब्दी के इस दौर में जहाँ भारत दुनिया का सबसे ज्यादा जनाकिंकी लाभांश रखता है, वही आधी आबादी अपनी सुरक्षा, पहचान अस्तित्व की स्थिरता के लिए जूझ रही है। इसलिए बेहद आवश्यक हो जाता है कि महिला एवं पुरूष को मिलकर प्रयत्न करना है, जिससे भारतीय समाज आर्थिक समृद्धि, पारिवारिक सुख और आध्यात्मिक शांति के नए आदर्श, विश्व के सामने प्रस्तुत कर सकेगा।

सन्दर्भ ग्रन्थ सूची

1. देसाई, नीरा, ठक्कर ऊषा, भारतीय समाज में महिलाएँ, राष्ट्रीय पुस्तक न्यास, भारत–2009
2. सिंह, प्रो0 आशा, सिंह डॉ0 एस0पी0 महिला सशक्तिकरण,

निखिल पब्लिशर्स व डिस्ट्रीब्यूटर्स, आगरा 2017

3. शर्मा, जी0एल0, सामाजिक मुद्दे, रावत पब्लिकेशन, जयपुर–07 भारत 2015

4. सिंह, मीनाक्षी, प्राचीन धर्म एवं दर्शन में महिलाएँ, ओमेगा पब्लिकेशन, दरियागंज, नई दिल्ली–02, 2014

5. पालीवाल, कृष्णादत्त, नारी विमर्श की भारतीय परंपरा, सस्ता साहित्य मण्डल प्रकाशन, नई दिल्ली–001, 2014

2

महिलाओं की सुरक्षा का सवाल स्वयं महिलाएं हल करेंगी

डॉ0 राकेश राणा

सहायक आचार्य, समाजशास्त्र विभाग

एम0एम0एच0 कॉलिज, गाजियाबाद

महिला सुरक्षा का प्रश्न उतना ही पेचिदा होता जा रहा है जितना हम एक के बाद एक विकास के सोपानों को पार कर रहे हैं। महिलाओं पर होने वाले अत्याचारों में सर्वाधिक अपराधों की संख्या ऐसी होती है जिनके पीछे नशा एक बड़े कारक के रुप में छिपा होता है। गृह क्लेश और आपसी संबंधों का तनाव परिवार के पुरुष सदस्यों की नशे की लत के साथ उपस्थित होता है। हमनें मेरठ जनपद के मवाना ब्लाक के पिछड़े अंचल के गांव रहावती का अध्ययन इस गुत्थी को समझने की दृष्टि से किया। इस अध्ययन के केन्द्र में ग्राम रहावती की महिला ग्राम प्रधान सविता प्रभावी भूमिका में दिखती है। जो गांव की महिलाओं को एकजुट कर गांव में नशे की समस्या से दो चार होने की कोशिश करती है और रहावती की बहुत सी महिलाओं को राहत दिलाती है। महिलाएं कैसे अपनी सुरक्षा के लिए आगे आती है? और किस प्रकार पूरी सामाजिक–राजनीतिक व्यवस्था से लोहा लेती है इसी की बानगी है यह एकल अध्ययन।

जनपद मेरठ के मवाना ब्लाक मे ग्राम रहावती की सविता उम्र के 53 वर्ष पार कर चुकी है। 35 वर्ष पूर्व वह इस गाँव मे बहु बनकर आयी थी। जब से अब तक गॉव बहुत बदल चुका है सविता ने समाज के रीति, रिवाजों

और रूढ़ियों का लम्बाा जमाना देखा है। पढी लिखी सविता शुरू से ही महिलाओं के प्रति संवेदनशील और अपने हित अधिकारों के प्रति संजीदगी से सोचने वाली रही है। अपनी ससुराल मे भी पिछले तीन दशकों से अपने आस–पास की औरतों की तकलीफों में दखल करती रही है। किसी महिला पर कोई अत्याचार करता सविता तुरंत घर से बाहर निकलती और जानकारी करती, पीडित महिलाओं के पक्ष मे खुलकर खड़ी होती। धीरे–धीरे सविता की गांव रहावती में अपनी एक दबंग छवि बन गयी।

शायद उनके इसी स्वभाव में समाज और परिवार ने उनमें नेतृत्व देखा और स्वंय उसने अपने और अपनी बहनों के लिए कुछ करने की ठानी और कुछ ऐसा करने का मन बनाया जो समाज में कुछ बदलाव लाने वाला हो। इसलिए सविता ने 2004 के पंचायत चुनाव मे खम ठोकने का मन बनाया और गाँव मे अपने महिला साथी खोजने शुरू किये। सविता ने अपने अघोषित और अलिखित एजेण्डा में रखा औरतो के दुख दर्दों को। जो उसका जन्म से जीवन का एजेण्डा था क्योंकि पुरुष मानसिकता को सविता गहराई तक जानती थी और समाज की रग–रग पहचानती थी। पिछले तीन दशकों से इस गॉव को उसने जिया था। स्वभाव से मिलनसार और सहयोगी प्रवृति की, महिला हितों की भाषा बोलने वाली सविता महिलाओं में पहले से ही काफी लोकप्रिय थी। शायद इसीलिए उसे ज्यादा समय नही लगा गाँव को यह अहसास कराने में कि इस बार पंचायत चुनाव मे वह गॉव को प्रतिनिधित्व देना चाहती है। उसने एक सशक्त महिला प्रतिनिधि के रूप मे अपनी दावेदारी ग्रामीणों के सामने रखी। सविता चुनाव से सालों पहले चुनाव का मन बना चुकी थी। वह अपने संघर्ष को एक आन्दोलन की तरह राजनीतिक माहौल बनानें में जुट गई। सविता ने एक छिपे एजेण्डे के तोर पर गांव की विभिन्न जातियों के बीच महिलाओं को गोलबंद करना शुरु किया और एक सुदृढ ढंग की नेटवर्किंग की। कुछ उच्च शिक्षित पढी–लिखी महिलाओं को जोड़ा तो एक बड़ी संख्या उन दमित शोषित गांव की गरीब महिलाओं की भी थी जो जीवन संघर्ष से रोज दो चार होती है।

कोई भी आन्दोलन कुछ सामान्य मुददों पर ही आन्दोलन बनता है धीरे–धीरे समूह जैसे–जैसे विस्तार पाता है ताकत हासिल करता है और दिशा लेता है तो वैसे–2 उसमें आन्तरिक सुधारात्मक पहल सिर उठाने लगती है। लिंग आधारित मुद्दों को किसी आन्दोलन मे इसी तरह समझ सकते है

कोई भी समूह अपने सामुदायिक उत्पीडन को जैसे ही धीरे–2 समझता है और विरोध का स्वर फूंकने लगता है। औरतें अपने हक अधिकार की आवाज बुलन्द करने लगती है। मेरठ जनपद के मवाना क्षेत्र के ग्राम रहावती में भी ऐसा ही हुआ। सविता के नेतृत्व में रहावती की महिलाओं का संघर्ष उभरकर सामने आने लगा। धीरे–धीरे ये ग्रामीण महिलायें एक सतही मन से गहराई की तरफ जाने लगी। गांव की सब महिलायें निरन्तरता से मिलने लगी और अपने दुख दर्द साझा करने लगी। धीरे–धीरे वैचारिक स्पष्टता भी आने लगी कि हमारी परेशानियों की जड़ कहां है?

नारीवादी चिंतक मीरा सावदा एवं सुजाता घोटोस्कर मानती है कि महिलाओं के उत्पीड़न के पीछे नशाखोरी एक बड़ा कारण है। यहीं से शराब–विरोधी–आन्दोलन खड़ा हुआ है। भील आदिवासी औरतें शराब बनाने वाली भट्टीयों में जाकर शराब बनाने वाले बर्तन तोड़ डालती थी क्योकि वे अपने उत्पीडन की जड़े इन दारूखानों को ही मानती थी। स्त्रियां समूह में एकठ्ठी होकर एक गाँव से दूसरे गाँव जाने लगी। 1975 के मध्य यह आन्दोलन परवान पर था। शराब की भट्टीयाँ तोड़ना आम था। गाँव–गाँव मे महिलाओं ने अपने समूह बना लियें। जो महिला इन समूहो मे आकर अपने शोषण उत्पीड़न की बात बताती सब इक्कठी होकर सरेआम उसके पति को पीटती थी और पत्नी से मांफी मंगवाती थी। इस प्रकार शहादा आन्दोलन लम्बा चला। शराब की बिक्री और नशाखोरी के विरोध से लेकर पतियों की पिटाई तक इस आन्दोलन की पहचान है।

उत्तराखंड मे लम्बे समय़ तक चले शराब विरोधी आन्दोलन को भी समझने की जरूरत है यहाँ भी औरतों का विरोध शराबखोरों से ज्यादा शराब विक्रेताओं पर ही केन्द्रित रहा। अहिंसक ढंग से चला। यह आन्दोलन लम्बे समय से जारी हैं सरकारों के खिलाफ धरने प्रदर्शन और नीतियों को बदलने के दबाव के रूप मे इसकी पहचान है। पहाड़ी महिलाओं के साथ होने वाली घरेलू हिंसा की जड़ों में शराबखोरी मुख्य वजह है। यही कारण है कि पूरे हिमालय क्षेत्र में महिलाओं की गोलबंदी शराब विरोधी आन्दोलन के रुप में बडे स्तर पर दिखती है। इन तमाम अनुभवों को जब हम सविता की समझ के साथ मिलाने का प्रयास करते हैं तो इन ग्रामीण महिलाओं की वैचारिक सूझबूझ भी उतनी ही स्पष्ट नजर आती है जितनी इन बड़े आन्दोलनों की। सविता के नेतृत्व में रहावती गांव की ग्रामीण महिलाएं शराब के मुददे को

केन्द्र में रखकर सोचती–विचारती और संघर्ष करती है। महिलाओं के बीच की यह व्यापक समानता वास्तव में उनके समान दुख–दर्दों और एक सी परेशानियों के कारण है। क्यों बार–बार महिलाओं की एकजुटता उन्हीं पुरानी परेशानियों के इर्द–गिर्द ही होती हैं। यह एक बड़ी पड़ताल का प्रश्न है। हमने रहावती की ग्रामीण महिलाओं के संघर्ष को इसी बडे प्रश्न के संदर्भ में देखने समझने का प्रयास किया है।

सविता मजबूत सामाजिक–आर्थिक पृष्ठभूमि से आती है उसका मायका भी मजबूत किसान परिवार वाला है और ससुराल भी। इसलिए अनुकूल परिस्थितियां उसे नेतृत्व क्षमता प्रदान करने मे बड़ी भूमिका निभाती दिखती है। सविता का परिवार छोटा है मगर परिवार मे वह बड़ी भूमिका निभाती है। परिवार में एक पुत्र और दो पुत्रियां है। जो मेरठ शहर मे रहते है और अच्छी शिक्षा ग्रहण कर रहे हैं। सविता के पति गाँव में अच्छे जमीदार हैं अपनी खेती–बाडी संभालते हैं। अच्छी खासी जमीन पर उनका मालिकाना हक है। यह परिवार गॉव के अच्छे समृद्ध सम्पन्न और परिवारों मे गिना जाता है। तमान परिस्थितियां सविता के पक्ष में है। इन सभी संतोषजनक परिस्थितियों ने समाज और महिलाओं के लिए सविता को कुछ करने के लिए प्रेरित किया है।

कुछ चिंताएं महिलाओं की, कुछ कर गुजरने की इच्छा ने सविता को पंचायत चुनावों में महिला साथियों के साथ रणभेरी बजाने को आखिर खड़ा कर ही दिया। अब पंचायत चुनाव में कई बडें लोगों, पहले से स्थापित पुरुष नेताओं से कड़ा मुकाबला था। यहाँ तक कि पूर्व प्रधान भी मैदान में था। जो अपने पूरे कार्यकाल के दौरान किये कामों के नाम पर वोट गांग रहा था और उसने कुछ बड़े काम गांव में इसी मंशा से किये भी थे कि अगली बार फिर प्रधान बनना है। किन्तु सविता एक उम्मीदवार के तौर पर ग्रामीणों के सम्मुख गॉव की बहु या एक प्रतिष्ठित परिवार की छवि के तौर पर नही आयी बल्कि वह एक सशक्त महिला के रूप मे चुनाव मैदान में उतरी। सविता केवल महिलाओं के मुददो की गुंज के साथ चुनाव लडने के लिए आगे आयी। जिसमें उसने घोषणा कि यदि मुझे मेरे गाँव की बहनों ने ग्राम प्रधान के रूप में चुना तो मेरा पहला और मुख्य काम होगा गाँव से शराब के ठेकों को खत्म करना। क्योंकि सविता जानती थी कि गाँव की अधिकांश औरतों के जी का जंजाल यह ठेका ही है। गाँव की औरतों पर होने वाले अत्याचार, उत्पीड़न

और शोषण की जड मे इस ठेके का बड़ा हाथ है। इसलिए सविता ने गॉव की महिलाओं की दुखती नब्ज पर हाथ रखा और कूद पडी चुनाव मैदान में। सविता को गॉव की महिलाओं का भरपूर सहयोग, साथ और समर्थन मिला। गॉव की औरतों ने इस मुददे पर अपने परिवार और पतियों के खिलाफ जाकर भी सविता को वोट दिया। क्योंकि रहावती की ग्रामीण महिलाओं के जीवन को शराब गहराई तक प्रभावित कर रही थी। सविता की चुनाव में जोरदार विजय के पीछे गॉव की महिलाओं का अटूट सहयोग और शराब विरोध के मुददे पर मिला जन समर्थन रहा। सविता रिकार्ड मतों से ग्राम रहावती की प्रधान के रूप मे चुनी गई। चुनाव के बाद भी सविता गांव की सब महिलाओं से उसी तरह घुली–मिली रही और किसी तरह के नकारात्मक बदलाव की शिकार नही हुई। ग्रामीण महिलाओं के साथ उनके हर दुःख दर्द मे पहले जैसी ही शिकरत करती दिखती रही। चुनाव जीतने के साथ ही सविता अपने मिशन पर लग गई। उसने गाँव से ठेके को हटवाने की कानूनी कारवाही शुरू कर दी। कागजी प्रयास पहले ही दिन से शुरू कर दिये। इस मुद्दे पर गाँव से जन समर्थन जुटाने के प्रयास और तेज कर दिये सविता ने। विभिन्न चरणों मे अपने मिशन को आगे बढ़ाती हुई सविता ने कोई कोर कसर बाकी नही छोड़ी बल्कि एक के बाद एक तरीका अपनाती गई। जब उसे लगा की शुद्ध अहिंसक ढंग से कोई सार्थक परिणाम नही निकलने वाला है तो उसने आगे की रणनीति पर चुपचाप योजना बनानी शुरू किया।

सविता ने अपने ग्राम प्रधान निर्वाचित होने के छः माह बाद ही गाँव की महिलाओं से किये अपने वादे के अनुरूप गॉव से ठेके को हटवाने को लेकर गाँव की महिलाओ को गाँव स्तर पर संगठित करने का काम चुपचाप पूरा कर लिया। सबको विश्वास में लेकर आगे की ठोस रणनीति बनायी। अपनी महिला साथियों को मजबूत बनाया और तार्किक योजना के आधार पर अपना एक ग्रुप बनाकर अलग–अलग जिम्मेदारिया बॉट ली। गाँव की महिलाओं ने ठेका हटाने का संकल्प लिया। सबने मिलकर ईमानदारी से साथ देने की कसम खायी। सविता ने तीन–चार महीनों के अन्दर एक व्यापक आन्दोलन की पृष्ठभूमि तैयार कर ली। गाँव स्तर पर नेटवर्क तैयार कर महिलाओं को गॉव के बाहर ब्लाक और जिला स्तर पर मुददे को ले जाने की तैयारी पुख्ता ढंग से की। अपनी मांगों को अपने हक–अधिकारों के साथ–साथ मीडिया के जरिए भी आगे बढाना शुरु किया। उसके बाद आन्दोलन को अहिंसक तौर

तरीको से आगे बढाकर थोडा उग्रशैली मे ढालने की तैयारी शुरु कर दी। शुरू मे पत्र लिखना, प्रार्थना पत्र देना, मजिस्टेट को ज्ञापन देना, शासन से लिखित आग्रह करना यह सब किया। दूसरा चरण ब्लाक और जिला मजिस्ट्रेट के सम्मुख धरना प्रदर्शन किया गया। अब दूसरा चरण भी अब अंतिम स्तर पर था शासन प्रशासन के कान पर जूं नहीं रेंग रही थी। अब सविता ने अंतिम चरण की प्रभावी कार्यवाही करने का मन बनाया और आन्दोलन को उग्रता के साथ थोड़ा हिंसक बनाने का मन बना लिया। अपनी महिला साथियों के समूह में कोर ग्रुप से सलाह मशविरा कर ठेके को समाप्त करने की सीधी कार्यवाही स्वंय करने का मन बना लिया। सविता ने अपनी महिला साथियों से एक से एक लम्बी मीटिंग अपने ही आवास पर की और शीघ्र आर–पार की लड़ाई लड़ने का निर्णय लिया।

सविता ने सुबह–सुबह अपनी सब साथियों को अपने घर आने को कहा और थोड़ी देर बाद ही सबको सबकी अलग–अलग जिममेदारी सौंपकर गॉव में भेज दिया। सविता के इशारे पर उसकी सहयोगी महिला साथियो ने दोपहर तक पूरे गॉव की सभी वर्गो, जातियों की महिलाओं को तैयार कर लिया और तत्काल सविता प्रधान के आवास पर इक्कठा होने को कहा। गांव के पुरुष कुछ समझ ही नहीं पाये। देखते ही देखते समय से पहले ही पूरे गाँव की कई सौ महिलायें प्रधान के घर आकर जम गई। तभी सविता जी ने कुछ लाठी डंडों का इंतजाम कराया और अपने महिला दल को लेकर दलित बस्ती मे चल रहे ठेकों की तरफ बढ़ना शुरू कर दिया। चुपचाप बिना किसी सुचना और शोर–शराबे के। दस मिनट के अन्दर ठेके पर पहुंची तमाम महिलाओ ने ठेके पर धावा बोल दिया। महिलाओं का नेतृत्व ग्राम प्रधान सविता जी बराबर बड़ी सुझबूझ के साथ कर रही थी। देखते ही देखते सविता और उसकी महिला साथियों ने ठेके की ईंट से ईंट बजा दी। बोतलों से बोतलें बजा दी। कुछ ही मिनटों मे जमीन एकसार कर दी। ठेकेदार और उसके समर्थकों को गाँव के बाहर तक दौड़ा–दौड़ा कर पीटा। घटना स्थल पर काँच की बोतलों का टूटा काँच उन टूटती मान्यताओं की गवाही दे रहा था जो अभी तक ग्रामीण महिलाओं को तोड़ने वाला बना हुआ था। आखिर इन महिलाओं ने साहस दिखाकर अपने सपने को साकार किये अपनी जिंदगी को बदलने मे अपनी पहलकदमी से व्यवस्था से टकराने की हिम्मत दिखाई और अपनी जिंदगी में खुद बदलाव लाई।

जैसा होता है वही हुआ घटना के बाद सविता और उसकी कुछ मुख्य साथियों पर संगीन धाराओं में झूठा–सच्चा मुकदमा दर्ज हुआ। लेकिन ये साहसी महिला डटी रही और तमाम कानूनी दांव पेचों का सामना किया सब कानूनी झमेलों से दो चार हुई और अन्ततः सभी बाइज्जत बरी हुई। प्रशासन ने ठेके को गाँव से हटाने का फैसला सुनाया। रहावती की बहादुर महिलाओं की जीत हुई। गांव की सब महिलाओं ने मिलकर अपने शोषण की जड़ को पहचाना और एकजुट होकर उखाड़ फेंका। इन ग्रामीण महिलाओं ने समाज के सम्मुख एक सकारात्मक मॉडल सामाजिक बदलाव का पेश किया कि कैसे संघर्ष कर शोषण से मुक्ति पाई जा सकती है। रहावती गॉव की महिलाओं का यह ईमानदार सामूहिक प्रयास जनपद के अन्य क्षेत्रों और गांवों की महिलाओं के लिए भी मिशाल बना, सबके लिए प्रेरणा बना। इस सामूहिक सशक्त पहल की सूत्रधार थी ग्राम रहावती की नवनिर्वाचित महिला ग्राम प्रधान श्रीमति सविता रानी। सविता के साहस भरे फैसले ने दिलायी रहावती की औरतों को राहत। गांव गांव बने ऐसी महिला प्रधान सब यही चाहने लगे और सविता की प्रसिद्धि का परचम लहराने लगा। अधिकतर महिलाएं शराब की समस्या से दोजखद्द वाला जीवन जीने को अभिशप्त है। उनके परिवार की अर्थव्यवस्था को कमजोर करने में शराब मुख्य कारण है। पीने वाले की सेहत को खराब करने में, उसकी कार्य क्षमता और उत्पादकता को बर्बाद करने के केन्द्र में शराब ही है।

यह अध्ययन स्पष्ट करता है कि महिला मुक्ति का मार्ग स्वयं उनके प्रयासों में छिपा है। वह चाहे महिलाओं की सुरक्षा का सवाल हो या उनके सशक्तिकरण का सपना हो स्वयं महिलाएं ही उसे कर सकती है। पुरुष प्रधान समाज और शक्तिशाली राज्य अपने हितों में कटौती कर महिलाओं को न आजादी देगा, न सुरक्षा देगा और न शक्ति देगा। इसलिए महिला अपने सुरक्षा कवच अपने ढंग से तय करे तभी वह सुरक्षित होगी और सशक्त भी।

संदर्भ–ग्रंथ सूचीः

1. 14 मई 2006 अमर उजाला– चाहे जान चली जाये ठेका तो चलने नही देगें –मेरठ मवाना
2. 11 जून 2006– दैनिक जागरण– शराब ठेको पर ताला ठोका मु0 नगर खतौली

3. 05 अप्रैल 2006 अमर उजाला– ठेका कर्मचारियों और महिलाओं मे संघर्ष बुलन्दशहर

4. 01 जून 2006 हिन्दुस्तान– शराब ठेकों के खिलाफ महिलाओ का प्रदर्शन मेरठ

5. 05 जनवरी 2008–अमर उजाला– गुस्साई महिलाओं ने नेस्तानाबूत कर दिये शराब के अडउे–परीक्षतगढ

6. 24 सितंबर 2002–दैनिक जागरण –नशामुक्त राज्य को लेकर महिलाए सड़कों पर उतरी –हल्द्वानी उत्तराचल

7. 08 जून 2008– दैनिक भास्कर– महिलाओ ने कराई शराब की दुकान बन्द जयपुर राजस्थान

8. 23 मई 2008 – दैनिक भास्कर जयपुर मे शराब के खिलाफ आन्दोलन सडको पर – जयपुर राजस्थान

9. 22 जून 2008 राजस्थान पत्रिका – मंदिरालयों के खिलाफ आक्रोश फूटा जयपुर राजस्थान

10. 28 मार्च 2005 –ग्रासरूट – शराबखोरी के खिलाफ महिलाओ ने छेडी जंग – हजारीबाण झारखंड

11. 16 मई 2006 –दैनिक जागरण – समाज बचाने का आन्दोलन –शराब विरोधी अभियान।

12. 26 अक्टूबर 2006 –हिन्दुस्तान – पहले शराब बेचने को उकसाया फिर वसूली की – इंचौली मेरठ

13. 23 फरवरी 2002 – जनसस्ता– नशे पर रोक से थमेगा महिला उत्पीड़न।

14. 2005– नशे व जुए की लत मे पत्नी की इज्जत – मु0 नगर, अमर उजाला

अध्याय–3

कार्यशील महिलाओं की सामाजिक एवं कार्यस्थल पर समस्याएं एवं समाधान

डा0 किशोर कुमार एसोसिएट प्रोफेसर (इतिहास)

कु0मायावती राजकीय महिला स्नातकोत्तर महाविद्यालय, बादलपुर, गौतमबुद्धनगर

आधुनिक आत्मनिर्भर कामकाजी महिलाओं और सेवाओं में बढ़ती भागीदारी को प्रायः महिला सशक्तिकरण के परिप्रेक्ष्य में देखा जाता है, महिला सषक्तिकरण के व्यापक अर्थ है परिवार और स्वयं के जीवन की दशा को दिशा देने की स्वतन्त्रता, विचारों का सम्मान और दोयम दर्जे से मुक्ति। हमारा संविधान स्त्री और पुरूष को समान अधिकार प्रदान करते है परन्तु समाज यह मानने को मानसिक रूप से तैयार नही है कि जीवन के हर क्षेत्र में महिलाओं की समान भागीदारी संभव है अतः महिलाओं के प्रति समाज की मनोदषा मुख्य समस्या है कार्य क्षेत्रों में कामकाजी महिलाओं की सुरक्षा एवं संरक्षा एक अन्य महत्वपूर्ण समस्या है विडम्बना ही है कि एक पीडित महिला को सामाजिक रूप से अपनी पहचान गुप्त रखनी पडती है जबकि पीड़क सामान्य जीवन व्यतीत कर सकता है, जो हमारी सामाजिक विकृति का स्पष्ट करता है।

आज के दौर में महिलाएं शिक्षा, पत्रकारिता, कानून, चिकित्सा या इंजीनियरिंग के क्षेत्र में उल्लेखनीय सेवाएं दे रही हैं. पुलिस और सेना में भी

वे जिम्मेदारी निभा रही रही है, पर ज्यादातर महिलाओं को पेशेवर जिम्मेदारियों के साथ ही घर की जिम्मेदारी भी उठानी पड़ती है. जिसका उनके स्वास्थ्य पर विपरीत असर पड़ता है।

बदलते वक्त ने महिलाओं को आर्थिक, शैक्षिक और सामाजिक रूप से सशक्त किया है और उनकी हैसियत एवं सम्मान में वृद्धि हुई है. इसके बावजूद अगर कुछ नहीं बदला तो वह है महिलाओं की घरेलू जिम्मेदारी। खाना बनाना और बच्चों की देखभाल अभी भी महिलाओं का ही काम माना जाता है, यानी अब महिलाओं को दोहरी जिम्मेदारी निभानी पड़ रही है. घरेलू महिलाओं की तुलना में कामकाजी महिलाओं पर काम का बोझ ज्यादा है. इन महिलाओं को अपने कार्यक्षेत्र और घर, दोनों को संभालने के लिए ज्यादा मेहनत करनी पड़ रही है।

स्वास्थ विशेषज्ञों के अनुसार ऑफिस और घर संभालने की दोहरी जिम्मेदारी के कारण तनाव बढ़ता है और बीमारियां पैदा होती हैं. अपनी जिम्मेदारियों को पूरा करने के चक्कर में महिलाएं अक्सर अपनी सेहत को नजरअंदाज करती है. एसोचैम के सर्वे के अनुसार 78 फीसदी कामकाजी महिलाओं को कोई ना कोई लाइफस्टाइल डिसॉर्डर है. 42 फीसदी को पीठदर्द, मोटापा, अवसाद, मधुमेह, उच्च रक्तचाप की शिकायत है. इसी सर्वे के अनुसार कामकाजी महिलाओं में दिल की बीमारी का जोखिम भी तेजी से बढ़ रहा है. 60 प्रतिशत महिलाओं को 35 साल की उम्र तक दिल की बीमारी होने का खतरा है. 32 से 58 वर्ष उम्र की महिलाओं के बीच हुए इस सर्वे के अनुसार 83 प्रतिशत महिलाएं किसी तरह का व्यायाम नहीं करती और 57 फीसदी महिलाएं खाने में फल—सब्जी का कम उपयोग करती हैं.

दोहरी जिम्मेदारियों की बोझ के चलते तनाव एवं अन्य स्वास्थ्य संबंधी समस्याओं से घिर चुकी महिलाओं को अब अपने लिए समय निकालने की जरूरत है. अपनी स्थिति के लिए कुछ हद तक महिला स्वयं जिम्मेदार है. खाना बनाने से लेकर बच्चों की परवरिश को वह अपनी प्राथमिकता मानती है. इस सोच में बदलाव जरूरी है. जिन घरों में पति या अन्य परिजन कामकाज में हाथ बंटाते हैं वहां महिलाओं का स्वास्थ अपेक्षाकृत बेहतर पाया जाता है. स्वस्थ महिला, स्वस्थ परिवार और स्वस्थ समाज का निर्माण करती है इसलिए महिलाओं को तनाव मुक्त और काम के बोझ से मुक्त रखना परिवार

की जिम्मेदारी है.

जब भी कामकाजी महिलाओं की बात आती है तो एक ऐसी तस्वीर सामने आती है जिसमें एक महिला के बहुत से हाथ दिखाए गए हैं। सबसे हैरानी की बात यह है कि हर हाथ कोई ना कोई काम करते हुए दिखाया गया है कुछ हाथ घरेलू कार्य जैसे सफाई, खाना बनाना और बच्चों की देखभाल करते नजर आते हैं, तो कुछ हाथ नौकरी से जुड़े अन्य कार्य करते हुए दिखाए जाते हैं। उस तस्वीर को देखकर ऐसा लगता है कि महिलाएं बिना रुके, बिना थके हर काम कर सकती हैं जैसे कोई मषीन या रोबोट हो। क्या वास्तव में ये तस्वीर महिला सशक्तिकरण की सही परिभाषा को बयान करती है? या फिर कामकाजी महिलाओं के रोजाना की दिनचर्या की कड़वी सच्चाई, जो महिलाओं पर काम के दोहरा बोझ है उसको बयान करती है?

कामकाजी महिलाओं और कामकाजी पुरुषों की जिंदगी में उतना ही अंतर है जितना कि लैगिंक आधार पर मिलने वाले वेतन में है। एक पुरुष सुबह अपने नौकरी के लिए तैयार होता हैं और 8 घण्टे की नौकरी करके शाम को घर आ जाता हैं। सुबह की चाय से लेकर रात के खाने तक की कोई भी जिम्मेदारियों में उसकी भागीदारी ना के बराबर हैं लेकिन दूसरी तरफ एक कामकाजी महिला सुबह की चाय से लेकर रात के खाने तक हर किसी बात के लिए जिम्मेदार मानी जाती है। सुबह बच्चों को स्कूल भेजने से लेकर रात को रसोई की सफाई तक हर जगह अपनी भागीदारी निभाती हैं। इस दिनचर्या में उनका ऑफिस में किया गया काम और थकान का कोई मायने ही नही रह जाता।

सामाजिक रूप से इस समाज की रूढ़िवादी मान्यता है कि अच्छे परिवार की महिलाएं काम पर नही जाती हैं। लेकिन आर्थिक पहलू को देखते हुए बहुत सी महिलाएं बाहर काम करने के लिए जाती हैं। कामकाजी महिलाओं की आय को कभी महत्व नही मिलता क्योंकि सामाजिक रुप से माना जाता है कि औरतों की कमाई से घर नही चलते। दूसरा हमेशा एक कामकाजी महिलाओं के चरित्र को लेकर बार–बार समाज और परिवार वाले सवाल उठाते रहते हैं।

गौरतलब है कि महिलाएं घरों में जो घरेलू कार्य करती हैं, उन कार्यों का कोई महत्व नही समझा जाता क्योंकि लोगों को लगता हैं कि घर में

किया गया कार्य आर्थिक रूप से कोई योगदान नही देता। सही मायने में देखे तो महिलाएं द्वारा किये गए घरेलू कार्य आर्थिक रूप से सीधा–सीधा योगदान देते हैं लेकिन सामाजिक तौर पर घरेलू कार्य करना महिलाओं की ही मुख्य जिम्मेदारी मानी जाती है। परिवारों में आज भी किसी महिला को तब तक बाहर कार्य करने देते है जब तक की उसका असर घरेलू कार्यो पर नही पड़ता। जब नौकरी की वजह से कोई महिला घरेलू कार्यों को नही कर पाती तो परिवार को इस बात से समस्या होने लगती है।

भारत विकास रिपोर्ट 2017 में विश्वबैंक ने सुझाव दिया है कि अर्थव्यवस्था में अधिक महिलाओं की भागीदारी से देश में दोहरे अंक की वृद्धि सुनिश्चित की जा सकती है। विश्वबैंक की रिपोर्ट के अनुसार हम महिलाओं की सुरक्षा और उसके सशक्तिकरण की कितनी ही बातें क्यों न करें, मगर सच्चाई यह है कि 21वीं शताब्दी में भारत में महिलाओं की स्थिति में खास परिवर्तन नहीं आया है। भारत में उन महिलाओं को ज्यादा परेशानियों का सामना करना पड़ता है, जो घर से बाहर निकलकर नौकरी करती हैं। सार्वजनिक स्थानों में यौन उत्पीड़न का सामना करना पड़ता है। वे हिंसा की भी शिकार होती है। इसके अलावा नौकरी करने के लिए महिलाओं को पति से इजाजत लेनी पड़ती है।

एक तरफ हम अर्थव्यवस्था में महिलाओं की भागीदारी को सुनिश्चित कर के देश के विकास का सपना देखना चाहते हैं, लेकिन कामकाजी महिलाओं के साथ हो रहा भेदभावपूर्ण व्यवहार पर बात नहीं करना चाहते, यह किये बिना किसी भी प्रकार के विकास संभव नही है। महिलाओं को एक जैसे काम के लिए भी पुरुषों से कम वेतन मिल रहा है और इसके साथ साथ यौनिक हिंसा की स्थितियों का भी सामना करना पड़ जाता है सिर्फ यही पर उनकी परेशानियां खत्म नही हो जाती, ऑफिस के बाद घर के सारे काम की जिम्मेदारी महिलाओं को मानसिक और शारीरिक रूप से तोड़ देती है।

आजादी के बाद नारी शिक्षा की स्थिति में सुधार के कारण उच्च मध्यवर्गीय के साथ–साथ आम शहरी मध्यवर्गीय परिवारों की नारियाँ भी शिक्षित हुई और उन्होंने अपने पैरों पर खड़े होने की कोशिश की। कई महिलाओं ने उसमें सफलता भी प्राप्त की, लेकिन पितृवादी सोच हमेशा उनके आड़े आती है, जो उनकी परेशानियों का कारण बनती है। घर के बाहर की

समस्या ऑफिस में अभी भी पुरुषों की तुलना में महिलाओं की संख्या कम। फलतः वे पूरी तरह से सहज नहीं हो पाती हैं। इसके अतिरिक्त अन्य समस्याऐं भी कामकाजी महिलाओं के समक्ष आती है यथा–

- कामकाजी महिलाओं को कार्यक्षेत्र में आने जाने की सुरक्षा की समस्या।
- ऑफिस में 'सेक्सुअल हरासमेंट' का डर।
- अपने सहकर्मी से पर्याप्त सम्मान नहीं मिल पाना।
- महत्त्वपूर्ण भूमिका न दिये जाना।
- प्रत्यक्ष/अप्रत्यक्ष तौर पर मजाक बनाना।
- महिलाएँ अधिकांशतः असंगठित क्षेत्र में ही हैं, अतः जीवन, व्यवसाय इत्यादि की असुरक्षा तथा निम्न वेतन।
- मनोवैज्ञानिक दबाव।
- स्वास्थ्य समस्यायें।
- कल्याणकारी योजनाओं की जानकारी का अभाव।
- जैविक कार्यों (मातृत्व इत्यादि) के लिये भी पर्याप्त छुट्टी न मिल पाना।

कामकाजी महिलाओं की समस्या पर चर्चा करते समय उनकी घरेलू जिन्दगी भी इसके अंदर समाहित हो जाती है । आधुनिक कामकाजी महिला की छवि कैसी है? भारतीय कामकाजी महिला का संबंध समाज के मध्यम वर्ग या निम्न मध्य वर्ग से होता है । उच्च–वर्ग की स्त्रियाँ जीवन निर्वाह के लिए कार्य नहीं करती। कार्य करने के पीछे उनका उद्देश्य समय बिताना होता है। जबकि घरेलू कार्यों में भी उनकी कोई भूमिका नहीं होती, घर के काम–काज उनके लिए अज्ञात होते हैं । एक मध्य अथवा निम्न मध्य वर्ग की कामकाजी महिला का नसीब ऐसा नहीं होता हैं । निरूसंदेह उसकी स्थिति दो नावों में सवार व्यक्ति के समान होती है क्योंकि एक ओर उसे कार्यालय में तनाव के नीचे कार्य करना होता है, स्त्री होने के कारण अधिकारी वर्ग उसे दबाने की कोशिश में लगा रहता है ।

चाहे वह कितनी भी कठोर उद्यमी क्यों न हो, सभी उसकी गलती निकालने और डाँटने में अपना पुरुषत्व सार्थक समझते हैं। बेचारी स्त्री जीविका से हाथ धो बैठने और अन्य कर्मचारियों, परिवार और समाज के सामने प्रतिष्ठा की हानि के डर से आवाज नहीं उठाती है । उसका जीवन तलवार की धार पर चलने के समान होता है । इसके अतिरिक्त उसे घरेलू दायित्वों को भी निभाना होता है। कार्यालय में इतना समय व्यतीत करने के कारण उसकी घरेलू जिन्दगी में भी अस्त–व्यस्तता आ जाती है । वह अपने घर के कामों को ठीक ढंग से करने में सक्षम नहीं हो पाती है ।

पश्चिमी देशों की तरह भारत में घरेलू कामों के पति पत्नी का हाथ नही बँटाते है। कार्यालय से थकी–मांदी घर लौटने पर उसे बच्चों, पति की आवश्यकताओं को देखना पड़ता है। खाना बनाना, मेहमानों की तीमारदारी और उस पर भी सदैव खुश दिखाई देना ही भारतीय कामकाजी महिला की नियति है।

निश्कर्ष एवं समाधान–यह सार्वभौमिक सत्य है कि आज अधिकांश कामकाजी महिलाऐं अपनी भूमिका और कार्य के मध्य संघर्ष का अनुभव करती है। यह संघर्श उनके व्यक्तित्व पर प्रतिकूल प्रभाव डालता है और वे दोनों में से किसी भी स्थान से भाग नहीं सकतीं अधिकांश महिलाएं अपने से अत्यधिक समझौता करके परिवार और कार्यस्थल के बीच सामंजस्य करती हैं। कामकाजी महिलाओं को कार्य के दौरान अनेक समस्याओं का सामना करना पड़ता है तथा परिवार के सदस्यों का सहयोग भी उन्हें या तो मिलता ही नहीं है या बहुत कम मिल पाता है। अतः जब तक घर गृहस्थी के कार्यो में कामकाजी महिलाओं की सहायता उनके पति व अन्य सदस्यों के द्वारा नहीं की जायेगी तब तक कामकाजी महिलाओं का कार्य का बोझ हलका नहीं होगा। अतः आवश्यकता इस बात की है कि महिलाओं के दायित्वों के प्रति पुरूष मानसिकता को परिवर्तित किया जाये अन्यथा कामकाजी महिलाओं को दोहरे कर्तव्यों का पालन करते हुए संघर्ष का सामना करना ही पड़ेगा। कामकाजी महिलाओं की जिंदगी मे संघर्ष करने हेतु कुछ सुझाव दिये गये है यथा–

- घर से बाहर, जैसे– ऑफिस, परिवहन के साधन इत्यादि की व्यवस्था इतनी सुरक्षित एवं 'वुमन फ्रैंडली' हो कि वे वहाँ

सुरक्षित महसूस कर सकें।

- समाजिक व राजनैतिक जीवन में अधिक सहभागिता।
- सभी कार्य क्षेत्रों से घर तक महिला कैब की व्यवस्था की जाये।
- महिलाओं के प्रति परिवार और समाज की सोच में बदलाव।
- प्रोन्नति में समानता।
- पुरूष स्त्रियों के साथ उपेक्षित व्यवहार न करें।
- इनकी जैविक आवश्यकता को देखते हुए छुट्टियों की पर्याप्त व्यवस्था हो।
- संगठित क्षेत्रें में तो 'मातृत्व लाभ' अब अनिवार्य हो गया है परंतु असंगठित क्षेत्र में भी ऐसी कुछ व्यवस्था हो या फिर सरकार की ओर से कुछ वित्तीय सुरक्षा दी जाए।
- 'डॉमेस्टिक हेल्प' को विनयमित तथा सुरक्षित बनाया जाए, ताकि महिलाओं की सहायता हो सके। तभी हम सार्वजनिक जीवन में महिलाओं की अधिकाधिक भागीदारी बढ़ा सकेंगे और अरुंधति राय, चंदा कोचर, किरण मजूमदार की तरह अनेक महिला उद्यमी, लोक सेवक बन सकेंगी।
- देश की अर्थव्यवस्था में महिलाओं की भागीदारी को तभी सुनिश्चित किया जा सकता है जब घरों में घरेलू काम में पुरुषों की भागीदारी सुनिश्चित की जाए। घरों में बचपन से ही लड़कों को घरेलू काम के प्रति जागरूक और जिम्मेदार बनाने की जरूरत है ताकि बड़े होकर उन्हें ये ना लगे कि घरेलू कार्य तो सिर्फ महिलाओं से ही जुड़े हैं। बहुत जरुरत है कि हम घरों में पुरुषों को घरेलू काम में काम का साथी बनाए तभी कामकाजी महिलाएं काम के दोहरे बोझ स मुक्त हो पाएंगी।

आज जीवन के हर क्षेत्र में महिलायें अपनी योग्यता और क्षमता का परिचय दे रही है। कार्यक्षेत्र की जिम्मेदारियों को बखूबी निभा रही है। अगर पुरूष महिलाओं के साथ प्रत्येक मार्ग पर कंधे से कंधा मिलाकर चले और उनको अपना पूरा सहयोग दें तो महिलाओं के विकास की धारा अनवरत चलती रहेगी तभी एक स्वस्थ समाज और सुखी परिवार का सपना साकार हो सकेगा। समाज अपनी मानसिकता को बदले तभी महिलाओं के कार्यक्षेत्र में आने वाली सभी बाधाएँ दूर हो सकेगी।

सन्दर्भ सूची

1. भारतीय समाज में नारी, प्रज्ञा षर्मा, पोइन्टर पब्लिकेषन, नयी दिल्ली 2001
2. नारायण अखिलेष, महिला एवं बाल कानून, आगरा लॉ एजेन्सी
3. वर्मा संजय, तकदीर बदलती महिलाएं, समाज कल्याण, वर्श 55 अंक 6 फरवरी 2010
4. दैनिक जागरण 11 मार्च 2017
5. हिन्दूस्तान 8 मार्च 2017
6. सिन्हा पुश्पा, रोल कनफिलिक्ट अमंग द वर्किंग वूमेन, अनमोल पब्लिकेषन ,नयी दिल्ली
7. कुमार राज, नारी के बदलते आयाम, नयी दिल्ली

अध्याय–4

महिला शोषण के इतिहास में धर्म की भूमिका

डॉ0 पूनम

सहायक प्रोफेसर, इतिहास विभाग

बैकुण्ठी देवी कन्या महाविद्यालय, आगरा

लगभग बीस लाख साल पहले मानव, फल तथा कंदमूल पर जीवित रहता था। प्रारम्भ में शिकार स्त्री और पुरूष दोनों मिलकर करते थे। पाषाण काल से ऐसे चित्र प्राप्त हुये हैं जो इस बात की पुष्टि करते हैं। प्रारम्भ में स्त्री पुरूष के समान ही बलशाली थी। हड़प्पा काल से प्राप्त हुये एक चित्र में स्त्री को सिर पर भारी बोझ उठाये हुये दिखाया गया है जो कि पुरुष के साथ उसकी समानता को दर्शाता है। परंतु जैसे–जैसे कृषि का विकास हुआ और मानव का खानाबदोश का जीवन समाप्त हुआ और उसने अपना स्थायी निवास बनाकर रहना प्रारम्भ किया, यहीं से स्त्री और पुरुष के कार्यों का विभाजन हुआ। स्त्री का काम बच्चों के पालन–पोषण के साथ–साथ घर संभालने तक सीमित रह गया।

भारत में हड़प्पा और मोहनजोदड़ो की सभ्यता के अवशेषों से मातृसत्तात्मक समाज के साक्ष्य प्राप्त हुये हैं। सिन्धु घाटी सभ्यता में देवियों की मूतियाँ बहुतायत में प्राप्त हुई हैं। कुछ विद्वानों का विश्वास है कि माँ देवी, शिव तथा पीपल के पेड़ की पूजा और योगध्यान प्रक्रिया हिंदू धर्म को सिंधु घाटी सभ्यता की ही देन है। नव ऐतिहासिक काल के भूमध्य सागर के क्रीठ द्वीप में मिले देवियों के अवशेषों से पता चलता है कि तत्कालीन धर्म में उनका

खास महत्व था। इन देवियों को विभिन्न रूपों, मुद्राओं, भूमिकाओं तथा परिवेशों में दर्शाया गया है।

संक्षेप में कहा जाये तो जब तक समाज छोटा, सहज था और उत्पादन के तरीके इतने विकसित नहीं थे, धर्म भी सहज और सरल बना हुआ था। ऋग्वैदिककाल बहुत कुछ समतावादी था। धार्मिक अनुष्ठान स्त्री–पुरुष दोनों मिलकर करते थे। स्त्रियों को समाज में सम्मान की दृष्टि से देखा जाता था। ऋग्वैदिककाल में स्त्रियों को उपनयन संस्कार का अधिकार था। हालांकि संघर्षरत समाज के चलते वे राजनैतिक अधिकारों से वंचित थीं, हालांकि धार्मिक सम्मेलनों में उन्हें शामिल होने का अधिकार था। लेकिन जैसे–जैसे अर्थव्यवस्था विकसित हुई वैसे ही धार्मिक अनुष्ठान सहज होने के स्थान पर जटिल हो गये। अब धार्मिक कर्मकांड में बाह्य आडम्बरों को स्थान मिलना प्रारम्भ हो गया। अर्थव्यवस्था विकसित होने के साथ–साथ दमन तथा शोषण के तरीके भी विकसित हुये। सामाजिक तथा राजनीतिक व्यवस्था में ताकतवरों, शोषकों का वर्चस्व स्थापित होने लगा। परिवार के भीतर भी शारीरिक रूप से ताकतवर पुरूष प्रभावी होने लगे। उत्तरवैदिक काल तक आते–आते स्त्रियों से उपनयन का संस्कार भी छिन गया। अथर्ववेद में एक स्थान पर कन्या के जन्म को चिन्ता का कारण बताया गया। हालांकि इस काल में भी कुछ स्त्रियों ने धर्म और दर्शन के क्षेत्र में निपुणता प्राप्त कर ली थी। हालांकि स्त्रियों की स्थिति में गिरावट आनी प्रारम्भ हो गयी। इस काल में पर्दा प्रथा का प्रचलन नहीं था, यद्यापि स्त्रियों का सामाजिक समारोहों में जाना बन्द हो गया था। इस काल में भी स्त्रियों को धन व राजनैतिक अधिकार प्राप्त नहीं थे। उपनिषद काल में कई दार्शनिक महिलाओं का उल्लेख मिलता है जिनमें गार्गी, मैत्रेयी, अत्रेयी, इत्यादि हैं। किन्तु बाह्मण ग्रन्थो में यह बताया बया है कि स्त्री पुरुष की अपेक्षा भावुक एवं दुर्बल मस्तिष्क की होती है तथा बाह्य आकर्षणों के प्रति आसानी से लुभ जाती है।

सूत्रकाल में स्त्रियों की दशा पतनोन्मुख हो गयी। कन्या का जन्म अभीष्ट नहीं था। विवाह के अतिरिक्त उनसे सम्बन्धित अन्य संस्कारों में वैदिक मन्त्रों का उच्चारण नहीं होता था। कन्याओं के विवाह की आयु भी कम कर दी गयी। कन्याओं का विवाह नौ से लेकर बारह वर्ष की आयु में किया जाने लगा। उपनयन संस्कार के अभाव में कन्या की स्थिति शूद्र के

समान हो गयी। अब स्त्रियाँ न तो वैदिक मन्त्रों का उच्चारण कर सकती थीं और न ही यज्ञों का अनुष्ठान। यज्ञ तथा कर्मकाण्डों में स्त्री की उसके पति के साथ उपस्थिति भी औपचारिकता मात्र ही रह गयी। इस काल में स्त्रियों की स्वतन्त्रता पर प्रतिबन्ध लग गया जिसे धार्मिक ग्रन्थों ने भी सही ठहराया। ऐसी परिस्थितियाँ और विधान बनते चले गये कि वह पिता, पति और पुत्र के अधीन रहने को बाध्य रही। स्त्री के लिये पति का स्थान ईश्वर से ऊँचा माना गया, पति को परमेश्वर के रुप में प्रतिष्ठित किया गया जिसकी चरणदासी बन आजीवन सेवा करना ही स्त्री का परम कर्त्तव्य समझा गया। ऐसी स्त्रियों की धर्मशास्त्रों में भूरि–भूरि प्रशंसा की गयी और उन्हें पतिव्रता बताया गया। समाज के सम्मुख खड़ी होकर अपने अधिकारों के लिये बोलने वाली स्त्री को कुलटा की संज्ञा दी गयी। शतपथ बाह्मण में कहा गया है कि यज्ञ के समय कुत्ता ,शूद्र और नारी को नहीं देखना चाहिये (3/2/4/6)। मैत्रेयणी संहिता (3/8/3) और तैतरीय संहित (6/5/8/2) में स्पष्ट लिखा है कि नारी अशुभ है। कौटिल्य के अर्थशास्त्र में भी नारी की पराध ीनता की बात को कहा गया है। कौटिल्य के अर्थशास्त्र के अनुसार एक स्त्री को आजीवन पुरुष के अधीन रहना चाहिये। बाल्यकाल में पिता के, विवाह के पश्चात पति के और बुढ़ापे में पुत्र के। वशिष्ठ ने भी मत व्यक्त किया है कि "स्त्री स्वतंत्रता के योग्य नहीं हैं। बचपन में पिता" युवावस्था में पति तथा वृद्धावस्था में पुत्र उसकी रक्षा करते हैं–

"पिता रक्षति कौमारे भर्ता रक्षति यौवने।"

रक्षन्ति स्थाविरे पुत्रः न स्त्री स्वतन्त्रयमर्हति।।" विषिष्ट, 1–2

मनु ने तो यहाँ तक कहा है कि पति के दुराचारी तथा चरित्रहीन होने की दशा में भी पत्नी का कर्त्तव्य है कि वह देवता के समान उसकी पूजा करे

विशीलः कामवृतो वा गुणैर्वा परिणर्जितः।

उपचर्यः स्त्रियाः साहव्या सततं देव वत्पतिम्।। मनुस्मृति 5.154

ऋग्वेद तथा महाभारत के कुछ उदाहरणों से पता चलता है कि स्त्री को द्यूत क्रीड़ा के समय दाँव पर रख दिया जाता था। युधिष्ठिर ने इसी अधिकार से द्रौपदी को दाँव पर लगाया था। सभा में द्रौपदी ने युधिष्ठिर से प्रश्न किया कि "क्या वह कोई उपहार या वस्तु है जिसे धूत क्रीड़ा में दाँव पर लगा दिया

गया।" सभा में भीष्म व द्रोणाचार्य जैसे विद्वान भी विराजमान थे जिनके मौन ने द्रौपदी पर हो रहे अत्याचारों को मौन स्वीकृति दे दी। समाज ने महाभारत कराने का टीकरा भी द्रौपदी के सिर मढ़ दिया। तब से लेकर आज तक किसी भी कन्या का नाम द्रौपदी नहीं रखा गया। ऐतरेय बाह्मण में उत्तम नारी की संज्ञा है– जो पति को संतुष्ट करे, पुत्र को जन्म दे तथा पति की बात के ऊपर जवाब न दे। विवाह के सभी मत्रों में कहा गया है कि स्त्री चिंतन और कर्म के स्तर पर पति की अनुवर्तिनी हो, पति के चित्त की अनुगामिनी हो। परंतु कहीं भी यह नहीं कहा गया है कि स्त्री में भी चित्त नाम की वस्तु है और पति को भी उसके अनुकूल होना होगा। ऋग्वेद, अथर्ववेद में ऐसी अनेक अभिचार क्रियाओं का उल्लेख है जो पत्नी के विनाश, पति के लिये एकनिष्ठ प्रेम तथा उसको वश में रखने के लिये किये जाते थे क्योंकि पत्नी के लिये एक ही पति यथेष्ठ माना गया। जबकि पति बहुविवाह कर सकता था। तैत्तरीय संहित तथा तैत्तरीय बाह्मण दोनों बहु–पत्नी प्रथा का समर्थन करते हैं, परंतु अनेक पत्नियाँ होने पर भी उनके प्रति सम्मान का भाव अपेक्षित था।

मैत्रयणी संहिता में बार–बार कहा गया है कि स्त्री को सभा में जाने का अधिकार नहीं है। उसका मुख्य उद्देश्य पुत्र जनना है। वह मात्र भोग्य वस्तु थी। यज्ञ के बाद दक्षिणा के रूप में नाना–स्तरों की स्त्रियों को देने का रिवाज था। ऐतरेय बाह्मण में कन्या के जन्म को अभिशाप माना गया। अतः पुत्र की प्राप्ति के लिये गर्भवती स्त्री के लिये पुंसवन नामक अनुष्ठान करवाना आवश्यक था। मैत्रायणी संहिता में स्त्री का चारिणी, दुर्भाग्यस्वरुरूपणी, मदिरा या धूतक्रीड़ा की तरह व्यसन मात्र कहा गया। सर्वगुणसंपन्न श्रेष्ठ नारी को भी अधम पुरूष से हीन माना गया। शतपथ ब्राह्मण में हिदायत है कि "स्त्री, शूद्र और काले पक्षी को मत देखो अन्यथा श्री और पाप ,प्रकाश और अंधकार सत्य और मिथ्या एकाकार हो जाएंगे।"

उपरोक्त उद्धत सभी ग्रंथों में गणिका का जिक्र हैं पुरूष कई पत्नियाँ तथा दासियों के अलावा गणिका के पास अपनी कामपिपास शांत करने जा सकता था। गणिका व्यवस्था कब प्रारंभ हुई, ठीक–ठीक समय बताना मुश्किल है। परंतु कृषि व्यवस्था के विकास, पूँजी संग्रह बढ़ने के साथ–साथ एक वर्ग के पास अय्याशी में लुटाने के लिये पर्याप्त धन हो गया। गणिकाओं के अतिरिक्त देवदासियों का भी उल्लेख मिलता है। ये मंदिर के प्रांगण में

देवता के निमित नृत्य करती थीं। इसके बदले उन्हें अन्न, वृत्ति, भरण–पोषण की सुविधा मिलती थीं उनका दूसरा काम पुरोहितों की वासना वृत्ति करना था। कर्मकांड के जरिये धर्म समाज पर नियन्त्रण रखता है। ये कर्मकांड जन्म, विवाह मृत्यु आदि अवसरों पर अवश्य ही करने पड़ते हैं। इन्हीं कर्मकांडों के माध्यम से स्त्री–समाज में पितृसत्ता की पकड़ तथा स्त्री की समाज में स्थिति भी दर्शायी गयी हैं। समय के साथ–साथ पितृसत्ता की पकड़ समाज में मजबूत होती गयी और स्त्रियों का समाज में निम्न स्तर पर होने लगा। धर्मशास्त्रों में स्त्री के कर्त्तव्य भी परिभाषित कर दिये गये–बड़े बूढ़ों की सेवा करना, सवतों (सौत) के साथ प्यारी सखी की तरह व्यवहार करना, पति के रूखे व्यवहार पर भी क्रोध नहीं करना, आश्रितों के साथ अनुग्रहपूर्वक व्यवहार करना इत्यादि। स्मृतिकाल में स्त्रियों की दशा में और अधिक गिरावट आयी। स्मृतिकाल से ही सामाजिक विचारधारा और कानून की दृ ष्टि से समाज में स्त्रियों के लिये सूचक विधि–विधानों की नींव यहीं से पड़नी प्रारम्भ हुई। पुत्री एक आपत्ति है, पुत्र ही आशा की किरण है, ऐसी उक्तियाँ उस वक्त के समाज में हमें दिखायी पड़ती हैं। कन्या के जन्म को लेकर ही मनु नकारात्मक थे, कन्या की हत्या की घटनाऐं उस समय भी होती थी।

जैन और बौद्ध धर्म ने स्त्री को भिक्षुणी बनाकर स्वायत्त जीवन जीने की स्वतन्त्रता प्रदान की। लेकिन जैन और बौद्ध धर्म भी स्त्री के बारे में प्रचलित आम धारणा को नहीं बदल पाये। गौतम बुद्ध स्वयं स्त्री को सारे पापों की जड़ ही मानते थे और संघ में उनके प्रवेश को लेकर नकारात्मक थे। उन्होंने अपने प्रिय शिष्य आनंद से कहा "आनंद, स्त्री यानी गुस्सा, स्त्री यानी मूर्खता, स्त्री यानी असूया, ईर्ष्या।" हालांकि आनंद के अनुरोध पर स्त्रियों को संघ में शामिल कर लिया गया लेकिन भिक्षु और भिक्षुणियों के बीच पूरी समानता नहीं थी। भिक्षु कितना भी छोटा हो और भिक्षुणी कितनी भी ज्येष्ठ, भिक्षु के आगमन पर खड़े होकर उसे सम्मान देना, उसके लिये अनिवार्य था। भिक्षुओं की आलोचना करने का अधिकार भी भिक्षुणियों के पास नहीं था। जैन धर्म ग्रन्थों में नारी के प्रति अटूट विरक्ति की भावना इन शब्दों मे स्पष्ट लक्षित होती है– "स्त्रियाँ वाणी में अमृत रखती हैं, लेकिन ह्रदय में विष भरे हुये हैं, वे स्वभाव से ही कुटिल हैं, स्त्री–पुरूषों को बज्राग्नि की ज्वाला के समान और साँप की दाढ़ के समान भय संताप देने वाली हैं।" नारी को चतरा, माया, अस्थिर, अपकारी असत्याभाषण तथा कुल में कलंक लगाने वाली कहा गया है।

भानुगुप्त के एरण अभिलेख (510ईस्वी) से हमें सती प्रथा का लिखित साक्ष्य प्राप्त होता है। परन्तु इससे पूर्व भी हमें सती प्रथा के प्रमाण मिलते हैं। यूनानी इतिहासकारों ने सीथियन जनजाति नें सती प्रथा का छिटपुट उल्लेख किया है। रामायण के उत्तरकाण्ड में वेदवती की माता के सती होने का उल्लेख है। किन्तु रामायण के मूलअंश में सती प्रथा का कोई उल्लेख नहीं है। महाभारत काल में पाण्डुव की दूसरी पत्नी माद्री के सती होने का उल्लेख है। यहाँ सती प्रथा अनिवार्य न होकर स्वैच्छिक थी। किंतु सातवीं शती में लोग इसके समर्थन में आगे आने लगे। आंगिरख ने विधान किया कि विधवा कि लिये सती होना ही एकमात्र धार्मिक विकल्प है। सती प्रथा का वरण करने वाली स्त्रियों की भूरि–भूरि प्रशंसा की गयी। राजपूत काल में यह कुप्रथा अपने चरम पर थी जिसने स्त्रियों की दशा को और ज्यादा दयनीय बना दिया। जीमूतवाहन ने दायभाग में लिखा है कि इसका उद्देश्य स्त्री को सम्पत्ति के अधिकार से वंचित करना था इसी कारण उस पति के साथ जल मरने के लिये बाध्य किया जाता था। मध्यकाल में अकबर ने इस कुप्रथा को रोकने का प्रयास किया परन्तु सफलता नहीं मिली। हिंदु धर्म के समान ही ईस्लाम में स्त्रियों की स्थिति अच्छी नहीं थीं। हालांकि पैगम्बर मुहम्मद ने तत्कालीन व्यवस्था में सुधार सुझाकर स्त्रियों को मानवीय दर्जा देने की कोशिश की। कुरान में स्त्री को सम्पत्ति का अधिकार दिया हालांकि उसका हिस्सा पुरूष के बराबर न होकर पुरूष की सम्पत्ति का आधा होता है। कुरान में उत्तराधिकार के हक के अलावा स्त्री की देखभाल की जिम्मेदारी पुरूष की होती हैं पुरूष प्रधान समाज ने कुरान में लिखे नियमों को अपने अनुसार व्याख्यान कर स्त्रियों की दशा को बदतर बना दिया जिसके चलते मुसलमान स्त्रियों की स्थिति कई मायनों में आज अन्य धर्मावलंबी स्त्रियों की स्थिति से बदतर है।

संदर्भ ग्रंथ

1 मिश्र, भगवान (2002) "धर्मों का इतिहास" प्रकाशकः शारदा भवन, यूनिवर्सिटी रोड, इलाहाबाद।

2 कुमारी, किरण (2001) "वैदिक साहित्य और संस्कृति" प्रकाशक, न्यू भारतीय बुक कार्पो0 5574 ए0चौ0 कांशीराम मार्केट, दुर्गा कॉम्पलेक्स, न्यू चन्दावल, दिल्ली–110006

3 उपाध्याय, आचार्य बलदेव, "वैदिक साहित्य और संस्कृति" शारदा संस्थान वाराणसी 1998

4 रॉय, कुमकुम– "द जेंडर ऑफ पावर एंड द पावर ऑफ जेंडर"

5 डॉ0 कश्यप केशर किशोर– "भूमिका इन याज्ञवल्क्य स्मृति"

6 रॉय, कुमकुम–" इंट्राडक्शन ऑफ वीमेन इन भर्लो इंडियन" सोसाइटीज।

7 ए0एस0 अल्टेकर– "द पोजीशन ऑफ वीमेन इन हिंदू सिविलाइजेशन"।

8 Khandari, Ramesh – Role and status of women in Religion and society Alfa fublications, New Delhi first Publication-2010.

9 मैक्समूलर– ऋग्वेद सायण भाष्य सहित सम्पादक–संशोधन मण्डलपूना, 1890

10 स्वामी गोविन्द– बौद्धायन धर्मसूत्र के विवरण सहित, गर्वनमेंट लाइब्रेरी सीरीज, मैसूर।

11 शास्त्री श्याम– बौद्धायन गृहसूत्र– गर्वनमेंट ओरियन्ट लाइब्रेरी सीरीज, मैसूर।

12 गायकवाड़ आपगार रंगास्वामी सं0–बृहस्पति स्मृति ओरिएण्टल सीरीज, बड़ौदा 1941

13 आप्टे हरिनारायण– वायुपुराण– पूना प्रकाशन– 1905

14 डॉ0 निशांत सिंह– भारतीय महिलाएँ, एक सामाजिक अध्ययन, ओमेगा पब्लिकेशन्स दिल्ली– 2009

15 डॉ0 आलोक कुमार– भारतीय समाज में नारी, दशा एवं दिशा, आर्या पब्लिकेशन्स नई दिल्ली–2002

16 भारतीय समाज में महिला उत्पीड़न– अर्जुन पब्लिशिंग हाउस–

2010

17 S.N.k~ Pathak, A.L.k~ Singh, S.P.k~ Pandey- Empowerment of Muslim Women- New Royal Book.k~ Co.k~ – 2009.

18 आप्टे, हरिनारायण– अग्नि पुराण आनन्द आक्षय संस्कृत सीरीज पूना– 1900

19 thewrokgu—r– दायभाग, कलकत्ता– 1893

20 अग्रवाल वासुदेव शरण हर्षचरित का सांस्कृति अध्ययन– 1993

5

महिला सुरक्षा सम्बन्धी संवैधानिक प्रावधानः एक विश्लेषण

डॉ0 सीमा देवी

सहायक प्रोफेसर, राजनीति विज्ञान

समन्वक–डॉ0 अम्बेडकर अध्ययन केन्द्र,

कु0 मायावती राजकीय महिला स्नातकोत्तर

महाविद्यालय, बादलपुर, गौतमबुद्धनगर (उ0प्र0)

एक ओर का दृश्य है कि भारतीय समाज में नैतिकता, संस्कार, मूल्य, परम्पराएँ व आध्यात्मिकता उसकी पहचान है। देश के प्रत्येक कोने पर मंदिर मस्जिद, चर्च की बहुतायता, गाय का माता के रूप में वंदन करना, महिलाओं को देवी का दर्जा, शाकाहारी जनमानस की बहुसंख्या अर्थात् अहिंसा परमो धर्मः ऐसा देश जो वसुधैव कुटुम्ब में विश्वास रखता हो।

दुसरी ओर एक ऐसा भारतीय समाज जहाँ महिलाओं की स्थिति अत्यन्त शोचनीय है। अधिकांश परिवार लड़कियाँ नहीं चाहते हैं, जिस कारण जन्म–पूर्व ही मार दी जाती है। जन्म हो भी जाता है तो अनेक संघर्ष जन्म के साथ ही प्रारम्भ हो जाते हैं। भारतीय समाज उनके लिए एक युद्ध का मैदान है। पोषण युक्त भोजन, धन व अवसर की प्राप्ति हेतु आजीवन संघर्षरत आँकड़े दर्शाते हैं कि बहन की तुलना में भाई को अधिक अवसर प्राप्त होते।

प्रश्न यह है कि हम समाज के उक्त विरोधाभास को क्यों नहीं देख पाते हैं, भारतीय सामाजिक संरचना का गहराई से अध्ययन करने पर ज्ञात होता है कि इसका मूल कारण हमारी, संस्कृति, परम्पराएँ, मूल्य व दोहरा व्यक्तित्व है।

सौ पुत्रवती भव (नवविवाहिता को दिया जाने वाला आर्शीवाद) दूधो नहाओं, पूतो फलो, मृतक के शव को मुखाग्नि पुत्र ही देगा, पिता की सम्पत्ति का उत्तराधिकारी पुत्र, पारिवारिक नैतिकता का दायित्व पुत्री, बहु व पत्नी का होगा।

सभी वक्तव्य हमारी सामाजिक संरचना में गहरी पैठ बनाये हुए हैं। जो महिला सुरक्षा को खुली चुनौती देते हैं। भारतीय संविधान का निर्माण करते समय उक्त समस्त सामाजिक विसंगतियों का ध्यान संविधान निर्माण समिति द्वारा रखा गया।

अतः विभिन्न संवैधानिक कानूनों, धाराओं व अधिनियमों द्वारा महिला सुरक्षा सम्बन्धी प्रावधान किये गए हैं। भारतीय संविधान निर्माताओं ने महिलाओं को सामाजिक व राजनीतिक अधिकार प्रदान करते हुए निम्नलिखित संवैधानिक अधिकार प्रदान किये–

- अनुच्छेद–14 (समानता का अधिकार): तात्पर्य है कि लिंग के आधार पर कोई भेदभाव नहीं किया जायेगा।
- अनुच्छेद–15 के अनुसारः राज्य केवल धर्म मूल वंश, जाति लिंग जन्म स्थान के आधार पर नागरिकों के बीच कोई भेदभाव नहीं करेगा।
- अनुच्छेद–19 स्वतंत्रता का अधिकारः महिलाओं को यह अधिकार प्रत्येक क्षेत्र में स्वतंत्रता प्रदान करता है। किसी भी कार्य से वंचित करने पर मौलिक अधिकार का उल्लंघन होगा।
- अनुच्छेद 23–24 में महिलाओं के विरूद्ध होने वाले शोषण, खरीद–बिक्री, भीख मंगवाना आदि दंडनीय है।
- अनुच्छेद–39(क) में आर्थिक न्याय प्रदान करने हेतु स्त्रीं को जीविका के पर्याप्त साधन प्राप्त करने का अधिकार है।

- अनुच्छेद–39(द) में समाज कार्य के लिए समान वेतन का अधि ाकार है।
- अनुच्छेद–42 में प्रसूति का अधिकार प्रदान किया है।
- सबसे महत्वपूर्ण संविधान के भाग–4, अनुच्छेद–51(क) (ड) में स्पष्ट किया गया है कि देश की गौरवशाली संस्कृति परम्परा को समझते हुए ऐसी प्रथाओं का त्याग किया जाये तो स्त्रियों के सम्मान के खिलाफ है।
- संवैधानिक संशोधन अधिनियम 73 व 74वे के अनुसार अनुच्छेद–243(द) (3) में पंचायत में 33 प्रतिशत स्थान महिलाओं के लिए आरक्षित रहेंगे।
- अनुच्छेद–325 के अनुसार लिंग के आधार पर निर्वाचन व मतदान में मतभेद नहीं किया जायेगा।
- इसी के साथ ही भारतीय दंड संहिता 1860 के प्रावधान में भी महिलाओं के विरूद्ध होने वाले अपराध व अत्याचार के विरूद्ध भी व्यवस्था की गई है।
- धारा 292 से 294 के तहत विशिष्टता और सदाचार को प्रभावित करने वाले विषयों पर रोक लगाई गई है। अर्थात कोई स्त्री की नग्न तस्वीर प्रदर्शित करता है व क्रय–विक्रय करता है तो 2 वर्ष तक सजा व 2 हजार रूपये तक जुर्माना दोनों का प्रावधान हैं।
- धारा 312 से 318ः जन्म से पूर्व गर्भपात, शिशुओं को छोड़ने अर्थात जन्म छिपाने के विषय में दंड का प्रावधान किया गया है।
- धारा 361 के अनुसारः 18 वर्ष से कम की आयु पर उसे कोई व्यक्ति विधिपूर्वक संरक्षक की अनुमति के या बहला–फुसलाकर ले जाना दंडनीय है एवं धारा–363 से 366 तक दंड का प्रावधान है।
- धारा–372 के अन्तर्गतः 18 वर्ष से कम आयु की महिला से

वैश्यावृत्ति कराने या बेचे जाने पर 10 वर्ष की सजा व जुर्माना अथवा दोनों का प्रावधान है।

- धारा 372 के तहत बलात्कार को परिभाषित करते हुए धारा 376 में बलात्कार के लिए दंड के प्रावधान है।
- धारा 498(अ) के तहत निर्दयतापूर्वक दुर्व्यवहार या दहेज के लिए यातना दी जाती है 2 साल तक सजा है।
- धारा–509 के अनुसार– कोई व्यक्ति स्त्री का अपमान करने के उद्देश्य से कोई अपशब्द ध्वनि, अंग विक्षेप, कोई अश्लील वस्तु प्रदर्शित करता है अथवा कोई ऐसा कार्य करता है जिससे किसी स्त्री की एकान्ता पर अतिक्रमण होता है तो ऐसा व्यक्ति एक वर्ष की सजा एवं जुर्माना अथवा दोनों से दंडित किया जायेगा।

उक्त संवैधानिक नियमों के अतिरिक्त भारतीय स्वतंत्रता के पूर्व से लेकर अब तक विभिन्न अधिनियम पारित किये गये हैं, जो निम्नलिखित हैं–

1856	:	विधवा पुनर्विवाह अधिनियम
1937	:	हिन्दू महिलाओं को सम्पत्ति का अधिकार
1939	:	मुस्लिम विवाह अधिनियम, 1939 का विघटन
1948	:	राज्य कर्मचारी बीमा अधिनियम
1951	:	दि प्लांटेषनस लेबर अधिनियम
1954	:	परिवार न्यायालय अधिनियम
1955	:	हिन्दू विवाह अधिनियम
1956	:	हिन्दू उत्तराधिकारी अधिनियम (संषोधन 2005)
1950	:	अनैतिक व्यापार निवारण अधिनियम
1961	:	दहेज प्रतिषेध अधिनियम
1961	:	मातष्त्व लाभ अधिनियम (संषोधित 1995)

1971	:	मेडिकल टर्मिनेषन ऑफ प्रेगनेंसी
1976	:	समान भुगतान अधिनियम
1983	:	आपराधिक विधि (संषोधन) अधिनियम
1984	:	फैमिली कोर्ट
1986	:	स्त्री अषिश्ट रूपण प्रतिशेध अधिनियम
1987	:	सती निवारण आयोग
1990	:	राश्ट्रीय महिला आयोग
1994	:	जन्म पूर्व लिंग पहचान तकनीक निशेध
2005	:	घरेलू हिंसा से महिला सुरक्षा
2006	:	बाल विवाह निशेध
2012	:	यौन षोशण अधिनियम
2013	:	कार्य स्थल पर महिलाओं का यौन षोशण एक्ट
2014	:	कार्यस्थल पर यौन षोशण अधिनियम

विभिन्न सरकारों द्वारा समय–समय पर महिला सुरक्षा हेतु प्रयास किये गये केन्द्रीय सरकार द्वारा 147 कल्याणकारी योजनाएँ चलाई जा रही है एवं राज्य सरकार की 195 योजनाएँ वर्तमान में संचालित हैं, तत्पश्चात् भी महिला सुरक्षा का मुद्दा प्रत्येक सरकार के लिए चुनौतिपूर्ण है। 21वीं सदी में भी महिलायें सुरक्षित नहीं है।

- लगभग 45 प्रतिशत भारतीय लड़कियाँ 18 वर्ष से पूर्व ही विवाह हो जाता है। (अन्तर्राष्ट्रीय महिला शोध केन्द्र)
- 5 में से एक महिला कई बच्चों की माता गर्भाव्यस्था के समय व बच्चे के जन्म के समय मृत्यु हो जाती है। (संयुक्त राष्ट्र)
- 50 मिलियन के लगभग महिलायें लिंग निर्धारण एवं कन्या भ्रूण हत्या के कारण लापता है।
- 66 प्रतिशत महिलाये हैं जो अपने जीवन में शारीरिक हिंसा,

तलाक, विधवा व घर से निकाल देना के अनुभव रखती हैं।

- 85.3 प्रतिशत ने शारीरिक हिंसा की रिपोर्ट कराई जिसमें उनका पति ही अपराधी था।
- विशेष रूप से भारत के उत्तरी क्षेत्र में शहरों में रहने वाली महिलायें व लड़कियाँ सामाजिक भेदभाव, शारीरिक हिंसा के हाशिये पर पहुँच गई हैं।

भारत में इतने संवैधानिक प्रावधानों के पश्चात् भी महिलाओं की स्थिति संतोषजनक नहीं है। मनुस्मृति में कहा गया है–

पिता रक्षित कौमारे भर्त्ता रक्षति यौवने।

रक्षन्ति स्थविरे पुत्रारू न स्त्री स्वातन्न्त्यमर्हीत।।

''बचपन में पिता के अधीन, युवास्वस्था में पति के अधीन और बुढ़ापे में पुत्रों के अधीन स्त्री होती है। वह स्वतन्त्र होने के योग्य नहीं है।''

(शर्मा, सुभाष, 2014)

उक्त सभी मुद्दों से छुटकारा मात्र शिक्षा के माध्यम से ही पाया जा सकता है। महिला शिक्षा भारत में महिलाओं की स्थिति सुधारने में महत्वपूर्ण भूमिका का निर्वहन कर रही है परन्तु भारत में महिला शिक्षा के क्षेत्र में लैंगिक भेदभाव का सामना करती है। उच्च शिक्षा में लैंगिक असंतुलन भी महिला सुरक्षा का मुद्दा है। जिसे निम्न तालिका द्वारा दर्शाया गया है–

स्नातक/स्नातकोत्तर एवं व्यवसायिक पाठ्यक्रमों में पंजीकृत बालिकाएँ (1991–2000)

स्तर	1990–1991		1996–1997		1999–2000	
	महिलाएँ	कुल	महिलाएँ	कुल	महिलाएँ	कुल
स्नातक (बी0ए/बी0एस0सी/बी0कॉम)	1.14 (347)	3.29	1.82 (374)	4.87	2.66 (409)	651
स्नातकोत्तर (एम0ए/एमएससी/एम0 कॉम)	0.2 (328)	0.35	0.17 (305)	0.54	0.22 (39.6)	0.55
पीएच0डी0/डी0एस0सी0 /डी0फिल	0.01 (26.2)	0.03	0.01 (292)	0.04	0.02 (35.4)	0.05
बीई/बीएससी/(इंजि)/ बी0 आर्कि	0.03 (10.9)	0.24	0.05 (14.9)	0.33	0.08 (220)	0.336
एम0बी0बी0एस0	0.03 (34.3)	6.08	0.04 (35.4)	0.12	0.05 (37.8)	0.14
कुल	**1.32 (33.0)**	**3.99**	**2.09 (35.3)**	**5.90**	**3.03 (39.8)**	**7.61**

स्रोत–शिक्षा विभाग, मानव विकास संसाधन मंत्रालय, GOI, नई दिल्ली।

प्रसाद स्वेता, 2011

उपरोक्त तालिका से स्पष्ट हैं कि उच्च स्तर पर शैक्षणिक असंतुलन पाया गया है जो अत्यन्त शोचनीय है।

महिला सुरक्षा हेतु राजनीतिक सशक्तिकरण एक महत्वपूर्ण यन्त्र है। संविधान के संशोधन अधिनियम 73वें और 74वें में 1/3 महिला आरक्षण का प्रावधान करने के पश्चात् निम्न आँकड़े प्राप्त हुए हैं।

पंचायती राज में महिलायें (1995–2001)

वर्ष	महिलायें	पुरूष	कुल
1995	318 (35.5)	630	948
2001	725(26.6)	1997	2722

नोटः—नौ राज्यों से आँकड़े गुजरात, हरियाणा, कर्नाटक, मध्यप्रदेश, पंजाब, राजस्थान, त्रिपुरा और पश्चिम बंगाल, सम्पूर्ण भारत (18.10.2001)

स्रोत—ग्रामीण विकास मंत्रालय, GOI, नई दिल्ली।

उपरोक्त तालिका देखे तो (73वे व 74वे) संवैधानिक संशोधन अधिनियम ही मात्र महिलाओं की प्रभावी सहभागिता में सहायक नहीं है बल्कि स्थानीय स्तर कि प्रजातंत्र को भी प्रभावी बना रहा है। 1995 में महिला सहभागिता 3,29000 थी, बढ़कर 7,25000 (2001) में हो गई। इस प्रकार देखे तो यह दुगनी हो गई परन्तु इसका प्रतिशत 35.51 से गिरकर 26.5 हो गया है। (प्रसाद, श्वेता, 2011)

संसद में महिला प्रतिनिधित्व (1998–2000)

वर्ष	महिलायें	पुरूष	कुल
1998	59 (7.2)	761	820
1999	67 (8.5)	723	790
2001	70 (8.5)	750	820

स्रोत–भारतीय चुनाव आयोग, राष्ट्रीय सूचना केन्द्र, संसद सभा, नई दिल्ली।

इस प्रकार उक्त तालिका में देखे तो 1998 में 59 से 2001 में बढ़कर 70 महिला सांसदों की संख्या हो गई थी परन्तु यह प्रतिनिधित्व बहुत ही कम है, 2001 के कुल सांसदों की तुलना में कानून के कारण महिलाओं की स्थिति में सकारात्मक बदलाव आने के कारण है। सर्वप्रथम पूरी कानूनी व्यवस्था पित्तसत्तात्मक समाज के पक्ष में नजर आती है। दुसरे कानून की धाराएँ धारद्द ाार नहीं हैं। जिस कारण वे उसका लाभ उठा पाती और जिन महिलाओं को जानकारी भी है, उलझी हुई कानूनी प्रक्रिया और भ्रष्टाचार के कारण वे इनके चक्कर में पड़ना नहीं चाहतीं। (सारस्वत, स्वांप्नल, सिंह निशांत, 2007)

राज्य सरकार व केन्द्र सरकार द्वारा महिला सुरक्षा हेतु अनेक कानून, प्रावधान व धाराएँ, योजनाएँ बनाई गई परन्तु उनमें आशाजनक परिणाम प्राप्त नहीं हो रहे हैं। आवश्यकता है कि यदि विकसित देशों की भांति भारत की महिलाओं की सुरक्षात्मक वातावरण देना है तो भारत में शिक्षा का वातावरण स्थानीय स्तर से उच्च स्तर तक सभी की पहुँच में होना चाहिए।

सन्दर्भ सूची

1. लीना चावला राजन, एम्पावर वूमनरू एन अवाकनिंग, राधा स्वामी सत्संग बीस, पंजाब, 2010
2. सुभाष शर्मा, भारत में मानवाधिकार, राष्ट्रीय पुस्तक न्यास, भारत, 2014
3. डॉ0 रविन्द्र नाथ मुकर्जी एवं डॉ0 भरत अग्रवाल, भारत में समाज संरचना एवं परिवर्तन, एस0बी0पी0डी0 पब्लिकेशन, 2016
4. ओम प्रकाश गाबा, राजनीतिक–चिंतन की रूप रेखा, मयूर पेवरबैक्स नोएडा, 2003
5. सेनसस ऑफ इण्डियाँ, 2001, प्रोविशनल टोटल, रजिस्ट्रार जनरल एण्ड सेनसस कमिशनर, ळव्प्, नई दिल्ली।

6. मिनिस्ट्री ऑफ ह्यूमन रिर्सोस डेवलमेन्ट, GOI नई दिल्ली।

7. मिनिस्ट्री ऑफ रूरल डेवलपमेन्ट, GOI नई दिल्ली।

8. इलेक्शन कमीशन ऑफ इण्डिया, नेशनल इन्फोंमेटिव सेन्टर, पार्लियामेन्ट हाउस, नई दिल्ली।

9. श्वेता प्रसाद, वूमन इन इण्डिया (सम्पादित), इन्दू उपाध्याय द इम्पैक्ट ऑफ ग्लोबलाइजेन ऑन द इकानॉमिक एण्ड सोशल लाइफ ऑफ वर्ल्ड, जीवा बुक्स, 2011

अध्याय–6

भूमंडलीकरण के दौर में स्त्रियाँ

डॉ0 विपिन कुमार शर्मा

'मनुष्य का पक्ष', नयी सदी का सिनेमा

पुस्तके प्रकाशित एवं गाँधीवाद पर शीघ्र प्रकाश्य।

ग्लोबलाइजेशन ने न केवल अर्थतंत्र के दरवाजे खोले, बल्कि जीवन को अभिव्यक्ति के माध्यम भी उपलब्ध करवाये। उदारीकरण की प्रक्रिया अपने सामाजिक–आर्थिक प्रभावों को लेकर जटिल अवश्य हैं, इसने विकल्प की अवधारणा को भी संकट में डाला है, मगर इसने शक्ति केन्द्रों की संरचनाओं को भी परिवर्तित किया है, सत्ता के बरक्स बाजार नामक संस्था आकर खड़ी हो गयी। इस संस्था ने विज्ञापन का सहारा लेकर आभासी रूप से ही सही स्त्री को परंपरागत छवियों और भूमिकाओं से आजाद किया। मीडिया की एक लोकतांत्रिक भूमिका ने साँस भर आजादी को संभव बनाया।

इस शोध पत्र का केन्द्रीय विषय अथवा थीम पित्तसत्ता के अतिवाद से विद्रोह कर अपने लिए मुक्त आकाश का स्वप्न रचने वाली भूमंडलीकरण के दौर की स्त्रियाँ होगा। साहित्य, विमर्श, सिनेमा के माध्यम से वर्तमान समय के स्त्रीकाल की पड़ता इस शोध है।

हर देश के निम्न वर्गों में ऐसे कितने हजारों लोग हैं जो कानूनी अर्थों

में किसी भी क्षेत्र में कुकर्मी नहीं होते, क्यों हर जगह उनके आक्रमण को समान विरोध मिलता है। लेकिन वे आदतन अपनी नाखुश पत्नी के प्रति शारीरिक रूप से हिंसक होते हैं। कम से कम व्यस्क लोगों में तो एकमात्र वही बच सकती है। उन पर अति निर्भरता उनके तुच्छ व बहशी स्वभाव को और प्रोत्साहित करती है।

जान स्टुअट मिलरू स्त्रियों की पराधीनता–

जान स्टुअट मिल के जाने के 300 वर्ष बाद भी स्थितियाँ नहीं बदली, बल्कि और ज्यादा जटिल हुई है। दिल पुनर्जागरण, आधुनिकतावाद, उत्तर आधुनिकतावाद जैसी वैचारिक धारणाओं ने यथास्थितिवाद को तोड़ा। मगर यह सच और परिवर्तन अभिजन वर्ग तक ही केन्द्रित रहा। बहुसंख्यक महिला आबादी असमानता, भूख, शारीरिक हिंसा का शिकार रही। आजादी के पश्चात् महिला बराबरी की और हमने कदम बढ़ाया। इस परिवर्तन के केन्द्र में महर्षि दयानन्द सरस्वती, स्वामी विवेकानन्द, महात्मा गांधी, पंडित जवाहर लाल नेहरू थे। इन सब लोगों के व्यापक विजन, वृहद मानवतावादी दृष्टिकोण होने के बावजूद यह सब थे तो पितृसत्ता के ही नुमाइंदे।

स्त्री विचारकों ने 1960 आजादी के बाद अपने जीवन की सुध खुद लेने का निर्णय लिया। साहित्य समाज, राजनीति में स्त्रीवाद का उभार देखा जाने लगा। विजय लक्ष्मी पंडित, कृष्णा सोवती, उषा प्रियंवदा, उर्वशी बुटालिया, इंदिरा गांधी उस समय की उत्पत्ति रही। अब स्त्रियों ने सोचना शुरू कर दिया कि संघर्ष के बिना आजादी प्राप्त नहीं हो सकती। एक लम्बी जद्दोजहद के बाद वह सार्वजनिक और निजी क्षेत्र में अपनी उपस्थिति दर्ज कराने में सक्षम रही। 1970 के आसपास सरकारी नीतियों पर बाजार का दबाव दिखायी देने लगा था, लेजेफेयर (स्वतन्त्र बाजार) की अवधारणा ने अपने पाँव पसारने शुरू कर दिये। ऐसे में समाज में महिलाओं की भूमिका को लेकर भी नये विमर्शों की शुरूआत हुई। डिंकस्ट्रक्शन और उत्तर आधुनिकतावाद ने सबाटर्टन थ्योरी को केन्द्र में लाने का काम किया।

आर्थिक आचार पर देखें तो भूमंडलीकरण ने महिलाओं को जहाँ एक ओर आजादी दी, वहीं दूसरी ओर कमजोर तबके की महिलाओं के लिए रोजगार सम्बन्धी संकट उत्पन्न किया। के0ए0 चलम अपनी पुस्तक "Economics Reforms and Social Excluson : Impact of Liberalcation on Marginalce Groups in India आर्थिक सुधार और सामाजिक अपवर्जन (भारत में उपेक्षित समूहों पर उदारीकरण का प्रभाव) में कहते हैं आमतौर पर अधिकांश बहुराष्ट्रीय बहुराष्ट्रीय कंपनियाँ मध्यवता वस्तुओं के उत्पादन में घरेलू देशों के श्रम का उपयोग करती है, और अनुभवहीन भारतीय श्रम पर भरोसा नहीं करती, ऊपर से महिला श्रम पर तो और नहीं। पिछले कुछ वर्षों के दौरान, घरेलू सामान और प्रसंस्कृत खाद्य पदार्थों ने बड़ी संख्या में बाजार में प्रवेश किया है। ऐसा लग सकता है कि इससे रसोई घर में महिलाओं का बोझ कम हुआ होगा लेकिन वास्तव में इससे कमजोर समूह वाली महिलाओं के दुख में और वृद्धि हुई। परंपरागत रूप से ऊँची जातियों से संबंधित महिलाएँ और यहाँ तक शूद्र महिलाएँ भी बाजार के लिए अचार, पापड, दस्तकारी का सामान आदि का उत्पादन करने में शामिल रही है। उदारीकरण की प्रक्रिया ने पारंपरिक उत्पादों का स्थान लेने के लिए और महिलाओं को विस्थापित करने के लिए मशीन आधारित वस्तुओं को ला दिया है। कुछ अध्ययनों से यह स्पष्ट हुआ है कि कैसे महिला श्रमिकों को आधुनिक मशीन आधारित प्रक्रिया में घसीटा गया है उनके निम्न कौशल आधार के कारण शोषण किया जा रहा है।

भूमंडलीकरण के अपने अंतर्विरोध हैं अभिजन स्त्रियों के लिए अवसरों की बहुलता वंचित तबके की महिलाओं के लिए अवसरों का सिकुड़ना, आप देखेंगे सार्वजनिक बनाम निजी क्षेत्र के प्रश्न ने सरकारी नौकरियों में अवसरों को कम किया है। हिंदी साहित्य एवं सिनेमा ने महिलाओं के बदलते जीवन का गहरा आंकलन किया है। आप नर्गिस की मदर इंडिया से ही देखें आपको यथास्थितिवाद से आक्रांत समाज के विरूद्ध स्त्री सत्ता की हुंकार स्पष्ट दिखाई देगी। स्वाधीनता के पश्चात् भूख, गरीबी, अकाल से त्रस्त समाज में स्त्री भी परिवर्तनकारी भूमिका बीबी और गुलाम अलग पायदान पर खड़ी स्त्रियों के जीवन का कोलाज हैं। पितृसत्ता के चाबुक ढीले नहीं हुए हैं, मगर माया मेमसाब और परमा सदी के अंतिम सिरे पर स्त्री–पुरूष सम्बन्धों के क्रान्तिकारी परिवर्तन की और संकेत कर रही है। यह ही संकेत आपको भूमंडलीकरण के 1960–70 एवं नब्बे के दशक में रचनाधर्मिता में सक्रिय होने वाली महिला रचनाकारों में मिलेंगे, कृष्ण सोबती का उपन्यास 'सूरजमुखी अंधेरे के बादलों के घेरे, ए लड़की अपने कथ्य और शिल्प में रूढ़ियों का भंजन करती हैं। 'सूरजमुखी अंधेरे की स्त्री बचपन में यौन हिंसा की शिकार

होती है। मगर यह उन स्थितियों से पार जाने की कव्वत रखती है उसमें पुरूष सत्ता का प्रतिरोध करने का साहस है।

1990 के बाद यह साहस और बढ़ा है। स्त्री का अपने स्वास्थ्य और देह दृष्टि को लेकर कॉनशसनेस बढ़ी है। यह नेहरूवादी दौर की स्त्रियों से अलहदा है। पितृसत्ता के नए रूप (हंस के स्त्री विशेषांक का पुस्तक रूप में स्त्री जीव के परंपरागत भूगोल के बरक्स, नब्बे के दशक के बाद की स्त्री के परिवर्तित जीवन पर टिप्पणी करते है। भारतीय लड़की जो एक जमाने में मनु के क्रोध की पात्रा बनी है आज अधिक उत्तेजक और गूढ़ है। एम0टी0वी0 ने जब अपने बाजार के लिए एक सर्वे किया तो पाया कि मात–पिता इस लड़की के दोस्त है। विवाह पूर्व सेक्स अब वर्जित नहीं है, वे पढ़ने पर केरियर पर जोर देती हैं। मंदिर जाती है। तो सौंदर्यशास्त्रीय कारणों में 1 बीस साल के आसपास की लड़की आज ज्यादा व्यक्तिवादी है। वह आसानी से सम्बन्धी में बंधती। कैरियर का मतलब है स्वाधीनता। एक कैरियर अनेक रास्ते खोलता है। परिवार से बाहर भी आप कुछ सोच सकते हैं। यह सिर्फ वित्तीय आजादी नहीं है। शमीम अख्तर की टिप्पणी नई लड़की के बारे में बताती है जो ब्यूटी मिथ की निर्मित है लेकिन उससे बाहर भी नजर आती है।

पितृसत्ता द्वारा जो परिवार की हद में उनकी घेरेबंदी की गयी, उसे आधुनिक कामकाजी स्त्री ने तोड़ा। यह आपको गीतांजलि श्री के उपन्यास माई में भी दिखायी देगा। माई को परिवार द्वारा लगातार नियंत्रित किया जाता है। सुबह से लेकर शाम तक वह घर के कार्यों मे व्यस्त रहती है। नाई के बच्चे जो आधुनिक शिक्षण संस्थानों से पढ़कर प्रतिगामी शक्तियों के विरूद्ध हैं, वह माई को प्रतिरोध करने के लिए प्रेरित करते है। कई बार उकसाते हैं मगर दूसरी तरफ से प्रतिक्रिया ना पाकर, क्रोधित भी हो जाते हैं विशेषतया 'माई' होता, कभी सिर्फ मेरा और तब हम मैं और वह हो जाते। शायद वह हमारे लिंग की नियति थी।

माई के प्रति हिफारत मुझसे भी आई। पर रूलाई के साथ। हताशा के साथ। जबकि सुबोध चिढ़कर अलग खड़ा हो जाता वही बेबस खड़े रहना उसे नहीं होता। मैं खुद निरीह हो रही थी। वे जकड़ने मेरे भीतर सहन थी, उन्हें तोड़ने में मैं असमर्थ थी। कही खुद टूट न जाऊँ (माई पृ0 128)

'माई' हमारे परंपरागत परिवारों का सच है, 'माई' जहाँ केवल रसोई में दिखायी देती है, स्त्री मुक्ति के नारे उस तक पहुँचने से पहले रसोई के धुएँ में घुट जाते हैं लेकिन युवा पीढ़ी प्रतिकार की स्थिति में है टेलीविजन पर आने वाले विज्ञापन जिंदगी में गति की बात कर रहे हैं, आजादी का पाठ वह पहले ही पढ़ा चुके हैं, टायर से लेकर चाय गाड़ी पंखा सभी विज्ञापनों में स्त्रियों का वर्चस्व है। अगर यह वह महिलाएँ जो पहले से ही एलीट थी, बस उन्हें हटके से इंशारे की आवश्यकता थी राजी सेठ अपनी एक कविता 'मैं स्त्री हूँ' मैं कहती हैं–

मैं स्त्री हूँ

जानती हूँ

मुझे बहुत सा गुस्सा सहना पड़ा था

जो वस्तुतः मेरे लिए नहीं था।

बहुत सा अपमानधजिसे मुझ पर भूकता हुआ इंसान

पग लाए होने के बावजूदध्मुझ पर नहीं कहीं और फेंकना चाहता

थाध्यह तो संयोग था कि मैं सामने थीध्पर मैं भी कहा मैं थी।

मुझे तो फल ही उसने भींचा थाध्हाँफते–हाँफतेध

पराजित योद्धाओं की तरह थककरध्मेरे वक्ष पर आन गिरा था

फुसफुसाया था– तुम जो होध्मेरी धारमित्रीध्मेरी परित्राण

मेरी गत आगत कथा

– राजी सेठ

इस कविता में स्त्री अपने समस्त धैर्य और विचार दृष्टि के साथ उपस्थित है, क्षमा शर्मा का उपन्यास 'मोबाईल' आधुनिक स्त्री के जीवन को हमसे साझा करता है। दुनिया बदल रही है महिला को भी उसके साथ बदलना होगा। परिवर्तन को कथा के दृश्यात्मक विस्तार सिनेमा ने बहुत तेजी से स्वीकार किया है। जैसे कृष्णा सोबती, मृदुला गर्ग, मैत्रेयी पुष्पा, चित्रा मुद्गल ने जो उपन्यास के माध्यम से स्त्री चेतना को उभारा है, वहीं स्थिति

मीरा नायर 'कल्पना लाजमी, गुरिंदर चड्ढा, दीपा मेहता लीना यादव की है। स्त्रीवादी सिनेमा को भी दो हिस्सों में विभक्त करना होगा। एक है महिला निर्देशकों द्वारा रचा सिनेमा दूसरा पुरूष निर्देशकों का सिनेमा। पुरूष निर्देशकों में सहानुभूति का भाव ज्यादा है। स्त्री निर्देशक ऑब्जेक्टिी के साथ चीजों को देखती परखती हैं मीरा नायर ने कामसूत्र नेम सेक में जेंडर विभेद के मुद्दे को शोध के आधार पर उठाया था यह फिल्में महज फिल्में ना होकर पर्दे पर रची कविता थी, आधोपांत यह कहते हुए स्त्री अब अपने दायरे में सिमटी नहीं रह सकती, एक बदलाव की आँधी चल पड़ी है। प्रेम और रागात्मक सम्बन्धों में फिल्मों ने सबसे पहले रूढ़िवादी धारणा को तोड़ा। एक लोकतांत्रिक समाज की परिकल्पना इसके केन्द्र में है।

नयी सदी का सिनेमा, सिने विमर्श पर एकाग्र पुस्तक सिनेमा में स्त्री–पुरूष सम्बन्ध के दायरे में विपिन शर्मा 'अनहद' ने हिंदी सिनेमा का स्त्रीवादी पाठ किया है। स्त्री–पुरूष सम्बन्धों की दृष्टि से मुझे हमेशा मीरा नायर की काम सूत्र फिल्म महत्वपूर्ण लगी। प्रेम में देह को आनन्द प्राप्ति के लिए मात्र साधन मानने का अहसास, सत्ता एवं सामन्तों की स्नॉव प्रवृत्तियों फिल्म क्रिटिव रचती है। रसा (रेखा) महामाया (इंदिरा वर्मा) स्त्री पुरूष सम्बन्धों की बड़ी गूढ़ व्याख्या करती है। वह पुरूष द्वारा स्त्री को मात्र आब्जेक्ट मानने की प्रवृति का नकारती है। (चण् 144)

नयी सदी का सिनेमा के अन्य लेख रेन कोटरू पर्दे पर रचा उदास राग, गुजारिश, एक असम्भव प्यार की कविता सात जून माफरू सेल्युलाईट पर रचा स्त्री जीवन का सघन पाठ भूमंडलीकरण के बाद अथवा भारतीय महिला के जीवन की विभिन्न चिंताओं और कष्टों को साझा करते हैं, यह अवश्य है आधुनिक समय की महिला एवं निर्भर है। आर्थिक और शैक्षिक रूप से सम्पन्न होने के कारण उसकी भूमिका में क्रांतिकारी बदलाव आया है, कारपोरेट, डर्टी पिक्चर, क्वीन इसी विचार को आगे बढ़ाती हैं ऐतराज जैसी फिल्म कार्य स्थल पर महिलाओं के साथ होने वाले व्यवहार को प्रकट करती है,7 समय बदल रहा है, इंटरनेट ने उन्हें निजी स्पेस मुहैया कराया है फेसबुक पर स्त्रियों का पूरा एक वर्ग अपने जीवन, पुरूष सत्ता की निरंकुशता पर बाल कर रहा है, नीलिमा चौहान की पुस्तक पतनशील पत्तियों के नोटस, फेसबुक टिप्पणियों पर आधारित किताब है। आक्रामकता का भाव नीलिमा की किताब पर हावी है, मगर यह जो हिंसक समय स्त्रियाँ भोग रही है, यह भाषा गैर

गाजिब नहीं है। इस स्त्री आजादी, प्रगति और मुक्ति को लेकर प्रसिद्ध स्त्रीवादी एरिका जोंवा कहती है। जब प्रगति मायावी दिखाई देती है, हम अपनी आस्था पर दृढ़ रहेंगे कि कार्य स्वयं में अहम है क्योंकि यह कार्य ही है जो हमारी जिंदगियों को समृद्ध बनाता है। यह कार्य ही है जो हमें एक जुट करता है, और जो हमें अगली सदी में ले जाएगा। हम जानते हैं कि हमारे संघर्ष में फर्क कर दिया है और हम फिर से अपने विश्वास को दोहराती हैं कि हमारे कार्यों से नारियों की जिंदगी में फर्क आएगा। हम अपने आपको आगे बढ़ाने तथा जवाबी कारवाई करने की खुशी के लिए समर्पित हैं।8

एरिका जोंग बीसवीं शताब्दी में आने वाले समय की आहट को पहचानने लगती हैं जब समानता का स्वप्न सच होगा। स्त्री मुक्ति से ज्यादा अब स्त्री सशक्तिकरण की बात होने लगी है, यह प्रश्न बहुत महत्वपूर्ण है। 'स्त्री विमर्श' दैहिक आजादी के सवाल से आगे की सोचे। वैश्वीकरण के बाद की दुनिया पहले के मुकाबले जटिल है, इसी समय को लेकर टामस एस0 फ्रीडमैन ने पृथ्वी की संरचना को ही बदला हुआ माना था, अर्थ इज फ्लैट एवं अर्थ इज नॉट फ्लैट। गर वैश्वीकरण ने दुनिया का समतलीकरण कर दिया है। ऐसे में आधी आबादी के लिए अवसर भी उत्पन्न हुए हैं और साहित्य में महिलाओं के एकाकीयन की तस्वीर भी उभर रही है। प्रोफेशनल जीवन एवं घरेलू दबाव उन पर साफ दिखाई दे रहे हैं। क्षमा शर्मा ने मोबाइल और चित्रा मुदगल ने 'एक जमीन अपनी' में कामकाजी स्त्री के तनावों को दिखाया है, पट्टी नेशनल कंपनियों में काम करने वाली महिलाओं के जीवन पर काम होना शेष है। मनीषा कुलश्रेष्ठ के उपन्यास शिगाफ और वंदना राग की कहानियों में आधुनिक इस नयी दुनिया की परिक्रमा करती मार्डन ऐज की मार्डन महिला के दर्शन होते हैं। स्टेनिला वंदना राग की कहानियाँ आर्थिक सामाजिक परिवर्तन को दिशा दे रही स्त्री के जीवन की कहानियाँ है। स्टेनिला नौटिस की प्रेम कथा कहानी नये मिजाज की कहानी है और यह आधुनिक सोच से ही संभव हो सकती है।

स्त्रीवाद के अन्य रूप भी दिखायी दे रहे हैं, जैसे स्त्रीवादी प्रकाशनों की शुरूआत। यह एक तरह से नयी शुरूआत है, उर्वशी बुटा लिया जेड बुक्स में काम करते हुए अफ्रीकन महिलाओं के जीवन को देखा, फिर अपनी साथी रितु के साथ मिलकर कॉली फॉर श्मेन स्थापित किया। कुछ समय पश्चात् 'जुबान' जैसा प्रकाशन गृह जिसमें हाशिये की स्त्रियों को अपनी बात कहने

का अवसर मुहैया कराया। बेबी हाल दार की किताब 'आलो अंधारी' का अंग्रजी अनुवाद लाइफ टेस आर्डेनरी छापा जिससे उन्हें अंतरराष्ट्रीय ख्याति मिली। वह कश्मीर में हिंसा की शिकार 'कुनन पोशयोरा' की घटना पर कुछ कश्मीरी युवतियाँ अपने त्रासद अनुभव को लिपिबद्ध कर रही है, यह आध ुनिक नारी है जो अंधेरे से पार जाने की जद्दोजहद में है।9

भूमंडलीकरण की अवधारणा ने एक नया वर्ग उत्पन्न किया है जिसकी सूचना, तकनीक, ज्ञान तक पहुँच है, मगर अभिजात तबके से इत्तर वर्ग की स्त्रियों पर भूमंडलीकरण के नकारात्मक प्रभाव पड़े है। खेती किसानी, कारखानों विकास प्रोजेक्ट के तहत विस्थापित स्त्रियों पर विश्लेषण की और भी आवश्यक है।

सन्दर्भ एवं टिप्पणियाँ

1. जॉन स्टुअर्ट मिल ने स्त्री जाति पर होने वाली हिंसा को उनके मनोवैज्ञानिक और सामाजिक कारणों के साथ विश्लेषण किया है पितृसत्ता के विरूद्ध स्त्री सापेक्ष वैचारिकी तैयार करने वाले वह शायद पहले विचारक हैं। जॉन स्टुअर्ट मिलरू स्त्रियों की पराधीनता, अनुवाद प्रगति एक्सेन राजकमल प्रकाशन, नई दिल्ली, पृ0 67

2. के0एल0 चलम की पुस्तक इकॉनोमिक रिफॉर्म एंड सोशल एक्सक्लूजनरू इम्पैक्ट ऑफ लिबरलाइजेशन ऑन मार्जिनलाईज्ड़ ग्रुप इन इंडिया, सेज के भाषा उपक्रम के तहत प्रकाशित पुस्तक। हिंदी रूपांतरण आर्थिक सुधार और सामाजिक अपवाजीरू भारत में उपेक्षित व समूहों पर उदारीकरण का प्रभाव, पृ0 69

3. सुधीश पचौरी का लेख एक अधखुला क्षणध्सौन्दर्य मिथक की द्वन्द्वात्मकता, लेख सौंदर्य के बदलते प्रतिमान विशेषतया वुल्फ के ब्यूटी मिथ को समानांतर रखते हुए, आउटलुक, फेमिना, टी0वी0 आदि के द्वारा बनाये जा रहे, स्त्री सौंदर्य के मानको ग्लो पोस्ट ग्लोबल स्त्री की आजादी पर फोकस करता है, लेख हंस के स्त्री संबंधी विशेषांक में प्रकाशित हुआ था राजेन्द्र यादवरू प्रभा खेतानरू अभय कुमार दुबे द्वारा संपादित पुस्तक, पितृसत्ता के नए रूप में प्रकाशित हुआ। प्रयुक्त पृष्ठ संख्या 60 से 61, राजकमल प्रकाशन 2010

7

महिला आन्दोलन का बहुआयामी स्वरूपः भारतीय सन्दर्भ में

डॉ० उदय पाल सिंह

असिस्टेंट प्रोफेसर

समाजशास्त्र विभाग

नेहरु पी०जी० कॉलिज छिबरामऊ, कन्नौज

भारत में स्वतंत्रता के बाद महिला आन्दोलन का प्रारंभ 1970 वीं शताब्दी से माना जाता है। राष्ट्रीय स्तर पर महिलाओं के अधिकारों के संवैधानिक तथा कानूनी प्रावधानों के सन्दर्भ में वास्तविक स्थिति पर प्रशन उठाये गए, क्योंकि भारत में स्त्रियों को समान संवैधानिक तथा कानूनी स्तर प्रदान करने के साथ उनकी सामाजिक एवं आर्थिक स्थिति में विशेष सुधार नहीं हुआ है। लैंगिक समानता का नकारात्मक दृष्टिकोण, धार्मिक, पारिवारिक, सामाजिक तथा आर्थिक क्षेत्र में स्त्रियों की स्थिति में व्यापक सुधार नहीं हुआ है।

पश्चिमी सन्दर्भ की तुलना में स्वतंत्र भारत में महिला आन्दोलनों का प्रारंभ भिन्न था। भारतीय समाज में तथा स्वयं स्त्रियों में अपने अधिकारों के बारे में चेतना थी। महात्मा गांधी ने स्त्रियों की भागीदारी के बिना स्वतंत्रता आंदोलन को अधूरा माना तथा महिलाओं को स्वतंत्रता आन्दोलन में सम्मलित करने के लिए व्यापक रणनीति का संचालन किया था। भागीदारी तथा जागरूकता के कारण संविधान निर्माण के दौरान बिना किसी मतभेद के

स्त्रियों को पुरूषों के समान मताधिकार प्रदान किया गया। सामाजिक, आर्थिक, धार्मिक विषमताओं के साथ–साथ लिंग पर आधारित असमानता को भी स्पष्ट किया गया। यदि आन्दोलन को व्यापक नहीं बनाया जाता है तो वह अभिजन वर्ग द्वारा संचालित ऐसा आन्दोलन बन जाता है, जिसे व्यापक जनसमर्थन प्राप्त नहीं होता है लेकिन राजनीतिक दलों के अन्तर्गत काम करने वाले महिला प्रकोष्ठों को उन सभी सामाजिक, आर्थिक, संरचनात्मक दबाबों के अन्तर्गत कार्य करना पड़ता है, जो सम्पूर्ण समाज में स्त्रियों को स्वतंत्र व्यक्ति के रूप में आगे नहीं बढ़ने देते हैं। राजनीतिक दलों के अन्तर्गत कार्य करने वाले महिला संगठनों में जनता दल की महिला दक्षता समिति, साम्यवादी दल की नेशनल फेडरेशन आफ इंडियन विमन (एन. एम. आई. डब्लू.), मार्क्सवादी कम्युनिस्ट पार्टी की आल इंडिया डेमोक्रेटिक विमन्स एसोसिएशन (एडवा) आदि प्रमुख है।

धर्म परिवार, नातेदारी तथा अन्य सांस्कृतिक आदर्श महिलाओं की गतिविधियों को प्रतिबंधित करते हैं तथा उन्हें सामाजिक जीवन में सम्पूर्ण भागीदारी कर अवसर प्रदान नहीं करते हैं, इसलिए महिलाओं को अपने विकास के सम्पूर्ण अवसर भी प्राप्त नहीं होते हैं? इस रिपोर्ट में यह भी स्वीकार किया गया है कि इन कारकों में परिवर्तन मात्र सरकार के प्रयासों से नहीं लाया जा सकता है, स्वयं महिला संगठनों को बहुविवाह तथा दहेज जैसी सामाजिक कुरीतियों के विरूद्ध आन्दोलन चलाना चाहिए तथा आम महिलाओं तक उनके कानूनी अधिकारों के बारे में जानकारी पहुंचानी चाहिए। इसलिए महिलाओं के उत्थान के लिए समर्पित तथा निष्ठावान सामाजिक आन्दोलन की आवश्यकता पर बल दिया गया था। इस रिपोर्ट में प्रमुख महिला कार्यकर्ताओं को महिलाओं की स्थिति में सुधार लाने के लिए संगठित होकर आन्दोलन चलाने के लिए प्रेरित किया। इस प्रकार राष्ट्रीय तथा अन्तर्राष्ट्रीय स्तर पर विचारों के आदान–प्रदान में महिला आन्दोलन को प्रेरणा प्रदान की तथा सशक्त बनाया। 1986 में नैरोबी में विकासशील दशों में महिलाओं पर हुए अन्तर्राष्ट्रीय सम्मेलन में भारत सरकार द्वारा प्रस्तुत दस्तावेजों में यह स्वीकार किया गया कि भारत में अभी भी महिलाओं को सामाजिक, आर्थिक समानता प्राप्त नहीं है तथा अभी भी घर गृहस्थी ही उनका मूल कार्यक्षेत्र है। वास्तविकता यह थी कि उन्हें सामाजिक या आर्थिक समानता प्राप्त नहीं हुई है। इसी प्रकार 1995 में बीजिंग में हुए चतुर्थ अन्तर्राष्ट्रीय

महिला सम्मेलन में भारत सरकार द्वारा प्रस्तुत घोषणा पत्र में महिलाओं के लिए राष्ट्रीय नीति की घोषणा की तथा इस नीति का निरंतर संचालन करने के लिए राष्ट्रीय महिला आयोग की स्थापना की घोषणा की। इसी कारण संविधान व विधि व्यवस्था के अन्तर्गत प्राप्त समान अधिकारों को वास्तविक रूप में प्राप्त करने के लक्ष्य में भारत में महिला आन्दोलन को स्थानीय, राष्ट्रीय व अन्तर्राष्ट्रीय स्तर पर समर्थन प्राप्त हुआ है। यह स्वीकार कर लिया गया है कि महिलाओं की स्थिति में वास्तविक परिवर्तन मात्र संवैधानिक व कानूनी उपचारों से संभव नहीं है क्योंकि सरकार सांस्कृतिक प्रतिमानों तथा पारिवारिक मापदंडों में परिवर्तन नहीं ला सकती है। इसके लिए निरंतर सामाजिक व सांस्कृतिक प्रयास करने होंगे। अतः महिलाओं में अधिकारों के प्रति जागरूकता लाने के साथ निम्नतम स्तर से महिलाओं में सशक्तीकरण की प्रक्रिया को बढ़ावा देना होगा।

भारतीय संस्कृति में महिलाओं को सैद्धान्तिक स्तर पर तो पूजा के योग्य माना गया है लेकिन वैदिक युग के बाद से महिला अस्तित्व, आत्मसम्मान, त्याग एवं बलिदान नकारा गया। ऋग्वेद काल में तो संस्कारों की क्रियाओं में भी लिंग, भेद परिलक्षित होने लगा। कन्या हत्या, बाल–विवाह, पुनः विवाह की अस्वीकृति, पर्दा प्रथा में महिलाओं की स्थिति और भी निम्न बना दी। पुरूष प्रधान समाज बनने के साथ अन्यंत दयनीय स्थिति हो गयी और उनकी स्थिति को सुधारने के लिए अधिनियमों का निर्माण किया गया लेकिन अधिनियमों ने महिलाओं को संरक्षण नहीं दिया और न ही समानता का अधिकार दिया। जब विश्व मंच से महिलाओं के विकास की आवाज उठी तो भारतीय समाज में महिलाओं ने आन्दोलन किए तथा जागरूक एवं सह सक्षम बनाने की सामाजिक नीति लागू की गयी है। महिलाओं को अपने अधिकारों को वास्तविक बनाने के लिए असमानता व पारिवारिक संरचनाओं के विरूद्ध महिला आन्दोलनों के माध्यम से आवाज उठानी पड़ी।

महिला सशक्तीकरण के लिए विभिन्न स्वयंसेवी संगठन निम्नतम स्तर पर काम कर रहे हैं और निष्ठावान गैर सरकारी संगठन इस क्षेत्र में अधिक प्रभावशाली ढंग से कार्य कर पाये हैं। महिलाओं की समानता, शिक्षा का प्रसार, सामाजिक, सांस्कृतिक परिवेश, यौन उत्पीड़न, बाल विवाह, दहेज प्रथा, कन्या भ्रूण हत्या, बलात्कार, आर्थिक रूप से पिछड़ापन, सम्पत्ति में अधिकार नहीं मिलना आदि समस्याओं के विरोध में आन्दोलनों का स्तर बढ़ाने

का लगातार प्रयास किया जाता रहा है। समस्याओं को खत्म करने में महिला आन्दोलनों को व्यापक बनाने के लिए समाज के सभी वर्गों तथा समुदायों की महिलाओं का सक्रिय होना अनिवार्य है और 70 से 80 के दशक में भारतीय महिला आन्दोलनों में पर्याप्त युवा छात्र व युवा छात्रायें सम्मलित थीं। परिणामस्वरूप संवैधानिक व्यवस्था के अनुकूल कानून बनाकर परिवर्तन लाने के प्रयास सक्रिय हुए हैं और महिला उत्पीड़न से सम्बंधित कानून बनाये गए हैं। दहेज विधेयक, बाल विवाह विधेयक तथा उत्तराधिकार विधेयकों में सुधार किए गए हैं। पंचायत स्तर पर महिलाओं की भागीदारी को वास्तविक बनाने के लिए उन्हें 33 प्रतिशत आरक्षण दिया गया और सरकारें महिला कल्याण योजनाओं के अन्तर्गत मां तथा परिवार कल्याण के लिए अधिक से अधिक व्यय करने लगीं। सरकारी नीतियों के आधार पर विधि निर्माण में महिलाओं को संरक्षण व सुरक्षा प्रदान करने वाली संस्थाओं की स्थापना में भी प्रसार हुआ।

सती, जौहर और देवदासी जैसी परम्पराओं पर प्रतिबंध लगा दिया गया और महिला आन्दोलन के परिणाम स्वरूप, आधुनिक भारत में काफी हद तक समाप्त हो चुकी है। ग्रामीण समाज में भारतीय महिलाओं द्वारा पर्दा प्रथा को आज भी जीवित रखा गया है और विशेषकर भारत के वर्तमान कानून के तहत एक गैरकानूनी कृत्य होने के बाबजूद बाल विवाह की प्रथा आज भी प्रचलित है। इन सब समस्याओं को देखते हुए कई महिला सुधारकों जैसे कि पंडित रमाबाई ने भी महिला सशक्तीकरण के उद्देश्य को हासिल करने में मदद की। भोपाल की बेगमें भी इस अवधि में महिला शासिकाओं में शामिल थीं। उन्होंने पर्दा प्रथा को नहीं अपनाया। चन्द्रमुखी बसु, कांदबिनी गांगुली और आनंदी गोपाल जैसी कुछ शुरूआती भारतीय महिलाओं में शामिल थीं, जिन्होंने शैक्षणिक डिग्रियां हासिल कीं। भारत सरकार ने 2001 को महिलाओं के सशक्तीकरण वर्ष के रूप में घोषित किया था। अन्तर्राष्ट्रीय महिला दिवस के एक दिन बाद 9 मार्च 2010 को राज्यसभा में महिला आरक्षण बिल को पारित कर दिया गया, जिसमें संसद और राज्य की विधानसभाओं में महिलाओं के लिए 33 प्रतिशत आरक्षण की व्यवस्था की गयी है।

राष्ट्रीय स्तर पर महिला आयोग की स्थापना की गई जो राष्ट्रीय स्तर पर महिलाओं के कल्याण व उनकी समस्याओं के निवारण हेतु संकल्प लिया। दहेज उत्पीड़न, बलात्कार, पारिवारिक हिंसा के लिए राज्यों में महिला

उत्पीड़न प्रकोष्ठ बनाये गए और उनमें उच्च स्तरीय महिला अधिकारियों की नियुक्ति की गयी। इन सभी प्रयासों के बाबजूद महिलाओं की आर्थिक व सामाजिक प्रस्थिति में सुधार के लिए बहुत कुछ सुधार किया जाना आवश्यक है, क्योंकि वर्तमान में उद्योगों के निजीकरण के साथ परिवार कल्याण की नीतियों का विकास नहीं हुआ है। अतः विभिन्न स्तरों पर महिला आन्दोलन का बहुआयामी स्वरूप बना रहना आवश्यक है। यदि महिला आन्दोलन व जागरूकता का गुण अपने उद्देश्यों व लक्ष्यों के प्रति जागरूक हैं तो विभिन्न स्तरों पर होने वाले आन्दोलनों को एक सूत्र में बांधना कठिन नहीं होगा। अभी भी सामाजिक, आर्थिक संदर्भ में महिलाओं को दमन, अन्याय व असमानता का सामना करना पड़ रहा है। भारत में महिला आन्दोलन को एक व्यापक एवं संगठित बनाना आवश्यक है।

सन्दर्भ सूची

1– लेस्ली केलमेन – विमन एंड मूवमेंट पॉलिटिक्स इन इंडिया, एशियन सर्वे, खंड गगपग संख्या 10 अक्टूबर 2001 पृष्ठ 341।

2– भारत सरकार महिला कल्याण विभाग, मानव संसाधन, मंत्रालय द्वारा प्रकाशित रिपोर्ट। नई दिल्ली 2012 पृष्ठ 10।

3– वीना अग्रवाल – द फैमिली इन पब्लिक पॉलिसी, नेशनल काउंसिल ऑफ एप्लाइड इकानॉमिक रिसर्च 2008।

4– ललिता पानिकर – टायरसम टोकनिज्म, ओवरलुकिंग हाफ द इलेक्ट्रोरेड, द टाइम्स आफ इंडिया न्यू दिल्ली, 20 फरवरी 2004।

5– भरत डोगरा – विमन्स पावर इन पंचायत कस्टम अवे कास्ट्स, द टाइम्स आफ इंडिया, नई दिल्ली 6 जुलाई 2001।

अध्याय–8

भारत में महिलाओं के प्रति बढ़ते यौन अपराध एवं जन समुदाय की भूमिका

श्रीमती अर्चना धपवाल

असिस्टेंट प्रोफेसर, राजनीति विज्ञान

ओ0स0 राजकीय महाविद्यालय

देवप्रयाग, टि0ग0

मो0– 9410793229

प्राचीन भारत में एक समय ऐसा भी था, जब स्त्री को देवी के रूप में पूजा जाता था, परंतु वर्तमान समय में स्थिति यह है कि उसकी मान–मर्यादा को सरेआम नीलाम किया जा रहा है। विगत् कुछ वर्शों से पूरे देष में महिलाओं के प्रति बढ़ते यौन अपराधों में अत्यधिक इजाफा हुआ है। महिलायें, नाबालिग लड़कियां यहां तक कि अबोध बच्चियां तक इस अपराध की शिकार हो रही हैं। महिलायें भारतीय संस्कृति का अभिन्न अंग हैं, परंतु जहां तक उनकी सुरक्षा का सम्बन्ध है, वे अभी भी असुरक्षित हैं। आये दिन हम अखबारों में टी0वी0 में बलात्कार, हिंसक घटनायें, घरों में महिलाओं के साथ दुर्व्यवहार आदि की खबरें पढ़ते रहते हैं। नेषनल क्राईम रिकॉर्ड ब्यूरो के आंकड़ों के अनुसार महिलाओं पर हुए सबसे ज्यादा अपराध वर्श 2000 में 4037 मामले चेन्नई में ही दर्ज किये गये। इसी प्रकार दिल्ली में 2000 में

2122 मामले दर्ज हुये जो वर्श 2013 में बढ़कर 11449 हो गये। दिल्ली सरकार के महिला एवं बाल विकास विभाग द्वारा किये गये सर्वेक्षण के अनुसार औसतन 100 में से 80 महिलायें अपनी सुरक्षा को लेकर चिन्तित हैं। कितने ही मामले ऐसे हैं, जो सामाजिक एवं पारिवारिक दबाव के कारण दर्ज ही नहीं हो पाते हैं। अपराधों के प्रति न तो तत्परता से कोई कदम उठाया जाता है और न ही कड़ी कार्रवाही की जाती है। जो कोई मामले अदालत तक पहुंचते भी हैं, उनमें से भी 04 में से एक को ही सजा हो पाती है। कई मामले प्रशासन की शिथिलता के कारण अदालतों में वर्शों लंबित पड़े रहते हैं। कुछ लोगों का मानना है कि इन सब के लिए महिलाएं एवं लड़कियां स्वयं ही जिम्मेदार हैं। कहीं मोबाईल पर प्रतिबंध, कहीं पर पसंदीदा वस्त्रों को पहनने पर प्रतिबंध, तो कुछ का कहना है कि महिलाओं को घर से अकेले नहीं निकलना चाहिए आदि। इस मामले में खाप पंचायतें सबसे आगे हैं। यौन अपराधों से बचने के लिए वयस्क होने से पहले ही विवाह कर दिया जाता है। परंतु यक्ष प्रष्न यह है कि क्या ऐसे पैमाने बनाने से महिलाएं सुरक्षित हो जाएंगी। जब तक लोगों की सोच में बदलाव नहीं आयेगा तब तक ऐसे अपराधों पर लगाम लगाना संभव नहीं हो पायेगा। महिलाओं को भी पुरूषों की भांति जीने का हक है।

अतः यौन अपराधों को रोकने के लिए वैज्ञानिक सोच के साथ–साथ संपूर्ण समाज को जागरूक किया जाना आवश्यक है। क्योंकि ऐसे अपराधों को रोकने में जनसमुदाय की भूमिका महत्वपूर्ण होगी। सिर्फ कानून एवं योजनाएं बनाने से कुछ नहीं होगा।

भारतीय संविधान में महिलाएं और पुरूषों को समान अधिकार दिए गये हैं। संविधान की धारा–14 एवं 16 में पूर्ण समानता का उल्लेख किया गया है। स्त्री और पुरूष के बीच आर्थिक, सामाजिक, राजनैतिक असमानता को मिटाने की बात की गयी है, परंतु पुरूष प्रधान समाज के कारण संवैधानिक व्यवस्था में समानता का प्राविधान होते हुए भी दिनों–दिन नारी उत्पीड़न की घटनाएं हो रही हैं। नारी उत्पीड़न, दहेज के लिए उत्पीड़न, सामूहिक बलात्कार, यौन शोषण न जाने कितने रूपों में नारी को उत्पीड़ित किया जा रहा है। हमारे सामाजिक एवं नैतिक मूल्यों का पतन हो रहा है। विश्वगुरू कहलाये जाने वाले भारत की छवि गिरती जा रही है। यौन अपराधों के

कारण चाहे नैतिक मूल्यों का पतन होना, कुण्ठित मनःस्थिति जो भी हो, इन घटनाओं में वृद्धि हो रही है। बिहार के मुज्जफरपुर में बालिका गृह में हुये अपराध हो या दिल्ली में निर्भया कांड हो या उत्तरकाशी में हुए यौन अपराध, इनके खिलाफ हुए विरोध प्रदर्शनों ने सरकार को यौन हिंसा के खिलाफ कानून को कठोर बनाने के लिए प्रेरित किया है। यौन अपराधों के विरोध प्रदर्शन में जनसमुदाय की भूमिका अहम रही है, वरना सरकार इन घटनाओं के प्रति इतनी संवेदनशील नहीं होती। लोकतांत्रिक देशों में जनता की आवाज का भय सरकार पर अवश्य रहता है। जन समुदाय की भूमिका के कारण ही मुज्जफरपुर घटना हो या मंदसौर की घटना हो या उत्तराखण्ड में ऋशिकेश एवं उत्तरकाशी में हुई यौन अपराधिक गतिविधियों में निर्णय हेतु शासन–प्रशासन को हिलाकर रख दिया। जिससे तुरंत अपराधी पकड़ा गया। भारत में यद्यपि महिला सुरक्षा से जुड़े कई कानून बनाये गये हैं– इसस चाइल्ड मैरिज एक्ट, 1929, स्पेशल मैरिज एक्ट, 1954, हिन्दू मैरिज एक्ट, 1955, हिन्दु विडो मैरिज एक्ट 1861, फारेन मैरिज एक्ट, 1969, इंडियन डाईवोर्स एक्ट, 1874, मुस्लिम वूमन प्रोटैक्शन एक्ट, 1872, मैरिड वूमेन प्रापर्टी एक्ट 1874, मुस्लिम वूमन प्रोटेक्शन एक्ट, 1986, नेशलन कमीशन फॉर वूमन एक्ट, 1990, सेक्सुअल हरासमेण्ट ऑफ वूमन एवं वर्किंग प्लेस एक्ट, 2013 आदि 07 मई, 2015 को लोक सभा तथा 22 दिसम्बर, 2015 को राज्य सभा ने जुवेनाईल जस्टिस में भी बदलाव किया है। इतने बड़े कानून बनने के बावजूद महिला अपराध में कमी आने के बजाय दिन–प्रतिदिन बढ़ोत्तरी हो रही है।

वर्तमान समय में महिलाओं और बालिकाओं की सुरक्षा एक विचारणीय प्रश्न बन गया है। महिलायें, बच्चियां समाज में असुरक्षित हैं, इसके लिए सिर्फ सरकार को ही जिम्मेदार नहीं माना जा सकता बल्कि प्रत्येक व्यक्ति की भी जिम्मेदारी है कि वह महिलाओं का सम्मान करे और किसी भी पीड़ित की आवाज सरकार तक पहुंचाये, क्योंकि कई घटनाओं में पीड़ित बहुत ही निम्न वर्ग से होती है। गरीबी, अशिक्षा, जागरूकता की कमी के कारण वे अपनी आवाज नहीं उठाती। ऐसे वक्त यदि समाज जागरूक है, तो जनसमुदाय उसकी आवाज बनकर अपराध के खिलाफ लड़ सकती है। जिससे कानून का सख्ती से पालन करवाया जा सकता है। भारत में यद्यपि महिला को पूजनीय माना जाता है, परंतु महिलाओं के प्रति हो रहे अपराधों को नजर

अंदाज नहीं किया जा सकता। प्रतिदिन निरंतर गुजरते हर पल, महिला हर स्वरूप शोशित हो रहा है, फिर चाहे वो माँ हो, बेटी हो, बहन हो, या अबोध बच्ची क्यों न हो। घर हो या बाहर महिलाओं को बालिकाओं को समझाया जाता है, संस्कार दिए जाने की बात कही जाती है, परंतु पुरूषों से या लड़कों से कोई प्रश्न नहीं किया जाता क्यों?

यह हमारी सामाजिक व्यवस्था की कमजोरी है। हर जगह महिलाओं को दोयम दर्जे का माना जाता है। अतः प्रत्येक परिवार में माता–पिता अथवा बुजुर्गों का कर्तव्य है कि वह जिस प्रकार संस्कारवान होने की अपेक्षा महिलाओं अथवा लड़कियों से करते हैं, वैसे ही संस्कार पुरूषों को भी देना जरूरी है। भारत में यौन अपराधों को रोकने के लिए आवश्यक है कि नशा विरोधी अभियान चलाकर एवं नशीली वस्तुओं के व्यापार पर कड़ा प्रतिबन्ध एवं सख्त कानून होना आवष्यक है क्योंकि अक्सर यौन अपराध नशे के कारण होते हैं। इस हेतु जन समुदाय का कर्तव्य है कि युवा पीढ़ी को नशीली वस्तुओं के सेवन एवं खुले आम शराब के सेवन पर लगाम हेतु जागरूक होना होगा। महिला सुरक्षा वर्तमान में एक अत्यन्त चिंतनीय विशय हो गया है। देवभूमि उत्तराखण्ड भी इससे अछूती नहीं रही है। बड़े दुःख का विशय है कि भारत में महिलाओं को भय के साये में जीना पड़ता है।

महिलाओं को आत्मरक्षा हेतु तकनीकी सिखानी होगी तथा उनके मनोबल को उठाना होगा, क्योंकि पुरूष की अपेक्षा महिलायें किसी भी गंभीर स्थिति को जल्दी भांप जाती हैं।

महिलाओं व लड़कियों को जागरूक किया जाना आवष्यक है कि वे किसी भी अनजान महिला या पुरूष के साथ सुनसान जगह पर न जायें तथा आने–जाने में सार्वजनिक मार्गों का प्रयोग करें। वर्तमान समय में इण्टरनेट सेवा जहां हमारे लिए वरदान साबित हो रही है, वहीं इसका असावधानी से प्रयोग करने पर भी महिला सुरक्षा को खतरा हो सकता है। इसके माध्यम से किसी भी अनजान व्यक्ति से बातचीत करने तथा अपनी निजी विवरण देने पर ब्लैकमेल द्वारा यौन अपराध को बढ़ावा मिलता है। ऐसी परिस्थिति में महिलाओं और बच्चियों को परिवार में भयमुक्त वातावरण दिया जाना आवश्यक है। क्योंकि जब कभी ऐसी घटना घट जाती है, तो वह अपने परिवार को निसंकोच बता सकती है। जिससे भविष्य में होने वाली दुर्घटना

से बचा जा सकता है। ऑफिस, हॉस्पिटल या स्कूल, कॉलेजों में जो भी टायलेट बने हों, तथा उनका सुरक्षित होना जरूरी है। महिला अपराधों को रोकने के लिए टायलेट सुरक्षित एवं अंधेरी सुनसान जगह पर स्थित नहीं होना चाहिए।

स्कूल, कॉलेजों, ऑफिस आदि में महिलाओं से सम्बन्धित यौन अपराधों से विशयक संगोश्ठी कर छात्र/छात्राओं और नागरिकों को जागरूक कर विपरीत परिस्थितियों में लड़ने की शिक्षा दी जा सकती है। समाज में नारी का महत्वपूर्ण स्थान है। क्योंकि एक स्त्री से ही परिवार का निर्माण होता है। वह परिवार का एक मुख्य घटक होती है। जिसके बिना न जीवन है, न जीजीवाशा बिना, न परिवार है और न समाज है। यदि वो सुरक्षित नहीं रह पायेगी तो परिवार कैसे मजबूत रह पायेगा। महिलाओं को यह षिक्षा माननी ही होगी कि न अत्यन्त सरलैःभाव्यम्– अत्यधिक सरल नहीं होना चाहिए अन्यथा धोखा खाने की संभावना रहती है। फलस्वरूप अपराध को बढ़ावा मिलता है। अर्थात् महिलाओं को सरल और सहज रहना चाहिए, किंतु अति नहीं। नारी सहज व अति सरल समर्पण का भाव लेकर जीती है। जिससे संकुचित मानसिकता के कारण अपराधी प्रवृत्ति के पुरूष उसकी सरलता, समर्पणता का फायदा उठाते हैं।

समय परिवर्तन के साथ–साथ महिलाओं के विष्वास को भी बदलना होगा। नारी जब तक स्वयं सबल नहीं होगी, पुरूश उसे असुरक्षित करता रहेगा। नारी का सुदृढ़ संकल्प ही उसका सुरक्षा कवच बन सकता है।

यौन अपराधों को रोकने में जनसमुदाय की भी महत्वपूर्ण भूमिका होती है। क्योंकि कोई भी अपराध देश के किसी भी कोने में हों, तो जनसमुदाय सोषल मीडिया, इलैक्ट्रॉनिक मीडिया के माध्यम से इसकी सूचना प्रसारित कर अपराधिक घटना के विरोध स्वरूप एक वातावरण बना सकता है। पिछले दिनों मंदासौर की घटना हो या यू0पी0 के देवरिया की हो या दिल्ली का निर्भया कांड, ये सभी यौन अपराध समाज को शर्मसार कर देने वाले हैं। समाज में यौन अपराधों की क्रूरता दिन व दिन आमनवीय होती जा रही है।

मानवीय संवेदना शून्य हो गयी है। पुलिस प्रशासन और न्याय का रोल किसी भी अपराधिक घटना घटित होने के बाद शुरू होता है। ऐसे में समाज की स्वयं की भूमिका बहुत महत्वपूर्ण बन जाती है। जन सहयोग से कई

घटनाओं को अंजाम देने से पहले ही अपराधी को पकड़ा जा सकता है। यह सजगता समाज के लिए एक सकारात्मक उपाय है।

यौन अपराधों से सुरक्षा हेतु अपराधियों के व्यवहार से हम इनके मनोविकारों को पहचान सकते हैं। इसलिए ऐसे लोगों के व्यवहार पर नजर रखना हर व्यक्ति का सामाजिक दायित्व होना चाहिए। क्योंकि सामाजिक अपराधों का खामियाजा किसी को भी भुगतना पड़ सकता है। यह कहा नहीं जा सकता।

अतः इन पर नियंत्रण रखना समाज का ही कर्तव्य है। यौन अपराधों में बढ़ती क्रूरता के कारण ऐसे यौन अपराधियों की पहचान करना, उन्हें चिन्हित कर उनके व्यवहार को उचित माध्यमों से नियंत्रित करना, अपराधों की सूचना प्रसारित कर रोकथाम करना, जन समुदाय की नैतिक जिम्मेदारी है। वर्तमान समय की जीवनशैली व जिम्मेदारियों के बोझ ने हर व्यक्ति को सामाजिक जिम्मेदारियों से कटकर व्यैक्तिक जीवन शैली जीने को मजबूर कर दिया है। समाज के अधिकांश लोग अपने व्यक्तिगत् दायरे में सिमट कर रहे गये हैं और अपराधी इस कारण बेखौफ हो रहे हैं। यदि पूरा जन समुदाय सजग होगा तो यौन अपराधियों को अपराध करने के अवसर कम मिलेंगे।

वर्तमान समय में यौन अपराधों की स्थिति को देखते हुए यह कहा जा सकता है कि स्कूल कॉलेज के पाठ्यक्रमों में विषेश रूप से यौन व्यवहार की विकृतियों की जानकारी दी जानी चाहिए। यौन मनोरोगियों की जानकारी को पाठ्यक्रम में शामिल किया जाना आवश्यक है। जिससे बच्चे और किशोर मानसिक रूप से सुदृढ़ हो सकें और विपरीत परिस्थितियों में भी ऐसी घटनाओं का मुकाबला कर सकें। आज जन समुदाय को अपराधियों का मुकाबला करने के लिए स्वयं संगठित होना होगा। नशा, अश्लील सामग्री बेचने वालों पर लगाम लगानी होगी।

जनसमुदाय की भूमिका के साथ–साथ सर्वप्रथम माता–पिता व शिक्षक का भी परमकर्तव्य होता है कि वे बच्चों की गतिविधियों पर नजर रखें। क्योंकि बच्चा माता–पिता की भाषा सीखता है। वह अक्सर उनकी देखभाल और लापरवाही की उपज होता है। यदि बच्चे की गतिविधियां संदिग्ध है, तो अभिभावक का कर्तव्य है कि उन पर नजर रखे व अच्छी शिक्षा दे। उन पर नियंत्रण रखे। उनके सहयोग के बिना पुलिस या जन समुदाय अकेले

महिलाओं के खिलाफ अनाचार नहीं रोक सकते। महिलाओं का सबसे परमकर्तव्य है कि यदि वह अपनी सुरक्षा चाहती हैं तो अपने बच्चों को नैतिक एवं विनम्र होने की शिक्षा अवश्य दें। वरन् वे उनके साथ–साथ समाज के लिए भी घातक होंगे। अतः महिला सुरक्षा हेतु महिलाओं की भूमिका भी अहम होती है। क्योंकि महिला किसी व्यक्ति के गलत व्यवहार से भिज्ञ हैं तो अन्य महिलाओं को भी आगाह कर सकती हैं। किसी व्यक्ति के संदिग्ध चरित्र से अन्य की सुरक्षा कर अपना सामाजिक दायित्व निभा सकती हैं।

महिलाओं की सामाजिक सुधार को लेकर लंबे समय तक वैश्विक स्तर पर चिंता व्यक्त की जा रही है। देश भी आजादी के बाद नीति निर्माताओं ने शिक्षा, महिला सशक्तीकरण, सरकारी सेवाओं में महिला आरक्षण, राजनीति में महिलाओं हेतु आरक्षण की सुविधा देकर महिलाओं को आगे बढ़ाने का प्रयत्न तो किया है, परंतु उनकी सुरक्षा के लिए कोई ठोस कदम नहीं उठाए हैं। डिजीटल युग में मीडिया से ऐसी उम्मीद बनी कि यह एक ऐसा माध्यम है, जिससे महिलाओं की स्थिति में सुधार की संभावना काफी हद तक की जा रही है। लेकिन डिजिटल दुनिया में भी महिलाएं अपराध का शिकार हो रही हैं। एमनेस्टी इंटरनेशनल के सर्वे के मुताबिक हर चार में से एक महिला ने कभी न कभी ऑनलाइन उत्पीड़न का सामना किया है। कुछ समय से इसमें और तेजी आयी है। सर्वे में 75 प्रतिशत महिलाओं ने माना कि ऑनलाईन दुर्व्यवहार के चलते उनके इंटरनेट इस्तेमाल में बदलाव आया है। 32 प्रतिशत महिलाओं ने माना कि वे सोशल मीडिया पर कुछ पोस्ट करने पर या किसी मुद्दे पर राय देने से बचती हैं।

यौन अपराध भारतीय समाज में एक ही तरह नासूर हो गया है, जो दिनों–दिन समाज को खोखला करता जा रहा है। एक ओर देश आतंक–आतंक के साये में जी रहा है, दूसरी ओर यह महिला यौन अपराध रूपी आतंक समाज को कमजोर कर रहा है।

भारत में आज यह समस्या ज्वलंत विशय बन गया है। महिलाएं कहीं भी सुरक्षित नहीं हो पा रही हैं। चाहें शहर हो या ग्रामीण, घर हो या बाहर, शिक्षित हो या अनिश्चित किसी न किसी प्रकार यौन अपराधों का शिकार हो रही हैं। दिल्ली की निर्भया कांड हो या राजस्थान का भंवरी देवी कांड या बिहार का मुज्जफपुर कांड, सभी यही इंगित करते हैं। धीरे–धीरे यौन

अपराध के यह आतंक का साया देवभूमि उत्तराखण्ड पर भी पड़ने लगा है। यहां की शान्त वादियों में भी इस प्रकार के कुकृत्य होने लगे हैं। वे हर जगह छली जा रही हैं। कहीं अपनों के द्वारा, कहीं दोस्तों, कभी रिश्तेदारों या परिचितों के द्वारा। अतः आवश्यक है कि महिलाएं स्वयं सतर्क एवं जागरूक रहें। आत्मरक्षा के गुरू सीखें, घरेलू हिंसा और भारतीय दंड संहिता के कानूनों से अवगत् रहें और उनका प्रयोग करें। परंतु इसके साथ ही आस–पास के जनसमुदाय को भी सतर्क एवं जागरूक रहना आवश्यक है, जो कि ऐसी घटनाओं को अंजाम देने से पहले ही रोक सकें। शासन की ओर से भी समय–समय पर जागरूकता विशयक अभियान चलाये जाने आवश्यक हैं।

यदि न्याय व्यवस्था भी सुदृढ़ होगी व त्वरित न्याय की व्यवस्था होगी, तो एक सीमा तक इन अपराधों को आसानी से रोका जा सकता है। इसमें जनसमुदाय एवं पुलिस प्रशासन की भूमिका बहुत महत्वपूर्ण है।

देश की जनसंख्या में आधी जनसंख्या महिलाओं की है यदि महिलाएं ही सुरक्षित नहीं होंगी तो देश कैसे सुरक्षित होगा। पंडित जवाहर लाल नेहरू द्वारा कहा गया – ''लोगों को जगाने के लिए महिलाओं को जागृत करना होना आवश्यक है। अतः देश को सुरक्षित रखना है तो सबसे पहले महिला सुरक्षा पर ध्यान देना होगा। नारी की अस्मिता और सुरक्षा एक चिंतनीय विशय बन गया है। इसके लिए पारिवारिक संस्कार और नैतिकता की शिक्षा दिया जाना अति आवश्यक हो गया है। स्कूल, कॉलेजों एवं संस्थानों में संस्कार एवं नैतिकता विशय पर चर्चा होनी चाहिए, जिससे समाज की संकीर्ण मानसिकता का उपचार हो सके।

अध्याय–9

स्त्री अधिकारः कानून एवं अपराध

डॉ0 अर्चना रानी

असि.प्रोफेसर (हिन्दी)

राजकीय स्नातकोत्तर महाविद्यालय

कोटद्वार (गढ़वाल)

आज विश्व की सभी नारियों को पुरूषों के समान व्यवसाय करने एवं चुनाव प्रक्रिया में भाग लेने तथा अपने अधिकारों के लिए संघर्ष करने का पूरा अधिकार है। जो राष्ट्र किसी स्त्री को भोजन बनाने एवं बच्चा पैदा करने की मशीन समझते हैं, वे दुर्भाग्य से अभी सभ्यता और संस्कृति की घुड़दौड़ में पीछे हैं। पुरूष सत्तात्मक समाज ने नारी को महज एक ऐसे यन्त्र के रूप में स्वीकार किया जिसका संचालन स्वयं पुरूष के हाथ में रहा। स्त्रियों ने अपने प्रेम और बलिदान की भावना से पुरूषों का जो दासत्व स्वीकार किया वही उनके लिए अभिशाप बन गया।

हमारे सामाजिक परिवेश में ऐसी महिलाओं और युवतियों का अभाव नहीं है, जो किन्ही भ्रामक धारणाओं, अविश्वासों व कल्पनाओं का शिकार होकर किन्ही अप्रिय हादसों, प्रसंगों और विषम परिस्थितियों में से होकर

गुजरी है, और सब कुछ लुटाने के बाद ही होश में आयी हैं। ऐसी लड़कियों व महिलाओं को चाहिए कि वे जीवन की कठोर वास्तविकताओं को जानें समझें और फिर वक्त के साथ समझौता कर नये सिरे से सोचें। उससे जहां वे अतीत की पीड़ाओं को भूलेंगी वहीं उनका वर्तमान सुखद, भविष्य सुनिश्चित और सुरक्षित बनेगा केवल अपनी गलतियों के लिए आंसू बहाते रहना उचित नहीं होगा। कानून तमाम उत्पीड़न में महिलाओं की सहायता अनेक प्रकार से करता है।

निवास गृह के बारे में विशेष उपबन्ध – हिन्दू उत्तराधिकार अधिनियम 1956 की धारा 23 में उपबन्धित है कि विधवा अथवा पति से अलग हुई स्त्री को पैतृक निवास में रहने का अधिकार प्राप्त है। उसका भाई या अन्य कोई भी व्यक्ति उसे इस अधिकार से वंचित नहीं कर सकता।

भू–सम्पदा के बारे में प्रावधान – उ0प्र0 जमींदारी उन्मूलन एवं भूमि सुधार अधिनियम 1950 की धारा 171 के अन्तर्गत पुरूष जोतदार के पुरूष वंशज छोड़कर मरने पर उसकी सम्पत्ति में विधवा, विधवा माता, अविवाहित पुत्री, अविवाहित बहन, विवाहित पुत्री, पौत्री, विवाहित बहन, सौतेली बहन आदि का अधिकार होगा। अधिनियम की धारा–174 के अन्तर्गत जहां कोई पिता अपनी जोत की वसीयत या उसका दान अपनी पुत्री को करता है और पुत्री सम्पति छोड़कर मरती है या जब कोई स्त्री कोई सम्पति किसी स्त्री से उत्तराधिकार में प्राप्त करती है या स्वयं क्रय करती है तो उसका उत्तराधिकार इसी धारा के अन्तर्गत होगा। इसमें पुत्री और बहन में विवाहिता व अविवाहिता का अन्तर भी नहीं रखा गया है। यदि मृतक को दो पुत्रियां हैं एक अविवाहित तथा दूसरी विवाहित तो दोनों पुत्रियों को बराबर का हिस्सा प्राप्त होगा।

सन्तान गोद लेना एवं भरण–पोषण प्राप्त करना – स्त्रियों को यह अधिकार हिन्दू दत्तक ग्रहण तथा भरण–पोषण अधिनियम 1956 के अन्तर्गत प्राप्त कराया गया है। इस अधिनियम की धारा 8 के अन्तर्गत कोई भी हिन्दू स्त्री जो स्वस्थ मन वाली है, और नाबालिग नहीं है, और अविवाहित या विवाहित है, या उसका विवाह विच्छेद हो चुका है, या उसका पति मर चुका है, या उसने संसार का परित्याग कर दिया है, या जो हिन्दू धर्म को छोड़ चुकी है, गोद लेने के लिए सक्षम है। इसी अधिनियम की धारा–18 के

अनुसार कोई भी विवाहित हिन्दू पत्नी अपने जीवन काल में अपने पति से भरण–पोषण पाने की हकदार है। वह अपने भरण–पोषण के दावे को खोये बिना पति से अलग रहने के लिए उस सूरत में हकदार होगी, जिसमें पति ने धर्म को बदल दिया हो, उसे उग्र कुष्ठ रोग हो गया हो, उसके साथ क्रूरता पूर्ण व्यवहार करता हो, उसका जानबूझकर परित्याग किया हो, या उसके कोई अन्य पत्नी या उपपत्नी हो। धारा–19 के अन्तर्गत कोई भी पत्नी अपने पति की मृत्यु के पश्चात् अपने ससुर द्वारा भरण पोषण की हकदार होगी। और ससुर की मृत्यु के बाद उसका पुत्र जो उसकी अर्जित सम्पत्ति को प्राप्त करता है से कानूनन विधवा पुत्र वधु को भरण–पोषण प्राप्त करने का अधिकार प्राप्त है। अधिनियम की धारा–21 के अन्तर्गत विधवा पुत्री मृतक के उत्तराधिकारी द्वारा पोषण पाने की तभी अधिकारी है, जबकि वह अपने पति की जायदाद से पोषण प्राप्त करने में असमर्थ है, वह अपने पुत्र अथवा अपनी पुत्री की सम्पत्ति से पोषण नहीं प्राप्त कर सकती, वह अपने ससुर अथवा उसके पिता या पुत्री की सम्पत्ति से पोषण प्राप्त करने में असमर्थ हो।

विवाह विच्छेद का अधिकार – यह अधिकार हिन्दू विवाह (संशोधन) अधिनियम 1976 के अन्तर्गत तभी प्राप्त होगा, जबकि पति द्वारा एक पत्नी के जीवित रहते बहुविवाह किया गया हो, पति द्वारा अप्राकृतिक सहवास किया गया हो, हिन्दू दत्तक ग्रहण एवं भरण–पोषण अधिनियम 1956 की धारा–18 के अधीन अथवा दण्ड प्रक्रिया संहिता 1973 की धारा–125 के अधीन वाद दायर किये जाने पर कोई आदेश पति के विरूद्ध भरण–पोषण देने के सम्बन्ध में पास हो गया हो, और इसके पास होने के एक वर्ष या अधिक समय से सहवास नहीं हुआ हो तो पत्नी को अधिकार होगा कि वह विवाह–विच्छेद की आज्ञप्ति प्राप्त कर ले।

दहेज का पत्नी के लाभ के लिए होना – दहेज प्रथा पर अंकुश लगाने के लिए दहेज वर्जन अधिनियम 1961 एवं दहेज वर्जन (संशोधन) अधिनियम 1986 पारित किया गया। अधिनियम की धारा–6 के अनुसार पत्नी को ऐसा कोई दहेज प्राप्त करने का अधिकार है, जहां कोई दहेज उस स्त्री से भिन्न किसी व्यक्ति द्वारा प्राप्त किया जाता है। वहां वह व्यक्ति उस स्त्री को उस दहेज का हस्तान्तरण उस अवस्था में जिसमें कि वह दहेज विवाह से पहले प्राप्त किया गया था, विवाह की तारीख के एक वर्ष के भीतर कर देगा, या उस अवस्था में जिसमें दहेज विवाह के समय या उसके बाद

प्राप्त किया गया था, उसकी प्राप्ति की तारीख के बाद एक वर्ष के भीतर कर देगा या उस अवस्था में जिसमें दहेज तब प्राप्त किया गया जबकि वह स्त्री नाबालिग थी, उसके द्वारा 18 वर्ष की आयु प्राप्त कर लेने के एक वर्ष के भीतर कर देगा और इस प्रकार हस्तान्तरण के रहने तक उसे उस स्त्री के लाभ के लिए ट्रस्टी के रूप में धारण करेगा। यदि कोई व्यक्ति किसी सम्पत्ति का हस्तान्तरण उपधारा–1 द्वारा अपेक्षित रूप में तथा निर्धारित मियाद के भीतर नहीं करता तो वह 6 माह से दो साल तक के कारावास से दण्डित होगा या 5 से 10 हजार रुपये के जुर्माने से या दोनों से दण्डित किया जाएगा।

पत्नी को क्षुब्ध करना व उससे मारपीट करना –जब कोई स्त्री का पति या उसका सम्बन्धी किसी सम्पत्ति या मूल्यवान प्रतिभूति के लिए किसी अवैध मांग की पूर्ति के लिए अथवा उस स्त्री या उससे सम्बन्धित किसी व्यक्ति द्वारा ऐसी मांग पूर्ति की असफलता के कारण स्त्री को क्षुब्ध करेगा या निर्दयता का पात्र बनाएगा या उस पर बल प्रयोग करेगा तो पत्नी को अधिकार है कि वह वाद दायर कर भारतीय दण्ड संहिता की धारा–498(क) के तहत उस व्यक्ति को दण्डित कराये। संहिता की धारा–319 के अन्तर्गत चोट पहुंचाना अपराध माना गया है। जब यह चोट जानबूझकर पहुंचायी जाती है तो धारा–323 के अन्तर्गत अपराधी को एक साल की जेल या जुर्माने से दण्डित किया जाएगा, या दोनों से भी दण्डित किया जा सकेगा।

यौन सम्बन्धी अपराधों में महिलाओं के अधिकार – महिलाओं का शीलभंग करना कानून में अपराध माना गया है और इसके लिए भारतीय दण्ड संहिता की धारा 354 के तहत दो साल की कैद हो सकती है या जुर्माने से दण्डित किया जा सकता है या दोनों से दण्डित किया जा सकेगा। महिला के शील का अपमान, शब्दों या हाव–भाव के जरिये या कोई वस्तु दिखाकर किया जाता है। जब कोई महिला अकेले में हो तो उसके सतीत्व का अपमान करने के इरादे से जबरदस्ती उसके पास जाना भी अपराध की श्रेणी में आता है। संहिता की धारा–375 के अनुसार किसी महिला की इच्छा या सहमति के बिना या सहमति के साथ लेकिन सहमति जान का डर दिखाकर हासिल की गयी हो या सहमति के साथ जब पुरूष को मालूम हो कि वह उसका पति नहीं है लेकिन वह महिला समझती है कि वह उस व्यक्ति की विवाहिता

पत्नी है या सहमति देते समय महिला मानसिक रूप से असन्तुलित हो या सहमति या बिना सहमति के यदि महिला 16 वर्ष से कम आयु की है, के साथ किया गया सहवास बलात्कार कहा जाएगा। जिस महिला के साथ बलात्कार होता है कानून के तहत उसकी गवाही से ही अभियुक्त को सजा मिल सकती है। बलात्कार के मामलों में सजा भी बहुत कठोर दी गयी है कम से कम 7 वर्ष की कैद। गर्भवती महिलाओं व 12 साल से कम उम्र की लड़कियों पर तथा सार्वजनिक संरक्षण के दौरान किये गये बलात्कारों के लिए तो कम से कम 10 साल की कैद है, जो उम्र भर तक बढ़ाई जा सकती है। बलात्कार सम्बन्धी पुराने कानूनों प्राविधानों में प्रभावशाली परिवर्तन दण्डिक अधिनियम (सुधार) 1983 पारित हुआ। अपराधी को दण्डित कराने के लिए बलात्कार की शिकार महिला की जल्दी डाक्टरी जांच करानी चाहिए क्योंकि अपराध को सिद्ध करने में उसका बहुत महत्व है। यदि किसी महिला के साथ इस तरह का जघन्य काण्ड होता है तो उसे निकटतम पुलिस थाने में प्राथमिकी दर्ज करानी चाहिए और यह सुनिश्चित कर लेना चाहिए कि एफआईआर सही ढंग से दर्ज हुई है।

भारतीय दण्ड संहिता की धारा–313 के अन्तर्गत स्त्री की सम्मति के बिना जो उसका गर्भपात करायेगा उसे आजीवन कारावास या 10 वर्ष के कारावास से तथा जुर्माने से दण्डित किया जाएगा। इसी प्रकार संहिता की धारा–377 के अनुसार कोई किसी स्त्री के साथ प्रकृति की व्यवस्था के विरूद्ध स्वेच्छया इन्द्रिय भोग करेगा वह आजीवन कारावास से या दोनों में से किसी भांति के कारावास से जिसकी अवधि 10 वर्ष तक हो सकेगी दण्डित किया जाएगा और जुर्माने से भी वह दण्डनीय होगा।

किसी महिला या लड़की को वैश्यालय ले जाने के लिए बहलाना–फुसलाना, महिला या लड़की को ऐसे स्थान पर रोक लेना जहां वेश्यावृत्ति होती हो तथा किसी व्यक्ति द्वारा ऐसी महिला या लड़की का सतीत्व हरण करना जो उसके संरक्षण में हो, अनैतिक व्यापार (निवारण) अधिनियम 1956 के तहत दण्डनीय अपराध है। पैसे कमाने के इरादे से किसी महिला को अवैध रूप से सहवास के लिए प्रेरित करना ही वैश्यावृत्ति है। ऐसे मामले में उसे 7 वर्ष लेकिन नाबालिग लड़की के मामले में अपराधी को 14 वर्ष तक के कठोर कारावास का प्राविधान है।

कामकाजी महिलाओं के लिए अधिकार—सरकार ने समान वेतन अधिनियम 1976 के अन्तर्गत महिलाओं को समान काम के लिए समान वेतन पाने का अधिकार दिया है।

रात्रि में महिलाओं का काम न करना – कारखाना अधिनियम 1948 की धारा 66 में उपबन्ध किया गया है कि कोई भी स्त्री श्रमिक को सुबह 6 बजे से शाम के 7 बजे तक के अलावा किसी समय कारखाने में काम पर नहीं लगाया जा सकता है, अर्थात् स्त्री श्रमिक केवल दिन में ही कारखाने में काम करेगी। महिला कर्मचारियों की पालियों में भी कोई परिवर्तन नहीं होगा। यह परिवर्तन केवल साप्ताहिक अवकाश अथवा किसी अन्य अवकाश के बाद ही किया जा सकेगा। परन्तु इसमें राज्य सरकार ऐसी स्त्री श्रमिक को छूट दे सकती है जो मछलियां साफ करने वाले कारखानों में नियुक्त हों, या जो मछलियों को डिब्बों में बन्द करने के कारखानों में काम करती हों, या कच्चे माल को खराब होने से रोकने के लिए किसी उद्योग में नियुक्त हों।

इसी प्रकार खान अधिनियम–1952 के तहत महिलाओं को जमीन के नीचे एवं शाम 7 बजे से सुबह 6 बजे तक जमीन के ऊपर काम करने की मनाही है। केन्द्र सरकार इसमें कुछ ढील दे सकती है। लेकिन ऐसी कर्मकार को रात 10 बजे के बाद और सुबह 5 बजे के पूर्व कतई काम पर नहीं लगाया जा सकता। जिस फैक्ट्री में 30 से अधिक महिला कर्मचारी हैं वहां पर उनको "क्रैच" की सुविधा पाने का अधिकार है, जिससे उनके छोटे बच्चों की उचित देखभाल महिला कर्मचारी के काम से लौटने तक हो सके।

कारखाना अधिनियम 1948 एवं खान अधिनियम 1952 तथा बागान मजदूर अधिनियम 1951 में महिला कर्मचारियों को पृथक शौचालय तथा सफाई व स्नान आदि की पृथक सुविधा प्राप्त करने का अधिकार है।

प्रसव–कालीन सुविधायें प्राप्त करना – नारी जीवन की एक विशेष अवस्था है–मातृत्व की प्राप्ति। महिला कर्मचारियों की सुविधा के लिए प्रसूति सुविधा अधिनियम–1961 बनाया गया है। अधिनियम की धारा–4 के तहत कोई भी नियोजक किसी भी स्त्री को प्रसव से 6 सप्ताह पूर्व एवं प्रसव या गर्भपात के 6 सप्ताह बाद की अवधि में नियोजित नहीं करेगा। इस अवधि में महिला को पूर्ण वेतन पर मातृत्व अवकाश प्राप्त करने का अधिकार

है। गर्भपात होने की स्थिति में गर्भपात के दिन से 45 दिन की छुट्टी व अन्य लाभ प्राप्त करने की महिला पूर्ण अधिकारी होगी।

इन सभी कानूनी प्रावधानों को और अधिक प्रभावी बनाने के लिए मौजूदा कानून की समीक्षा की जानी चाहिए, ताकि सभी वर्ग व समुदायों की महिलाओं को समानता व सामाजिक न्याय मिल सके। महिलाओं को उनके अधिकारों की शिक्षा देने के लिए व्यापक प्रचार किया जाना चाहिए। बार काउन्सिल की सक्रिय सहायता से महिलाओं के लिए कानूनी सहायता प्रदान की जानी चाहिए। परिवार के सम्बन्ध में सभी मामलों में तेजी और प्रभावी ढंग से मध्यस्थता के लिए सभी राज्यों में पारिवारिक न्यायालय गठित किये जाये। दहेज प्रथा को समाप्त किया जाये। इस कार्य में सरकार स्वयंसेवी संगठनों व आम जनता को सक्रिय भागीदारी करनी चाहिए। सजातीय विवाह में अवरोध की स्थिति होने पर अन्तरजातीय विवाहों का प्रचलन अति आवश्यक है। महिलाओं के रोजगार का सक्रिय रूप से संवर्द्धन किया जाना चाहिए। मातृ और शिशु स्वास्थ्य सेवा सुविधाओं में विस्तार किया जाये। परिवार कल्याण नियोजन सेवाओं में विस्तार किया जाए। महिलाओं के लिए जो कम आयु समूह की हो होस्टल की सुविधाओं में विस्तार किया जाये। बुजुर्गो और अपाहिज महिलाओं के लिए वृद्धा गृह खोले जायें। अनैतिक कार्य दबाने के लिए अधिनियम की समीक्षा की जाये। कमजोर वर्ग की महिलाओं के लिए लीडर शिप प्रशिक्षण कार्यक्रम चलाये जाये।

महिलाओं की भूमिका अत्यन्त महत्वपूर्ण है। विश्व की आधी जनसंख्या महिलाओं की है। लेकिन फिर भी महिलाएं ही विश्व के सबसे बड़े दलित वर्ग में आती हैं। जिस रूप में उन्हें विकसित होना चाहिए उन्हें उस रूप में विकसित नहीं होने दिया जाता। उन्हें जैसे अवसर दिये जाने चाहिए, वैसे अवसर नहीं दिये जाते। लेकिन घरों में अभी भी महिलाओं की आवाज है, और यहीं से शान्ति के लिए पहल की जानी चाहिए। नारी जगत् की एक पवित्रतम् ज्योति है।

अध्याय–10
महिलाएं एवं वैधानिक प्रावधान

डा0 दीपक कुमार

पोस्ट डाक्टरेट (राजनीति विज्ञान)

चौधरी चरणसिंह विष्वविद्यालय, मेरठ

शोधपत्र सार

भारतीय संविधान में महिलाओं को समाज में उचित स्थान दिलाने के लिए अनेक प्रावधान किये गये हैं और इन प्रावधानों से जुड़े अनेक कानून भी महिलाओं के हित में बनाये गये हैं परन्तु भारतीय समाज में पुरूश मानसिकता में परिवर्तन हेतु कानून अपनी उचित भूमिका नही निभा सकते इसके लिए जागरूकता बेहद आवश्यक है भारतीय महिलाओं के हित में संविधान मे और अन्य कानूनों के विशय में प्रस्तुत शोधपत्र मे विचार किया गया है।

यद्यापि भारतीय संविधान सभी नागरिकों को कानून के समक्ष समानता की गारण्टी प्रदान करता है तथापि सदियों से महिलाएँ निम्न सिथति का शिकार होती आई हैं जिसके कारण वे अपने संवैधानिक अधिकारों को वास्तविक रूप से प्राप्त नही कर पाई हैं। महिलाओं की वास्तविक स्थिति को

ध्यान में रखते हुए, संविधान महिलाओं के प्रति सकारात्मक रूप से भिन्नता का समर्थन करता है। भारत सरकार ने समानता, सामाजिक न्याय एवं लिंग, जाति, संप्रदाय, भाषा या धर्म के आधार पर गैर भेदभावपूर्ण नीति की संवैधानिक मान्यता को चरितार्थ करने के लिए इस दिशा में कार्य करने की ओर अपनी वचनबद्धता की पुनरू पुष्टि की है इस नीति को संविधान की आत्मा का प्रारंभिक बिन्दू माना गया है। वैश्विक विकास के परिदृश्य में, महिलाओं की निम्न स्थिति, पितृसत्तात्मक समाज, सामंती प्रथाओं एवं मूल्यों, जातिगत रेखाओं के साथ–साथ सामाजिक ध्रुवीकरण, उच्च निरक्षरता दर एवं व्यापक निर्धनता का भारत लगभग समानान्तर रहा है कुछ हद तक भारत के इस चित्रांकन में जनसंचार माध्यमों एवं चलचित्रों का हाथ हो सकता है। कड़वा सच तो यह है कि भारतीय समाज में लड़कियों एवं स्त्रियों को एक अनअपेक्षित बोझ माना जाता है। इसमें कोई संदेह नहीं कि हम महिलाओं के इतिहास की सबसे विशाल क्रांति के मध्य काल में हैं। इसके प्रमाण हर जगह हैं। संसद, न्यायालयों तथा गलियों में निरंतर महिलाओं की आवाजें सुनाई दे रहीं हैं। जहाँ पश्चिम की महिलाओं को अपने मौलिक अधिकारों की लड़ाई (जैसे कि वोट का अधिकार) लड़ने में एक सदी से भी अधिक समय लगा, वहीं भारतीय संविधान ने प्रारंभ से ही महिलाओं को पुरुषों के बराबर अधिकार प्रदान किए हैं। दुर्भाग्यवश, इस देश की महिलाएँ निरक्षरता एवं दमनकारी परम्पराओं के कारण अपने अधिकांश अधिकारों से अनभिज्ञ हैं। भारत में जन्मी कल्पना चावला जिन्होंने नासा (NASA) तक पहुँचने का रास्ता स्वयं ढूंढ़ा तथा वे अंतरिक्ष में पहुँचने वाली प्रथम महिला थी तथा भारत की लौह महिला कही जाने वाली श्रीमती इंदिरा गांधी राष्ट्र की प्रधानमंत्री बनीं तथा इसी तरह ऐश्वर्या राय एवं एवं सुष्मिता सेन जैसी सुंदरियाँ तथा मदर टेरेसा जैसे नाम भारतीय महिलाओं की स्थिति के प्रतिनिध्यात्मक स्वरूप नहीं हैं। चिरकाल से नारी को अबला का दर्जा दिया गया है। सभ्य समाज में उसे हमेशा से दबाकर रखने की कोशिश की गई प्रत्यक्ष नहीं तो परोक्ष रूप में उसे दोयम स्थान पर ही पहचान दी गई उसे समाज में बोलने का हक नहीं था। हमेशा उसे दबा दिया जाता रहा है पिछले दशकों में स्त्रियों का उत्पीड़न रोकने और उन्हें उनके हक दिलाने के बारे में बड़ी संख्या में कानून पारित हुए हैं। अगर इतने कानूनों का सचमुच पालन होता तो भारत में स्त्रियों के साथ भेदभाव और अत्याचार अब तक खत्म हो जाना था लेकिन पुरुष

प्रधान मानसिकता के चलते यह संभव नहीं हो सका है। आज हालत ये हैं कि किसी भी कानून का पूरी तरह से पालन होने के स्थान पर ढेर सारे कानूनों का थोड़ा–सा पालन हो रहा है, लेकिन भारत में महिलाओं की रक्षा हेतु कानूनों की कमी नहीं है। भारतीय संविधान के कई प्रावधान विशेषकर महिलाओं के लिए बनाए गए हैं।

भारत में महिलाओं के संवैधानिक अधिकार

अनुच्छेद 14 – में कहा गया है कि सरकार किसी भी व्यक्ति को कानून के समक्ष समानता या विधि के समान संरक्षण से वंचित नहीं करेगी। भारतीय संविधान लिंग की समानता की गारण्टी देता है और वह वास्तव में महिलाओं के लिए विशेष रियायतें भी प्रदान करता है। समान संरक्षण के सिद्धांत का यह अर्थ नहीं कि सभी लोग जो अन्य लोगों की तरह एक जैसी प्रगति, परिस्थिति या कौशल (ज्ञान, शक्ति या धन) रखते हैं, उनके साथ एक सा कानूनी व्यवहार किया जाए। भिन्न भिन्न वर्गो के लोगों की भिन्न भिन्न आवश्यकताओं के अनुसार उनके साथ अलग अलग व्यवहार किया जा सकता है। इस संबंध में बनाए गए कानून को कानूनी संरक्षण के विरुद्ध नही माना जा सकता। संविधान, हालांकि, पूर्ण समानता का समर्थन नहीं करता। कानून बनाते समय राज्य लोगों को अलग.अलग वर्गों में विभाजित कर सकता है। परन्तु यदि भेदभाव किया गया है, तो उसका कोई उचित या तर्कसंगत आधार होना चाहिए। अतरू कानून के समक्ष समता का तात्पर्य यह है कि एक जैसे लोगों के साथ एक.सा व्यवहार किया जाए। अतरू समाज के कमजोर और पिछड़े वर्गो के लिए विशेष प्रकार के कानून बनाए जा सकते हैं।

अनुच्छेद 15 – में कहा गया है कि सरकार लिंग के आधार पर किसी भी नागरिक के साथ कोई भेदभाव नहीं करेगी। अनुच्छेद 15 दो बातें स्पष्ट करता है। प्रथम, राज्य केवल धर्म, वंश, जाति, लिंग व जन्मस्थान या इनमें से किसी एक आधार पर नागरिकों के साथ भेदभाव नहीं करेगा। दूसरे, इनमें से किसी भी आधार पर कोई नागरिक दुकानों, भोजनालयों, मनोरंजन की जगहों, तालाबों और कुओं का इस्तेमाल करने से वंचित नहीं किया जा सकेगा। अनुच्छेद 15(3) में एक विशेष प्रावधान किया गया है जो राज्य को महिलाओं के हित के लिए विशेष सुविधाएँ जुटाने की शक्ति प्रदान करता है।

इसके अतिरिक्त, सरकार महिलाओं के हित में विशेष कानून बना सकती है। 93वें0 संवैधानिक संशोधन अधिनियम के अंतर्गत, यह धारा राज्य को किसी भी सामाजिक या शैक्षणिक दृष्टि से पिछड़े वर्ग अथवा अनुसूचित जाति या अनुसूचित जनजाति के लोगों के महिला व पुरूशों के उत्थान के लिए समान रूप से कानून द्वारा विशेष प्रावधान बनाने की शक्ति प्रदान करती है। इसमें अल्पसंख्यक शिक्षण संस्थानों को छोड़कर शेष किसी भी निजी शिक्षण संस्थान में, चाहे वह राज्य से सहायता प्राप्त हो या गैर सहायता शिक्षण संस्थान हो, उसमें राज्य इन लोगों के दाखिले से संबंधित विशेष प्रावधान कर सकता है।

अनुच्छेद 16 – इस बात की गारण्टी देता है कि कोई भी नागरिक धर्म, वंश, जाति, जन्मस्थान, लिंग या निवास स्थान के आधार पर सरकारी नियुक्तियों के लिए अयोग्य नही ठहराया जाएगा। राज्य के अंतर्गत रोजगार अथवा सरकारी नियुक्तियों के लिए सभी नागरिकों को बराबर के मौके मिलेंगे। अर्थात महिलाओं को भी बराबरी का मौका मिलेगा।

अनुच्छेद 19 – में महिलाओं को स्वतंत्रता का अधिकार प्रदान किया गया है, ताकि वह स्वतंत्र रूप से भारत के क्षेत्र में आवागमन, निवास एवं व्यवसाय कर सकती है। स्त्रीलिंग होने के कारण किसी भी कार्य से उनको वंचित करना मौलिक अधिकार का उल्लंघन माना गया है तथा अवैधानिक स्थिति में उनको कानून की सहायता प्राप्त कर हो सकेगी ।

अनुच्छेद 21 – में, संविधान व्यक्ति को जीवन का संरक्षण एवं निजी स्वतंत्रता प्रदान करता है। संविधान गारण्टी देता है कि कानून द्वारा स्थापित प्रक्रिया को छोड़कर अन्य किसी तरीके से किसी व्यक्ति को जीवन या निजी स्वतंत्रता से वंचित नहीं किया जाएगा। 86वें0 संशोधन अधिनियम, 2002 के द्वारा, भारतीय नागरिकों को शिक्षा का अधिकार प्रदान किया गया था। इस उद्धेश्य से भाग-II में एक नया अनुच्छेद शामिल किया गया व भाग-IV में दो अनुच्छेद संशोधित किए गए थे। नवीन सषोधन से शामिल किए गए अनुच्छेद 21– में कहा गया है कि राज्य द्वारा निर्धारित कानून के अनुसार छः से चौदह वर्ष की आयु के सभी बच्चों को राज्य निःशुल्क एवं अनिवार्य शिक्षा प्रदान करेगा। इसमे किसी प्रकार का कोई भेदभाव नही किया जाएगा कि वो महिला है या पुरूष। सभी के लिए शिक्षा के समान अवसर दिये गये है।

अनुच्छेद 22 – बंदीकरण और नजरबंदी के संबंध में बचाव – इस अनुच्छेद में तीन अधिकारों का उल्लेख मिलता हैरू पहला, जिसे बंदी बनाया गया है उसे शीघ्र से शीघ्र बंदी बनाए जाने का कारण बताया जाएगा। दूसरा, बंदी बनाए गए व्यक्ति को अपनी पसंद के वकील से सलाह लेने का अधिकार होगा। तीसरा, बंदी बनाए गए व्यक्ति को चौबीस घंटों के भीतर मजिस्ट्रेट के सामने पेश किया जाएगा। मजिस्ट्रेट की आज्ञा के बिना किसी को भी 24 घंटो से अधिक समय के लिए बंदी नहीं रखा जा सकेगा। ये मौलिक अधिकार महिलाओं के मानवाधिकारों की दृष्टि से विशेष रूप से महत्त्वपूर्ण हैं चूँकि मौलिक अधिकार न्यायपूर्ण हैं, इसलिए कोई भी पीड़ित व्यक्ति रिट या लेख याचिका के द्वारा क्षतिपूर्ति प्राप्त कर सकता है।

अनुच्छेद 23–24 द्वारा महिलाओं के विरूद्ध होने वाले शोषण को नारी गरिमा के लिए उचित नहीं मानते हुए महिलाओं की खरीद–ब्रिकी वेश्यावृत्ति के लिए जबरदस्ती करना, भीख मंगवाना आदि को दंडनीय माना गया है । इसके लिए सन 1956 में 'सेप्रश्न ऑफ इमोरस ट्राफिक इन विमेन इन विमेन एंड गर्ल्स एक्ट'' भी भारतीय संसद द्वारा पारित किया गया ताकि महिलाओं के विरूद्ध होने वाले सभी प्रकार के शोषण को समाप्त किया जा सके ।

आर्थिक न्याय प्रदान करने हेतु अनुच्छेद 39 (क) में स्त्री को जीविका के पर्याप्त साधन प्राप्त करने का अधिकार एवं अनुच्छेद 39 (द) में समान कार्य के लिए समान वेतन का उपबंध है।

अनुच्छेद 42 – राज्य को काम करने की उचित एंव मानवीय परिस्थितियों तथा महिलाओं को प्रसूति सहायता के संबंध में प्रावधान करने का निर्देशन देता है।

अनुच्छेद–51(क) (ड) मे भारत मे सभी लोग ऐसी प्रथाओं का त्याग करें जो स्त्रियों के सम्मान के विरुद्ध हो।

अनुच्छेद–332 (क) मे प्रस्तावित 84वें संशोधन के जरिए राज्यो की विधानसभाओ मे महिलाओ के लिए आरक्षण की व्यवस्था है।

अनुच्छेद 243 (द) (3) में प्रत्येक पंचायत में प्रत्यक्ष निर्वाचन से भरे गये स्थानों की कुल संख्या के 1/3 स्थान स्त्रियों के लिए आरक्षित रहेगें और चक्रानुक्रम से पंचायत के विभिन्न निर्वाचन क्षेत्रों में आबंटित किये जाएगें।

अनुच्छेद 325 के अनुसार निर्वाचक नामावली में महिला एवं पुरुष दोनों को ही समान रूप से सम्मिलित होने का अधिकार प्रदान किया गया है, अनुच्छेद 325 द्वारा संविधान निर्माताओं ने यह दर्शाने की कोशिश की है कि भारत में पुरुष और स्त्री को समान मतदान अधिकार दिये गये हैं ।

विभिन्न संस्थाओं मे कार्यरत महिलाओं के स्वास्थ्य लाभ के लिए अवकाश की विशेष व्यवस्था, संविधान के अनुच्छेद–42 के अनुकूल करने के लिए 1961 मे प्रसूति प्रसुविधा अधिनियम पारित किया गया। वर्तमान में महिलाओं को 180 दिन का प्रसूति अवकाश मिलने लगा है। और यह अस्थायी महिला कर्मचारी को भी देय है।

महिलाओं के लिए पारित किये गये विभिन्न अधिनियम

हमारे देश मे विभिन्न समयों में प्रचलित कुरीतियों एवं कुप्रथाओं को मुक्त कराने हेतु बहुत से अधिनियम पारित किये गये हैं तथा महिलाओं को सुरक्षा एवं अधिकार देने हेतु भी अधिनियम पारित किये गये हैं, जो निम्न हैंः–

(1) राज्य कर्मचारी बीमा अधिनियम 1948

(2) दि प्लांटेशनस लेबर अधिनियम 1951

(3) परिवार न्यायालय अधिनियम, 1954

(4) विशेष विवाह अधिनियम, 1954

(5) हिन्दू विवाह अधिनियम 1955

(6) हिन्दू उत्तराधिकारी अधिनियम, 1956 (संशोधन 2005)

(7) अनैतिक व्यापार निवारण अधिनियम 1956

(8) प्रसूति सुविधा अधिनियम 1961 (संशोधित 1995)

(9) दहेज प्रतिषेध अधिनियम 1961

(10) गर्भ का चिकित्सकीय समापन अधिनियम 1971

(11) ठेका श्रमिक (रेग्युलेशन एण्ड एबोलिशन) अधिनियम 1976

(12) दि इक्वल रियुनरेशन अधिनियम 1976

(13) बाल विवाह प्रतिषेध अधिनियम 2006(14) आपराधिक विधि (संशोधन) अधिनियम 1983

(15) कारखाना (संशोधन) अधिनियम 1986

(16) इन्डिकेंट रिप्रेसेन्टेशन ऑफ वुमेन एक्ट 1986

(17) कमीशन ऑफ सती (प्रिवेन्शन) एक्ट, 1987

(18) घरेलू हिंसा से संरक्षण अधिनियम 2005

भारतीय दंड संहिता में महिलाओ के लिए कानून–

दहेज हत्या से जुड़े कानूनी प्रावधान– दहेज हत्या को लेकर भारतीय दंड संहिता (आई.पी.सी.) मे स्पष्ट प्रावधान है। इसके अंतर्गत धारा–304 (बी), 302, 306 एवं 498–ए आती है। दहेज हत्या का अर्थ है, औरत की जलने या किसी शारीरिक चोट के कारण हुई मौत या शादी के 7 साल के अंदर किन्ही सन्देहजनक कारण से हुई मृत्यु। इसके सम्बन्ध में धारा–304 (बी) मे सजा दी जाती है, जो कि सात साल कैद है। इस जुर्म के अभियुक्त को जमानत नहीं मिलती।

आई.पी.सी की धारा–302 मे दहेज हत्या के मामले मे सजा का प्रावधान है। इसके तहत किसी औरत की दहेज हत्या के अभियुक्त का अदालत मे अपराध सिध्द होने पर उसे उम्र कैद या फांसी हो सकती है। अगर ससुराल वाले किसी महिला को दहेज के लिए मानसिक या भावनात्मक रूप से हिंसा का शिकार बनाते हैं, जिसके जिसके चलते वह औरत आत्महत्या कर लेती है, तो धारा–306 लागू होगी, जिसके तहत दोष साबित होने पर जुर्माना और 10 साल तक की सजा हो सकती है। पति या रिश्तेदार द्वारा दहेज के लालच में महिला के साथ क्रूरता और हिंसा का व्यवहार करने पर आई.पी.सी की धारा–498 (ए) के तहत कठोर दंड का प्रावधान है। मुस्लिम महिलाओं को शोषण से बचाव के लिए केन्द्र सरकार ने हाल ही में मुस्लिम महिला (विवाह अधिकारों का संरक्षण) विधेयक लोकसभा में पारित किया गया है जिससे मुस्लिम महिलाओं को गलत तरीके से दिये गये तलाक से मुक्ति मिलेगी।

इसके अतिरिक्त कुछ ऐसे भी अधिकार हैं जिनके बारे में महिलाएं स्वयं

अनजान हैं–

1. हिन्दू मेरिज एक्ट 1955 के सेक्शन 14 के तहत एक शादीशुदा जोड़ा अपनी शादी के एक साल पूरा होने तक तलाक के लिए अर्जी नहीं दे सकता है। फिर चाहे वो पुरुष हो या महिला। यदि सुप्रीम कोर्ट को लगता है कि अर्जी देने वाला अनेकों समस्याओं से घिरा है तो वह तलाक फाइल कर सकता है।

2. इंडियन सराइस एक्ट 1867 के तहत भारत का कोई भी नागरिक किसी भी समय किसी भी होटल में अपने या अपने पालूत जानवर के लिए पानी का प्रयोग कर सकता है। कोई भी महिला या पुरुष होटल का वॉशरूम भी प्रयोग कर सकता है। इसके लिए उसे कोई चार्ज नही देना होगा।

3. सुप्रीम कोर्ट के फैसले में कहा गया है कि किसी भी महिला को सूर्योदय से पहले या सूर्यास्त के बाद हिरासत में नहीं लिया जा सकता है। यदि पुलिस को कोई सबूत के तौर पर कोई लिखित दस्तावेज मिलता है जिसमें कारण पूछा जाए कि आप इस महिला को क्यों हिरासत में लेना चाहते हैं तो यह फैसला बदल सकता है।

4. 2013 में दिल्ली पुलिस ने यह घोषणा की थी कि कोई भी महिला किसी भी पुलिस स्टेशन में अधिकार क्षेत्र की परवाह किए बिना किसी भी समय एफआईआर दर्ज करा सकती है। पुलिस को उसकी रिपोर्ट ठीक उसी तरह दर्ज करनी होगी जैसी महिला चाहती है। यह भी कहा गया है कि जांच महिला द्वारा दिए गये बयान के अनुसार की जाएगी।

5. दंड प्रक्रिया संहिता के सेक्शन 51 के तहत एक महिला को सिर्फ एक महिला ऑफीसर ही हिरासत में ले सकती है। महिला ऑफीसर को ही आरोपी महिला की तलाशी लेने और उसकी जांच करने का अधिकार है।

6. दिल्ली पुलिस की घोषणा के अनुसार यदि कोई महिला पुलिस स्टेशन जाने में सक्षम नही है तो वो अपनी शिकायत ईमेल या पोस्ट के जरिए भी कर सकती है। महिला द्वारा भेजी गई शिकायत को ही एफआईआर में दर्ज किया जाएगा।

7. होटल एसोसिएशन ऑफ इंडिया जो पूरे भारत में 280 से अधिक

होटल संचालित करती है ने घोषणा की है कि भारतीय कानून में ऐसा कोई भी नियम नही हैं जिसमे किसी अविवाहित जोड़ों को होटल में प्रवेश करने से रोका जाए।

8. महिला एवं बाल विकास मंत्रालय ने 2011 में घोषणा की थी कि कोई भी पुरुष जो अकेला रहता है किसी लड़की या बच्ची को गोद नहीं ले सकता है। इसके अनुसार महिलाओं की बढती उम्र के बाद होने वाली घटनाओं के बाद इस निर्णय और कानून का पालन किया गया है।

9. मातृत्व लाभ अधिनियम 1961 के तहत किसी भी महिला को गर्भवती होने के दौरान या गर्भवती होने के कारण नौकरी से नही निकाला जा सकता है। फिर चाहें वे पूरें नौ महिनें छुट्टी पर ही क्यों ना रहे हालांकि नियमानुसार महिलाएं अपने बच्चें के पैदा होने के तीन महीने पहले और बच्चें के पैदा होने के तीन महीने बाद तक छुट्टी पर रह सकती है और इस दौरान उसकी सैलरी में से भी किसी भी प्रकार की कोई कटौती नहीं होगी।

10. हिन्दू एडाप्टेशन एंड मेंटीनेन्स एक्ट 1956 के तहत कोई भी विवाहित जोड़ा एक साथ एक ही लिंग के दो बच्चों को गोद नही ले सकता है यानि वे चाहकर भी दो लडके या दो लडकियों को गोद नहीं ले सकते है।

यौन अपराध एवं बलात्कार सम्बन्धित कानूनः

देश मे बलात्कार के लगभग 80 प्रतिशत मामलो में सबूतों के अभाव, धीमी पुलिस जांच मे अभियुक्तों को सजा नहीं मिल पाती थी, लेकिन नए कानून के अनुसार बलात्कार के मामलों मे चिकित्सा सबूत अपर्याप्त होने के बाद भी महिला का बयान ही काफी समझा जाना चाहिए। अधिकतर औरतें ऐसी घटनाओं की रिपोर्ट कराने से भी डरती है, क्योंकि इससे उनका और उनके परिवार का सम्मान जुड़ा होता है ।

बलात्कार की शिकार महिला को महिला वकील देने का प्रावधान किया जा रहा है, क्योंकि सिर्फ महिला ही एक महिला को सही तरह समझ सकती है। अगर कोई पीड़ित महिला चाहे तो अपनी पसंद से वकील चुन सकती है।

आई.पी.सी की धारा–375 के तहत जब कोई पुरुष किसी स्त्री के साथ

उसकी इच्छा के विरुद्ध सम्भोग करता है, तो उसे बलात्कार कहते हैं। बलात्कार तब माना जाता है

यदि कोई पुरुष स्त्री के साथ

- उसकी इच्छा के विरुद्ध।
- उसकी सहमति के बिना।
- उसकी सहमति डरा धमका कर ली गई हो।
- उसकी सहमति नकली पति बना कर ली गई हो, जबकि वह उसका पति नही हो।
- उसकी सहमति तब ली गई हो जब वह दिमागी रूप से कमजोर या पागल हो।
- उसकी सहमति तब ली गई हो जब वह शराब या अन्य नशीले पदार्थ के कारण होश मे नही हो।
- यदि वह 16 वर्ष से कम उम्र की है, चाहे उसकी सहमति से हो या बिना सहमति के।
- 15 वर्ष से कम उम्र की पत्नी के साथ।

धारा–376 भारतीय दंड संहिता या आई.पी.सी मे बलात्कार के लिए दंड का प्रावधान है, जिसके अंतर्गत बलात्कार के आरोपी को कम से कम सात वर्ष का कारावास या फिर आजीवन के लिए यानी दस वर्ष की अवधि का हो सकता है। किन्तु यदि वह स्त्री जिसके साथ बलात्कार हुआ हो, वह अपराधी की पत्नी हो और 12 वर्ष से कम आयु की नही है तो वह दोनो मे से किसी भांति के कारावास से जिसकी अवधि दो वर्ष तक की हो सकती है। अप्रैल 2018 में पॉक्सो एक्ट में संशोधन के बाद 16 साल से कम उम्र की लड़की से रेप करने पर न्यूनतम सजा को 10 साल से बढ़ाकर 20 साल किया गया है. दोषी को उम्रकैद भी दी जा सकती है. इतना ही नहीं, इस अध्यादेश में यह भी प्रावधान किया गया है कि 12 साल से कम उम्र की लड़की से रेप के दोषी को न्यूनतम 20 साल की जेल या उम्रकैद की सजा दी जाएगी।

अन्य यौन अपराध से संबंधित कानून

धारा–354 आई.पी.सी मे कहा गया है कि यदि कोई व्यक्ति किसी महिला की मर्यादा को भंग करने के लिए उस पर हमला या जबरदस्ती करता है तो उसे दो वर्ष तक की कैद या जुर्माना या दोनो की सजा हो सकती है।

छेड़खानी पर कानून – धारा–509,294 आई.पी.सी के अनुसार कोई भी शब्द, इशारा या मुद्रा जिससे महिला की मर्यादा का अपमान हो ।

यदि कोई व्यक्ति किसी स्त्री की मर्यादा का अपमान करने की नीयत से किसी शब्द का उच्चारण करता है, या कोई ध्वनि निकालता है, या कोई इशारा करता है, या किसी वस्तु का प्रदर्शन करता है तो उसे एक साल की कैद या जुर्माना या दोनो की सजा होगी।

निष्कर्ष एवं सुझाव–

महिलाओं को प्रदत अधिकारों एवं उनके लिए बनाये गये अधिनियमों के बाद भी महिलाओं की स्थिति शोचनीय है। महिलाओं पर होने वाले अत्याचारों को रोकने के लिए पर्याप्त अधिनियम है, परन्तु फिर भी महिलाओं की स्थिति में सुधार नहीं हो पा रहा है । स्वतंत्रता के पश्चात से वर्तमान तक विभिन्न अधिनियम जैसेः– हिन्दु विवाह अधिनियम, विशेष विवाह अधिनियम, विवाह–विच्छेद व तलाक अधिनियम वेश्यावृत्ति उन्मूलन अधिनियम, गर्भपात की चिकित्सा द्वारा मान्यता जैसे प्रमुख सुधारों से महिलाओं की सामाजिक स्थिति में पर्याप्त अंतर आया है, फिर भी बहुत सी कमियाँ है, जिनकी वजह से इन कानूनों का लाभ महिलाएँ नहीं उठा पाती –

(1) यह आवश्यक है कि पूरे देश में महिलाओं के प्रति होने वाले अपराधों का विश्लेषण किया जाए यह तो स्पष्ट है कि अधिकांश मामलों में रिपोर्ट ही दर्ज नहीं करवायी जाती। चाहे पारिवारिक दबाव हो या सामाजिक दबाव जिसके चलते बहुत सी घटनाएँ परिवार की चारदीवारी में ही सिमट कर रह जाती हैं।

(2) हमारे देश में महिलाओं के उत्थान एवं सरंक्षण के लिए पर्याप्त कानून एवं अधिनियम हैं, किन्तु लोगों को विशेषकर महिलाओं को कानूनों एवं अधिकारों का पर्याप्त ज्ञान ही नहीं है, अतः ऐसे कानूनों का पर्याप्त प्रचार–प्रसार

या जानकारी समय–समय पर महिलाओं को प्रदान की जानी चाहिए।

(3) घरेलू हिंसा से संबंधित मामलों में महिलाएँ आगे नहीं आती, यदि पीड़ित महिलाएँ ऐसे घटनाओं के विरूद्ध आवाज उठाना भी चाहे तो समाज में इसे उचित नहीं माना जाता। ऐसी घटनाओं को रोकने के लिए कानून व सरकार के साथ समाज को भी अपनी उचित भूमिका निर्वहन करना चाहिए।

(4) भारत में कुल मतदाताओं में आधी संख्या महिलाओं की है, मगर इसके बावजूद भी लोकसभा तथा राज्य विधानमंडलों में उनका प्रतिनिधित्व घोर निराशा उत्पन्न करता है। इसलिए राजनीति में भी महिलाओं को अपनी भागीदारी सुनिश्चित करनी चाहिए ।

(5) भारतीय दण्ड संहिता की धारा 498 ए के अंतर्गत विवाहित महिला पर सभी अत्याचार अपराध है, किन्तु इसे व्यवहार में दहेज प्रताड़ना से जोड़ दिया जाता है, जो कि उचित नहीं है क्योंकि महिलाएँ फौजदारी मुकदमा के लिए हिम्मत नहीं जुटा पातीं और साथ ही उनकों घर से निकाले जाने का भी डर रहता है ।

(6) लोकतांत्रिक संस्थाओं में महिलाएँ प्रतिनिधित्व नहीं कर पाती हैं। विकसित देशों की लोकतांत्रिक संस्थाओं में भी महिलाओं का प्रतिनिधित्व उनकी संख्या के अनुपात में नहीं है।

(7) महिलाओं में साक्षरता के दर भी काफी कम है। आंकड़ों से पता चलता है कि पुरुषों की तुलना में बहुत कम महिलाएँ ही शिक्षित है। शिक्षा का इतना कम प्रतिशत भी महिलाओं के प्रति अत्याचार का कारण है इसलिए महिलाओं को शिक्षित करना आवश्यक हैं।

(8) महिलाओं की स्थिति सुधारने में गैर–सरकारी संगठन अधिक प्रभावशाली भूमिका निभा सकते हैं, साथ ही उत्पीड़ित महिलाओं को सरकारी एवं गैर सरकारी संगठनों द्वारा पर्याप्त महत्व दिया जाना चाहिए तथा महिलाओं के लिए स्वरोजगार योजनाओं आदि को भी पर्याप्त महत्व दिया जाए ।

महिलाओं के लिए असली मुद्दा आर्थिक एवं सामाजिक सुरक्षा का है। अगर पति उन्हें बाहर निकाल दे तो वह सड़क पर आ जाएंगी, इस चिंता से

वे जुल्म बर्दाश्त कर लेती हैं इसलिए अगला कदम स्त्रियों को शिक्षित कर उन्हें रोजगार के लायक बनाना होना चाहिए। आर्थिक स्वावलम्बन गजब का आत्मविश्वास देता है। साथ ही सामाजिक सुधार के बिना कानूनी सुधार अपर्याप्त होगा।

संदर्भ सूचीः–

1. श्रीवास्तव राजीव, महिला सशक्तिकरण के लिए राष्ट्रीय नीति, समसामयिक महासागर–2000

2. देसाई नीरा और गैत्रयी कृष्णराज वीमेन एण्ड सोसायटी इन इंडिया अजंता पब्लिकेशंस दिल्ली 1987,

3. संयुक्त राष्ट्र संघ रिपोर्ट वनडे वीमने ट्रेएड्स एण्ड स्टेटिक्स (1995)

4. जोशी आर0पी0, मानव अधिकार एवं कर्तव्य, नवजीवन पब्लिशिंग हाउस, अहमदाबाद

5. पाण्डेय, डॉ. जयनारायण, भारत का संविधान, सेन्ट्रल लॉ एजेन्सी दिल्ली, 41 वाँ संस्करण 2008

6. यादव राजाराम, भारतीय दंड संहिता, 1860 पंचम संस्करण 2005, सेन्ट्रल लॉ पब्लिकेशन्स, इलाहाबाद

7. शर्मा रमा, महिलाओं के मौलिक अधिकार, अर्जुन पब्लिशिंग, नई दिल्ली 2012

8. महिलाओं से संबंधित विभिन्न समाचार पत्रों के आलेख

9. https://www.dw.com/hi/भारत में महिलाओं के कानूनी अधिकार 186345896

10. http://www.mediaforrights.org/infopack/hindi-infopack/551. घरेलू हिंसा

अध्याय–11

नव भारत के सृजन हेतु महिला सशक्तिकरण की प्रासंगिकताः एक समाजशास्त्रीय विश्लेषण

एकता

असिस्टेंट प्रोफेसर

समाजशास्त्र विभाग

बैकुंठीदेवी कन्या

महाविद्यालय, आगरा

मो. 9634280433

नव भारत के निर्माण का लक्ष्य प्रधानमंत्री द्वारा भारत छोड़ो आन्दोलन, 1942 के 75 वर्ष पूरे होने के उपलक्ष में लिया गया। नव भारत अर्थात् न्यू इंडिया के सकंल्प का उद्देश्य एक ऐसे भारत के निर्माण से हैं जहाँ प्रत्येक व्यक्ति को रोजगार एवं आत्मनिर्भरता के समान अवसर उपलब्ध कराए जाएँगें और यह स्वप्न तभी पूरा हो सकता हैं जब भ्रष्टाचार, सांप्रदायिकता, जातिवाद जैसी कुरीतियों से समाज को मुक्त किया जाए और जो लोग हाशिए पर हैं उनको समाज की मुख्यधारा से जोड़ा जाए। देश का प्रत्येक नागरिक अपना कुछ योगदान समाज के निर्माण में दे तो अवश्य ही 2022 तक नवभारत के स्वप्न को साकार किया जा सकता है।

महिलाएँ किसी भी राष्ट्र की विशिष्ट मानव संसाधन होती हैं उनकी रचनात्मक ऊर्जा तथा बहुमुखी प्रतिभा किसी भी देश के लिए आश्चर्यजनक परिणाम दे सकती हैं। महिलाओं के भीतर सभी क्षेत्रों में देश का नेतृत्व करने की क्षमता है। उन्हें सही दिशा निर्देश और संसाधन प्रदान कर सशक्त बनाने की आवश्यकता है ताकि वे वृद्धि कर सकें और देश के विकास में योगदान कर सकें।

स्वतन्त्रता प्राप्ति के बाद से ही सरकार द्वारा अनेक ऐसे प्रावधान किए गए हैं जिस कारण महिलाओं की स्थिति में गुणात्मक सुधार हुआ है। वर्तमान में महिलाएँ जीवन के प्रत्येक क्षेत्र में पुरूषों के साथ कन्धे से कन्धा मिलाकर चल रही हैं। किन्तु अभी भी शिक्षा रोजगार, स्वास्थ्य, राजनीतिक एवं आर्थिक भागीदारी में महिलाओं का प्रतिनिधित्व सतोषजनक नहीं है। सशक्त एवं सुदृढ़ महिलाएँ ही राष्ट्र निर्माण में अपना योगदान दे सकती हैं अतः महिला सशक्तिकरण आज भी राष्ट्रीय सवृंद्धि की नींव है।

आय, कौशल और आत्मविश्वास में वृद्धि जैसे कारक महिला सशक्तिकरण को बढ़ावा देने वाले साधन हैं किन्तु सही अर्थों में महिलाओं को सशक्त व समर्थ तभी बनाया जा सकता है जब उन्हें परिवर में भी समान अधिकार मिलें। जब तक महिलाएँ सामाजिक, आर्थिक एवं राजनीतिक रूप से सशक्त होकर निर्णय लेने की क्षमता का सृजन न कर लें तब तक नवभारत का स्वप्न सही मायने में सार्थक रूप नहीं ले सकता।

महिलाओं की क्षमता का उचित लाभ उठाने के लिए शिक्षा के साथ–साथ समग्र कौशल विकास की भी आवश्यकता है। समुचित एवं पर्याप्त कौशल विकास एवं प्रशिक्षण के द्वारा नारी शक्ति को तकनीकी कौशल वाले मानव संसाधन में बदला जा सकता है। जनसंख्यिकीय लाभांश का उचित लाभ उठाने के लिए कौशल विकास आज की आवश्यकता भी है। प्रधानमंत्री कौशल विकास योजना का उद्देश्य आर्थिक एवं सामाजिक नीतियों के माध्यम से महिलाओं के विकास के लिए ऐसा अनुकूल माहौल तैयार करना है जिससे महिलाएँ शिक्षा, रोजगार, समान पारिश्रमिक एवं सामाजिक सुरक्षा का लाभ उठा सकें। केन्द्र व राज्य सरकार द्वारा महिलाओं में कौशल विकास को बढ़ावा देने के लिए प्रशिक्षण कार्यक्रम चलाए जा रहे हैं जिनमें प्रमुख हैं–

- सपोर्ट टु ट्रेनिंग एंड इंप्लॉयमेंट प्रोग्राम (स्टेप)– महिलाओं को

स्वरोजगार प्राप्त। उद्यमी बनाने वाली दक्षता एवं कौशल प्रदान करना।

- प्रियदर्शिनी योजना– महिलाओं को प्रभावी स्वयं सहायता समूह में संगठित कर महिलाओं एवं किशोरियों को सर्वांगीण विकास के साधन उपलब्ध कराना।

- स्वाधार गृह/शार्ट स्टे होम(पुनर्वास के लिए कौशल विकास)– उन आपादग्रस्त महिलाओं को आश्रय, भोजन, वस्त्र, चिकित्सा एवं उपचार तथा देखभाल की मूलभूत सुविधा प्रदान करना जिनके पास कोई सामाजिक एवं आर्थिक सहारा नहीं है। कानूनी सहायता एवं निर्देश उपलब्ध कराने के साथ ही आर्थिक एवं भावनात्मक पुनर्वास करना भी इस योजना का उद्देश्य है।

- राजीव गाँधी किशोरी सशक्तिकरण योजना (सबला)– 11 से 18 वर्ष के आयु वर्ग में किशोरियों को पोषण एवं स्वास्थ्य संबंधी शिक्षा देकर सशक्त करना सबला योजना का उद्देश्य हैं।

- कौशल उन्नयन –कार्यक्रम का उद्देश्य सीमावर्ती अथवा आदिवासी अथवा पिछड़े जिलों में महिलाओं के व्यावसायिक कौशल में वृद्धि करना तथा उन्हें स्व–रोजगार प्राप्त करने में सहायता करना हैं।

- स्टैंड अप इंडिया'– इस संयोजना का लक्ष्य देश के सभी वाणिज्यिक बैंकों की प्रयेक शाखा से कम–से–कम एक अनुसूचित जाति/जनजाति तथा एक महिला ऋणग्राही को 10 लाख से 1 करोड़ रु. तक का ऋण किसी नव उद्यम हेतु उपलब्ध करवाना है। यह उद्यम विनिर्माण क्षेत्र, सेवा अथवा व्यापार क्षेत्र से हो सकता है।

साथ ही कौशल प्रक्षिक्षण के माध्यम से महिलाओं को सिलाई–कढ़ाई, नर्सिंग,ब्यूटीपार्लर, कंप्यूटर, हस्तशिल्प आदि का प्रशिक्षण भी दिया जाता है।

महिला पुलिस वालंटियर योजना, जननी सुरक्षा योजना, उज्ज्वला

योजना, मातृवदंना योजना, स्त्री स्वाभिमान पहल आदि कार्यक्रम भी सरकार द्वारा चलाए जा रहे है जो महिलाओं को सशक्त करने में अपना योगदान दे रहे हैं।

मनरेगा कार्यक्रम जो सरकार द्वारा 2005 में प्रारम्भ किया गया था बड़ी सख्ंया में महिलाओं को सशक्त करने में सहायक रहा है। नवीनतम जानकारियों से यह स्पष्ट हुआ है कि पिछले दस वर्षों में उपलब्ध कराए गए कुल रोजगार में से 53 प्रतिशत से ज्यादा पर महिलाएँ काबिज रही हैं। इससे ग्रामीण क्षेत्रों में महिलाओं की सामाजिक तथा आर्थिक स्थिति में सुधार हुआ है।

महिलाएँ राष्ट्र निर्माण में अपना सार्थक योगदान दे सकें इसके लिए उनका शिक्षित होना भी आवश्यक है। 2011 की जनगणना के अनुसार जहाँ पुरुषों की साक्षरता दर 82 प्रतिशत है वहीं महिलाओं की साक्षरता दर 63.5 प्रतिशत है। उत्तरप्रदेश, राजस्थान, बिहार, झारखंड आदि राज्यों में साक्षरता दर 55 प्रतिशत से भी कम है। केन्द्र सरकार ने बालिका शिक्षा तथा बालिका सशक्तिकरण को लेकर हाल में अनेक योजनाएँ शुरू की है। इन योजनाओं के क्रियान्वयन से निश्चित रूप से बालिकाओं को हौसला मिल रहा है। इनमें प्रमुख रूप से है "बेटी बचाओ, बेटी पढाओं" योजना जिसे अन्तर्राष्ट्रीय स्तर पर भी सराहना मिली है। यह योजना खासकर उन जिलों में प्रारम्भ की गई हैं जहाँ लिंगानुपात बेहद कम था। सुकन्या समृद्धि खाता योजना, कस्तूरबा गाँधी बालिका योजना, सर्वशिक्षा अभियान तथा शिक्षा का अधिकार अधिनियम 2009 द्वारा भी बालिका शिक्षा को प्रोत्साहन मिला है। महिला सामख्या कार्यक्रम भी महिला सशक्तिकरण का एक प्रमुख कार्यक्रम है जो मुख्यतः महिलाओं के आत्म–विश्वास व आत्मसम्मान की पुनर्स्थापना का प्रयास हैं इस कार्यक्रम के माध्यम से विकास प्रक्रिया में महिलाओं की सक्रिय भागीदारी बढ़ायी जाती है। प्रधानमंत्री जन–धन योजना, बाल स्वच्छता अभियान, विद्यालय में बालिकाओं के लिए शौचालय निर्माण, मिशन इन्द्रधनुष और लाडली लक्ष्मी योजना जैसी पहल भी सरकार द्वारा की गई है जो निश्चित ही महिला स्वावलंबन और सशक्तिकरण की दिशा में क्रांतिकारी प्रयास है।

प्रधानमंत्री जी के आह्वान पर टाटा कन्सल्टेंसी सर्विसेज और भारती फाउंडेशन जैसी अनेक संस्थाओं ने ग्रामीण क्षेत्रों में महिला स्वास्थ्य सुविधाओं

के लिए पहल की है। ये संस्थाएँ देश के विभिन्न हिस्सों में विद्यालय जाने वाली छात्राओं और ग्रामीण महिलाओं के लिए शौचालयों के निर्माण का कार्य करेंगी।

देशभर में 'निर्भया केन्द्र' की शुरूआत भी की गई है जो बलात्कार पीड़ित महिलाओं को तत्काल चिकित्सा और मनो–सामाजिक सहायता उपलब्ध कराते है। महिलाओं के विरूद्ध बढ़तें अपराध को रोकने के लिए 'हिम्मत' एप्लीकेशन भी सरकार की एक अनूठी पहल है।

केन्द्रीय सांख्यिकीय मंत्रालय की छठी आर्थिक गणना के अनुसार देश के श्रमबल में महिलाओं की भागीदारी 25.51 फीसदी है।

अन्तरसंसदीय संघ और यू० एन० महिला रिर्पोट 2017 के अनुसार लोकसभा में 64 महिलाएँ(11.8 प्रतिशत) तथा राज्य सभा में 27 महिलाएँ(11 प्रतिशत) सांसद हैं। 2010 से 2017 के दौरान मात्र एक प्रतिशत महिला सदस्यों की वृद्धि ही लोकसभा में हुई है। इस प्रकार राजनीतिक सहभागिता में महिलाओं की स्थिति चिन्तनीय है। जबकि रवांडा जैसे अफ्रीकी देश की स्थिति भी हम से अच्छी है जहाँ 60 प्रतिशत महिलाएँ ससंद में हैं। पंचायतों में स्थिति ससंद से बेहतर है जहाँ दिसम्बर 2017 तक 44 प्रतिशत महिला प्रतिनिधि थी जिनमें से 43 प्रतिशत महिला सरपंच हैं। किन्तु ये मात्र आँकड़े हैं क्योंकि वास्तविक बागड़ोर आज भी अनेक राज्यों में महिला सरपंचों के पति द्वारा संभाली जाती है। इस कारण उनके लिए सरपंच पति या प्रधान पति जैसे शब्द प्रयोग में लाए जाते हैं। पुरूष प्रधान संस्कृति एवं सामाजिक सरंचनाएँ ग्रामीण भारत में पंचायतों के माध्यम से स्थानीय शासन में महिला सहभागिता को प्रभावित करती हैं।

विश्व आर्थिक मंच द्वारा जारी वैश्विक लैंगिक अतंराल सूचकांक' 2017 में 144 देशों में भारत का 108 वाँ स्थान है जो कि चिन्तनीय है। मैकिंजी ग्लोबल–इंस्टीट्यूट द्वारा लैंगिक समानता पर प्रस्तुत रिपोर्ट में बताया गया है कि अगर भारत में लैंगिक समानता स्थापित हो जाती है तो भारतीय अर्थव्यवस्था पर इसका प्रभाव किसी भी अन्य देश की तुलना में अधिक होगा।

महिलाओं की आबादी का एक बड़ा हिस्सा अवसरों की उपलब्धता से

वंचित हैं, हाशिए पर है। महिलाएँ निर्णय प्रक्रिया और भागीदारी में अभी भी पीछे हैं। महिलाओं की इस स्थिति के रहते भारत के विकास, उन्नति, प्रगति और नव भारत का स्वप्न बेमानी है। महिलाएँ सशक्त हों और राष्ट्र निर्माण में अपना योगदान दें इस हेतु कुछ प्रमुख सुझाव निम्न हैं:–

- महिलाओं के लिए एक ऐसा सकारात्मक सामाजिक, सांस्कृतिक, आर्थिक और राजनीतिक माहौल तैयार हो जिसमें, महिलाएँ अपने मूल अधिकारों को प्राप्त कर सकें।
- समग्र विकास प्रक्रियाओं/कार्यक्रमों में महिलाओं को मुख्य धारा में शमिल किया जाए।
- सार्वभौमिक और गुणवत्तापूर्ण शिक्षा तक महिलाओं/बालिकाओं की पहुँच में वृद्धि सुनिश्चित करना। महिलाओं हेतु गुणवत्तापूर्व स्वास्थ्य सुविधाओं की उपलब्धता को सुनिश्चित करना।
- महिलाओं हेतु गुणवत्तापूर्व स्वास्थ्य सुविधाओं की उपलब्धता को सुनिश्चित करना।
- अर्थव्यवस्था में महिलाओं की भागीदारी को बढ़ावा देना।
- निर्णयन एवं प्रशासनिक सस्ंथाओं सहित सामाजिक, राजनीतिक और आर्थिक क्षेत्रों में महिलओं की बराबर की भागीदारी सुनिश्चित करना।
- नीतियों, कानूनों, कार्यक्रमों, संस्थाओं और सामुदायिक सहभागिता के सुदृढीकरण के माध्यम से महिलाओं के खिलाफ हिंसा के सभी रूपों का उन्मूलन सुनिश्चित करना।
- भेदभाव पूर्ण सामजिक मानसिकता में बदलाव के प्रयास करना।
- लैंगिक अतंराल को दूर करने के लिए उचित कार्यक्रमों का क्रियान्वयन करना।
- महिला सुलभ पर्यावरण का निर्माण करना।
- संसद में महिलाओं की भागीदारी बढ़ाने के लिए पंचायती

राजव्यवस्था की तरह यहां भी महिलाओं के लिए सीटों का आरक्षित किया जाना आवश्यक है। इस सदर्भ में जो बिल संसद में बहस का विषय बनता रहा है, वह शीघ्रातीशीघ्र पास हो।

नवभारत की परिकल्पना को साकार करने का जो लक्ष्य सरकार द्वारा लिया गया है उसे सशक्त महिलाओं की भागीदारी द्वारा अवश्य ही पूरा किया जा सकता है। अवसर की समानता, शिक्षा एवं कौशल विकास के माध्यम से महिलाओं को सशक्त किया जा रहा है। सामाजिक विषमता एवं भेदभाव के विरूद्ध सरकार के साथ–साथ समाज को भी संघर्ष करना होगा। कोई भी सरकारी प्रयास तब तक सफल नहीं हो सकता जब तक जनता की सशक्त भागीदारी न हों। महिलाओं को स्वयं भी अपने अधिकारों के प्रति जागरूक होना होगा, इस सन्दर्भ में मीडिया भी अहम भूमिका निभा सकता है। महिलाओं का सशक्तिकरण, जीवन के सभी क्षेत्रों में सतत विकास, पारदर्शी तथा उत्तरदायी सरकार एवं प्रशासन के लिए आवश्यक है।

सन्दर्भ सूचीः–

- कलाम ए.पी.जे. अब्दुल विद वाई. एस. राजन.2002. इंडिया 2020: ए विजन फॉर दि न्यू मिलेनियम, पेंग्विन बुक्स, दिल्ली,।
- देसाई , नीरा और मैत्रेयी कृष्णराज (1987), ''वुमेन एंड सोसायटी इन इंडिया,'' अंजता पब्लिकेशन, (इं.), दिल्ली।
- देसाई. नीरा व ठक्कर उषा (2009), भारतीय समाज में महिलाएँ'' राष्ट्रीय पुस्तक न्यास, नई दिल्ली।
- भारत 2018, प्रकाशन विभाग, सूचना प्रसारण मंत्रालय, भारत सरकार
- जनगणना रिपोर्ट, 2011
- www.insinghton india.com
- www.drishtiias.com
- www.pib.nic.in

अध्याय–12

महिला सशक्तिकरण में शिक्षा की भूमिका : एक अवलोकन

अंशु त्यागी (एम०फिल्०) इतिहास विभाग,

चौ० चरण सिंह विश्वविद्यालय परिसर, मेरठ

मुकेश चौधरी इतिहास विभाग,

मुल्तानीमल कॉलिज, मोदीनगर

प्राचीनकाल, जिसे गौरव व प्रतिष्ठा का प्रतीक समझा जाता था तथा जिसके बिना पुरूष को सम्मान प्राप्त नहीं होता था। आज उसी स्त्री को हमारा समाज भोग की वस्तु मानता है तथा उसकी योग्यता व अस्तित्व को, आज भी स्वीकार करने के लिए तैयार नहीं है। तभी तो सरकार को भी स्त्री साक्षरता तथा महिला सशक्तिकरण के नारे लगाने पड़ रहे है क्योंकि यह तो शाश्वत सत्य है कि यदि स्त्रियाँ साक्षर हो तो इस सशक्तिकरण के नारों का कोई औचित्य ही नहीं रहा जाता है। हमारी सरकार व समाज भले ही कितना भी कहे कि वे स्त्रियों का सम्मान करते हैं तथा उन्हें प्रत्येक हक देते हैं लेकिन उनके घरों में झांककर देखने से हम इस सच्चाई से रूबरू होगें कि वास्तविकता क्या है? तब कथनी और करनी में फर्क स्पष्ट दिखायी देता है इसलिए जहाँ स्त्री को सम्मान नहीं मिलता वहाँ उसकी साक्षरता के विषय

में तो भूल ही जाना चाहिए।[1]

भारत में महिलाओं की स्थिति जानने के लिए उनकी स्थिति कैसी है अर्थात् नारी को हमारे देश में कौन–सा दर्जा प्राप्त हैं, तो पाते है कि वेदों के अनुसार तत्कालीन समाज में सर्वोच्च ज्ञान की प्राप्ति के लिए महिलाओं को पुरूषो के समान स्तर प्राप्त था और उनमें ज्ञान की प्राप्ति की क्षमता भी थी।[2]

यदि हम प्राचीनकालीन शिक्षा व्यवस्था का अन्वेषण करें तो हम पायेंगें कि आधुनिक काल की अपेक्षा प्राचीनकाल में महिलाओं की दशा उत्तम थी। प्रागैतिहासिक व आद्य–ऐतिहासिक काल में सिन्धु सभ्यता जिस प्रकार से उच्च नगरीय मूल्यों का प्रतिनिधित्व करती थी, ऐसे समतावादी दृष्टिकोण को सिन्धु समाज की सबसे प्रमुख विशेषता स्वीकार किया जा सकता है। पुरातात्विक साक्ष्यों के रूप में हड़प्पाई नगरों से जिस प्रकार मातृदेवी की व्यापक मूर्तियाँ प्राप्त हुई हैं, उससे अनुमान लगाया जा सकता है कि समाज का स्वरूप मातृसत्तात्मक रहा होगा।

वहीं ऐतिहासिक युग में, वैसे तो प्रारम्भिक आर्य एक कबीलाई समाज का प्रतिनिधित्व करते थे लेकिन कम से कम प्रारम्भिक अवस्था में समतावादी मूल्य उनके समाज की सबसे महत्वपूर्ण विशेषता थी।[3]

वैदिक युग में महिलाओं को ज्ञान प्राप्ति करने का अधिकार प्राप्त था और धार्मिक क्रियाकलापों आदि मे वे अपने पतियों की सहभागी होती थी। यही नही, महिलाओं के कुछ वर्गो में पुरूषों की ही भाँति उपनयन की भी प्रथा थी जिसमें काफी हद तक उनके पुरूषों के समान स्तर का संकेत मिलता है।[4]

इस काल में स्त्रियों को पुरूषों के समान अधिकार प्राप्त थे तथा उन्हें उपनयन संस्कार का भी अधिकार था। विश्ववारा, सिक्ता, अपाला, निवावरी, घोषा, लोपमुद्रा आदि विदुषी स्त्रियों को ऋग्वेद के अनेक सूक्तों का रचयिता माना जाता है तथा इस काल में स्त्रियों को मन्त्रों व दार्शनिक शिक्षा के साथ–साथ व्यवसायिक व गृहकार्य से सम्बन्धित शिक्षा भी दी जाती थी

---

[1] भारतीय सभ्यता तथा संस्कृति का विकास, बी०एन० लूणिया (पष्ठ 745)

[2] भारत में सामाजिक समस्याएँ, तेजस्कर पाण्डेय एवं संगीता पाण्डेय (पष्ठ 327)

[3] भारतीय सभ्यता तथा संस्कृति का विकास, बी०एन० लूणिया (पष्ठ 745)

[4] भारत में सामाजिक समस्याएँ, तेजस्कर पाण्डेय एवं संगीता पाण्डेय (पष्ठ 327)

जैसे– टोकरी बनाना, रंगना, कसीदा काढना, कपड़ा बुनने का कार्य सिखाया जाता था।[5]

उत्तरवैदिक काल में भी यह परम्परा विद्यमान रही तथा अथर्ववेद में हमें ब्रह्मचर्य आश्रम का भी उल्लेख मिलता है और इसके साथ ही याज्ञवल्क्य की पत्नी का उनसे दार्शनिक वाद–विवाद का भी उल्लेख मिलता है। मैत्रयी के अतिरिक्त गार्गी व आत्रेयी का भी वैदिक सिद्धान्तों से भली–भाँति परिचित होने का उल्लेख प्राप्त होता है। इस काल में स्त्रियों को वैदिक पाठ व यज्ञ करने का अधिकार प्राप्त था।[6]

जबकि सूत्रकाल में दो प्रकार की छात्राओं का उल्लेख मिलता है– (1) सद्योवधू (जिसका विद्या समाप्त होने के पश्चात विवाह होता था) (2) ब्रह्मवादिनी (जो आजीवन विद्या अध्ययन के लिए अविवाहित रहती थी)। इस काल के अन्तर्गत रामायण का उदाहरण भी लिया जा सकता है जैसे अशोक वाटिका में कैद सीता ने हनुमान द्वारा दी गयी अंगूठी पर लिखे राम शब्द को पढ़ा था। इसके अतिरिक्त जटिला शबरी (जो सम्भवतः वानर थी) मांतग आश्रम से शिक्षित थी। वह अनेक भाषाओं का ज्ञान भी रखती थी।

यद्यपि स्मृतिकाल में स्त्रियों की दशा में गिरावट आयी। अब उनके उपनयन संस्कार करने की परम्परा को समाप्त कर दिया गया तथा उन्हें शूद्रों के सदृश समझा जाने लगा। फिर भी, इस काल में महिलाएँ वैदिक व पूर्व मीमांसा का अध्ययन कर रही थी। मीमांसा का अध्ययन करने वाली स्त्रियों को, इस काल में काशकृत्सना कहा जाता था। जबकि मेद्यातिथि के उल्लेखों से ज्ञात होता है कि इस काल में स्त्रियाँ संस्कृत नहीं जानती थी। यद्यपि कल्हण इसके विपरीत तथ्य प्रस्तुत करता है। (राजशेखर के श्लोक के अन्तर्गत) कल्हण शीलभट्टारिका, विकट नितम्बा, विजयांका, प्रभुदेवी और सुभद्रा नाम की पाँच कवयित्रियों की प्रशंसा करता है। इसके अतिरिक्त एक अन्य उदाहरण राजशेखर की पत्नी अवन्तिसुन्दरी का भी लिया जा सकता है जोकि संस्कृत साहित्य की प्रकाण्ड विद्वान थी।[7]

---

[5] education of women in ancient and medieval india, Dr. jyatsna kamat, Pege No- 3-4

[6] भारतीय सभ्यता तथा संस्कृति का विकास, बी०एन० लूणिया (पृ० 736)

[7] प्राचीन भारत का इतिहास, द्विजेद्र नारायण झा एवं कृश्ण मोहन श्रीमाली, प० सं–313–315

यदि मौर्य काल की बात करे तो ग्रीक राजदूत मैगस्थनीज का वर्णन मिलता है कि ''सम्राट चन्द्रगुप्त मौर्य के महल में सशस्त्र महिलाएँ भी अंगरक्षक के रूप में तैनात थी।'' कौटिल्य ने भी अपनी सुप्रसिद्ध कृति अर्थशास्त्र में तीर कमानों से लैस महिला सैनिकों का उल्लेख किया है। यही नहीं भारत में यदि एक ओर देवताओं की कल्पना की गई है और उनकी पूजा की जाती है तो दूसरी ओर सरस्वती, लक्ष्मी सीता, सावित्री आदि की भी पूजा–अर्चना की जाती है और यह क्रम युगों–युगों तक चला आ रहा है। लेकिन इस सच्चाई से इंकार नहीं किया जा सकता है कि प्राचीनकाल से ही समाज में पुरूषों का वर्चस्व रहा है और विधवा के पुनर्विवाह पर प्रतिबन्ध, सती प्रथा, बाल विवाह आदि भी प्रचलित थे। इस प्रकार कुल मिलाकर समाज में महिलाओं के लिए अहितकर प्रथाएँ भी थी और साथ ही उन्हें कुछ हद तक आगे बढ़ने के अवसर भी दिए।

यद्यपि मुस्लिमों के आगमन के पश्चात स्त्रियों की दशा में गिरावट स्पष्ट रूप से देखी जा सकती है। इसके परिणाम के रूप में बाल–विवाह, पर्दा प्रथा, बहु विवाह, विधवा पुनः विवाह प्रतिरोध आदि कुरीतियों ने सामान्य जन–जीवन में अपना स्थान बना लिया तथा स्त्रियों के भोग्या बनने की प्रवृत्ति का जन्म यहाँ से माना जा सकता है। मुगलों के समय में तो स्त्रियाँ घर की चाहर दीवारी में कैद होकर रह गई। खासकर अकबर के सत्ता में आने से पूर्व इस काल में परम्परागत भारतीय सामाजिक संरचना ध्वस्त हो गई।

हालांकि बाद में महर्षि कार्वे, महात्मा गाँधी, महर्षि टैगोर के प्रयास और ऑल इण्डिया वुमेन्स कान्फ्रेस ने न केवल महिलाओं को शिक्षित करने की वकालत की बल्कि इसके लिए प्रयास भी किया तथा यह घोषणा की, कि शिक्षा स्त्रियों को उनकी भूमिका का पालन करने व उपयोगी नागरिक बनाने में मदद करती है।

---

[8] भारत में सामाजिक समस्याएँ, तेजस्कर पाण्डेय एवं संगीता पाण्डेय (पष्ठ 327)

[9] प्राचीन भारत का इतिहास, द्विजेद्र नारायण झा एवं कृश्ण मोहन श्रीमाली, पष्ठ सं–313–315

[10] भारत में सामाजिक समस्याएँ, तेजस्कर पाण्डेय एवं संगीता पाण्डेय (पष्ठ 327)

[11] education of women in ancient and medieval india Dr. jyatsna kamat, Pege No- 3-4

सशक्तिकरण की प्रक्रियाएँ– सशक्तिकरण की प्रक्रिया का उद्देश्य है महिलाओं के लिए शक्ति के एक साम्यिक और सक्रिय हिस्से की माँग करने के लिए प्रयास करना अपने इस प्रभाव में इस प्रक्रिया को उन विचारों और मूल्यों के बोझ को झेलना पड़ता है जो महिलाओं पर बचपन से ही उनके सामाजीकरण प्रक्रिया के एक भाग के रुप में उन्हे हस्तांतरित कर दी जाती है। यह सामाजिक अनुबन्धन महिलाओं के व्यक्तित्व और मानसिकता का हिस्सा बन जाता है और उसके व्यवहार को प्रभावित करता है। महिलाएँ, समुदाय या समाज के एक हिस्से के रुप में रहती हैं जो बदले में अपने पितृसत्तामक मूल्यों और व्यवहार सम्बन्धी अपेक्षित मानकों को उनके ऊपर थोप देता है। अतः सशक्तिकरण की प्रक्रिया की शुरूआत इस कार्य से करनी चाहिए कि महिलाएँ सबसे पहले वे खुद के सोचने और व्यवहार करने के तरीकों में बदलाव लाए। कहने का तात्पर्य यह है कि सर्वप्रथम महिलाओं की चेतना को ही परिवर्तित करना चाहिए। महिलाओं में अपने बारे में जो विचार बने हुए हैं, उन्हें बदलना होगा। उनके आत्मसम्मान और आत्मविश्वास में वृद्धि करनी चाहिए। उन्हें अपनी सोच और व्यवहार में विकास करना चाहिए ताकि वे आत्मनिर्भर बन सकें।

सरकारी पहल– भारत में कानूनी तौर पर स्त्री पुरूष को समानाधिकार प्राप्त है। सामाजिक क्षेत्र की घटनाओं के सन्दर्भ में स्त्री–पुरूष समानता पर जोर देने का अर्थ है सामाजिक, आर्थिक परिवर्तन के एंजेट के रुप में महिलाओं को अधिकार प्रदान करना और बच्चे आज विकास के सन्दर्भ में सबसे महत्वपूर्ण लक्ष्य वर्ग है। इस बात की ओर तत्काल ध्यान देना आवश्यक है कि किसी देश के विकास में मजबूत और प्रभावी शक्ति बनाने के लिए महिलाओं को आर्थिक एवं सामाजिक दृष्टि से ये अधिकार सम्पन्न करना जरूरी है। महिला अधिकारिता वर्ष इस उद्देश्य से मनाया जा रहा है कि न केवल स्त्री–पुरूष समानता के उद्देश्य में नीतियों में आवश्यक परिवर्तन किए जाएं बल्कि समाज के नजरिए में भी परिवर्तन लाया जाए। इस विषय में सरकार की वचनबद्धता के अंग के रुप में महिलाओं के लिए नई राष्ट्रीय नीति की घोषणा की गई। साथ ही राष्ट्रीय विकास में महिलाओं की भागीदारी सुनिश्चित करने के लिए अनेक उपाय भी किए गए है।

साक्षरता एक आवश्यक शर्त– महिला सशक्तिकरण का प्रश्न दुनियाभर

के नेताओं और विवेकशील व्यक्तियों के लिए कई दशकों में चिंता का विषय रहा है। चीन के बीजिंग शहर में हुए चौथे सम्मेलन में पुरुष के मुकाबले स्त्रियों के अवसरों और दर्जे की समानता देने की जरूरत पर जोर दिया गया था। स्त्रियों को स्वावलम्बी बनाए और लक्ष्य प्राप्ति तथा अपने मनपंसद क्षेत्र में सफलता प्राप्ति के लिए उनमें आत्मविश्वास उत्पन्न करने में शिक्षा का अत्यन्त महत्वपूर्ण स्थान है। इसमें भारत सहित अन्य सभी देशों की उपस्थित सरकारें विश्वस्तर पर स्त्री–पुरूष समानाधिकारों तथा संयुक्त राष्ट्र चार्टर में वर्णित सार्वभौमिक मानवाधिकार घोषणा तथा अन्य अन्तर्राष्ट्रीय मानवाधिकार, दस्तावेजो, विशेषकर महिलाओं के विरूद्ध हर प्रकार के भेदभाव की समाप्ति सम्बन्धी सन्धि–अधिकार और स्त्रियों के खिलाफ हिंसा मिटाने की घोषणा व अन्य सिद्धान्तों के प्रति वचनबद्ध रहेगी। इसमें यह महसूस किया गया कि स्त्रियों के सशक्तिकरण के लिए कदम उठाना जरूरी है। लड़कियों और औरतों की बुनियादी शिक्षा, जीवनपर्यन्त शिक्षा, साक्षरता व प्रशिक्षण तथा प्राथमिक स्वास्थ्य सुविधाओं के जरिए आर्थिक उन्नति के साथ–साथ जन केन्द्रित निरन्तर विकास को बढ़ावा देना।

1950 में भारतीय गणराज्य का संविधान पेश किया गया। जिसके अन्तर्गत शिक्षा पर प्रत्यक्ष व अप्रत्यक्ष कई महत्त्वपूर्ण प्रावधान थे। इन प्रावधानों ने विभिन्न स्तरों पर लड़कियों की शिक्षा के मार्ग को प्रशस्त किया। इस सन्दर्भ में माध्यमिक शिक्षा (मुदलियार) आयोग ने 1952–53 में एवं महिला शिक्षा पर राष्ट्रीय कमेटी (दुर्गाबाई देशमुख) ने 1958–59 अपनी रिपोर्ट प्रस्तुत की।

स्वतंत्रता से अब तक देश में महिला साक्षरता दर में निःसंदेह व्यापक अभिवृद्धि हुई है। सन् 1951 में महिला साक्षरता मात्र 9 प्रतिशत थी, जबकि 1991 में यह 40 प्रतिशत तथा 2001 में महिला साक्षरता दर 53.7 प्रतिशत पहुँच गई यदि वर्तमान जनगणना 2011 की बात करें तो महिला साक्षरता दर 64.6 प्रतिशत है। जिसके अन्तर्गत 57.9 प्रतिशत ग्रामीण तथा 79.1 प्रतिशत नगरीय महिलाएँ साक्षर है। किंतु पुरूष साक्षरता की तुलना में यह तस्वीर बहुत उत्साहजनक नहीं है। सन् 1951 में 27.16 प्रतिशत पुरूष साक्षर थे,

[15] भारतीय समाज में महिलाएँ, नीरा देसाई, ऊषा ठक्कर, पृ०–47

जबकि 1991 में प्रतिशतता 64.13 व 2001 में 75.3 प्रतिशत पहुँच गयी थी। 2011 में यह साक्षरता दर 80.9 है। जो कि महिला साक्षरता दर से काफी अधिक है।

इसके अतिरिक्त एक अन्य महत्त्वपूर्ण मुद्दा प्रादेशिक असमानता का है जहाँ केरल, हिमाचल प्रदेश, पंजाब, तमिलनाडु, गुजरात, और महाराष्ट्र ने इस दिशा में अच्छे परिणाम प्रस्तुत किये हैं। निम्नलिखित तालिका द्वारा स्पष्ट है–

राज्य	2001	2011
केरल	87.7	92.1
हिमाचल प्रदेश	67.4	75.9
पंजाब	63.4	70.7
तमिलनाडु	64.4	73.4
गुजरात	57.8	69.7
महाराष्ट्र	67.0	75.9

वहीं उत्तर प्रदेश, उड़ीसा, बिहार में शिक्षा के प्रत्येक स्तर पर निम्न प्रगति दिखाई देती है–

राज्य	2001	2011
बिहार	33.1	51.5
उड़ीसा	50.5	64.0
उत्तर प्रदेश	42.2	57.2

ग्रामीण अंचलों में 15 से 19 वर्ष उम्र की लड़कियों की स्कूल में उपस्थिति 37.4:, है जबकि उच्च शिक्षा में इस स्थिति में और भी गिरावट देखी जा सकती है, जो प्रदर्शित करता है कि शेष 63: बालिकाओं का या तो विवाह हो गया या वे अपनी माता की मदद कर रही हैं। जिसके कारण कक्षाओं में उपस्थिति नगण्य रही।[16]

[16] 2011 की जनगणना रिपोर्ट से उद्धत

महिला शिक्षा से जुड़ा एक विरोधाभास यह भी है कि साहित्य और प्रारंभिक शिक्षा जो महिलाओं के बड़े समूह से जुड़ी है, एक धुंधला परिदृश्य प्रस्तुत करती है, जबकि उच्च शिक्षा में महिलाओं की उपस्थिति का प्रतिचित्र उतना दुःखद नहीं है।

करूणा चानना ने उल्लेख किया है कि 1950–51 में महिलाओं का अनुपात कुल पंजीकरण में 10.4 प्रतिशत था, जबकि यह 1980–81 में बढ़कर 27.2 प्रतिशत हो गया और 1996–97 में 52 प्रतिशत हो गया। (चनना : 1013) स्वतंत्रता के तुरंत बाद का दशक विकास कार्यों और तकनीकी गतिविधियों से परिपूर्ण था, इसमें शिक्षा एक महत्त्वपूर्ण आवश्यकता थी। फलतः राष्ट्रीय एजेंडा की मदद से उच्च–मध्य वर्ग तथा उच्च जातियों की महिलाओं के लिए उच्च शिक्षा का प्रवेश द्वार खुल गया।[17]

उच्च शिक्षा के क्षेत्र में महिलाओं की प्रगति का एक अन्य संकेतांक उच्च शिक्षा के छात्रों में महिलाओं की समानुपातिक उपस्थिति को माना जा सकता है।

उच्च स्तर पर महिला और पुरूषों के शैक्षिक आकड़ों का तुलनात्मक अध्ययन निम्नलिखित है–

सन्	पुरूष	महिला	योग (लाख में)
1950–51	3.5	0.5	4.0
1960–61	8	2	10
1970–71	26	7	33
1980–81	35	13	48
1990–91	34	15	49
2000–01	54	32	86
2005–06	88	55	143
2006–07	96	60	156

[17] सोशलाइजेश्न एजुकेशन एण्ड वुमेन, करूणा चानना, एक्सप्लाएटेशन इन जेन्डर आइडेटिटि ओरिएंट लांगमैन, नई दिल्ली

2007–08	106	66	172
2008–09	112	73	185
2009–10	124	83	207
2010–11	155	120	275
2011–12	162	130	292
2012–13	163	133	296
2013–14	NA	NA	NA

(1950–12 तक के आंकडे–सांख्यिकीं और तकनीकी शिक्षा पब्लिकेशन से उर्द्धत हैं शेष AISHE)[18]

शोध के स्तर पर महिलाओं और पुरूषों के तुलनात्मक अध्ययन से ज्ञात होता है कि पुरूषों की अपेक्षा कम महिलाएँ उच्च शिक्षा ग्रहण करती है। लेकिन स्कूल शिक्षा के अनुपात में यहाँ कुछ प्रगति दिखाई देती है। जहां महिलाओं की पहली पीढ़ी को विवाह और जीविका–वृति (कैरियर) में से किसी एक को चुनना होता था जबकि वर्तमान पीढ़ी विवाह और कैरियर दोनों को अपना रही है तथा अपने अस्तित्व के लिए संघर्ष कर रही है।[19]

इस प्रकार से हम देख सकते हैं कि स्त्री शिक्षा या उन्हें साक्षर बनाना हमारे समाज की एक गम्भीर चुनौती है। यद्यपि स्वतन्त्रता के पश्चात स्त्री साक्षरता के लिए अनेक प्रयास किये गये जिससे स्त्रियों की शिक्षा सम्बन्धी आंकड़ों में सुधार आया तथा धीरे–धीरे इन आंकड़ों में निरन्तर वृद्धि भी हो रही है। किन्तु पुरूष के अनुपात में आज भी यह नगण्य है। भारत में आज भी 80.9: पुरूषों के अनुपात में 64.6: महिलाएँ शिक्षा प्राप्त करती हैं वहीं महिलाओं की प्रारम्भिक–माध्यमिक शिक्षा के अनुपात में उच्च स्तरीय शिक्षा में भारी अन्तर देखने को मिलता है। जो 21वीं शताब्दी में महिला सशक्तिकरण की सच्ची तस्वीर प्रस्तुत करते हैं।

---

[18] सांख्यिकी और तकनीकी शिक्षा पब्लिकेशन से उर्द्धत

[19] इेंमक वद 'पीम तमचवतजेण

महिला सशक्तिकरण की बात आज भारत में चारों ओर सुनने को मिलती है, पर हम और गहराई से इसका अवलोकन करते हैं, तो पाते हैं कि कहीं न कहीं यह बात सिर्फ लफाबाजी है। क्योंकि महिलाओं को सम्मान देना या बराबरी का दर्जा देना कोई मेहरबानी नहीं बल्कि उनका अधिकार है। आज पूरी दुनिया में जहाँ महिलाओं को बराबर का हकदार समझा जाता है, वही भारत में आज भी दकियानूसी सोच विद्यमान है। पुरूषवादी मानसिकता विचारों में हावी है। क्या बात है? भारत के संविधान में जो सम्मान महिलाओं को दिया गया है, वह धरातल पर दिखाई नहीं देता है। इसका मुख्य कारण महिलाओं को शिक्षा से वंचित रखना है। तमाम राजनीतिक दल, सामाजिक, संस्थायें, धार्मिक संस्थायें, महिलाओं की शिक्षा की बात तो करती है परन्तु महिलाओं में शत प्रतिशत शिक्षा का दावा कोसों दूर नजर आता है। हाँ इतना जरूर है की जब से शिक्षा के प्रति महिलाओं में जागरूकता बढ़ी है तब से वह निरन्तर आगे बढ़ रही है। मानवाधिकार मंत्रालय की रिपोर्ट की बात करें तो पिछले 20 वर्षों में शिक्षा से, महिलाओं में जागरूकता, आत्मविश्वास बढ़ा है, और वह राष्ट्र निर्माण में अपनी महत्वपूर्ण भूमिका निभा रही है। भारत में समय–समय पर अनेकों महापुरूषों ने, विद्वानों ने, विचारकों ने, राजनेताओं, महिला शिक्षा पर जोर देते हुए कहा कि जब तक शिक्षा में समानता न आये, तब तक विकसित भारत की कल्पना नहीं की जा सकती है। परिणामस्वरूप भारत सरकार द्वारा अनेकों रूप में महिला शिक्षा पर ध्यान दिया गया, तब से समाज में एक नई ऊर्जावान, आत्मविश्वासी महिला वर्ग का जन्म हुआ है, जो शिक्षा के माध्यम से न केवल खुद को अपितु परिवार को भी आर्थिक सम्पन्नता की ओर ले जा रही है। आज महिला सशक्तिकरण में शिक्षा की जो अहम भूमिका है, उसे नकारा नहीं जा सकता है। शिक्षित महिलाये आर्थिक, राजनीतिक, शक्षैणिक, सामाजिक, चिकित्सा, व्यापार, अनन्य क्षेत्रों में कार्यरत है। यही महिला सशक्तिकरण में शिक्षा की अहम भूमिका को दर्शाता है।

सन्दर्भ सूची

1. लूणिया,बी०एन० (संस्करण–12) ''भारतीय सभ्यता तथा संस्कृति का विकास लक्ष्मी नारायण अग्रवाल, प्रिन्टवैल धलूियागंज

2. Kamat, Dr. Jyotsna K. (1980) Education of Woman in

Ancient and Medieval India: published perspectives in education" dharwad .

3. झा, द्विजेन्द्र व श्री माली, कृष्ण मोहन (1984)– ''प्राचीन भारत का इतिहास'', प्रकाशन हिन्दी माध्यम कार्यान्वयन निदेशालय, दिल्ली विश्वविद्यालय।

4. बाशम, ए0एल0 (1967), ''अद्‌भुत भारत'' प्रकाशन शिवलाल अग्रवाल एण्ड कम्पनी आगरा 3।

5. देसाई, नीरा और ठक्कर, ऊषा (2009)– ''भारतीय समाज में महिलाएं'', नेशनल बुक ट्रस्ट, इंडिया।

6. 2011 की जनगणना रिपोर्ट से उर्द्वत

7. चानना, करूणा (1988) संपा0, ''सोशलाइजेशन एजूकेशन एंड वुमेन, एक्सप्लाएटेशन इन जेन्डर आइडेंटिटि, ओरिएंट लांगमैन, नई दिल्ली।

8. सांख्यिकी और तकनीकी शिक्षा पब्लिकेशन से उर्द्वत

9. Based On Aishe Reports

10. पाण्डेय, तेजस्कर और पाण्डेय, संगीता, (तीसरा संस्करण 2012), ''भारत में सामाजिक समस्यायें'' Tata McGraw Hill Education Private Limited, New Delhi.

अध्याय–13

इक्कीसवीं सदी और भारतीय महिलाएँ

डॉ0 मैत्रेयी सिंह

सहायक प्रोफेसर,

समाजशास्त्र, अतर्रा पी0जी0 कालेज, अतर्रा,बांदा

इक्कीसवीं सदी में भारतीय महिलाएं संघर्षों के लम्बे दौर से गुजरी हैं। महिलाओं की सुरक्षा के सवाल को जब हम 21 वीं सदी में भी सुनिश्चित नही कर पा रहे हैं और अभी उस पर सिर्फ बात कर रहे हैं तो इसके उस पूरे सामाजिक–ऐतिहासिक संदर्भ को देखना समझना जरुरी है जिनके कारण ये असुरक्षायें आज तक सुरक्षित है। यदि थोड़ा बहुत परिवर्तन महिलाओं की स्थिति/प्रस्थिति में आया भी है तो वह सिर्फ और सिर्फ उन महिलाओं के कारण है जिन्होनें अपनी स्थिति को बदलने के तमाम संधर्षों, आंदोलनों और प्रयासों के बल पर इस बदलते परिदृश्य को बनाया है। दूसरा महिलाओं की मौजूदा परिस्थिति को समझने के लिए यह देखना और समझना जरूरी है कि उन्होंनें बदलाओं के सफर कहाँ से शुरू किये? कैसे कैसे किये? महिलायें परिवर्तनों के किन–किन दौरों से गुजरी हैं? इन बदलाओं मे निरन्तरता क्या रही है? और महिला संधर्षो के क्या आयाम है? कौन से कारकों और परिवर्तनकारी शक्तियों ने उनका साथ दिया है? यह पूरी समझ सिर्फ आकड़ों

से नहीं बन पायेगी। महिलाओं की इस बदलती परिस्थिति की पूरी तस्वीर तो एक आलोचनात्मक समझ के साथ ही बन पायेगी। प्रस्तुत लेख में महिलाओ की बदलती परिस्थिति समय के कछ–कुछ हिस्सों मे बांटकर देखने की कोशिश की है पहला स्वतंत्रता से पूर्व ब्रिटिश दौर मे भारतीय महिलाओ की स्थिति क्या थी? वे किस तरह के परिवर्तनो से रूबरू हो रही थी? उस दौर के महिला संधर्ष किस स्तर के थे? कैसे प्रयास थे? यह सब। दूसरा स्वतंत्रता के बाद भारतीय महिलाओं की स्थिति किस ढंग से प्रभावित हुई है? वे किस दिशा मे बदली? बदलाव के पीछे कौन सी शक्तियाँ रही? और महिलाओं के संघर्ष किन–किन अवस्थाओं से गुजरे? ये सब स्वतंत्र भारत के 60–70 वर्षों के दौर को भी महिलाओं के संदर्भ बहुत बारीकी से देखने समझने की जरूरत है। तभी हम भारतीय महिलाओं की परिस्थिति का सही आकलन कर पायेगे। 1950 से 60 के दशक मे हम महिलाओ के लिए क्या सोच रहे थे। इस दशक में महिलायें स्वंय अपने लिए क्या मांग कर रही थी? सरकारी प्रयास कैसे थे? 1960 से 70 के दशक में क्या सब चल रहा था और 1970 से 80 का दशक में कैसे महिलाओं के क्रांति की लहर लाया था। 1980 से 1990 तक महिलाओं की परिस्थिति मे क्या बदलाव आ चुके थे? सामाजिक और सरकारी प्रयास किस ढंग के थे? सदी के अंतिम दश्क और उदारीकरण का दौर 21 वीं सदी की शुरूआत का यह समय महिलाओं के लिए कितना उदार था और क्यों था। 21 वी सदी मे भारतीय नारी किन बदलावों के साथ पहुची जिसे हम बदलते परिदृश्य में महिलाओं की प्रस्थिति कह रहे है क्या यहां भी वैसी ही असुरक्षायें बनी हुई है या उनका रुपांतरण हो रहा है।

महिलायें आज कहां नहीं पहुची पुरूष सत्ता का अभेद दुर्ग भी उन्होने भेद डाला है। पुरूष प्रधान समाज का मिथक भी तोड़ा है। महिलायें सशक्त भी हुई हैं और अपनी स्थिति और प्रस्थिति को लेकर आश्वस्त भी हुई। लेकिन एक बात जो सबसे ज्यादा परेशान करने वाली है वह यह है कि हम दुनिया के जिस हिस्से मे रहते हैं दक्षिण एशिया यहां पूरी दुनिया की एक तिहाई आबादी निवास करती है। शेष सारी दुनियां में औरतों की संख्या मर्दो से ज्यादा है। लेकिन दक्षिण एशिया में 3 करोड़ औरतें मर्दों से कम है। ये कहा है? क्यो कम है? यह 3 करोड़ की एक बड़ी संख्या है। यह सवाल 21 वीं सदी में महिला सुरक्षा का सच बताने के लिए पर्याप्त है।

दरअसल महिलाओं की स्थिति को सही–सही समझने के लिए उस पूरी सामाजिक–ऐतिहासिक प्रकिया को समझना जरूरी है जिस अतीत से महिलाओं का यह वर्तमान बना है। वर्तमान की उन तमाम परिवर्तनकारी शक्तियों के संदर्भ में महिलाओं को देखने समझने की जरूरत है जो उन्हे प्रभावित कर रही है जैसे आधुनिकीकरण, औद्योगिकीकरण, नगरीकरण, राजनीतिकरण और भूमंण्डलीकरण जैसी ताकतें। मीडिया उन्हें आज किस ढंग से गढ़ रहा है? सिनेमा उन्हें कैसे समाजीकृत कर रहा है? समाज इन बदलावों को कहा तक स्वीकार कर रहा है? महिला आंदोलन का इसमें क्या योगदान है? इन सभी सवालों के बीच में महिलाओं की सुरक्षा का सवाल बड़ा सवाल है।

आजाद भारत का प्रथम दशक 1950–1960

ब्रिटिश राज के दौरान महिलाओं की परिस्थिति मे सुधार के प्रयास आजादी के बाद प्रथम दशक 1950 से 1960 में तक उसी रूप मे जारी रहें जहां गुलाम भारत के ब्रिटिश राज की शुरूआत में भारतीय महिलाओं के लिए सती प्रथा कानून और विधवा विवाह कानून बने, वही प्रथम दशक में देश के प्रथम कानून मंत्री डा. भीमराव अम्बेडकर जी ने भी यह शुरूआत महिलाओं की जिन्दगी में बदलाव लाने के नजरिये से ही की। डॉ अम्बेड़कर ने हिन्दू कोड बिल प्रस्तुत किया लेकिन यहाँ सुधारवादियों ने वही अंडगा अडाया जैसे महिलाओं को लेकर उन्होने अंग्रेजों के प्रयास मे अडाया और बिल पास नही होने दिया। क्योंकि यह बिल महिलाओं को कई तरह से अधिकार सम्पन्न बनाने वाला बिल था। डॉ0 भीमराव अम्बेडकर ने विरोघ के चलते विधि मंत्री से इस्तीफा दे दिया। फिर पुनरूत्थानवादी सक्रिय हुये और इस हिन्दू कोड बिल को चार हिस्सों में तोड़कर कमजोर बनाया और अपने ढंग से पास कराया।

इस पूरे दशक में कई कानून आये लेकिन महिलाओं के लिए कोई गम्भीरता नहीं दिखती है। बाद तक पुरूषवादी सोच ही सरकारी कार्यक्रमों, योजनाओं और कानूनों पर हावी रही। इस दशक मे केन्द्रीय समाज कल्याण बोर्ड श्रीमति दुर्गाबाई देशमुख की अध्यक्षता मे 1954 में बनाया गया। यह एक काम इस दशक का उल्लेखनीय कहा जा सकता है।

आजाद भारत का दूसरा दशक 1960–1970

1960 से 70 के दशक में भी महिलाओं के मुददों पर कोई गम्भीरता नही दिखती। सरकार भी बस महिलाओं के कल्याण की बात करती दिखती है। गरीबी हटाओ सब ठीक हो जायेगा, सबका विकास हो जायेगा यह रट चलती रही। लेकिन ऐसा हुआ नहीं इस दशक में हमारे समाज और सरकार के एजेण्डे पर भले ही महिलायें न रही हो लेकिन यह वो दशक था जिसके अंत में महिला आंदोलन विश्व स्तर पर करवट ले रहा था। अमेरिका और यूरोप मे महिलायें आंदोलन कर रही थी, संगठित हो रही थी। महिला मुद्दो पर लिख रही थी। जिसका प्रभाव दुनिया पर पड़ना ही था। UNO. ने महिला मामलों को गम्भीरता से लिया और विश्वभर की महिलाओं पर संज्ञान लिया। इसका सीधा प्रभाव भारत की सरकार पर भी पड़ा और समाज पर भी। भारतीय समाज की पढी–लिखी उच्च शिक्षित महिलायें अंर्तराष्टीय नारीवादी संगठनों से जुडने लगी। महिला आंदोलन मे शिरकत करने लगी। उधर UNO. के दबाव मे सरकार भी महिलाओं के बारे मे सोचने पर मजबूर हो गयी। इसी दशक में अमेरिका से 1968 मे फेमिनिस्ट मैनीफेस्टो छपा जो दुनिया भर में महिला संगठनों के लिए गीता के उपदेश की तरह उभरा।

आजाद भारत का तीसरा दशक 1970–1980

यह भारतीय महिलाओं के लिए क्रांतिकारी दौर था। अन्तर्राष्ट्रीय स्तर पर भी महिला आंदोलन तेज हो रहा था। महिलायें अपने हक अधिकारों के लिए सचेत हो रही थीं। सरकारों पर महिलाओं की खराब स्थिति को लेकर दबाव थे। इसका परिणाम यह हुआ कि इस दशक की शुरूआत मे ही भारत सरकार ने भारतीय महिलाओं की स्थिति का जायजा लेने के लिए एक कमेटी गठित कर दी। इस कमेटी की रिपोर्ट "समता की ओर" नाम से जब आयी, उससे सारी पोल पट्टी खुल गई। आजादी का भूत भी तब तक उतर चुका था। वे ही ढाक के तीन पात महिलाओं की स्थिति पहले से भी खराब। आजादी के बाद जिन बदलाओं की अपेक्षा की गई थी उन्हें लेकर सरकार के सभी प्रयास पूरी तरह असफल सिद्ध हुये। इस रिपोर्ट ने जो अच्छा काम किया वह यह था कि अब देश की पढ़ी लिखी जागरूक महिलायें यह समझ गयी थीं कि पुरूष प्रधान समाज की ये मर्दवादी सरकारें महिलाओं की स्थिति बदलने मे कोई दिलचस्पी नही ले रही है। अब भरतीय महिलाओं ने अपनी

स्थिति को स्वयं बदलने और आगे आने का बीड़ा स्वयं उठाया। उधर अन्तर्राष्टीय माहौल भी महिलाओं के अनुकूल बनने लगा था। नारीवादी आंदोलन दुनियां भर में मजबूत हो रहा था। सन् 1975 को अन्तर्राष्टीय महिला वर्ष घोषित किया गया। जिसका प्रभाव भारतीय महिलाओं पर तेजी से हुआ। उनमें एक वर्गीय चेतना भी आने लगी, महिलाएं संगठित लेने लगी और अपनी स्थिति पर अपने नजरिये से सोचने समझने लगी। धीरे–धीरे पितृसत्तात्मक व्यवस्था की परते उखड़ने लगी।

आजाद भारत का चौथा दशक 1980–1990

यह भारतीय महिलाओं के लिए एक तरह से जागरण का दौर था। इसमें महिलायें अपने शोषण, उत्पीड़न और भेदभावों से जुडे सवालो को विभिन्न मंचों से उठाने लगी थी। अन्य मंचो, संगठनों तथा मोर्चों से भी महिलाओं की बातें अब होने लगी थी। इस दौर मे बड़ी तेजी से महिला संगठनों का उदय हुआ। स्त्री संधर्ष समिति, महिला दक्षता समिति, पूरोगामी महिला संगठन, और जागोरी जैसे प्रतिष्ठित संगठन इस दशक की ही देन है। जिन्होनें भारत के महिला आंदोलन को एक पहचान दी। महिलाओं ने अपने हक–अधिकारों की लड़ाई सडकों पर उतरकर लडी, संधर्ष किये, अनुसंघान किये और महिला मुद्दो की पैरवी कर सरकारों पर दबाव बनायें। महिला हितों के कानून बनवाये। दहेज, बलात्कार, शोषण–उत्पीडन से जुडे अपराधों पर जनमत तैयार किया। दहेज अधिनियम को अपराधिक कानून अधिनियम बनवाया। उसमे नयी धारा–498 जुडवायी। पत्नी पर कूरता हिंसा को गैर–जमानती अपराध घोषित कराया। यह सब इसी दशक में हुआ। अब भारत का महिला आंदोलन सभी दिशाओं में अपने क्षैतिज फैला रहा था। महिलायें नारीवादी पत्रिकायें, अखबार, संगठन और समूह खड़े कर रही थी। यही वह समय था जब कई बडे महिला प्रकाशन भी आस्तित्व में आये जो आज नामचीन प्रकाशनों में है। काली फॉर वुमेन ऐसा महिला प्रकाशन है जिसने महिला मुद्दों और समस्याओं पर अदभूत काम किया। हजारों पस्तकें प्रकाशित की, महिला मुददों को मस्तैदी से उठाया। जागोरी जैसा संगठन महिला जागरण में जुटा हुआ उस प्रकाश स्तम्भ की तरह अनवरत काम रहा है जो आज 21 वीं सदी का मॉडल प्रयास है।

आजाद भारत का पॉचवा दशक 1990–2000

सदी के इस अंतिम दशक में महिला मुद्दों की नयी व्याख्यायें उभरी। यौन शोषण और लैंगिकता से जड़े सवालों पर महिलायें खुलकर बोलने लगी। ये भी एक बडा बदलाव था। महिला लेखन के जरिये एक सामाजिक चेतना भी समाज में आने लगी। महिलाओं ने अपनी रचनाओं मे यौन मुद्दो को प्रमुखता से उठाना शुरू किया। इस दशक में ही महिला लेखिकाओं की आत्मकथायें आयी जिनकों महिलाओं ने सपाट और बेबाक ढंग से लिखा। महिलाओं ने इस दौर में यौन–शोषण और उत्पीड़न को बडा मुदा बनाया। अब वे पितृसत्तात्मक व्यवस्था पर सीधा प्रहार करने लगी। भारतीय महिलाएं अब कानूनों मे सुधार या संशोधन नहीं बल्कि नये कानून बनवाने में सफल होने लगी। धरेलू हिंसा अधिनियम महिलाओं के संघर्षों का ही परिणाम है। सरकार ने महिलाओं के लिए 33 प्रतिशत सीटों को आरक्षित करने वाले संशोधन संविधान में किये। राष्टीय महिला आयोग बनाया, अनेक विभाग, संस्थायें, समितियां अस्तित्व में आयी। नई सदी की नयी औरत के नारे के साथ भारतीय महिला ने 21 वीं सदीं में प्रवेश किया जो भूमंडलीकरण के प्रभावों से आप्लावित थी।

21 वीं सदी और महिलाएं

21 वीं सदी के प्रथम दशक 2001–2011 का यह वह दौर था जब महिलायें मुक्ति और प्रस्थिति से आगे बढ़कर बात करने लगी। वे महिला सशक्तिकरण के नारे के साथ बराबर की हिस्सेदारी मागने लगी। संसद में महिला आरक्षण बिल को पास करने के लिए दबाव बनाने लगी। विधान सभाओं और विधान परिषद्ों मे हमारा आधा हिस्सा तय करो यह बात करने लगी। यह दशक तेजी से भारतीय अर्थव्यवस्था के उदारीकरण, निजीकरण और वैश्वीकरण का दौर भी था। पूंजीवाद अब पुरूषवाद के नये अवतार में अवतित हो रहा था। पितृ–सत्तात्मक व्यवस्था और पूंजीवाद मे नयें समझौते हो रहे थे। विश्व बाजार को सस्ता श्रम चाहिए था और विकासशील देशों का बडा उपभोक्ता बाजार। समाज और बाजार मिलकर श्रम का स्त्रीकरण करने मे जुट गये। भेदभाव और शोषण के नये तरीके खोज लाये। भूमंण्डलीकरण की इस पूरी प्रक्रिया का विशलेषण महिलाओं के संदर्भ मे जब किया गया तो भयावह परिदृश्य उभरा। महिलाओं के एक समूह ने विदेशी विद्वान काटिन

कपाजिया के साथ मिलकर एक पुस्तक संपादित की विकास की हिंसा। भूमंडलीकरण के प्रभावों को विविध क्षेत्रों सामाजिक–आर्थिक–राजनैतिक–सांस्कतिक क्षेत्रों में आंका गया। महिलाओं की स्थिति मे आये बदलाव चौकाने वाले थे। भारतीय महिलाओं की स्थिति बेहतर होने के बजाय बदतर हुई। अब वे दोहरे–तीहरे दबाव में आ गयी है। उन्हें उत्पादन और वित्तीय क्षेत्रों के बजाय सेवा क्षेत्रों तक ही सीमित रखा जा रहा है। सांस्कतिक दृष्टि से मीडिया ने उन्हे वैश्वीकरण के बजार की मंडी मे पहुचाया है और पुरूषवादी मूल्यों को ही और मजबूत किया है। महिलाओं की प्रस्थिति को रहा–सहा भी खत्म करने के षडयत्र बाजारवादी व्यवस्था कर रही है। लेकिन महिलायें अब जाग रही है अपने हक अधिकार मांग रही है। वे शीघ्र बाजार से भी दो–दो हाथ कर लेंगी जहां इतनी मजबूत पुरुष प्रधान समाज सत्ताओं से दुनियां भर में टकराती आ रही है। इककीसवीं सदी में भारतीय महिलाएं नये तेवरों के साथ इस शोषण और दमनकरी व्यवस्था से लोहा लेने को तैयार है। अब भारतीय महिलाएं अपनी सुरक्षा को अपने ढंग से करने को तैयार है। 21 वीं सदी महिलाओं की सदी है।

संदर्भ ग्रंथ सूचिः

1. दोषी, एस एल एवं जैन पी0सी0: 2001–भारत में समाज संरचना एवं परिवर्तन, रावत प्रकाशन जयपुर

2. अहुजा, रामः 2003–'भारतीय सामाजिक व्यवस्था' रावत पब्लिकेशन जयपुर

4. शर्मा रामविलासः 1986–'मार्क्स और पिछड़े हुए समाज' राजकमल प्रकाशन नई दिल्ली

5. दुबे, श्यामाचरणः 1975–'एक भारतीय गांव' नेशनल पब्लिशिग हाउस, नई दिल्ली

6. श्रीनिवास, एम0एन0:1967–'आधुनिक भारत में समाजिक परिवर्तन' राजकमल प्रकाशन नई दिल्ली

7. कौशिक, सुशीलाः 2000 21वीं सदी में महिलाएं, पोइंटर पब्लिकेशन, जयपुर

8. शेठ धीरूभाईः 2009—'सत्ता और समाज' वाणी प्रकाशन नई दिल्ली

9. जैन, कांताः 2002—पंचायती राज में महिला जनप्रतिनिधियों की भूमिका' कुरूक्षेत्र नई दिल्ली

10. दिवाकरणनी, चित्रा बनर्जीः 2005—'शक्ति रूपेण संस्थिता' इडिया टुडे 4 अप्रैल 2005

11. श्रीनिवास, एम0एन0ः 1987—'दा डोमिनेंट कास्ट एंड एसेज' आक्सफोर्ड यूनिवर्सिटी प्रेस, नई दिल्ली

अध्याय–14

21वीं सदी में महिलाओं की शैक्षिक, आर्थिक एवं सामाजिक स्थिति

डॉ0 सुरिन्दर पाल कौर

अर्थशास्त्र विभाग

देश– दुनिया और समाज में जिस तेजी से बदलाव हो रहा है उस हिसाब से महिलाओं के प्रति लोगों के नजरिए, मानसिकता और सोच में बदलाव नहीं हो रहा है। हम आज भी उसी पुरान सोच और परम्परा की बात करते हैं। जिस सोच ओर परंपरा को कट्टरपंथी और समाज के तथाकथित ठेकेदार अपनी बातों को महिलाओं पर लादने की कोशिश करते रहे हैं और करते हैं। इसका उदाहरण कट्टरपंथियों की धमकियों के बीच कल तक अडिग नजर आ रही, कशमीर का पहला रॉक बैंड ,परगाश, बनाने वाली तीनों लड़कियों ने कथित तौर पर सिर्फ अपने बैंड, बल्कि संगीत से भी तौबा कर ली।

महिला सशक्तिकरण के बारे में समाज के विभिन्न वर्गों, व्यवसायों एवं आर्थिक स्तरों से जुडे व्यक्तियों (पुरूष व महिला) की नजर में अलग–अलग मायने और दृष्टिकोण है। एक और जहाँ यह महिलाओं की आर्थिक स्वतंत्रता या आर्थिक रूप से आत्मनिर्भर होना है तो दूसरे रूप में पुरूषों के समान स्थिति को प्राप्त करना। समाज में एक सोच के अनुसार पूरी तरह पाश्चात्यता

अथवा अत्याधुनिकता को अपनाना ही सशक्तिकरण है। उपरोक्त सभी सशक्तिकरण के पहलु मात्र है।

सम्पूर्ण एवं समग्र सशक्तिकरण वह स्थित है जब महिलाओं के व्यक्तित्व का विकास, शिक्षा प्राप्ति व्यवसाय, परिवार में निर्णय का समान अवसर मिले, जब वह आर्थिक रूप से आत्मनिर्भर हो, शारीरिक व भावनात्मक रूप से सुरक्षित महसूस करें तथा तमाम रूढ़िवादी व अप्रसांगिक रिवाजों, रूढ़िवादी बंधनों से पूरी तरह स्वतंत्र हों।

वर्तमान समय में महिला सशक्तिकरण की आवश्यकता को न केवल समाज, परिवारों, बल्कि सरकार के स्तर से भी अनुभव किया गया है। हमारे स्वतन्त्र देश के संविधान में महिला और पुरूष के आधार पर नागरिकों में भेद नहीं किया गया बल्कि समान अवसर दिए गए हैं। मतदान का अधिकार महिलाओं को भी दिया गया जो कि स्वयं में एक क्रांतिकारी कदम था। यहाँ यह उल्लेख करना आवश्यक होगा कि अमेरिका एवं यूरोप के विभिन्न देशों में लोकतांत्रिक व्यवस्था स्थापित होने के कई दशकों बाद महिलाओं को मतदान का अधिकार दिया गया था। केन्द्र व राज्य सरकार के स्तर से महिलाओं एवं बालिकाओं के लिए कल्याणकारी योजनाएं तथा निशुल्क शिक्षा व्यवस्था, साईकिल देने, अतिरिक्त पोषाहार, संस्थागत प्रसव को बढ़ावा देना, तथा स्वयं सहायता समूहों को बढ़ावा देना, छात्रवृत्ति तथा व्यवसायिक प्रशिक्षण देने आदि के माध्यम से महिलाओं को सहायता दी जा रही है। शैक्षिण, आर्थिक रूप से आत्मनिर्भर बनाने के लिए विभिन्न कार्य किये जा रहे हैं जिनके सकारात्मक परिणाम भी दिख रहें हैं। इसकी मिसाल कुछ राज्यों में हुए पंचायत चुनाव, जिनमें 50 फीसदी पद महिलाओं के लिए आरक्षित है, यह महिला सशक्तिकरण की दिशा में एक ठोस पहल साबित हुआ है। इसके बावजूद अभी भी महिलाओं के सम्पूर्ण सशक्तिकरण की दिशा में बहुत अधिक प्रयासों की आवश्यकता है।

शिक्षा, आर्थिक विकास एवं महिलाएं– 1992–93 के आंकडो के मुताबिक भारत में केवल 9.2 प्रतिशत घरों में ही महिलाएं मुखिया की भूमिका में है। हालांकि गरीबी की रेखा से नीचे के परिवारों में लगभग 35 प्रतिशत को महिला मुखिया द्वारा संचालित पाया गया है।

शिक्षा– भारत में महिला साक्षरता दर धीरे–धीरे बढ़ रही है लेकिन यह

पुरूष साक्षरता दर से कम है। लड़कों की तुलना में बहुत ही कम लड़कियां स्कूलों में दाखिला लेती हैं और उनमें से कई बीच में ही अपनी पढ़ाई छोड़ देती हैं। 1997 के नेशनल सैम्पल सर्वे डेटा के अनुसार केवल केरल और मिजोरम राज्यों ने सार्वभौमिक महिला साक्षरता दर को हासिल किया है। विद्वानों ने केरल में महिलाओं की बेहतर सामाजिक और आर्थिक स्थिति के पीछे प्रमुख कारक साक्षरता को माना है। शहरी भारत में लड़कियां शिक्षा के मामले में लड़को के साथ–साथ चल रही हैं। हालांकि ग्रामीण भारत में लड़कियों को आज भी लड़कों की तुलना में कम शिक्षित किया जाता है।

भारत में साक्षरता दर 1981 से 2015

समस्त	पुरूष	महिला	
1981	40.76:	54.84:	25.68:
1991	48.22:	61.64:	33.73:
2001	61.01:	73.91:	47.84:
2006	62.75:	75.19:	50.82:
2011	69.3:	78.88:	59.28:
2015	71.96:	80.94:	62.98:

श्रमशक्ति की भागीदारी– आम धारणा के विपरीत महिलाओं का एक बडा प्रतिशत कामकाजी है। राष्ट्रीय आंकड़ा संग्रहण एजेंसियां इस तथ्य को स्वीकार करती हैं कि श्रमिकों के रूप में महिलाओं की भागीदारी को लेकर एक गंभीर न्यानुमान है। हालांकि पारिश्रामिक पाने वाली महिला श्रमिकों की संख्या पुरूषों की तुलना में बहुत ही कम है। शहरी भारत में महिला श्रमिकों की एक बडी संख्या मौजूद हैं। उदाहरण के रूप में सॉफ्टवेयर उद्योग में 30 प्रतिशत कर्मचारी महिलाएं हैं। वे पारिश्रमिक और कार्यस्थल पर अपनी स्थिति के मामले में पुरूष सहकर्मियों के साथ–साथ बराबरी पर हैं।

ग्रामीण भारत में कृषि और संबद्ध क्षेत्रों में कुल महिला श्रमिकों को अधिक से अधिक 89.5 प्रतिशत तक को रोजगार दिया जाता है। कुल कृषि उत्पादन में महिलाओं की औसत भागीदारी का अनुमान कुल श्रम का

55 प्रतिशत से 66 प्रतिशत तक है। 1991 की विश्व बैंक की एक रिपार्ट के अनुसार भारत में डेयरी उत्पादन में महिलाओं की भागीदारी कुल रोजगार का 94 प्रतिशत है। वन आधारित लघु–स्तरीय उद्यमों में महिलाओं की संख्या कुल कार्यरत श्रमिकों का 51 प्रतिशत है। श्री महिला गृह उद्योग लिज्जत पापड सबसे प्रसिद्ध महिला व्यापारिक सफलता की कहानियों में से एक है। 2006 में भारत की पहली बायोटेक कंपनियों में से एक–बायोकॉन की स्थापना करने वाली किरण मजूमदार–शॉ को भारत की सबसे अमीर महिला का दर्जा दिया गया था। ललिता गुप्ते और कल्पना मोरपारिया (दोनों भारत की केवल मात्र ऐसी महिला व्यवसायियों में शामिल हैं। जिन्होंने फोर्ब्स की दुनिया की सबसे शक्तिशाली महिलाओं की सूची में अपनी जगह बनायी है। भारत के दूसरे सबसे बड़े बैंक, आई सी आई बैंक को संचालित करती हैं।

भूमि और सम्पत्ति सम्बन्धी अधिकार–

अधिकांश भारतीय परिवारों में महिलाओं को उनके नाम पर कोई भी सम्पत्ति नहीं मिलती है और उन्हें पैतृक संपत्ति का हिस्सा भी नहीं मिलता है। महिलाओं की सुरक्षा के कानूनों के कमजोर कार्यान्वयन के कारण उन्हें आज भी जमीन और संपत्ति में अपना अधिकार नहीं मिल पाता है। इसके अतिरिक्त वैवाहिक बेटियों को, भले ही वह वैवाहिक उत्पीड़न का सामना क्यों न कर रही हो उसे पैतृक सम्पत्ति में कोई आवासीय अधिकार नहीं मिलता था। 2005 में हिंदु कानूनों में संसोधन के बाद महिलाओं को अब पुरूषों के बराबर अधिकार दिए जाते हैं।

महिलाओं के विरूद्ध अपराध–

पुलिस रिकॉर्ड में महिलाओं के खिलाफ भारत में अपराधों का उच्च स्तर दिखाई पड़ता है। राष्ट्रीय अपराध रिकॉर्ड ब्यूरों ने 1998 में यह जानकारी दी थी कि 2010 तक महिलाओं के विरूद्ध अपराधों की विकास दर जनसंख्या वृद्धि दर से कहीं ज्यादा हो जायेगी। सरकारी आंकडे बताते हैं कि महिलाओं के खिलाफ दर्ज किये गए अपराधों की संख्या में नाटकीय वृद्धि हुई है।

राष्ट्रीय अपराध अनुसंधान ब्यूरों की नवीनतम जानकारी के अनुसार वर्ष 2015 में भारत में महिलाओं के साथ अपराध के कुल 327394 मामले दर्ज किए गए। महिलाओं के साथ सबसे ज्यादा अपराध उत्तर प्रदेश में (35527)

दर्ज हुए।

यौन उत्पीड़न– 1990 में महिलाओं के विरूद्ध दर्ज की गयी अपराधों की कुल संख्या का आधा हिस्सा कार्यस्थल पर छेड़छाड़ और उत्पीडन सें संबंधित था। 1997 में एक ऐतिहासिक फैसले में भारत के सर्वोच्च न्यायालय ने कार्यस्थल में महिलाओं के यौन–उत्पीड़न के खिलाफ एक मजबूत पक्ष लिया। न्यायालय ने शिकायतों से बचन और इनके निवारण के लिए विस्तृत दिशा–निर्देश भी जारी किया। 30 अगस्त 2016 को भारत में अपराधों के आँकडे जारी किए तो मध्य प्रदेश में महिलाओं के साथ बालात्कार के सबसे ज्यादा मामले दर्ज हुए। एन सी आर बी के मुताबिक भारत में महिलाओं के साथ बलात्कार के कुल 34561 मामले दर्ज हुए।

दहेज– 1961 में भारत सरकार ने वैवाहिक व्यवस्थाओं में दहेज की मांग को अवैध करार देने वाला दहेज निषेध अधिनियम पारित किया वर्ष 2011 में दहेज के कारण स्त्रियों की हत्या के 2,618 मामले थे। यानी औसतन एक घंटे में एक स्त्री की हत्या दहेज के कारण हुई। राष्ट्रीय अपराध रिकार्ड ब्यूरों के आँकडों के अनुसार 2012 में दहेज हत्या के 2,883 एवं 2013 में 10,709 मामले दर्ज किए गए।

ऐसा माना जाता है कि हर दिन कम से कम एक दर्जन महिलायें जान–बूझकर लगाई गयी "रसोई घर की आग" में जलाकर मार दी जाती हैं। इसके लिए प्रयोग किया जाने वाला शब्द है। "दुल्हन की आहुति" (ब्राइड बर्निंग) और भारत में ही इसकी आलोचना की जाती है। शहरी शिक्षित समुदाय में इस तरह के दहेज उत्पीड़न के मामलों में काफी कमी है।

बाल विवाह– भारत में बाल– विवाह की प्रथा पंरपरागत रूप से प्रचलित रही है ओर यह प्रथा आज भी जारी है। हालांकि 1860 में बाल विवाह को गैर कानूनी घोषित कर दिया गया था लेकिन आज भी यह एक आम प्रथा है।

युनिसेफ की "स्टेट ऑफ द वर्ल्ड्स चिलड्रेन–2009" की रिपोर्ट के अनुसार 20–24 साल की उम्र की भारतीय महिलाओं में 47: की शादी 18 साल की वैध उम्र से पहले कर दी गयी थी जिसमें 56: महिलाएं ग्रामीण क्षेत्रों से थी। रिपोर्ट में यह भी दिखाया गया कि दुनिया भर में होने वाले बाल

विवाहों का 40 प्रतिशत अकेले भारत में ही होता है।

बाल विवाह निषेध अधिनियम 2006, भारत का एक अधिनियम है जो 1 नवम्बर 2007 से लागू हुआ है।

कन्या भ्रूण हत्या और लिंग के अनुसार गर्भपात– भारत में पुरूषों का लिंगानुपाता बहुत अधिक है जिसका मुख्य कारण यह है कि कई लडकियाँ व्यस्क होने से पहले ही मर जाती है। विशेषज्ञों ने यह बताया है कि भारत में पुरूषों का उच्च स्तरीय लिंगानुपात के जिम्मेदार कन्या शिशु हत्या और लिंग परीक्षण सम्बन्धी गर्भपात हैं। हालांकि भारत में कन्या भ्रण हत्या को रोकने के लिए लिंग निर्धारण के सभी चिकित्सकीय परीक्षणों पर प्रतिबंध लगा दिया गया है। कुछ ग्रामीण क्षेत्रों में कन्या शिशु हत्या आज भी प्रचलित है। भारत में दहेज परंपरा का दुरूपयोग लिंग–चयनात्मक गर्भपातों और कन्या शिशु हत्याओं के मुख्य कारणों में से एक है।

लिंगानुपात के आधार पर भारत के राज्यों की सूची– यह सूची भारत के राज्यों और केन्द्र–शासित प्रदेशों को 2011 की जनगणना में लिंगानुपात को दिखाया गया है। साथ ही 2001 के आँकडे भी दिखाये गए हैं। इसी सूची में लिंगानुपात का अर्थ है प्रति हजार पुरूषों पर महिलाओं की संख्या।

क्रम सं0	राज्य	लिंगानुपात 2011	लिंगानुपात 2001
1.	केरल	1084	1058
2.	पौण्डिचेरी	1038	1001
3.	तमिलनाडु	995	986
4.	आंध्र प्रदेश	992	978
5.	छत्तीसगढ़	991	990
6.	हिमाचल प्रदेश	974	970
7	कर्नाटक	968	964
8	गोआ	968	960
9	उत्तराखण्ड	963	964

10	राजस्थान	928	922
11	बिहार	916	921
12	उत्तर प्रदेश	908	898
13	पंजाब	893	874
14	हरियाणा	877	861
15	दिल्ली	866	821

घरेलू हिंसा– घरेलू हिंसा की घटनाएं निम्न स्तरीय सामाजिक आर्थिक वर्गों में अपेक्षाकृत अधिक होती है। घरेलू हिंसा कानून, 2005 से महिलाओं का संरक्षण संबंधी अधिनियम 26 अक्तूबर 2006 को अस्तित्व में आया।

तस्करी– अनैतिक तस्करी अधिनियम 1956 में पारित किया गया था। हालांकि प्रति वर्ष युवा लड़कियों और महिलाओं की तस्करी के कई मामले दर्ज किए गए। 2015 में अपरहण के दर्ज मामलों की कुल संख्या 59277 रही है। उल्लेखनीय है कि महिलाओं के अपहरण का सबसे बडा कारण उन्हें शादी के लिए मजबूर करना पाया गया है। वर्ष 2014 में ऐसे मामलो की संख्या 30874 थी।

स्वास्थ्य– भारत में महिलाओं की औसत आयु की प्रत्याशा कई देशों की तुलना में कहीं कम है। लेकिन इसमें पिछले कई वर्षों से सुधार देखा जा रहा है। कई परिवारों, विशेष रूप से ग्रामीण क्षेत्रों में लडकियों और महिलाओं को परिवार में पोषण सम्बन्धी भेदभाव का सामना करना पडता है और ये कमजोर और कुपोषित होती हैं। भारत में मातृत्व संवंधी मृत्यु–दर दुनिया भर में दूसरे सबसे ऊँचे स्तर पर है।

परिवार नियोजन– भारत के ग्रामीण क्षेत्रों में औसतन महिलाओं के पास अपनी प्रजनन क्षमता पर थोडा या कोई नियन्त्रण नहीं होता है। महिलाओं विशेषकर ग्रामीण क्षेत्रों की महिलाओं के पास गर्भ निरोध के सुरक्षित तरीके उपलब्ध नहीं होते हैं। सार्वजनिक स्वास्थ्य प्रणाली नसबन्दी जैसे स्थायी तरीकों या आई यूडी जैसे लंबी अवधि के तरीकों पर जोर देती हैं। कुल गर्भ

निरोधक उपायों में 75 प्रतिशत से अधिक नसबन्दी होती है जिसमें महिला नसबन्दी कुल नसबन्दी में तकरीबन 95 प्रतिशत तक होती है।

निष्कर्ष रूप में कहा जा सकता है कि महिलाओं की स्थिति में बीते गत वर्षों में सुधार तो हुआ है परन्तु अभी भी इस दिशा में ठोस कदम एवं कडेद्द नियम बनाने की आवश्यकता है।

संदर्भ सूची

• Mishra, R.C (206) Towards Gender Quality. Pruthi, Raj Kumar, Remeshwari Devi and Romil, Pruthi (2001) Status and Position of Women : In Ancient, Medieval and Modern India.

कात्यायन द्वारा वर्क्तिका, 125, 2477

पंतजली द्वारा अष्टध्यायी के लिए टिप्पणियां

आर. सी. मजूमदार और ए.डी., पसल्कर (संपादक) : भारतीय लोगों का इतिहास और संस्कषति, वॉल्यूम। वैदिक युगः मुम्बई : भारतीय विद्या भवन 1961, पी. 394

Jyotsana Kamat (2006-) " Status of Women in Medieval

अभिगमन तिथिः 2006.12.24

Vimla Dang (1998-06-19) "Feudal minds sel still dogs women's struggle". The Tribune.

The Commission of Sati (Prevention) Act, 1987.

दुबोईस, जोन अंटोनी और बौचंप, हेनरी किंग, हिन्दु मैनर्स, कस्टम्स और सेरेमनिज, कलेरेंडन प्रैस, 1897

Victoria A. Velk off and Arjun Adlakha (October 1998) "Women of World: Women's Health in India" U.S. Department of Commerce.

अन्य – इन्टरनेट

अध्याय–15

21वीं सदी में महिला सशक्तिकरण और संवैधानिक प्रावधानः उत्तराखंड के संदर्भ में

डॉ0 प्रताप सिंह बिष्ट

वरिष्ठ असिस्टेंट प्रोफेसर

सम्पूर्ण विश्व को आध्यात्मिक शिक्षा देने, आव्रजकों, फिरंगियों तथा तीर्थ –यात्रियों को अपने नैसर्गिक छटा से मंत्र–मुग्ध करने वाले हिमालय में केवल प्राकृतिक विवेध ही नही हैं अपितु इस मध्य क्षेत्र के निवासियों में भी पर्याप्त विभिन्नता विद्यमान है। उत्तरी भारत का पर्वतीय क्षेत्र में फैला हुआ हिमाच्छादित यह भू–भाग प्रशासनिक व्यवस्था की दृष्टि से गढ़वाल एवं कुमांयू दो मण्ड़लों में विभाजित है, किन्तु सामाजिक, सांस्कृतिक समानताओं के कारण समाजशास्त्रीय अध्ययनों में ये दोनों मण्ड़ल एक 'उत्तराखण्ड़ ईकाई के रूप में मान्यता लिये हुये है। आजादी के 71 वर्षों में भारत की पर्वतीय महिलाओं की स्थिति मैदानी भागों में निवास करने वाली महिलाओं की अपेक्षा प्रौद्योगिक, समाजवादी एवं इस भौतिकीवादी युग में निम्न है। पुरूष प्रधान समाज होने के कारण महिलाओं की दशा और भी खराब है। क्योंकि यहाँ बुनियादी सुविधाओं जैसे– शिक्षा, स्वास्थ्य, मनोरंजन आदि का अभाव है और उपलब्ध विद्युत, औषधालय, सड़क, पुल, पेयजल, भ्रमण – व्यवस्था विपणन हेतु बाजार एवं शीत ग्रहों की संख्या में सुधार कर नारी शक्ति को सशक्त किया जा सकता है। पर्वतीय महिलाओं का चाहे पानी भरना

हो, ईधन के जलाऊ लकड़ी लाना हो, घास, फसल, पशु के लिये आहार या चारा या अन्य कार्य सम्पन्न करना सहज नहीं होता है।

मध्यकाल में स्त्रियों का सम्मान चाहे घटा हो किन्तु भारतीय समाज में प्राप्त सारे श्रोतों से सिद्ध है कि प्राचीन काल से ही यहाँ स्त्रियों के सम्मान की एक परम्परा रही है। प्राचीन काल में यहाँ महिलाओं में कौशल था, वहीं योग्यता भी थी। स्त्रियों के अपने लिये वर चुनने का अधिकार प्राप्त था। इस श्रेणी में केकई, कौशल्या, शकुन्तला, सीता, अनुसूया, दमयन्ती, सावित्री दुःशला, उलूपी, कुन्ती, विदुला, द्रोपदी, अम्बा, गांन्धारी, तपती व सत्यावती आदि नारियों का नाम श्रद्धा से लिया जा सकता है। यद्यपि प्रेम विवाह का चलन आज भी विकसित एवं विकासशील समाजों में देखने को मिलता है जिसे एक लाभदायक स्वरूप माना जाता है, किन्तु यहाँ जीवन साथी का विशिष्ट परिचय विवाह के उपरान्त ही होता है। कोई भी समाज चाहे विकसित हो अथवा विकासशील यह दावा नहीं कर सकता है कि वह अपराध अथवा नैतिक मान्यताओं में महिला हिंसा से अपरिचित है। महिला हिंसा नैतिक दृष्टि से टूटे हुए समाजों की एक लम्बी श्रृंखला में अनुभव सिद्ध होती है। महिला हिंसा प्रायः सभी जैसे कृषक, औद्योगिक, उत्तर औद्योगिक एवं जनजातिय सभी समाजों में पाया जाता है। यह अमीरी, गरीबी, उम्र, योग्यता, सम्प्रदाय, जाति, वर्ग, रात–दिन, ऊँच–नीच का भेदभाव न करते हुए कहीं भी और कभी भी हो सकती है।

भारतीय समाज में महिलाओं को समान दर्जा देने का प्रयास हमारे संविधान की संरचना में पूर्व में ही निश्चित किया गया है। प्रस्तावना में स्पष्ट अंकित किया गया है कि भारत में रहने वाले किसी भी स्त्री या पुरूष में लिंग की दृष्टि से कोई भेदभाव नहीं किया जायेगा। संविधान में वर्णित मूल अधिकारों, कर्तव्यों तथा नीति–निर्देशक तत्वों में भी उपर्युक्त भावनाओं की पुनर्रावृति की गयी है। संविधान मात्र समानता का ही अधिकार नही देता अपितु राज्यों को यह अधिकार भी देता है कि वे महिलाओं को सक्षम बनाने हेतु कुछ विशेषाधिकारों का उपयोग कर सकते हैं। प्रजातांत्रिक व्यवस्था में हमारे कानून, विकास नीति, योजनाओं और कार्यक्रमों का एक मुख्य उद्देश्य महिला सशक्तिकरण एवं उनकी सहभागिता को सुनिश्चित करना है। वास्तविक धरातल पर महिलाओं को समाज में महिला होने के कारण अनेक दृष्टियों से

उत्पीड़ित किया जाता है। घरेलु हिंसा विश्व पटल पर महिला के प्रति सबसे बड़ी हिंसा मानी जाती है, इन्ही कारणों से राष्ट्रीय एवं अन्तर्राष्ट्रीय मंचों पर महिलाओं के प्रति सबसे बड़ी हिंसा रोकने का मुद्दा सदैव एक महत्वपूर्ण मुद्दा बना रहता है।

प्रायः शरीर के विरूद्ध अपराध के अन्तर्गत बलात्कार या यौन हिंसा अम्लीय अपराध, छेड़छाड, अश्लील हरकतें व अन्य तरह से उत्पीड़न दिनों दिन बढ़ता जा रहा है। यद्यपि न्यायिक संस्थायें, अपराध निरोधी अभिकरण अपने कार्य में तत्पर हैं, फिर भी न्यायिक सेवाओं व अपराध निरोधक अभिकरणों द्वारा उपेक्षित अंकुश महिलाओं के विरूद्ध होने वाले उत्पीड़न पर नहीं किया जा सका है। लेकिन वर्तमान समय में नारी की स्थिति पूर्णतः बदल चुकी है। महिलाओं को पुरूषों के बराबर वैधानिक, राजनीतिक, शारीरिक, मानसिक, सामाजिक एवं आर्थिक क्षेत्रों में परिवार, समुदाय, समाज एवं राष्ट्र की सांस्कृति पृष्ठभूमि में निर्णय लेने की पूर्ण स्वतंत्रता है। सन् 2001 में महिला सशक्तिकरण वर्ष घोषित किया गया और उन्हें स्वावालंबी बनाने के लिए अथक प्रयास किये गये। परिणामस्वरूप नारी की स्थिति पूर्णतः बदल चुकी है। आज महिलाएं क्या नहीं कर सकती है। उसने धार्मिक, आर्थिक, राजनैतिक, सांस्कृतिक व प्रशासनिक सहित तकनीकी क्षेत्र में प्रवेश कर लिया है। भारतीय संविधान के अनुच्छेद 243(द)(3) के अंतर्गत महिलाओं की सदस्यता और 243 (द)(4) में उनके लिए पदों पर आरक्षण का प्रावधान है। अनुच्छेद (द) के अनुसार अनुसूचित जाति एवं जानजाति के लिए उनके जनसंख्या के अनुपात के अनुसार महिलाओं के लिए एक तिहाई स्थान आरक्षित रखे गये हैं। देश की पंचायत राज की संवैधानिक व्यवस्था को निरोपित करने वाला 73वां संविधान संशोधन स्वयं में एक क्रांतिकारी कदम है। जिसके बाद बड़ी संख्या में महिलाओं को पंचायतों में नेतृत्व करने का अवसर प्राप्त हुआ है, किंतु अधिकतर महिलाएं घर–परिवार के बंधनों से मुक्त नहीं हो पायी है और स्वतंत्र निर्णय लेने की स्थिति में अभी भी नहीं है।

संविधान संशोधन 73वें अधिनियम ने पंचायत के विभिन्न स्तर पर महिलाओं के लिए पंचायत में महिला नेतृत्व उदयमान होगा एवं महिला को राजनैतिक सहभागिता का तथा सशक्तिकरण का अवसर मिलेगा और साथ में महिलाएं पंचायत की सत्ता और निर्णय प्रक्रिया में भी सहभागी होगीं, लेकिन वर्तमान समय में ग्रामीण क्षेत्रों की अधिकांश महिलाओं में अशिक्षा,

बेरोजगारी, उत्पीड़न, सामाजिक रीति–रिवाज का प्रभाव, रूढ़ीवादिता तथा पुरूष और महिला के महत्व, स्थान व रूतबे में अंतर होने के कारण वांछित परिणाम प्राप्त नहीं हो पाये हैं।

सामाजिक, सांस्कृतिक, आर्थिक, पारिवारिक, प्रशासनिक एवं अन्य क्षेत्रों में महिलाओं को पुरूषों की तुलना में हीन एवं और दुर्बल माना जाता है। पुरूष सतात्मक समाज का महिलाओं के प्रति दृष्टिकोण सामन्ती किस्म का रहा है।

"यत्र नार्यस्तु पूजयन्ते, रमन्ते तत्र देवताः"। मानव सभ्यता के बीज–पुरूष कहे जाने वाले मनु की उपर्युक्त उक्ति आज गांधी जी के विचारों में भी, जिसको प्रत्येक व्यक्ति बढ़–चढ़कर तो कहता है, परंतु उसका अनुसरण करने वाले गिने–चुने ही लोग हैं। इसे भारतीय समाज की विडम्बना नहीं कहें तो क्या कहें–कि यहां पत्थर की मूर्ति को तो देवी कहकर उसकी पूजा–अर्चना की जाती है, परंतु हाड़–मांस की महिला के साथ आज भी दोयम दर्जे का व्यवहार किया जाता है।

त्यौहारों का देश कहे जाने वाले भारतीय समाज में पुरूष की लंबी आयु के लिए महिलाओं द्वारा करवा–चौथ, भैयादूज, अहोई, अष्टमी आदि त्यौहार मनाये जाते हैं, लेकिन क्या एक भी ऐसा त्यौहार है, जो महिलाओं की लंबी आयु के लिए पुरूषों द्वारा मनाया जाता है। आज भी स्त्री–पुरूषों को भगवान का दर्जा देकर उसके चरणों को छूती है, लेकिन क्या कभी पुरूष स्त्री को देवी का दर्जा देकर पैर छूते है। इक्कीसवीं सदी में आज भी अगर महिलाओं के साथ दोयम दर्जे का व्यवहार होता है तो इसके लिए कुंठित पुरूषवादी मानसिकता ही जिम्मेदार है। आज वक्त की मांग है कि महिलाएं पुरूष का कंधा तलाशने की बजाय अपनी स्वतंत्रता बनाने की और अग्रसर हो और निडर होकर अपने रूढ़ीवादी विचारों से मुक्ति पाते हुए अपने अधिकारों के लिए लड़े व स्वयं अपने बलबूते आगे बढ़ते हुए एक ऐसे समाज का निर्माण करें, जहां स्त्री–पुरूष को समान दर्जा प्राप्त हो और इस कार्य हेतु उन्हें दृढ़ सकंल्प की चुनौती का सामना करना होगा।

यद्यपि मानव अधिकारों में महिलाओं के अधिकारों की रक्षा के लिए बहुत से संवैधानिक एवं कानूनी उपाय किये गये हैं, परंतु जानकारी के अभाव में महिलाएं उनसे पूर्ण रूप से लाभान्वित नहीं हो पा रही है। महिलाओं के

सम्यक उत्थान एवं उनको सामाजिक, आर्थिक, राजनीतिक, सांस्कृतिक एवं न्यायिक अधिकार उपलब्ध कराने तथा शैक्षिक रूप से जागरूक करने के उद्देश्य से निम्न प्रावधान अधिकारों की श्रृंखला में दिये गये है।

1 संविधान संशोधन 73वें अधिनियम में विभिन्न स्तरों पर महिलाओं के लिए पंचायतों में आरक्षण।

- सम्पत्ति सम्बन्धी अधिकार।
- घरेलू हिंसा कानून।
- कार्य स्थल पर यौन उत्पीड़न।
- विवाह एवं तलाक सम्बन्धी अधिकार।
- अभिरक्षा, भरण–पोषण।
- गोद/दत्तक लेने का अधिकार।
- दहेज से सम्बन्धित अधिकार।
- बलात्कार एवं अपहरण सम्बन्धी अधिकार।
- वैश्यावृत्ति से सम्बन्धित कानूनी सुरक्षा।
- पुलिस से सम्बन्धित अधिकार।
- मजदूरी एवं श्रमिक सम्बन्धी अधिकार।
- लिंग जांच एवं चिकित्सकीय समापन सम्बन्धी अधिकार।
- बाल–विवाह एवं दूसरी शादी सम्बन्धी अधिकार।
- माता–पिता एवं वरिष्ठ नागरिकों का भरण–पोषण सम्बन्धी अधिकार।
- निःशुल्क कानूनी सहायता सम्बन्धी अधिकार।
- छुआछूत से छुटकारा पाने का अधिकार।
- एस0सी0एस0टी0 अत्याचार के विरूद्व अधिकार।

वस्तुतः भारतीय संविधान की धारा 14, 19 व 21 के द्वारा प्राप्त मौलिक

अधिकारों में यह स्पष्ट किया गया है कि कार्यकारी महिलाओं को कार्य करने के स्थान पर उचित व समान माहौल मिलना चाहिए तथा महिलाओं के कार्य करने के स्थान पर अनुकूल वातावरण विद्यमान होना चाहिए। परन्तु व्यवहार में कतिपय स्थानों तथा कार्यालयों में महिला – उत्पीड़न एक सामान्य दृष्टिकोण बनता जा रहा है। महिला हिंसा के अन्तर्गत माननीय उच्चतम न्यायालय ने जबरन शारीरिक सम्पर्क,लैगिंक सम्बन्ध के पक्ष में माँग या निवदेन, अभद्र लैगिंक छींटाकशी, अश्लील चित्रों को दिखाना, लैगिंक प्रकृति का कोई शारीरिक, शाब्दिक या गैरशाब्दिक व्यवहार सम्मिलित है।

संविधान ने अपने नागरिकों को इंसान की तरह सम्मानपूर्वक जीवन जीने का अधिकार प्रदान किया है। मानव, मानव होता है वह मूलरूप से हैवान नहीं होता, फिर भी हमारे विकासशील भारतीय समाज के परिदृश्य में देश का एक वर्ग इंसान को हैवान की तरह बांधने, हांकने और कभी–कभी इंसान के सम्मान की उपेक्षा कर उसे सुख सुविधायें मुहैया कराने के पक्ष में नहीं रहता है। प्रायः इस तकनीकी के युग में सारा काम यंत्रों से किया जाता रहा है और उन मशीनों को चलाने वाले इंसान भी कभी–कभी जानवरों की तरह व्यवहार करने लगते है।

सृष्टि में महिला जन्मजात गौरव एवं सम्मान तथा अविच्छिन अधिकार की स्वीकृति ही विश्व शांति, न्याय और स्वतंत्रता का आधार है। महिला अधिकारों के प्रति उपेक्षा और घृणा के फलस्वरूप ही ऐसे बर्बर कार्य हुए है, जिनसे महिलाओं की आत्मा पर अत्याचार किया गया। परिणामस्वरूप बुनियादी महिला अधिकारों में मानव व्यक्तित्व के गौरव और योग्यता में नारियों के सम्मान अधिकारों में अपने विश्वास को मानव घोषणा–पत्र में 10 दिसम्बर 1948 को यूनाइटेड नेशन्स की जनरल असेम्बली में घोषणा की गयी और यह निश्चय किया गया कि अधिक व्यापक स्वतंत्रता के अंतर्गत सामाजिक प्रगति एवं जीवन के बेहतर स्तर को ऊंचा उठाने के लिए सभी सदस्य देशों में जिसमें भारत भी सम्मिलित है, सार्वभौम घोषणा का प्रचार–प्रसार करें और सभी देशों व प्रदेशों की राजनैतिक स्थिति पर आधारित भेदभाव का विचार किये बिना मुख्यतः शिक्षण संस्थाओं में प्रदर्शन, पठन–पाठन का प्रबंध करें एवं पांच भाषाओं अंग्रेजी, चीनी, फ्रांसीसी, रूसी और स्पेनिश में प्रसारित करें, ऐसी आशा की गयी है।

सुझाव

1. सामाजिक व आर्थिक समस्याओं को मद्दे नजर रखते हुए महिलाओं से सम्बन्धित अपराधों के विरूद्ध कठोर कानूनों का निर्माण किया जाये जिससे महिलाओं का मानसिक स्तर ऊंचा हो सके।
2. आवश्यक कौशल एवं कार्य क्षमता विकसित करने के लिए महिला प्रतिनिधियों को विधिक प्रशिक्षण देने के लिए विशेष व्यवस्था की जानी चाहिए। जिससे महिलाएं अपने अधिकारों व दायित्वों का निर्वाहन भली–भांति कर सकें।
3. महिलाओं को कानूनी शिक्षा के प्रति प्रोत्साहन करके उन्हें जागरूक बनाया जाये। जिससे कानून से शिक्षित महिलाएं समाज की स्थिति को सुधारने में अपनी भूमिका निभा सकें।
4. महिला संगठनों के माध्यम से विधिक जागरूकता अभियान, रैलियां तथा सुदूरवर्ती ग्रामीणों में महिलाओं को कानूनी शिक्षा के प्रति आकर्षित करने के प्रयास किये जाये ।
5. मुख्य रूप से जेल घरों नारी निकेतनों एवं बाल सुधार गृहों में या बालबंदी गृहों में रह रही महिलाओं को विशेष सामाजिक संरक्षण दिये जाना चाहिए।
6. शिक्षण संस्थाओं विशेषकर विश्वविद्यालयों एवं महाविद्यालयों में महिला प्रकोष्ठ का सृजन कर समय–समय पर महिला हिंसा के सन्दर्भ में गोष्ठियाँ की जानी चाहिए।

संदर्भ सूची

1 वैयासिकी – महाभारत में स्घ्त्रियों की क्रांतिकारिता – डॉ0 राजेन्द्र प्रसाद पाण्ड़ेय, सेवानिवृत आई0ए0एस,सी–32 ध्29 बी0– 7, अन्नपूर्णा नगर, पृष्ठ 61,62,64,66.

2 वैयासिकी महाभारत में स्त्री शक्ति – प्रोफेसर मित्रा प्रसाद त्रिपाठी चेयरमैन (सभापति), महर्षि पंतजलि संस्कृति संस्थान

भोपाल मध्ययप्रदेश पृष्ठ 55.56.

3 रवांई एवं जौनसार – बावर का लोक साहित्य – 2010 प्रकाशक पहाड़ 'परिक्रमा'' तल्या डाण्ड़ा तल्ली ताल, नैनीताल सरस्वती प्रेस,ग्रीन पार्क , निरंजनपुर देहरादून।

4 महिला विकास योजनायें और उनका क्रिन्यावयन, ललित भट्ट कुरूक्षेत्र, नवम्बबर 2001,

5 महिला सशक्तिकरण और खेतिहर महिलायें– अनिल चमड़िया–कुरूक्षेत्र नवम्बर 2001.

6 महिला साक्षरताः दशा और दिशा – मोहम्मद हारून योजना,नवम्बर 1999.

7 महिलाओं के कानूनी अधिकार–उत्तराखंड राज्य महिला आयोग–बी0–201, सेक्टर–4, प्रकाशन–2009, डिफेंश कालोनी, देहरादून।

8 हयूमन वैल्यूज–फार दि 21 फर्स्ट सेंचुरी–एन0एल0 गुप्ता, अनमोल पब्लिकेशनस, नई दिल्ली–110002 ।

9 भारत की संविधानिक विधि–दुर्गादास बसु प्रेटिंस हाल ऑफ इंडिया, प्रकाशन 1992, नई दिल्ली–110001 ।

10 हिमालोकिनी 2003–2004, 2004–2005–माइक्रोसॉफ्ट टैक्नोप्रिंट–देहरादून।

11 ग्रामीण विकास समीक्षा–राष्ट्रीय ग्रामीण विकास संस्थान, राजेंद्र नगर, हैदराबाद–अंक–41, संख्या–3 जुलाई–दिसम्बर 2007 ।

12 महिलाओं का विकास–प्रतिबद्धतायें, प्रतियोगिता दर्पण, अक्टूबर 2007 ।

13 बुनियादी जरूरतों से महरूम है, पहाड़ी महिलायें, चिराग–1, पौड़ी।

14 महिला साक्षरता, दशा व दिशा, योजना नवम्बर 1999 ।

15 महिला विकास योजनायें और उनका क्रियान्वयन कुरूक्षेत्र नवमबर 2001 ।

16 10 दिसम्बर 1948 मानव अधिकारों की सार्वभौम घोषणा–पत्र।

17 महिलाओं के महत्वपूर्ण विधिक अधिकार–उत्तरांचल राज्य विधिक सेवा प्राधिकरण 17/3, 17, सुभाष मार्ग देहरादून द्वारा सरल, कानूनी ज्ञान माला–6 ।

अध्याय–16
भारतीय महिलाएँ एवं घरेलू हिंसा

डॉ0 श्वेता शर्मा
पूर्व प्रवक्ता गृह विज्ञान विभाग
चौ0 चरण सिंह विश्वविद्यालय, परिसर मेरठ (उ0प्र0)

किसी भी समाज में विकास तभी सम्भव है जब उस समाज की बेटी, पत्नी या मां को उचित स्थान प्राप्त हो। महात्मा गांधी ने महिलाओं के सन्दर्भ में कहा है – ''स्त्री पुरूष की संगिनी है, जिसकी बौद्धिक क्षमताऐं पुरूष की बौद्धिक क्षमताओं से कम नहीं है। पुरुष की प्रवृत्ति में उन प्रवृत्तियों के प्रत्येक अंग एवं उपांग में उसे भाग लेने का अधिकार है तो स्वाधीनता का भी उसे उतना ही अधिकार है, जितना की पुरुष को।'' महिलाओं की वर्तमान स्थिति किसी भी क्षेत्र से पुरूषों के समकक्ष कसौटी पर खरी नहीं उतरती है, अर्थात् हम हर क्षेत्र में भेदभाव दखते हैं। महात्मा गांधी के शब्दों में – ''स्त्रियों के अधिकार के सवाल पर मैं किसी प्रकार का समझौता स्वीकार नहीं कर सकता अर्थात् ऐसा कोई कानूनी प्रतिबन्ध नहीं लगाना चाहिए जो कि पुरूषों पर न लगाया गया हो। पुत्र एवं पुत्री में किसी प्रकार का भेदभाव नहीं रखना चाहिए।''

आज वर्षों बाद भी महिलाओं की स्थिति हमारे समाज में अधिक

अच्छी नहीं है। वर्तमान समय में सबसे अधिक ज्वलंत विषय है – घरेलू हिंसा। आज के परिपेक्ष्य में देखें, तो भारत ही नहीं अपितु सभी देशों में करोड़ों स्त्रियां घरेलू हिंसा का शिकार है। घरेलू हिंसा की जडें हमारे समाज के अन्दर बहुत गहरी होती जा रही हैं। प्रत्येक स्त्री किसी न किसी स्वरूप में अपने परिवार में घरेलू हिंसा झेल रही है। पुरूष प्रधान समाज होने के कारण भारतीय समाज में इस प्रकार की हिंसा निरन्तर बढ़ती जा रही है।

भारत में नेशनल फैमिली हैल्थ द्वारा कराये गये सर्वे के अनुसार यदि हमारे भारतीय समाज में घरेलू हिंसा न हो तो समाज को अधिकाधिक आर्थिक मजबूती मिल सकती है। अध्ययन के अनुसार अंतर्राष्ट्रीय युद्ध और आतंकवाद की तुलना में पति–पत्नी के बीच हिंसा 25 प्रतिशत अधिक खरतनाक सिद्ध होती है। वर्ष 2017 में 15–49 वर्ष की आयु की 22 प्रतिशत महिलाओं ने अपने पति द्वारा शारीरिक शोषण एवं यौन उत्पीड़न झेला। ऐसा माना जा रहा है कि तकरीबन 5 करोड़ भारतीय महिलाओं ने अपने ऊपर अलग–अलग स्वरूप में शोषण सहन किये हैं। नेशनल क्राइम रिकार्ड ब्यूरो, 2016 के आंकड़ों के अनुसार महिला अत्याचार में राजस्थान अव्वल रहा। राजस्थान में महिलाओं के साथ रेप की 3656 घटनायें हुई, जबकि घरेलू हिंसा के 13814 मामले दर्ज हुए। भारत ही नहीं अपितु विदेशों में भी घरेलू हिंसा के प्रकरण समाज के लिए एक समस्या बने हुए हैं। अमेरिका (छैप्टै) नेशनल इंटीमेट पार्टनर एंड सेक्सुअल वायलेंस सर्वे (2010–2012) के अनुसार प्रतिदिन 3 महिलाएं अपने साथी द्वारा मार दी जाती हैं। 55 प्रतिशत महिलाओं की घरेलु हिंसा के कारण हत्याएं होती हैं।

घरेलू हिंसा एवं उसके प्रकार

घरेलू हिंसा से तात्पर्य, घर में महिलाओं का किये जाने वाला शारीरिक, मानसिक, आर्थिक उत्पीडन आदि से है। परम्परागत भारतीय समाज तथा रूढ़ियों ने भी घरेलु हिंसा को संरक्षण प्रदान किया हुआ है। अन्य शब्दों में, महिलाओं के विरूद्ध क्रूरता व घृणतापूर्वक कार्य करना, घरेलु हिंसा के अन्तर्गत आता है। ऐसी महिलाएं जो परिवार के भीतर होने वाली किसी भी प्रकार की हिंसा से पीड़ित है, घरेलू हिंसा की श्रेणी में आती है। घरेलू हिंसा से महिलाओं का संरक्षण अधिनियम 2005 के अनुसार प्रत्युत्तरदाता का कोई कार्य या कार्यकरण या आचारण, घरेलू हिंसा गठित करेगा यदि वह –

(1) व्यथित व्यक्ति के स्वास्थ्य, सुरक्षा, जीवन, अंग की या चाहे उसकी मानसिक या शारीरिक स्वास्थ्य की अपहानि करता है या उसे कोई क्षति पहुंचाता है या उसे संकटापन्न करता है या उसकी ऐसा करने की प्रवृत्ति है और जिसके अन्तर्गत शारीरिक दुरूपयोग, लैंगिक दुरूपयोग, मौखिक और भावनात्मक दुरूपयोग और आर्थिक दुरूपयोग कारित करना भी है। या

(2) किसी दहेज या अन्य सम्पत्ति या मूल्यवान प्रतिभूति के लिए किसी विधि–विरूद्ध मांग की पूर्ति के लिए उसे या उससे सम्बन्धित किसी अन्य व्यक्ति को प्रपीड़ित करने की दृष्टि से व्यथित व्यक्ति को तंग करता है या उसकी अपहानि करता है या उसे क्षति पहुंचाता है।

(3) बिन्दु (1)/(2) में वर्णित किसी आचरण द्वारा पीड़ित व्यक्ति या उससे सम्बन्धित किसी व्यक्ति पर धमकी देने का प्रभाव रखता है अथवा

(4) पीड़ित व्यक्ति को, क्षति पहुंचाता है या अपहानि कारित करता है, चाहे वह शारीरिक हो या मानसिक।

घरेलू हिंसा के प्रकार– घरेलू हिंसा से महिलाओं का संरक्षण अधिनियम, 2005 के अनुसार घरेलू हिंसा में अग्रलिखित प्रकार के कृत्य आते हैं–

(क)भावनात्मक अथवा मौखिक हिंसा – इसके अन्तर्गत आपकी अपनी पसन्द के व्यक्ति से विवाह करने से आपको रोकना, आत्महत्या करने की धमकी देना, जब आप विवाह नहीं करना चाहती हों तो विवाह करने के लिए आपको मजबूर करना, अपमान करना, गालियां देना, आपको या आपकी अभिरक्षा में किसी बालक को घर से चले जाने से रोकना, आपको नौकरी छोड़ने के लिए मजबूर करना, आपको या आपकी अभिरक्षा में किसी बालक को विद्यालय, महाविद्यालय या किसी अन्य शैक्षणिक संस्था में जाने से रोकना, दहेज इत्यादि न लाने पर अपमान करना, पुरूष सन्तान न होने के लिए अपमान करना, आपके चरित्र और आचरण इत्यादि पर दोषारोपण आदि कृत्य आते हैं।

(ख) शारीरिक हिंसा – इसके अन्तर्गत, धक्का देना, लात मारना, धकेलना, ठोकर मारना, मारपीट करना, थप्पड मारना, दांत से काटना, अन्य किसी प्रकार से शारीरिक क्षति या पीड़ा पहुंचाना आदि कृत्य आते हैं।

(ग) आर्थिक हिंसा – इसके अन्तर्गत, महिला या बच्चों के अनुरक्षण के लिए धन उपलब्ध न कराना, महिला अथवा बच्चों के लिए खाना, कपडे, और दवाईयां इत्यादि उपलब्ध न कराना, आपको आपका रोजगार चलाने से रोकना, आपकी वेतन, पारिश्रमिक इत्यादि से आय को ले लेना, आपको आपका वेतन उपयोग करने को अनुज्ञात न करना, घर के किसी भाग में जाने या उपयोग करने से आपको रोकना, साधारण घरेलू उपयोग के कपड़ों, वस्तुओं या चीजों के प्रयोग से अनुज्ञात न करना आदि कृत्य आते हैं।

(घ) लैंगिक हिंसा – इसके अन्तर्गत, बालकों के साथ लैंगिक दुर्व्यवहार, बलात् लैंगिक मैथुन, आपको अश्लील साहित्य या कोई अन्य अश्लील तस्वीरों या सामग्री को देखने के लिए मजबूर करना, आपसे दुर्व्यवहार करने, अपमानित करने या नीचा दिखाने की लैंगिक प्रकृति का कोई अन्य कार्य अन्यथा जो उसकी प्रतिष्ठा का उल्लंघन करता हो या कोई अन्य अस्वीकार्य लैंगिक प्रकृति का हो, आदि आते हैं।

घरेलू हिंसा के कारण

घरेलू हिंसा हमारे समाज की अत्यन्त भयानक समस्या है। सारे संसार में लगभग 25 से 35 प्रतिशत महिलायें घरेलू हिंसा से पीड़ित हैं। हमारे देश में दिन प्रतिदिन इस प्रकार की हिंसा बढ़ती ही जा रही है। घरेलू हिंसा के निम्नलिखित कारण हैं –

1. दहेज को घरेलू हिंसा का मुख्य कारण माना जाता है। लोभी ससुराल के व्यक्तियों द्वारा अधिकांशतः दहेज के लालच में, उनकी वधुओं एवं पुत्र वधुओं के साथ वह घरेलू हिंसा कारित करते हैं।

2. महिलाएं विवाह के पश्चात् एक नवीन वातावरण में जाती हैं। उक्त वातावरण से समायोजन न कर पाने के कारण भी उन्हें इस प्रकार की हिंसा का सामना करना पड़ता है।

3. भारत वर्ष में सामाजिक कुप्रथाओं के चलते भी पुरुष स्त्रियों का शोषण व उन पर अत्याचार करते हैं। उदाहरणार्थ – बच्चों का छोटी आयु में विवाह करा देना या लड़कियों को पढ़ने के अवसर प्रदान ना करना आदि।

4. हमारा देश एक पुरुष प्रधान देश है। पुरुष प्रधान समाज होने के

कारण वह स्वयं को स्त्रियों से उच्च ٤ श्रेष्ठ समझता है। स्त्रियों को हेय दृ ष्टि से देखता है। स्वयं को स्त्री से श्रेष्ठ सिद्ध करने हेतु भी वह उन पर हिंसा करता है।

5. कभी–कभी कुछ पुरूषों में आत्मविश्वास की कमी होती है। फलस्वरूप उनमें कुण्ठा एवं हीनता की भावना जन्म ले लेती है। अपनी इसी कुण्ठा को पुरुष, महिला पर हिंसा कारित करके प्रदर्शित करता है।

6. यदि किसी पुरुष का विवाह के पश्चात् भी किसी अन्य स्त्री से सम्बन्ध है तो वह अपनी पत्नी से छुटकारा पाने के लिए भी घरेलू हिंसा करता है।

7. बहुधा पुरुष द्वारा किसी भी प्रकार का नशा करना भी घरेलू हिंसा का कारण होता है। नशा करने के पश्चात् वह स्वयं पर नियन्त्रण नहीं कर पाता है तथा अपनी पत्नीध्बच्चों के साथ हिंसात्मक व्यवहार करता है।

उपर्युक्त कारणों के अतिरिक्त पुरुषों पर स्त्रियों का अधिक निर्भर होना, अहं, स्त्री के प्रति सम्मानध्आदर भाव न होना, संस्कारों का पूर्णतः अभाव, आपसी मतभेद आदि ऐसे बहुत से कारण हैं जो महिलाओं के प्रति घरेलू हिंसा कारित करने में अपनी महत्वपूर्ण भूमिका निभाते हैं।

घरेलू हिंसा का उपचार बचाव

यदि किसी व्यक्ति द्वारा अपने घर में, महिला को पीटा जाता है, धमकी दी जाती है या उसका उत्पीड़न किया जाता है तो निश्चित ही वह महिला घरेलू हिंसा की शिकार है। जब हमारे घर में या आस पडौस में घरेलू हिंसा हो रही हो तो निम्नलिखित बिन्दुओं पर ध्यान देकर इसे कम अथवा समाप्त किया जा सकता है –

- सर्वप्रथम 100 नम्बर पर कॉल करके पुलिस बुलाएं और ऐसी घटनाएं, जो रोज आपके आस–पास हो रहीं हैं, उनकी जानकारी दें। एन.जी.ओ. की सहायता से एफआईआर दर्ज कराऐं।
- लोक अदालत में भी शिकायत दर्ज करा सकते हैं जहां भी शिकायत करें, उन्हें यह पहले ही बता दें कि आपका नाम गुप्त

रखा जाए।

- बच्चे से सम्बन्धित कोई हिंसा है, तो चाइल्ड वेलफेयर कमेटी में और महिला से सम्बन्धित है तो वुमन सेल में शिकायत दर्ज करा सकते हैं।
- घरेलू हिंसा मुद्दे के प्रति भी लोगों को जागरूक करना चाहिए। लोग एक दूसरे की सहायता करें।
- हर सोसाइटी में रजिस्टर रेसिडेन्ट वेलफेयर एसोसिएशन होनी चाहिए, जहां आप शिकायत दर्ज करा सकते हैं।
- आज के समय में अधिकांशतः एकल परिवार ही रह गये हैं। अपने घर के आस–पास पडौसियों से बातचीत नहीं करते, लोगों के बीच संवाद अधिक नहीं होता। इसलिए यह और भी आवश्यक है कि सोसाइटी के त्ॅण ।ण् को चाहिए कि हफ्ते या दो हफ्ते, उत्सवों में, मीटिंग बुलायें, जिससे लोगों को एक दूसरे से जुड़ने का अवसर प्राप्त हो। समय पड़ने पर एक दूसरे की सहायता को आगे आयें।
- पुलिस आर0 डब्लू0 ए0 की सहायता करें व वहां किसी स्पेशल पुलिस ऑफिसर को भेजें। आर0 डब्लू0 ए0 का प्रेसिडेंट अपने हाथ में कानून नहीं ले सकता। वह समस्या को अधिकार प्राप्त ऑफिसर तक पहुंचा सकता है। समस्या का समाधान तभी होगा, जब उसकी शिकायत दर्ज की गई हो।
- ऐसी महिलाएं, जिन पर अत्याचार होते हैं, उनकी शिक्षा पर बल दिया जाना चाहिए। अतः सरकार को महिलाओं की शिक्षा के प्रसार –प्रचार हेतु निःशुल्क शिक्षा का प्रावधान करना चाहिए। परम्परागत शिक्षा के साथ–साथ उन्हें व्यावसायिक क्षेत्रों में भी शिक्षा प्रदान की जाए। व्यावसायिक शिक्षा प्राप्त करके महिलाएं रोजगार प्राप्त कर सकती हैं अथवा स्वरोजगार भी कर सकती है। इससे महिलाएं आत्मनिर्भर होंगीं, उनमें आत्मविश्वास भी जाग्रत होगा। फलस्वरूप वह प्रत्येक समस्या का ड़टकर मुकाबला करने में सक्षम होंगी।

- ऐसे पुरुष जो अपनी पत्नियों पर हिंसा कारित करते हैं, उनको सामाजिक व आर्थिक रूप से दण्डित किया जाना चाहिए। उनको समाज में ऋणात्मक दृष्टि से देखा जाए, तो अन्य व्यक्ति भी उनकी स्थिति को देखकर हिंसात्मक व्यवहार न करने की शिक्षा ले सकते हैं।

- घरेलू हिंसा से ग्रस्त महिला को मार्गदर्शन एवं कानूनी सहायता प्रदान करने हेतु पर्याप्त महिला संगठनों की स्थापना की जाए। इस प्रकार के संगठन पीड़ित महिला एवं उसके ससुराल पक्ष के मध्य समस्या का समाधान करने में भी कारगर सिद्ध हो सकते हैं।

- जो महिलाएं घरेलू हिंसा से पीड़ित हैं व उनको किन्हीं कारणोंवश अपने माता–पिता का संरक्षण प्राप्त नहीं हो पा रहा है, तो उनके लिए स्वयंसेवी संगठनों/महिला संगठनों एवं सरकार द्वारा सुरक्षित आश्रय की व्यवस्था की जानी चाहिए।

- महिलाएं स्वयं अपने अधिकारों के लिए जागरूक हों। यदि उनके साथ हिंसा कारित की जाती है तो वह न्यायालय की शरण में जाकर अपना व अपने बच्चों का गुजारा भत्ता प्राप्त कर सकती है अथवा विवाह विच्छेद कर अपना नया जीवन आरम्भ कर सकती हैं। यदि वह (महिला) विवाह विच्छेद नहीं चाहती तो उसे सम्मुख न्यायिक पृथक्करण का विकल्प भी है।

- घरेलू हिंसा से महिलाओं का संरक्षण अधिनियम, 2005 – यह एक सिविल लॉ है, जिसका उद्देश्य घरेलू हिंसा के विरूद्ध संरक्षण और सहायता देना है। यह किसी भी महिला को हिंसामुक्त घर में रहने का अधिकार प्रदान करता है। यह कानून घरेलू हिंसा को रोकने के लिए केन्द्र व राज्य सरकार को महिला के मौलिक अधिकारों के दायरे को सुनिश्चित करते हुए बिना किसी डर के सम्मानजनक जीवन देने का अधिकार देता है। इस कानून के अनुसार महिला के साथ हुयी

घरेलू हिंसा के साक्ष्य प्रमाणित किया जाना जरूरी नहीं है। महिला के द्वारा प्रस्तुत साक्ष्यों को ही विश्वसनीय माना जायेगा क्योंकि अदालत का मानना है कि घर के अन्दर हिंसा के साक्ष्य मिलना मुश्किल है।

सन्दर्भ ग्रन्थ सूची

(1) दुबे, वीरेन्द्र कुमार श्रीवास्तव, अर्चना एवं अग्रवाल गरिमा (2011), ''गृह विज्ञान प्रसार एवं सम्प्रेषण'', स्टार पब्लिकेशन्स, आगरा, पृ0 697, 735–736।

(2) मोहंती, रूबी (2018), ''वनिता'' पृ0 25–26।

(3) घरेलू हिंसा से महिलाओं का संरक्षण अधिनियम, 2005 (2013), युनिवर्सल लॉ पब्लिशर्स, इलाहाबाद, पृ0 4 35–36।

(4) पाटनी, मंजू (नवीन परिवद्धित संस्करण), ''फैमिली डायनमिक्स'', स्टार पब्लिकेशन, आगरा, पृ0 176–180।

अध्याय–17

''आधुनिक भारत में महिलाओं की दशा और दिशाः एक सामाजिक अवलोकन''

विशाल कुमार लोधी

शोधार्थी (समाजशास्त्र) चौ०
चरण सिंह विश्वविद्यालय, मेरठ

एम0 (पी0जी0) कॉलिज, मसूरी, देहरादून अमिताभ भट्ट

सहायक आचार्य राजनीति विज्ञान विभाग

एम0 (पी0जी0) कॉलिज, मसूरी, देहरादून

प्रकृति ने पुरूष व महिला को एक दूसरे का पूरक बनाया है। उनके पारस्परिक सहयोग से मानव जाति निरन्तर चलती रहती है। दोनों का एक–दूसरे के लिए समान महत्त्व है। चाहे नारी को अबला कहा जाए या कमजोर, किंतु वास्तव में वही पुरूष की शक्ति है और जीवन के प्रत्येक पक्ष में उसने पुरूष को समान योगदान दिया है। उसे निरंतर प्रगति हेतु उत्साहित प्रेरित किया है। वह हर युग, हर समय में कदम–कदम पर पुरूष सहभागिनी रही है और आज भी अपने उन्ही दायित्वों को पूरा कर रही है। समय, सत्ता, प्रशासन सभी बदलते रहे है, लेकिन वह आज भी अपने अस्तित्व की खोज

में लगी है। आज के सूचना–प्रौद्योगिकी, इंटरनेट और अंतरिक्ष के युग में जहाँ महिलाओं ने अंतरिक्ष सहित सभी नारी को जीवन की मूलभूत सुविधांए भी प्राप्त नही हो पाती है।

वह 'समुद्र' है। इस नाते उसका व्यक्तित्व अंनत, असीम और अपरिमेंय है और अपरिहार्य भी। सृष्टि से जुड़े सभी बंधन उसी के गर्भ से उपजते है और उसी में समा जाते है। उसका कोई एक अभिधान नहीं। उसका कोई एक गतव्य नही। सभी अभिधान, सभी गतव्य.............. प्राप्ति के सभी पड़ाव, समय के सभी स्वर, स्वर के सभी अक्षर और अक्षरों से निर्मित समस्त वाड़्मय सभी उसके अपने है। इन समस्त रूपों को संयुक्त कर उसे परिभाषित नही कर सकते और इन्ही समस्त रूपों को एक छोटा–सा नाम दे हम उसके महात्म को समझ सकते है। यह छोटा सा नाम है (मां)।

नारी की सर्जनना करने वाले ब्रह्मजी ने भी आज की नारी की सुदृढ़ सामाजिक स्थिति, बहुआयामी व्यक्तित्व की प्रतिभा को बिखेरती नारी के वर्तमान स्वरूप को देखकर कभी यह सोचा भी न होगा कि इस पुरूष प्रधान समाज में नारी इतनी उन्नति कर पाएगी या अपना स्थान सुनिश्चित कर पुरूषों से चार कदम आगे निकल जाएगी। किन्तु वर्तमान में यही सत्य है। क्योंकि वर्तमान युग कलयुग है अर्थात 'मशीनयुग'। इस मशीनी युग में एक ओर जहाँ नारी के उत्तरदायित्व बढ़े, वही दूसरी और इसने प्रत्येक क्षेत्र में अपनी प्रतिभा का लोहा मनवाकर ख्याति प्राप्त की।

प्राचीन काल में ऋषियों ने महिलाओं को अत्यधिक आदर की दृष्टि से देखा। उन दिनो महिलाओं को बहुत सम्मान दिया जाता था तथा उन्हे गृहलक्ष्मी माना जाता है। साथ ही उन्हे उच्चतम शिक्षा भी दी जाती थी कई विदुषियाँ विद्धानों की सभाओं में जाकर विद्वानों के साथ शास्त्रार्थ भी करती

महिला सशक्तिकरणः दशा एवं दिशा–मनीष कुमार, पृ० सं० 7

स्त्री–दिनेश धर्मपाल, पृ० स० 17

आधुनिक समाज में महिलाएः समस्याए एवं समाधान–डॉ० सावित्री माथुर एवं डॉ० मोनिका जैन, पृ० सं० 54

थी महाराज जनक की सभा का याज्ञवल्क्य गार्गी शास्त्रर्थ प्रसिद्ध है। इसके अतिरिक्त मैत्रेयी भी विख्यात बह्मवादिनी थी मण्डन मिश्र की धर्मपत्नी भारती अपने काल की अत्यधिक विख्यात विदूषी थी जिन्होने अपने विद्वान पति के पश्चात आदि शंकराचार्य से शास्त्रार्थ किया था।

महान विभूतियों के पीछे भी यदि देखा जाए तो महिला का ही हाथ रहा है। महाकवि कालिदास के पीछे विद्योत्मा की प्रेरणा, तुलसीदास के पीछे उनकी स्त्री रत्नावली की प्रेरणा, जिन्होंने उनकों धिक्कारा और गाँधीजी के जीवन में उनकी माता पुतलीबाई तथा पत्नी कस्तूरबा की मूल प्रेरणा कार्यरत थी महाराज शिवाजी की प्रेरणा स्त्रोत भी उनकी माता जीजाबाई थी।

महिला का स्थान सर्वदा समाज में पुरूषों से प्रथमत्तर रहा है और यही कारण है कि राधेश्याम में राधा का नाम सीताराम में सीता का नाम तथा गौरीशंकर में गौरी का नाम प्रथम आता है। महिला गृहस्थ जीवन की धुरी है। वह कई रूपों में साकार होती है। कही माँ के रूप माँ सरस्वती, माँ काली, माँ दुर्गो कही धर्मपत्नी के रूप में, कही वह धर्मचारिणी के रूप में, कही मित्र के सदृश्य परामर्शदात्री के रूप में तो कही सहायिका तथा सेविका के रूप में अपने पति पर सर्वस्व निछावर करके उसकी अनवरत सेवा करने वाली होती है।

महिला पतन और उत्पीड़नः—भारतीय नारी का अतीत निश्चित रूप से गौरवपूर्ण था परन्तु कालान्तर में उनकी स्थिति में काफी परिवर्तन हुआ धीरे—धीरे उनकी स्थिति शोचनीय होती गयी मध्यकाल में मुसलमानों के आक्रमण से हिन्दू समाज का मूल ढाँचा चरमरा गया और वे परतन्त्र होकर मुसलमान शासकों का अनुकरण करने लगे। महिला मात्र एक भोग विलास और वासना तृप्ति का साधन रह गयी लोगों ने लडकियों की पाठशाला में भेजना बन्द कर दिया और हिन्दुओं में बाल विवाह का प्रचलन हुआ। इस प्रकार कई कुप्रथाएं

आधुनिक समाज में महिलाएः समस्याए एवं समाधान—डॉ० सावित्री माथुर एवं डॉ० मोनिका जैन, पृ० सं० 68—69

आधुनिक समाज में महिलाएः समस्याए एवं समाधान—डॉ० सावित्री माथुर एवं डॉ० मोनिका जैन, पृ० सं० 69

प्रचलन में आयी ओर सम्पूर्ण महिला जाति का विकास ही अवरूद्ध नही हुआ, बल्कि धीरे धीरे उन्हे अवनति की ओर उन्मुख होना पड़ा। महिला इस प्रकार अपनी स्वतंत्रता नष्ट करके मात्र दासी या भोग्या बन कर रह गयी।

भारत में महिलाओ की स्थितिः– वर्तमान में नारी जिस संक्रमणकाल से गुजर रही है। उसका एक पाँव घर से बाहर निकला हुआ है, लेकिन दूसरा अभी भी रसोई की चौखट के अंदर है। शिक्षा ने उसके क्षितिज को विस्तार दिया, पर घर परिवार की लक्ष्मण रेखा उसे अब भी घेरे हुए है। अब भी पिता की दृष्टि में दान और पति की दृष्टि में वह भोग की वस्तु है। आज नारी स्वन्छदता की वकालत ज्यादा की जा रही है। जिसके कारण नारी की गरिमा खण्डित हो रही है। सम्पूर्ण भारत में लगभग आधी–आबादी स्त्रियों की हैं, किन्तु स्त्रियों के पास वास्तविक सम्मान नही है। आदिकाल से लेकर आज तक पुरूष ने स्त्री पर दासत्व ही लादा है। वर्तमान भारतीय समाज में स्त्री के प्रति हिन्दू दर्शन के दोहरे मानदंड़ो की स्थिति आज भी परिलक्षित होती है।

इसमें कोई दो मत नही कि स्वतंत्रता के बाद नारी की स्थिति में सकारात्मक परिवर्तन आए है तथा उसकी स्वतंत्रता और अधिकारों के लिए जहाँ संविधान में व्यवस्था की गई है। वही समय–समय पर नियम और कानून भी बनाए गए है, लेकिन यह भी एक सच्चाई है कि ये नियम कानून मुख्यतः महानगरों की तथा उच्च वर्ग की महिलाओं तक ही सीमित है। ज्यादातर महिलाओं की संख्या आज भी द्वितीय श्रेणी की है। जो पढ़ी–लिखी और नौकरीपेशा महिलाएं है। उनका दोहरा शोषण होता है। उन पर घर जिम्मेंदारियों के साथ–साथ कार्यालय की भी जिम्मेंदारी है।

''औस की नन्ही बूंदो की कोमलता, गुलाब के ताजा फूलों की मधुर गंध, चिड़ियाँ की चड़चड़ाहट, रिमझिम बरसती बरखा की फुहावरों का संगीत और पूरब के दिशा में भोर के फूटते सूरज की लालिमा का उजाला, इस सबको मिलाकर कोई रंग, कोई आकार बन सके तो वह निश्चय ही औरत की तस्वीर होगी।''

वैदिक काल में स्त्री को जीवन के हर क्षेत्र में पुरूषों के बराबर अधिकार और अवसर प्राप्त थे। कला, साहित्य, संस्कृति और विधा के क्षेत्र में पुरूषों के समान ही वह पहल कर सकती थी। वह केवल पत्नी ही नही सहोदरा

और माता भी थी पुत्री के रूप में वह पुत्र के समान ही प्रिय, युवती के रूप में युवक के समान, स्वतंत्र पत्नी के रूप में पति से अधिक अधिकार रखने वाली गृहस्वामिनी और जननी के रूप में पिता से भी अधिक पूजनीय थी। शिक्षा के दरवाजे उसके लिए सत्त खुले थे तथा धार्मिक अनुष्ठानों में उसके लिए कही कोई बाधा नही थी, बल्कि वह स्वंय धार्मिक अनुष्ठान करा सकती थी। यहाँ तक की पुरूष बिना पत्नी के यज्ञ नही कर सकता था, गृहस्थ जीवन में भी पत्नी को पूर्ण सम्मान प्राप्त था। गृहस्थी की केन्द्र बिन्दु नारी ही होती थी। नारी को पुत्री, पत्नी, माता और विधवा होने पर भी सम्मान प्राप्त था। बराबरी का दर्जा यहाँ तक मिला था कि धर्म संसदों और युद्धों तक में वह पुरूषों के साथ सम्मिलित होती थी।

महाभारत काल के बाद धीरे–धीरे स्त्री की स्थितियों में हास होता गया। नारी के धार्मिक अधिकार कम कर दिए गए, शिक्षा की सुविधाएँ न्यूनतम होती गयी और सार्वजनिक जीवन में भाग लेने की स्वतंत्रता सीमित होती गयी। शिक्षा से वंचित और शासन ज्ञान से रहित स्त्री कर्त्तव्य और अधिकारों की भूल भूलैया में फंसकर रह गई कर्त्तव्य और अकर्त्तव्य का निर्णय लेने में असमर्थ हो गई और हर बात पर पुरूषों पर निर्भर रहने लगी। मनु आदि समृतिकारों ने भी प्रतिपादित कर दिया कि स्त्रियाँ स्वतंत्रता की अधिकारिणी नहीं है, पुरूषों को चाहिए कि वे उन्हे अपने अधिकारों में रखे। बचपन में वह पिता के अधिकार में, यौवनावस्था में पति के आधिपत्य में और पति की मृत्यु के बाद पुत्र के सरक्षण में रहे। इन फतवों ने धीरे–धीरे स्त्री की बची–खुची आजादी भी छीन ली तथा स्वतंत्रता और अधिकारों को खत्म का जो क्रम शुरू हुआ वह निरंतर चलता रहा है।

महिलाः समाज की आधी शक्तिः– मनुष्य समाज जिन दो पहियों के बल पर अपनी जीवन यात्रा करता है वे पहिए हैं पुरूष और महिला....... नर और नारी .... दोनों न केवल एक–दूसरे के पूरक हैं बल्कि एक के बिना दूसरे का अस्तित्व ही सम्भव नहीं। इसमें एक श्रम है दूसरी उस श्रम के प्रेरणा शक्ति एक बाहरी प्रवेश का नियंता है तो दूसरी आंतरिक और घरेलू मोर्चो की अधिष्ठात्री। लेकिन दोनों के आपसी सम्बन्धों के बीच समानता के सन्तुलन का अभाव साफ–साफ दिखाई देता है। पुरूष सदैव महिला को अपने अधीन रखता है।

भारत में महिलाओं की स्थितिः– हमारे देश में महिलाओं की स्थिति में प्राचीन काल से वर्तमान समय तक अनेक उतार– चढ़ाव आये है। वैदिक युग में वे समान स्थिति में आसीन थी। मध्यकाल में आक्रमणकारियों के हमले ने समाज को असुरक्षित बना दिया फलस्वरूप शिक्षा की व्यवस्था छिन्न–भिन्न हो गयी। आक्रान्ताओं की कुदृष्टि से बचने हेतु नारी को परदे में रखा जाने लगा। शिक्षा और साहित्य से उनका सम्पर्क टूट गया। शिक्षा ओर साहित्य व्यक्ति को आंतरिक तथा बाहय संस्कार प्रदान करके उसमें एक गहरी अस्था को जन्म देते है। शिक्षा के अवसर और सुविधा उपलब्ध न हो तो इन गुणों का आग्रह और महत्व धूमिल होने लगता है। भारत में मध्यकाल में शिक्षा व्यवस्था के अस्त–व्यस्त होने के साथ–साथ महिलाएँ परदे को बदीं बनती गयी। लंबे काल में पुरूषों को भी शिक्षा द्वारा वे संस्कार और आस्थाए नही मिली जो प्राचीन काल से जन जीवन को श्रेयस्कर बनाती थी। हर विदेशी आक्रमणों द्वारा सर्वनाश झेलना पड़ा। हर विदेशी कबीला अपने साथ बर्बरता और हीन मानसिकता की, जो परम्पराएँ लेकर आया, उसका प्रत्यक्ष ओर अप्रत्यक्ष प्रभाव भारतीय पुरूष की मानसिक पर पड़ता गया। परिणाम वही हुआ जो आज हम सबके सामने है।

भारत में वर्तमान समय का परिदृश्यः– आजादी के बाद 50 वर्ष की विकास यात्रा में देश में महिलाओं की शिक्षा, स्वास्थ्य, आर्थिक स्थिति और सामाजिक मान्यताओं के प्रति दृष्टिकोण में परिवर्तन की लहर की सुगबुगाहट अवश्य लक्षित हुई लेकिन इस विशाल ओर अनगिनत विविधताओं वाले देश में इस परिवर्तन का अंश नगण्य है।

समस्याएँः–

इस समूची मानसिकता से अनगिनत सामाजिक, नैतिक और परिवारिक समस्याएँ पायी है, और प्रतिदिन पनपती जा रही है। यह कहना अतिश्योक्तिपूर्ण नही होगा कि हर घर–परिवार में महिलाओं के उत्पीड़न और अधिकार हनन

---

[7] भारत में सामाजिक समस्याएं–तेजस्कर पाण्डेय एवं संगीता पाण्डेय, पृ० सं० 126

की समस्या मुहँ बाये खड़ी है। महिलाओं ने अपनी नियत को ही उत्पीड़न सहने का पर्यायवाची मान लिया है। मानव जीवन की अतरंगता से जुडे महिलाओं पर अत्याचार की तथा कंथा इतनी विराट, बहुआयामी तथा मर्मवेध ी है। कि उस पर देश–विदेश की हर भाषा में बहुत साहित्य लिखा गया है। महत्वपूर्ण महिला संगठन समूचे साहस, तर्कशीलता ओर चिंता के साथ इन प्रश्नों का उठाकर इनका हल खोजने में प्रयत्नशील है।

मानव अधिकारों के सरक्षण का जो अभिनव विधि सम्मत आन्दोलन विश्व में प्रारम्भ हुआ है। यह निश्चय ही मानवता के संरक्षण और विकास का एक उज्जवल अध्याय है। भारत सहित संसार के अधिकांश देशों मं इस अभियान में महिलाओं के प्रति समान वैचारिक सहृदयता और उत्तरदायित्व बोध का सूत्र सामने रखा है। लगातार मानसिक व बौद्धिक प्रेरणा विकृतियों के शमन का माध्यम बनती है। सामाजिकता में पुरूष व महिला सम्बन्धी भावनात्मक असंतुलन और विकृति धीरे–धीरे शताब्दियों से जमती गयी है। उसके शर्मनाक रूपों को तथ्यों, तर्को, विचारों, कानूनों और परम्पराओं के द्वारा परास्त करने में भी लम्बा समय लगेगा। सामाजिक परिवर्तन किसी जादू के डण्डे के जोर पर नहीं हो जाते हैं। लेकिन वांछित परिवर्तन की दिशा तय हो तथा उसे और आगे बढ़ाने की चाह हो तो हर परिवर्तन संभव है।

भारतीय नारीः उत्पीड़न के सहस्त्रचक्रः– वर्तमान और इस अर्थ में एक भयावह ओर कठिन समय है। जबकि जब हम भाषिक दृष्टि से बड़बोले होते, पण्डित्य की साख का प्रदर्शन करते हुए आचरण की दृष्टि से बेहद हीन है। एक बेहतर और समुनत समाज के सारे अधिभौतिक मुखौटे की धारण किए हुए वैयक्तिक स्तर पर संसार ओर सामाजिक स्तर पर सांस्कृतिक दृष्टि से विपन्न और लगभग शून्य है। यदि ऐसा न होता तो इक्कीसवी सदी की दहलीज पर दस्तक देता हमारा समाज भी लिंग भेद के आधार पर नारी की वह गत नही करता, जिसमें उसकी स्थिति आज भी एक क्रीतदासी एवं योग्य पदार्थ, सन्तान पैदा करने वाला उपकरण, मनोविलासक, श्रृगांरदान, घर की टहलनी और दोयम दर्जे की जीवनधारी की है।

[8] भारत में सामाजिक समस्याएं–तेजस्कर पाण्डेय एवं संगीता पाण्डेय, पृ० सं० 130

भारतीय औरत वर्ग पर सदियों से चले आ रहे भीषण और अमानवीय कृत्यों की परंपरा में आधुनिक युग के पुरूष के अत्याचार के, ये कुछ उदाहरण मात्र नही है बल्कि इन घटनाओं की परिस्थिति पृष्ठभूमि और कारण यह दर्शाते हैं कि आज भी हमारे समाज भी वह स्वतन्त्र चेतना और स्वायत्त नहीं है, कि आज भी वह मानवीय गरिमा और सम्मान से वंचित है। आज भी उसके जीवन पर मनुकालीन जीवन संहिता अर्थात् कौमार्यावस्था में पिता, यौवन में पति और वृद्वावस्था में बेटे के अधीन ही उसका अस्तित्व है, लागू होती है। यद्यपि चिन्तन और सिद्धान्त के स्तर जहाँ प्राचीन युग उसके त्याग, समर्पण, सौन्दर्य, विनम्रता, कोमलता और ममत्व को दर्शाने वाले अमर साहित्य का प्रणयन किया। वही दूसरी ओर यथार्थ में उसका जीवन उपन्यास कृत ''दिव्या'' की भांति रहा। जिसमें वह क्रीतदासी होने के कारण अपने भूखे शिशु को स्तनपान तक नहीं करा पाती और हाथ दर हाथ सामन्तों और महाजनों के बीच बिकती चली जाती है। महानगरों में चलते चकले अधिक और उनमें जीती असंख्या औरतें आखिकार उपभोग्य पदार्थों से अधिक और क्या है? वेश्यावृत्ति अपनाने वाली दास्तान एक लाचार और विवश जिंदगी की कहानी होती है न कि शौक और अय्याशी का प्रतिफल।

भारतीय नारी सामाजिक न्याय से तो वंचित है ही, सामाजिक न्याय से वंचित ओर उत्पीड़न के सहस्त्र चक्रों से बंधी भारतीय नारी आखिरकार वर्तमान विसंगतियों से कैसे निजात पाए? वे कौन से द्वार है। जहाँ से निकलकर वह जिन्दगी के कर्म क्षेत्र में पुरूश के सामान्तर किन्तु सहचर्य युक्त सहभागिता कर मानव को चरितार्थ देने के पूर्व स्वंय भी एक स्वाभिमान भरी जिन्दगी जी सकें। इन प्रष्नों के उत्तर की तलाष ही प्रकारान्तर से उसके उत्पीड़नकारी कारणों को समझना और उससे निजात पाने का उपक्रम करना है। भारतीय नारी की वर्तमान दुर्दषा का सबसे बड़ा कारण षिक्षा का अभाव है। जिसके कारण यह परंपरागत रूढ़िग्रस्त मान्यताओं पर कोल्हू के बैल की भाँति आखों पर पट्टी बॉधकर चलती रहती है। यह ठीक है कि स्वतंत्र भारत में बालिकाओं की षिक्षा है। किन्तु बालकों की तुलना में बालिकाओं को पढ़ाया जाना सभी वर्ग, सभी समुदाय, सभी जातियों, सभी अंचलों में

[9] भारत में सामाजिक समस्याएं–तेजस्कर पाण्डेय एवं संगीता पाण्डेय, पष्ठ सं० 132

अपेक्षाकृत काफी कम है। उन्हें सिर्फ कामचलाऊ प्राथमिक, माध्यमिक या उच्चतर माध्यमिक षिक्षा दी जाती है। मध्यवर्ग तथा निम्न वर्ग में लड़की की पढ़ाई पर खर्च करना एक अपव्यय माना जाता है क्योंकि अंततोगत्वा वह पराये घर की मानी जाती है।

शिक्षा के अभाव में उसे जीवन संग्राम की व्यापक समझ का अभाव तो रहता ही है। वह पारंपरिक संस्कारों के दबाव के परिणामस्वरूप वैवाहिक जीवन को एकमात्र नियति मानती है, पुरूष जिस विवशता का विवाह से लेकर विवाहोत्तर जीवन में भी अनुचित लाभ उठाते है। दहेज प्रथा का दानवी स्वरूप धारण करना उसके लिए विवाह संस्था को अनिवार्य माने जाने के कारण ही है। उसे इस विकल्प को चुनने का अधिकार नही रहता कि जीवन साथी के रूप में एक संभावना युक्त श्रेष्ठ पति के मिलने पर विवाह करे अन्यथा अविवाहित पुरूषों की भांति स्वतंत्र जीवन यापन करें।

इक्कीसवीं सदी का परिदृश्यः—इक्कीसंवी सदी में महिलाओं के विरूद्ध होने वाले अपराधों के सम्बन्ध में परिदृश्य कैसा होगा? क्या ये अपराध घटेगें? इक्कीसंवी सदी में ऐसी कौन—सी बात हो जाएगी कि यह आशा की जाए कि ये कम हो जायेगे? अपराध के आंकड़ों का रूझान तो यही सिद्ध करता है कि आने वाले वर्षो में इनमें वृद्धि होगी ओर सम्भवतः अपराध कर छूटने वाले अपराधियों की संख्या बढेघ्गी। आज का युग भौतिकवादी युग है। भौतिकता की इस अंधी दौड़ में सभी शामिल है। सबको जीवन में समस्त सुख साधन चाहिए। लेकिन सबकों उसके लिए पैसे चाहिए जो सभी के पास नही होते और अपराधों का जन्म अधिंकांशत इन्हीं कारणों से होता है। इन साधनों की पाने वालों की संख्या में वृद्धि हो रही है। तो पाने की होड़ बढ़ेगी, अपराध भी बढेंगे। महिलाओं के विरूद्ध होने वाले अपराध, रिश्वतखोरी, भ्रष्टाचार, बेईमानी आदि सभी सामाजिक समस्याएं की जड़ है। सुख—साध्रन एकत्रित करने की अदम्य इच्छा इक्कीसवीं सदी में ओर बलवती होगी अपराध और बढ़ेगे, महिलाओं के विरूद्ध होने वाले अपराधों का ग्राफ और ऊपर जायेगा।

---

10 भारत में सामाजिक समस्याएं—तेजस्कर पाण्डेय एवं संगीता पाण्डेय, पृ० सं० 133

11 भारत में सामाजिक समस्याएं—तेजस्कर पाण्डेय एवं संगीता पाण्डेय, पृ० सं० 137

महिलाओं के कार्य की महत्तारू–जैसे–जैसे आर्थिक परिदृश्य बदल रहा है। महिलाओं का जीवन भी बदल रहा है। प्रतिकूल परिस्थितियों के बाद भी महिलाओं कठिन श्रम कर रही है। उन्होनें स्वयं को अन्याय के विरूद्ध संगठित किया, पर्यावरण के संरक्षण के लिए काम किया ओर आय के नये मार्गों को निर्मित किया। प्रतिस्पर्द्धा जगत से बाहर निकाल दिए जाने पर महिलाओं ने अपने स्वाभिमान को विकसित किया और अपने जीवित रहने और कमाई की क्षमता को अनुभव किया।

21वीं सदी के प्रारंभ ने महिलाओं के रोजगार के परिदृश्य में नई चुनौतियों को रखा है। एक तरफ शहरी क्षेत्र में कामकाजी महिलाएं मुखर और दृश्य है। जबकि दूसरी तरफ महिलाएँ, विशेषकर अंसगठित क्षेत्र में कार्यरत महिलाए, प्रतिदिन जीवित रहने के संघर्ष में व्यस्त है। महिलाओं और कार्य के एकजुट चित्र को प्रस्तुत करना संभव नहीं है। क्योंकि विभिन्न नीतियां और परिस्थितियाँ विभिन्न समूहोध्स्तरों की महिलाओं को विभिन्न तरीके से प्रभावित करती है, पर एक बात तो निश्चित है कि महिला का काम, परिवार, समाज और राष्ट्र के लिए बहुत महत्त्वपूर्ण है। भले ही पुरूषों को रोटी कमाने वाला माना गया है, परन्तु इस मुख्य जिम्मेंदारी को महिला ही वहन करती है। खासकर गरीब परिवारों में और निश्चित रूप से उनकी आय अतिरिक्त नही होती। अत्यधिक गरीब परिवार महिला की उत्पादकता पर ज्यादा निर्भर है। ग्रामीण क्षेत्र में करीब 30–35 प्रतिशत परिवारों में महिला प्रधान होती है, इसलिए ये परिवार करीब–करीब सिर्फ महिला की कमाई पर ही निर्भर है। अगर कहीं पुरूष कमाने वाला' है तो भी गरीब परिवारों में महिलाओं की आय, पारिवारिक आय का मुख्य भाग होती है (कंट्री रिपोटरू 44)। महिलाएं, खासकर गरीब परिवारों की महिलाएं, अपनी आय का मुख्य हिस्सा बच्चों और परिवार की जरूरतों पर खर्च करती है जबकि पुरूष अपनी आय को तंबाकू, शराब जैसी व्यक्तिगत जरूरतों पर खर्च करने से नहीं हिचकते।

प्राचीनकाल में महिलाओं की स्थिति– हमारे देश में महिलाओं को समाज में बहुत ऊँचा स्थान दिया गया है। राम–सीता नहीं कहकर सीता–राम, राधेश्याम कहा जाता है पुरूषों की तुलना में नारियों को वरीयता दी जाती थी पूजा पाठ, संस्कार उत्सव कही भी नारियों को ज्यादा वरीयता दी जाती

थी तथा महत्वपूर्ण स्थान दिया जाता था। उन्हें वागांगी कहा जाता है। इसलिए क्योंकि हृदय शरीर की बांयी ओर होता है इसलिए किसी सामाजिक या धार्मिक अनुष्ठान में पत्नी को बांयी ओर बैठाया जाता हैं पत्नी के बिना पुरूषों का कोई भी धार्मिक कार्य अधूरा माना जाता रहा है। राज–दरबार से युद्धस्थल तक नारियां साथ रहती थी। कैकेयी राजा दशरथ के साथ देवासुर संग्राम में सक्रिय थी। वैदिक काल में महिलाओं को समाज में विशिष्ट रूप में सम्मानजनक स्थान प्राप्त था। उन्हें पुरूषों के समान सामाजिक, राजनीतिक, आर्थिक और धार्मिक अधिकार प्राप्त थे। उन्हें शिक्षा और संस्कार के अधिकार भी उपलब्ध थे। महिलाएं धार्मिक कृत्यों, शास्त्रार्थ, सभाओं आदि में पुरूषों के साथ संयुक्त रूप से भाग लेती थी। बालक–बालिकाओं को समान रूप से वेदाध्ययन की सुविधा उपलब्ध थी। परिवार की तो वे केन्द्रबिन्दु होती थी। प्राचीन काल से ही स्त्रियों की स्थिति अत्यंत दयनीय थी। कभी तो वह पिता के अधीन, कभी पति और कभी पुत्र के अधीन रहने को मजबूर है। मुगलकाल के समय तो देश में स्त्रियों की स्थिति और भी बिगड़ती गई। पहले तो कई वीरागंनाएं आक्रमणकारियों से लोहा लेने के लिए युद्ध के मैदानों में उत्तर पड़ती थी। वे देश की मर्यादा और संस्कृति की रक्षा के लिए पुरूषों का हर तरह से साथ देती थी। ब्रिटिश शासनकाल में देश में महिलाओं की स्थिति अत्यन्त खराब हो चुकी थी। देश के कई भागों में सती प्रथा का प्रचलन था। विधवा–विवाह पर सामाजिक प्रतिबन्ध लगे थे। पर्दा–प्रथा तथा दहेज प्रथा भी सर्वत्र फैली हुई थी। लेकिन अंग्रेजों के आने से भारतीय समाज पर पाश्चात्य सभ्यता का गहरा प्रभाव पड़ा। कई भारतवासियों को विदेशों में जाकर शिक्षा प्राप्त करने का अवसर मिला। विदेशों में महिलाओं को समाज में ऊँचा स्थान प्राप्त था तथा उन्हें शिक्षा तथा सामाजिक और राजनीतिक क्रियाकलापों में भाग लेने के प्रचुर अक्सर उपलब्ध थे। पर्दा–प्रथा तथा दहेज प्रथा भी सर्वत्र फैली हुई थी। लेकिन अग्रेजों के आने से भारतीय समाज पर पाश्चात्य सभ्यता का गहरा प्रभाव पड़ा। कई भारतवासियों को विदेशों में जाकर शिक्षा प्राप्त करने का अवसर मिला। विदेशो में महिलाओं को समाज में ऊँचा स्थान प्राप्त था तथा उन्हें शिक्षा तथा सामाजिक और राजनीतिक क्रियाकलापों में भाग लेने के प्रचुर अवसर उपलब्ध थे। ब्रिटिश शासनकाल में कई भारतीय पाश्चात्य विचारधाराओं के सम्पर्क में आए। ब्रिटिश शासनकाल में महिलाओं के हितों की रक्षा और उनकी स्थिति में सुधार का प्रयास करने

वाले समाज सुधारकों में राजा राममोहन राय, ईश्वरचन्द्र विद्यासागर, दयानंद सरस्वती, स्वामी विवेकानंद, ऐनी बेसेन्ट, महादेव गोविन्द रानाड़े, मार्गरेट कजिन्स, महात्मा गाँधी तथा कई अन्य ख्याति प्राप्त व्यक्ति सम्मिलित थे। इन लोगों के अथक प्रयास से कई कुरीतियां तो लगभग खत्म हुई शिक्षा का प्रसार स्त्रियों के बीच तेजी से बढ़ा और इसके लिए अनेक महत्वपूर्ण कदम उठाए गए। महिलाओं के हितों की रक्षा के लिए कई सामाजिक विधान बनाए गए लेकिन वास्तव में देश की स्वतन्त्रता के बाद ही उनके हितों की रक्षा और उनके कल्याण के लिए व्यापक कार्यक्रम चलाए गए।

महिला सशक्तिकरण के आयामः– व्यापक स्तर पर महिलाओं के सशक्तिकरण का उद्देश्य है स्त्री पुरूषों के बीच शक्ति के सन्तुलन में परिवर्तन करना ताकि समाज में शक्ति का अधिक साम्यिक वितरण किया जा सके। परन्तु जब हम महिलाओं के सशक्तिकरण की इस प्रक्रिया की ज्यादा करीब से जांच करते है तो हमें प्रक्रिया के आर्थिक, सामाजिक, राजनीतिक और कानूनी आयामों के बारे में जानकारी होती है। ये सभी भाव एक–दूसरे से जुड़े हुए है और एक–दूसरे को प्रभावित करते है। आर्थिक सशक्तिकरण का अर्थ है ऐसी पोषणीय जीविकाओं द्वारा बेहतर ढ़ग का नैतिक जीवनयापन जिसके स्वामिनी और प्रबन्धक महिलाएँ हैं। महिलाओं के सामाजिक सशक्तिकरण का तात्पर्य है एक ऐसी राजनीतिक प्रणाली जो राजनीतिक निर्णयन की प्रक्रिया में महिलाओं की भागीदारी और नियन्त्रण का समर्थन करें। बहुत से लोगो को जिस चिन्ता ने घेरा हुआ है वह यह है कि क्या महिलाओं का सशक्तिकरण पुरूषों के विरूद्ध किया जा रहा है? इस विषय पर कुछ भ्रान्ति हो सकती है, यह तो सच है। परन्तु यह आशंका सच नहीं है कि महिला सशक्तिकरण पुरूषों के हितों के खिलाफ होगा और पुरूषों को शक्तिहीन बना देगा। महिलाओं का सशक्तिकरण पितृसत्ता और इसके नियन्त्रणों के विरूद्ध है न कि पुरूषों के। महिलाओं के और अधिक सशक्तिकरण का उद्देश्य है, पुरूष और महिला दोनों का पूरा और समग्र विकास। जब महिलाओं को अतीत की बेड़ियो और रूढ़िबद्ध मौन भूमिकाओं और व्यवहार संबंधी प्रतिमानों के बंधनों से मुक्त मिल हो जाएगी। तो पुरूष भी अपनी पंरम्परागत भूमिकाओं और व्यवहार सम्बन्धी प्रतिमानों के बन्धनों से मुक्त हो जाएगे।

अतः इसके पीछे भावना यह है कि पुरूषों और महिला दोनों को ही

समान विकल्प के अवसर प्राप्त कराए जाएं। पुरूषों की मुक्ति का अर्थ है कि उन्हें महिलाओं के ऊपर अपने परंपरागत अधिकारों और शक्ति से छुटकारा पाना होगा और उनमें महिलाओं से ऐसे संबंध बनाने की इच्छा उत्पन्न होगी जो एक–दूसरे के अधिकारों और उत्तरदायित्वों के प्रति परस्पर सम्मान पर आधारित होगी।

सशक्तिकरण की प्रक्रियाएंः– सशक्तिकरण की प्रक्रिया का उद्देश्य है। महिलाओं के लिए शक्ति के एक साम्यिक और सक्रिय हिस्से की माँग करने के लिए प्रयास कराना। अपने इस प्रभाव में इस प्रक्रिया को उन विचारों और मूल्यों के बोझ को झेलना पड़ता है। जो महिलाओं पर बचपन से ही उनके समाजीकरण प्रक्रिया के एक भाग के रूप में उन्हें हस्तांतरित कर दी जाती है। यह सामाजिक अनुबंधन महिलाओं के व्यक्तित्व और मानसिकता का हिस्सा बन जाता है और उसके व्यवहार को प्रभावित करता है। महिलाएँ, समुदाय या समाज के एक हिस्से के रूप में रहती है। जो बदले में अपने पितृसत्तात्मक मूल्यों और व्यवहार संबंधी अपेक्षित मानकों को उनके ऊपर थोप देता है। अतः सशक्तिकरण की प्रक्रिया की शुरूआत इस कार्य से करनी चाहिएं कि महिलाएं सबसे पहले वे खुद के सोचने और व्यवहार करने के तरीको में बदलाव लाएं। कहने का तात्पर्य यह है। कि सर्वप्रथम महिलाओं की चेतना को ही परिवर्तित करना चाहिए। महिलाओं में अपने बारे में जो विचार बने हुए है। उन्हें बदलना होगा उनके आत्सम्मान और आत्मविश्वास में वृद्धि करनी चाहिए। उन्हें अपनी सोच और व्यवहार में विकास करना चाहिए ताकि वे आत्मनिर्भर बन सके।

लक्ष्य तथा उद्देश्यः– इसका लक्ष्य महिलाओं की उन्नति, विकास और शक्ति सम्पन्नता है। इस नीति का व्यापक प्रचार किया जायेगा। ताकि इसके लक्ष्य प्राप्त करने के लिए संबधित वर्गो की सक्रिय भागीदारी को प्रोत्साहित किया जा सके।

इस नीति के लक्ष्यों में शामिल है महिलाओं की पूर्ण क्षमता प्राप्ति के लिए महिलाओं के पूर्ण विकास हेतु सकारात्मक आर्थिक तथा सामाजिक नीतियों के माध्यम से वातावरण को बनाना।

- राजनैतिक आर्थिक, सामाजिक, सांस्कृतिक तथा सिविल सभी

क्षेत्रों में पुरूषों के साथ समान आधार पर महिलाओं द्वारा समस्त मानवाधिकारों व मौलिक स्वतंत्रताओं का सैद्धान्तिक तथा वस्तुतः उपभोग।

- राष्ट्र के सामाजिक, राजनैतिक, तथा आर्थिक, जीवन में महिलाओं की भागीदारी तथा निर्णय स्तर पर समान पहुँच।
- सभी स्तरों पर स्वास्थ्य देखभाल, स्तरीय शिक्षा, जीविका तथा व्यवसायिक मार्गदर्शन, रोजगार, समान पारिश्रामिक, व्यवसायिक स्वास्थ्य सुरक्षा, सामाजिक सुरक्षा तथा सार्वजनिक पदों इत्यादि में महिलाओं की समान पहुँच।
- महिलाओं के साथ होने वाले किसी भी प्रकार के भेदभावों के उन्मूलन के उद्देश्य से कानूनी प्रणालियों का सदृढ़ीकरण।
- पुरूषों व महिलाओं दोनों की सक्रिय भागीदारी द्वारा सामाजिक रवैये और प्रयासों में परिवर्तन।
- विकास प्रक्रिया में महिला परिप्रेक्ष्यों को शामिल करना।
- महिलाओं तथा बालिकाओं के साथ होने वाली हिंसा के सभी रूपों तथा भेदभावों का उन्मूलन।
- सिविल समाज विशेषकर महिला संगठनों के साथ भागीदारी बनाना तथा उनके सुदृढ़ीकरण।

नीति निर्धारण–

न्यायिक कानूनी प्रणालियाँः– कानूनी न्यायिक पद्धति को महिलाओं की आवश्यकताओं के प्रति संवेदनशील विशेषकर घरेलू हिंसा तथा वैयक्तिक आक्रमण के मामलों में और अधिक संवेदनशील बनाया जायेगा। नए कानून बनाये जायेगें और अपराध की गम्भीरता के अनुरूप अपराधियों को सजा देने और शीघ्र न्याय सुनिश्चित करने हेतु मौजूदा कानून की समीक्षा की जायेगी। समुदाय तथा धार्मिक नेताओं सहित पदधारियों की पूर्ण भागीदारी से तथा पहल पर इस नीति का उद्देश्य विवाह, तलाक, अनुरक्षण, तथा अभिभावक जैसे वैयक्तिक कानूनो में परिवर्तन को प्रोत्साहित करना होगा जिससे

महिलाओं के साथ होने वाले भेदभाव का उन्मूलन किया जा सके।

पितृसत्तात्मक प्रणाली में सम्पत्ति के अधिकारों का विकास महिलाओ के गौण दर्जे का कारण हैं। इस नीति का उद्देश्य महिला पुरूष में न्यायपूर्ण सामजस्य से सम्पत्ति तथा विरासत के स्वामित्व से संबधित कानूनों में परिवर्तन को बढ़ावा देना है।

महिला आर्थिक शक्ति सम्पन्ता– निर्धनता उन्मूलन–गरीबी से नीचे जीवन व्यतीत करने वाली अधिकांश महिलाएं ही हैं तथा प्रायः वे अत्यधिक गरीबी की स्थिति में जीवन व्यतीत करती हैं उन्हें कठोर घरेलू परिस्थितियों तथा सामाजिक भेदभाव का सामना करना पड़ता है। अतः इनकी समस्याओं के निवारण हेतु यह कार्यक्रम चलाएं जाएगे। अल्प ऋण महिलाओं को नए तन्त्र तथा उत्पादन बढ़ाने हेतु अल्प ऋण की व्यवस्था की जाएगी।

महिलाओं की सामाजिक शक्ति सम्पन्नताः– शिक्षा के समान अवसर निरक्षरता उन्मूलन शिक्षा को सुलभ बनाना, अनुकूल शिक्षा प्रणाली सृजन करना, शिक्षा स्तर में सुधार तथा तकनीकी कौशल ज्ञान प्रदान किया जाएगा।

स्वास्थ्य–स्वास्थ्य पर विशेष ध्यान तथा शिशु मृत्युदर तथा मातृ मृत्युदर में कमी को प्राथमिकता। इन समस्याओं तथा बाल विवाह आदि से निपटने के उपाय जनसंख्या स्थिरीकरण के सम्बन्ध में राष्ट्रीय जनसंख्या नीति के अनुसार महिलाओं और पुरूषों को परिवार नियोजन हेतु अपनी पंसद के सुरक्षित उपाय। पोषाहार के सम्बन्ध में महिलाओं को पारम्परिक ज्ञान ओर उनके उपयोगों के लिए प्रोत्साहन।

पोषाहार– तीनों अवस्थाओं अर्थात् शैशवास्था, बाल्यावस्था, किशोरावस्था तथा प्रजनन काल में महिलाओं को कुपोषण और बीमारी के उच्च खतरे को दृष्टिगत रखते हुए जीवन के सभी स्तरों पर महिलाओं के पोषण सम्बन्धी आवश्यकताओं पर ध्यान केन्द्रित करना।

परिवार में असंतुलन के मुददों को हल करने के लिए गर्भवती और स्तनपान कराने वाली महिलाओं की विशेष आवश्यकताओं की पूर्ति के लिए पोषाहार शिक्षा का व्यापक उपयेाग किया जाएगा।

स्त्रियों के सबलीकरण की दिशा में–

- महिलाओं अधिकारिता तथा आर्थिक स्वावलंबन।
- महिलाओं के अधिकारों का संरक्षण।
- महिला अधिकारिता मूल्याकंन एवं भावी राजनीति।
- विवाह पूर्व निर्णय लेने की क्षमता का निदेशक।
- स्वयं की अभिरुचि के अनुसार घूमना, कपड़े पहनाना, वर–चुनना, शिक्षा चाल–चलन, रोजगार आदि की जानकारी अंतर युगल परामर्श निदेशंक।
- मकान निर्माण हेतु स्थल चुनाव, घरेलू फर्नीचर का क्रय।
- मकान का आकार।
- बच्चों को शिक्षा मनोरजन इत्यादि।

डॉ० अम्बेडकर के सामाजिक एवं आर्थिक विचारों की प्रांसगिकता को वर्तमान में उचित समझते हुए व्यवहार में लागू करने की जरूरत है। जो मुख्य रूप से महिला कल्याण एवं विकास से संबन्धित है। उसका यह सुझाव कारगार सिद्ध होगा। जब तक हमारी महिलाएं आन्दोलन में भरपूर हिस्सा नहीं लेगी जब तक पीड़ित शोषित एवं आभावग्रस्त लोगों को मानवधिकार प्राप्त नही होगा।

कितने प्रभावी कानूनः—न्यायधीश अय्यर के शब्दों में यह कठोर सत्य है कि शाब्दिक लफ्फाजी के बावजूद महिलाएँ ऐसे घोर भेदभाव और अपमान की शिकार है। जिसे देखकर लगता है कि हम इन्सानियत से गिर गए है और यही भारत में स्त्री—पुरूष से सम्बधों की वास्तविकता है। तथापि महिलाओं में जाग्रति और सशक्तिकरण के लक्षण दिखाई देने लगे है। विभिन्न अन्तर्राष्ट्रीय और राष्ट्रीय सम्मेंलन, संवैधानिक आदेश और निर्देश, महिला अन्तर्राष्ट्रीय वर्ष और महिला दशक की घोषणा तथा विभिन्न सरकारी और अन्तर्राष्ट्रीय चिंता की सूचक है।

वैवाहिक कानूनः—वैवाहिक अधिकार दूसरा ऐसा पहलू है जो महिला दर्जे को जतलाने के लिहाज से महत्वपूर्ण है व्यक्तिगत कानूनों की विविधता के कारण वैवाहिक सम्बन्धों के लिए विभिन्न विधान हैं। इनमें विशेष विवाह

अधिनियम 1954 एक अपवाद है, जो धर्म या समुदाय में भेद किए बिना सभी पर लागू है। इन कानूनों में हिन्दू विवाह अधिनियम, 1955 सबसे महत्वपूर्ण है कि 1955 से पहले कोई भी हिन्दू–पुरूष कितनी ही पत्नियाँ रख सकता था। हांलाकि कुछ राज्यों में द्विविवाह के खिलाफ कानून मौजूद था। इसी तरह हिन्दू विवाह अधिनियम बनने के बाद क्रूरता की सम्पूर्ण अवधारणा बदल गई। जहाँ तक मुस्लिम कानून का सम्बन्ध है पारिवारिक मामलों से जुडेद्द कायदे कानूनों में कोई बड़ा परिवर्तन नहीं हुआ है। मुस्लिम व्यक्तिगत कानून प्रयुक्ति अधिनियम, 1937 तथा मुस्लिम विवाह विच्छेद अधिनियम, 1939 से महिलाओं को बहुत सीमित अधिकार मिले है। मुस्लिम महिला सम्बन्ध विच्छेद पर अधिकारों की रक्षा अधिनियम, 1986। इसी तरह लगभग डेढ़ सौ वर्ष पहले बने ईसाई सम्बन्ध विच्छेद कानून अर्थात भारतीय सम्बन्ध–विच्छेद अधि ानियम, 1969 के कई भेदभावपूर्ण प्रावधान हैं, जो लिंग भेद और मजहब दोनों पर आधारित है, तलाक चाहने वाली ईसाई महिलाओं के कष्ट कम करने के लिए चन्द वाक्याशों को हटाकर अदालते कुछ प्रावधान में से एक तरह से संशोधन तो करती है फिर भी जब तक उच्चतम न्यायालय कोई व्यवस्था नहीं देता या संसद आवश्यक संशोधन नहीं करती, समस्या का समाधान नहीं हो पाएगा। दूसरी तरफ चर्चा की जाती है वैवाहिक बलात्कार के विंसगतिपूर्ण प्रावधान की। दंड संहिता के अनुच्देद 375 के अन्तर्गत किसी पुरूष की अपनी पत्नी के साथ जो 15 वर्ष से कम उम्र की न हो मैथुन क्रिया बलात्कार नहीं है भले ही वह इसका विरोध करे। जबकि सामान्य कानून के तहत 16 वर्ष से कम आयु की लड़की के साथ यह बलात्कार है भले ही वह इसके लिए राजी हो। इस तरह यह विसंगतिपूर्ण है विवाह की आयु बढ़ाकर 18 वर्ष कर दी गई लेकिन दंड़सहिता में वैवाहिक बलात्कार के प्रावधान में वही 15 वर्ष की आयु चल रही है। पति को दी गई इस रियायत से बाल विवाह और महिला शोषण को बढावा मिलेगा।

पंचायती राज द्वारा अधिकार सम्पन्नताः–नब्बे के दशक के आरम्भ तक भारत ने ग्रामीण समुदायों की जरूरत एक ऐसे तरीके से पूरी करने की कोशिश की जिनमें ग्रामीण जन चुपचाप विकास के ऐसे प्रयासों को स्वीकार कर लेते थे, जिसकी योजना अधिकाशत शहरी इलाकों में रहने वाले लोग बनाते थे। इसका नतीजा यह हुआ कि स्थानीय स्तर के सभी प्रयास दबकर रह गए। स्वतन्त्रता प्राप्ति के बाद के काल में शहरी इलाकों में चिकित्सा,

प्रशासन, विज्ञान, कानून और कला के क्षेत्र में स्त्रियों ने प्रवेश किया, जबकि ग्रामीण क्षेत्र की स्त्रियों के जीवन में कोई परिवर्तन नहीं आया। संविधान के 73 वें संशोधन द्वारा पंचायतों में महिलाओं के लिए आरक्षण की व्यवस्था ने इन सबकों बदल दिया। इस संशोधन के जरिये महिलाओं के लिए कम से कम एक–तिहाई आरक्षण अनिवार्य हो गया है। पंचायतों पर आर्थिक विकास और सामाजिक न्याय के लिए योजना बनाने और विषयों की एक अच्छी–खासी व्यापक सूची के बारे में इन योजनाओं और स्कीमों के क्रियान्वयन की जिम्मेंदारी डाल दी गयी है। इसलिए इससे निर्वाचित महिलाओं को गांव में हालात बदलने के साथ–साथ अपने निजी विकास और सशक्तिकरण का मौका मिला है। सैंकड़ों अध्ययनो ने महिलाओं के औचित्य की पुष्टि की है। निष्कर्ष यह है उसने अच्छा काम किया है। इसके परिणामस्वरूप महिलाओं के राजनीतिक सशक्तिकरण का सामाजिक राजनीतिक क्षेत्रों पर प्रभाव पड़ा है।

मानवाधिकार संरक्षण द्वारा अधिकार सम्पन्नताः–मानव इतिहास के सम्पूर्ण काल में सभी समाजों और संस्कृतियों में कुछ ऐसे अधिकार और सिद्धान्त लागू रहे हैं। जिनका न केवल सम्मान किया जाना था बल्कि उनका संरक्षण भी किया जाना था। इसी आधार पर अन्तर्राष्ट्रीय स्तर पर भी मानवाधिकारों की आवाज बुलंद हुई। प्रत्येक मनुष्य को इन अधिकारों के उपयोग और संरक्षण का अधिकार है। विश्व भर में सभी क्रान्तिकारी आन्दोलनों ने यह स्पष्ट किया है कि मनुष्य के अधिकार अहरणीय और पवित्र है। इस सम्बन्ध में दो महत्वपूर्ण घोषणाएँ है। अमेरिका की आजादी की घोषणा और फ्रांस के मनुष्यों और नागरिकों के अधिकारों की घोषणा। मानवाधिकारों की समकालीन संकल्पना को बीसवीं शताब्दी और दो विश्व युद्धों के सन्दर्भ में देखा जाना चाहिए। मानव इतिहास में संयुक्त राष्ट्र का अविर्भाव एक युगातंरकारी घटना है।

मौलिक अधिकारः– संयुक्त राष्ट्र के घोषणा पत्र में मौलिक मानवाधिकार मनुष्य की गरिमा एवं महत्व स्त्री–पुरूष और छोटे–बड़े राष्ट्र के समान अधिकारों में पूर्ण विश्वास व्यक्त किया गया है सार्वभौमिक घोषणा के बाद अन्य घोषणाएँ की गई। मनुष्य के कुछ राजनीतिक अधिकार हैं जो स्वतन्त्रता को सर्वोच्च महत्व देते है। बाद में सामाजिक, आर्थिक और सांस्कृ तिक सुरक्षा से सम्बन्धित अन्य अधिकार घोषित किए गए। हाल ही में मानव

के लिए खतरा बनी कुछ नई समस्याओं और मुद्दों के सन्दर्भ में कई अन्य मानवाधिकार उभरें है। ये पर्यावरण सांस्कृतिक और विकास के मुद्दों से सम्बन्धित है। इनमें शामिल है आत्मनिर्णय का अधिकार ओर विकास का अधि ाकार यद्यपि मानवाधिकार विश्वत्यापी, अविभाज्य एक–दूसरे पर आश्रित एक–दूसरें से संबद्ध है फिर भी कुछ क्षेत्र ऐसे हैं जिनकी और विशेष ध्यान देने को जरूरत है एक ऐसा ही क्षेत्र महिलाओं और उनके अधिकारों का विकास है। जिसकी तरफ अंतर्राष्ट्रीय समुदाय को ध्यान देना जरूरी है।

किसी भी समाज या वर्ग के विकास का सबसे पहला पायदान शिक्षा को माना जाता है। शिक्षा के बिना न तो विकास हो सकता हैं और न ही सशक्तिकरण। लेकिन यदि हम शिक्षा के परिप्रेक्ष्य में महिला विकास की चर्चा करें तो महिला सबसे बड़े वचित वर्ग के रूप में नजर आती है। आज अगर औरते समाज और राजनिति में सबसे पीछे खड़ी नजर आती है। तो इसका सबसे प्रमुख कारण है, औरतों के बीच शिक्षा की कमी।

महिलाओं की राजनैतिक सहभागिताः– ऋग्वैदिक काल यदि नारी के उत्कर्ष की चरम सीमा थी, तो इस्लाम काल उसके पतन की। दासियों का क्रय–विक्रय साधारण बात हो गई थी। मुस्लिम शासकों में रजिया बेगम के अतिरिक्त किसी भी नारी को राजनीतिक देहली पर नहीं टिकने दिया। चाँदबीबी का आदिलशाह को सहयोग व नूरजहाँ का राज्य संचालन नारियों के समर्थ अस्तित्व का परिचायक है। जीजाबाई, राजाराम की पत्नी ताराबाई, कर्णवती, अहिल्याबाई प्रमुख प्रशासिका थी। दुर्गावती ने भी राज्य शासन अच्छों से किया। झाँसी की रानी लक्ष्मीबाई में कुशल सैन्य संचालन किया। मराठा राजनीति में जीजाबाई, उमाबाई दामाड़े आदि भी प्रसिद्ध है।

स्त्रीसत्ता, बहुत विभ्रम में डालने वाल शब्द है। सही शब्द है मातृसत्ता। परन्तु उत्तर–आधुनिक स्त्री विमर्श में धीरे–धीरे इन दोनों के बीच का फर्क मिटता जाता है। दरअसल जो बात सामने की है। वह यह है कि मातृसत्ता मानव सभ्यता के विकास के इतिहास का एक अध्याय या चरण है। जबकि स्त्रीसत्ता का सवाल, मर्दवाद की प्रतिक्रिया में, आधुनिक दौरे में वर्चस्वी होने की कोशिश करने वाले मध्यवर्ग की जरूरत की जरूरतों व अंत–र्निविरोधों से पैदा होता है। यानि वह एक सत्तामूलक व बाजारवादी सवाल है। आधुनिक होते समाजों में शिक्षित होती मध्यवर्ग की महिलाओं के

द्वारा स्त्रीसत्ता या स्त्री सशक्तिकरण के सवाल उठाये जाने लगे है। ताकि उनकी सत्ता के गलियारों में तथा बाजार के तंत्र में मौजूदगी की मिकदार बढ सके। जो इस सत्तावदी व बाजारवादी स्त्री– सशक्तिकरण का असर सामाजिक रिश्तों तथा सांस्कृतिक धरातल पर पुरूष–वर्चस्वी परिदृश्य को बदलने की कोशिश में है।

महिला समाज की आधी शक्तिः– मनुष्य जिन दो पहियों के बल पर अपनी जीवनयात्रा करता है। वे पहिए है। पुरूष और महिला अर्थात नर और नारी। दोनों न केवल एक–दूसरें के पूरक है बल्कि एक के बिना दूसरें का अस्तित्व ही सम्भव नही। इनमें एक श्रम है, दूसरी उस श्रम की प्रेरणा–शक्ति। बाहरी परिवेश का नियंता है। तो दूसरी आंतरिक और घरेल मोर्चे की अधिष्ठात्री लेकिन दोनों के आपसी सम्बन्धों के बीच समानता के सन्तुलन का अभाव साफ–साफ दिखाई देता है। पुरूष सदैव महिला को अपने अधीन रखता है।

शादी पवित्रता एवं पतिव्रता तथा दत्तक प्रथा के रिवाजों से स्त्रियों की परतन्त्रता के दस्तख्त होते चले गए। सावधानी के तौर पर स्त्रियों की रक्षा पिता, पति, पुत्र, भाई आदि के द्वारा करना तय हुआ। जिससे स्त्री का जीवन पुरूष के आधिपत्य में चला गया। परिणामस्वरूप स्त्रियों को गुलामी तथा समाज में पुरूषों का आधिपत्य दोनों ही समाज व्यवस्था के अनिवार्य अंग बन गये। स्त्री आज भी धर्म की रूढ़ियों और पतनशील सामाजिक परम्पराओं और पुरूष के पाखण्ड की ताकत पर षडयन्त्र का शिकार है।

निष्कर्ष रूप में, आधुनिक भारत में महिलाओं की दशा के रूप में हम एक बात बड़ी आसानी से कह सकते है कि चाहे जितनी परेशानी क्यों ना उठानी पड़े महिलाओं को वह अपने कर्त्तव्यों के लिए, अपने हक हकूक के लिए आज प्रतिबद्ध है और जहाँ एक तरफ भारत सरकार महिलाओं के प्रति सजग है। तो खुद सामाजिक नजरिये में भी बदलाव हुये है। आज जहाँ एक रूढ़वादी मानसिकता में कमी आयी है। तो वही लड़कियों की शिक्षा पर ध्यान दिया जा रहा है। महिलाओं में भी जाग्रति उत्पन्न हुई है और वह आज हर मोर्चे पर पुरुष के साथ कदम से कदम मिलाकर चल रही है। आज हम आधुनिक भारत की बात करते है तो उससे महिलाओं की भूमिका को नकारा नही जा सकता है। आज भारत शिक्षा, व्यवसाय, कृषि, राजनीति, खेल–कूद,

घरेलू, आर्थिक, अन्तर्राष्ट्रीय पटल पर भारत की, जो भूमिका है उसमें महिलाओं की भी अहम भूमिका रही है। महिलाओं को यू तो प्राचीनकाल से लेकर आधुनिक भारत के समय तक के सफर में बहुत कुछ सहना पड़ा है। जो पीड़ा महिलाओं के हिस्से आयी, पुरूष वर्ग उस पीड़ा का भार कभी उठा ही नही सकता है। परन्तु समय के साथ–साथ जो परिवर्तन भारतीय संस्कृति में देखने को मिल रहे है। उससे यह सीधा संदेश जाता है कि या तो महिलाये अपने अधिकारों के लिए प्रतिबद्ध हैं या पुरूष वर्ग में महिलाओं को बराबरी का दर्जा देने की मजबूरी सी दिखाई देती है। जहाँ आज आधुनिक भारतीय परिप्रेक्ष्य में महिलाओं की बात करें तो महिलाये पुरूष से किसी भी कार्य में कम नही है। आज जहाँ दुनिया में अंतरिक्ष में महिलाओं ने लोहा मनवा दिया है। तो वही खेल जगत में भी वह अपनी महत्वपूर्ण भूमिका अदा कर रही है। राजनीति में भी वह अपनी प्रतिभा का विलक्षण नजरिया प्रस्तुत कर रही है और आर्थिक क्षेत्र में चाहे ग्रामीण महिलाओं हो या शहरी, अपनी भूमिका का निवर्हन अच्छे से कर रही है। कभी–कभी कुछ पुरूषवादी मानसिकता महिलाओं के आडेध्‍ जरूर आती है। भारतीय महिलाओं ने प्राचीन काल से आधुनिक समय तक के दौर में अपनी जो भूमिका अदा की है। उसका वर्णन करना इतना आसान नहीं है। और जो कठनाईया सही जो पीड़ा सही है वह भी लम्बी दास्तान है। महिलाओं ने राष्ट्र निर्माण में भी अपना योगदान दिया है। परन्तु जब महिलाओं के प्रति अपराध दिनों कि बढते जाते है। शासन, प्रशासन आँखे बंद करके बैठ जाता है। तब बड़ा दुख होता है क्या यही सामाजिक न्याय है। क्या इसी भारत की कल्पना हमारे पूवजों ने की थी। क्या इसी भारत के लिए हमारे वीर क्रान्तिकारी शहीद हुये। दकियानूसी सोच को दरकिनार करके अब हमें महिलाओं को साथ लेकर चलना होगा। देश की आधी आबादी को उसका पूरा हक मिलना चाहिए और हमे उनके साथ मिलकर चलना पड़ेगा।

सन्दर्भ ग्रन्थ सूची

1. कुमार, मनीश (2006), ''महिला सषक्तीकरणः दषा एवं दिषा'', बि0के0 ऑफिस– नवीन षाहदरा, दिल्ली–32

2. धर्मपाल, दिनेष (2007), ''स्त्री'', भावना प्रकाषन, 109–। पटपड़गंज दिल्ली–110091

3. माथुर, सावित्री व जैन, मोनिका (2013), ''आधुनिक समाज में महिलाए : समस्याएं एवं समाधान'' आस्था प्रकाषन, एस0–11, एस0जी0एम0 हाऊस, नाटाणियों का रास्ता, चौड़ा रास्ता जयपुर–302003,

4. माथुर, सावित्री (2014), ''महिलाए एवं मानव अधिकार'', आस्था प्रकाषन ,एस0–11, एस0जी0एम0 हाऊस, नाटाणियों का रास्ता, चौड़ा रास्ता जयपुर–302003,

5. देसाई, नीरा और ठक्कर, ऊशा (2009), ''भारतीय समाज में महिलाए'', नेषलन बुक ट्रस्ट इंडिया, नेहरू भवन 5, वसंत कुंज इंस्टीटयूषनल एरिया, फेज–2, नई दिल्ली–110070,

6. गढवी, नैनेष व सौदवां, राम (2013), ''21वीं सदी में महिलाओं का बदलता स्वरूप'', प्रकाषक पैराडाइज पब्लिषर्स,

7. निषान्त सिंह, मिनाक्षी (2006), ''महिला सहषक्तिकरण का सच'', ओमेंगा पब्लिकेषन्स 4398/5 अंसानी रोड़, दरियागंज नई दिल्ली–110002

8. कालरा, विनोद (2015), ''स्त्री सहषक्तिकरण (विविध परिप्रेक्ष्य)'', तेज प्रकाषन, 98 प्रथम तल, निकट कमर्षियल स्कूल दरियांगज, नई दिल्ली–110002,

9. षर्मा, प्रज्ञा (2006), ''महिलाओं के प्रति अपराध'', पॉइनटर पब्लिषर्स व्यास बिल्डिग, एस0एम0एस0 हाईवे, जयपुर 302003 राजस्थान,

10. सिंह, नरेन्द्र (2015), ''मानवाधिकार एवं महिला सहभागिता'', प्रकाषक राहुल पब्लिकेषन्स हाऊस, 34816, षास्त्रीनगर, मेंरठ

11. पाण्डेय, तेजस्कर और पाण्डेय, संगीता (2012), ''भारत में सामाजिक समस्यायें'', Tata Mcgraw hill education private limited, New Delhi.

अध्याय–18

21वीं सदी में भी लाचार और असहाय है महिला?

आशीष रावत

'स्त्री' कितना छोटा शब्द है और कितना गहन अर्थ समेटे है। जिसके चारों ओर एक पूरा ब्रह्माण्ड गोचर है। सृष्टि, प्रकृति, धरा या स्त्री कुछ कह लो अर्थ नहीं बदलेगा। स्त्री एक आधार स्तम्भ है सृष्टि की व्युत्पत्ति का, प्रकृति में फैले व्यास का तभी तो धारण कर पाती है सृष्टि के सम्पूर्ण चक्र को धैर्य धारण करने की क्षमता के साथ। स्त्री, समाज एवं परिवार का आधार स्तम्भ है। प्रकृति ने स्त्री एवं पुरुष को समभाव से सृजित किया है। जब से भारत में सामाजिक जीवन की शुरुआत हुई है तब से कई सदियां आईं और गईं, समय ने लोगों की सोच और माहौल दोनों को बदला पर अभी भी महिलाओं पर होती हिंसा में किसी तरह की कमी नहीं आई। समय महिलाओं पर होती हिंसा का गवाह रहा है। समय ने बेबस और लाचार महिलाओं को अलग–अलग दुखों (लिंग भेदभाव, शारीरिक शोषण, दमन, छेड़छाड़, निरादर) से गुजरते हुए देखा। यह वही भारतीय समाज है जहां महिलाओं को देवी समान पूजा जाता है जबकि महिलाएं खुद को बेसहारा और बेबस महसूस करती हैं। भारतीय समाज में हमेशा से ही पुरुषों का प्रभुत्व रहा है। एक तरफ दुनिया में तकनीकी क्षेत्र में लगातार प्रगति हो रही है, खुशहाली का स्तर बढ़ रहा है, वहीं महिलाओं से अप्राकृतिक यौन संबंध और दुर्व्यवहार में भी वृद्धि हो रही है। आजकल महिलाओं से बलात्कार और उनकी बर्बर हत्या करना एक आम घटना हो गई है। दहेज के लिए

हत्या कर देना, जिन्दा जला देना, मारपीट करके घर से बाहर निकाल देना जैसी घटनाएं समाज में हिंसा को बढ़ावा दे रही हैं। आजाद भारत में महिलाओं पर होते ये अत्याचार व्यापक स्तर पर फैल चुके हैं। महिलाओं के विरुद्ध बढ़ती हिंसा से सामाजिक, आर्थिक, राजनीतिक और सांस्कृतिक विकास पर भी बुरा असर पड़ रहा है। हमारे समाज में बढ़ती दहेज प्रथा के चलन से यह साफ प्रमाणित है कि महिलाओं के विरुद्ध हिंसा को कभी भी खत्म नहीं किया जा सकता। यह एक पेचीदा समस्या बन चुकी है जो हिंसा के कई पहलुओं को समेटे हुई है। देश की राजधानी दिल्ली में 16 दिसम्बर, 2012 को निर्भया के साथ हुए सामूहिक बलात्कार ने पूरे देश को झकझोरकर रख दिया था। परिणामस्वरूप बड़ी संख्या में भीड़ बदलाव की मांग करती हुई सड़कों पर उतर आई। ऐसी घटनाओं के प्रतिदिन होने के कारण इससे महिलाओं के लिए सामाजिक मापदंड बदलना नामुमकिन सा लगता है। लोगों के शिक्षा स्तर बढ़ने के बावजूद भारतीय समाज के लिए ये समस्या गम्भीर तथा जटिल बन गई है। महिलाओं के विरुद्ध होती हिंसा के पीछे मुख्य कारण है पुरुष प्रधान सोच, कमजोर कानून, राजनीतिक ढांचे में पुरुषों का हावी होना तथा नाकाबिल न्यायिक व्यवस्था। भारत में महिलाओं की स्थिति संस्कृति, रीति–रिवाज, लोगों की परम्पराओं के कारण हर जगह भिन्न है। पूर्वोत्तर राज्यों तथा दक्षिण भारत के राज्यों में महिलाओं की अवस्था बाकी राज्यों से काफी बेहतर है। महिलाओं के प्रति होती क्रूरता में एसिड फेंकना, बलात्कार, ऑनर किलिंग, अपरहण, दहेज के लिए कत्ल करना, पति अथवा ससुरालवालों द्वारा पीटा जाना आदि शामिल है। महिलाओं में हिंसा का डर इस कदर घर कर गया है कि वे अपने पसंदीदा क्षेत्रों में खुलकर भागीदारी भी नहीं कर पा रही हैं। महिलाओं के प्रति होती इस क्रूरता ने उनके दिलों–दिमाग पर गहरा प्रभाव डाला है। ऐसा लगता है कि अगर समाज से हिंसा को पूरी तरह मिटा भी दिया जाए तब भी शायद महिलाओं के जहन से हिंसा का नामोंनिशान मिटा पाना बहुत मुश्किल होगा।

उन्नीसवीं सदी के उत्तरार्द्ध से ही प्रश्न को लेकर कई अध्ययन हो रहे हैं कि इस सहज–स्वाभाविक परिवार / समाज व्यवस्था ने पितृसत्तात्मक रूप कैसे धारण किया। उपलब्ध सबूतों को जोड़कर गर्दा लरनर ने पितृसत्ता का इतिहास लिखा है। गर्दा लरनर लिखती हैं कि स्त्री को पण्यध्उपभोक्ता वस्तु (commodity) नहीं बनाया गया वरन, उसकी योनि (sexuality) तथा

प्रजनन क्षमता को व्यवस्था ने क्रय–विक्रय की सामग्री बना दिया। पन्द्रहवीं से उन्नीसवीं सदी तक स्त्री की वैधानिक स्थिति अपरिवर्तित रही। इसकी वजह से धनी वर्ग की नारी लेखक, साहित्यकार कलाकार आदि की भूमिकाओं में उभरीं। परन्तु वे चोटी तक नहीं पहुंच पाईं, क्योंकि उनके पास वह भौतिक स्वतंत्रता नहीं थी जो आंतरिक स्वतंत्रता को विकसित करने में सहायक हो सके। अक्टूबर की समाजवादी क्रांति ने नारी मुक्ति को नया मोड़ दिया। लेनिन ने स्त्री और मजदूर वर्ग दोनों की मुक्ति का आह्वान किया। 1936 के सोवियत संविधान की 122वीं धारा में स्त्री के आर्थिक, राजनीतिक, सांस्कृतिक और सार्वजनिक सभी अधिकारों को पुरुष के बराबर करने का प्रावधान था। संक्षेप में स्त्री के योगदान को जीवन के हर क्षेत्र में अदृश्य रखने की साजिश विश्व के सभी समाजों में आदिकाल से ही सतत् जारी है।

झकझोरते आंकड़े

सन् 1971 से वर्ष 2012 तक बलात्कार के मामलों में 880 प्रतिशत की बढ़ोत्तरी हुई है। 2010 के मुकाबले 2011 में बलात्कार के मामले 8 प्रतिशत बढ़े हैं। ये आंकड़े सिर्फ बलात्कार के खिलाफ दर्ज मामलों के हैं। नेशनल सैम्पल सर्वे ऑफिस की एक रिपोर्ट के मुताबिक हमारे देश में लोग सबसे अधिक धार्मिक यात्राएं करते हैं। रिपोर्ट जुलाई, 2014 से जून, 2015 के बीच देशभर में की गई धार्मिक यात्राओं पर आधारित है और इस रिपोर्ट के मुताबिक देश के लोगों ने सिर्फ एक वर्ष में 48,45,900 धार्मिक यात्राएं कीं। इस रिपोर्ट से पता चलता है कि भारतीय लोग अन्य यात्राओं के मुकाबले लगभग चार गुना अधिक धार्मिक यात्राएं करते हैं। राष्ट्रीय अपराध रिकॉर्ड्स ब्यूरो के आंकड़ों के अनुसार, 2016 में देशभर में महिलाओं के साथ बलात्कार के कुल 38,947 मामले सामने आए, मतलब प्रतिदिन औसतन 107 महिलाएं बलात्कार का शिकार हुईं। जबकि 2014 में यह औसत 90 के करीब था। एनसीआरबी द्वारा जारी आंकड़ों के अनुसार 2013 में भारत में बलात्कार की घटनाओं की संख्या बढ़कर 33,707 हो गई जो 2012 में 24,923 थी। 2013 में 15,556 मामलों में दुष्कर्म पीड़ितों की उम्र 18 से 30 वर्ष के बीच थी। एनसीआरबी के मुताबिक, 2016 में महिलाओं के खिलाफ अपराध के कुल 3,38,954 मामले सामने आए। मतलब देशभर में प्रतिदिन औसतन 928 महिलाएं किसी न किसी अपराध का शिकार हुईं। दिल्ली में 2016 में 2015

के मुकाबले 9.48 प्रतिशत अधिक एफआईआर दर्ज की गई। 2015 में बलात्कार के 2,199 मामले दर्ज किए गए थे जबकि 2016 में बलात्कार के 2,155 मामले दर्ज हुए जो एक मामूली गिरावट है। 2015 के दौरान यौन उत्पीड़न के 5,367 मामले दर्ज किए गए जबकि 2016 में ये आंकड़ा 4,165 था। एनसीआरबी द्वारा जारी आंकड़ों के अनुसार 2016 में मध्य प्रदेश में 4,882, उत्तर प्रदेश में 4,816, महाराष्ट्र में 4,189, राजस्थान में 4,189 और जम्मू–कश्मीर में 256 बलात्कार के मामले सामने आए हैं। दिल्ली पुलिस ने वर्ष 2016 में दिल्ली में हुए अपराधों पर एक रिपोर्ट जारी की, जिसके मुताबिक दिल्ली में हर चार घंटे में एक महिला बलात्कार की शिकार होती है, हर दो घंटे में एक महिला के साथ छेड़छाड़ की घटना होती है और हर नौ मिनट में एक महिला पुलिस को फोन करके मदद मांगती है। 2011 में जहां इस तरह के कुल 572 मामले सामने आए थे, वहीं 2016 में यह आंकड़ा 2,155 रहा। इनमें से 291 मामलों का अप्रैल, 2017 तक समाधान नहीं हो पाया था। निर्भया काण्ड के बाद दुष्कर्म के दर्ज मामलों में 132 प्रतिशत की बढ़ोत्तरी हुई। देश के सभी महानगरों में अपराधों के मामले में दिल्ली अव्वल है। महानगरों में कुल अपराधों में अकेले दिल्ली में 38.8 प्रतिशत अपराध दर्ज हुए, दूसरे स्थान पर बेंगलुरू 8.9 प्रतिशत और तीसरे पर मुम्बई 7.7 प्रतिशत रहा। महिलाओं के प्रति होती हिंसा में लगातार इजाफा हो रहा है और अब तो ये चिन्ताजनक विषय बन चुका है।

अनदेखी क्यों?

भारत के संविधान में लिखे गए समानता के अधिकार को सुनिश्चित करने के लिए महिलाओं को सशक्त बनाना सबसे प्रभावशाली उपाय है। भारतीय संविधान के कई प्रावधान विशेषकर महिलाओं के लिए बनाए गए हैं। इस बात की जानकारी महिलाओं को अवश्य होनी चाहिए। संविधान के अनुच्छेद 14 में कानूनी समानता, अनुच्छेद 15 (3) में जाति, धर्म, लिंग एवं जन्म स्थान आदि के आधार पर भेदभाव न करना, अनुच्छेद 16 (1) में लोक सेवाओं में बिना भेदभाव के अवसर की समानता, अनुच्छेद 19 (1) में समान रूप से अभिव्यक्ति की स्वतंत्रता, अनुच्छेद 21 में महिला एवं पुरुष दोनों को प्राण एवं दैहिक स्वाधीनता से वंचित न करना, अनुच्छेद 23–24 में शोषण के विरुद्ध अधिकार समान रूप से प्राप्त, अनुच्छेद 25–28 में धार्मिक स्वतंत्रता

दोनों को समान रूप से प्रदत्त, अनुच्छेद 29–30 में शिक्षा एवं संस्कृति का अधिकार, अनुच्छेद 32 में संवैधानिक उपचारों का अधिकार, अनुच्छेद 39 (घ) में पुरुषों एवं स्त्रियों दोनों को समान कार्य के लिए समान वेतन का अधिकार, अनुच्छेद 40 में पंचायती राज्य संस्थाओं में 73वें और 74वें संविधान संशोधन के माध्यम से आरक्षण की व्यवस्था, अनुच्छेद 41 में बेकारी, बुढ़ापा, बीमारी और अन्य अनर्ह अभाव की दशाओं में सहायता पाने का अधिकार, अनुच्छेद 42 में महिलाओं हेतु प्रसूति सहायता प्राप्ति की व्यवस्था, अनुच्छेद 47 में पोषाहार, जीवन स्तर एवं लोक स्वास्थ्य में सुधार करना सरकार का दायित्व है, अनुच्छेद 51 (क) (ड) में भारत के सभी लोग ऐसी प्रथाओं का त्याग करें जो स्त्रियों के सम्मान के विरुद्ध हों, अनुच्छेद 33 (क) में प्रस्तावित 84वें संविधान संशोधन के जरिए लोकसभा में महिलाओं के लिए आरक्षण की व्यवस्था, अनुच्छेद 332 (क) में प्रस्तावित 84वें संविधान संशोधन के जरिए राज्यों की विधानसभाओं में महिलाओं के लिए आरक्षण की व्यवस्था है। सरकार को महिलाओं के वास्तविक विकास के लिए पिछड़े ग्रामीण क्षेत्रों में जाना होगा और वहां की महिलाओं को सरकार की तरफ से मिलने वाली सुविधाओं और उनके अधिकारों से अवगत कराना होगा जिससे उनका भविष्य बेहतर हो सके। कानूनी अधिकार के साथ महिलाओं को सशक्त बनाने के लिए संसद द्वारा पास किए गए कुछ अधिनियम हैं। जैसे नैतिक व्यापार (रोकथाम) अधिनियम 1956, दहेज रोक अधिनियम 1961, एक बराबर पारिश्रमिक एक्ट 1976, मेडिकल टर्म्नेशन ऑफ प्रेग्नेंसी एक्ट 1987, लिंग परीक्षण तकनीक एक्ट 1994, बाल विवाह रोकथाम एक्ट 2006 और कार्य स्थल पर महिलाओं का यौन शोषण एक्ट 2013 हैं। भारतीय दण्ड संहिता के अनुसार बलात्कार, अपहरण अथवा बहला–फुसलाकर भगा ले जाना, शारीरिक या मानसिक शोषण, दहेज के लिए मार डालना, पत्नी से मारपीट, यौन उत्पीड़न आदि को गम्भीर अपराध की श्रेणी में रखा गया है। हिंसा से तात्पर्य है किसी को शारीरिक रूप से चोट या क्षति पहुंचाना, किसी को मौखिक रूप से अपशब्द कहकर मानसिक परेशानी देना भी हिंसा का ही प्रारूप है। इससे शारीरिक चोट तो नहीं लगती परन्तु दिलों–दिमाग पर गहरा आघात जरुर पहुंचता है। बलात्कार, हत्या, अपहरण आदि को आपराधिक हिंसा की श्रेणी में गिना जाता है तथा दफ्तर या घर में दहेज के लिए मारना, यौन शोषण, पत्नी से मारपीट, बदसलूकी जैसी घटनाएं घरेलू हिंसा का

उदाहरण हैं। ये सभी घटनाएं महिलाओं तथा समाज के बड़े हिस्से को प्रभावित कर रहीं हैं। मूल्य, मान्यताओं व संवेदनाओं को देखते हुए महिलाओं को जागरूक किया जाए। वहीं, कानूनी स्तर पर भी उनको जानकारी होनी चाहिए ताकि वे अपनी लड़ाई कानूनी तौर पर भी लड़ सके।

ना हो राजनीति

महिलाओं पर हो रही आए दिन हिंसा एक गम्भीर प्रश्न हमारे समाज और सरकार पर खड़ा करती है। महिला होना काफी सम्मान की बात है और इस सम्मान को बनाए रखना उससे भी बड़ी बात है लेकिन आज का समाज उस सम्मान को नोंचने में लगा हुआ है। कभी घरेलू हिंसा, तो कभी लूटती अस्मिता के रूप में। सम्मान के नाम पर महिलाओं को सिर्फ झूठे वादे ही नसीब हो रहे हैं। दिल्ली में हुए निर्भया काण्ड के बाद महिलाओं के मन में आशा की किरण जगी थी कि अब समाज में बदलाव आएगा, लोगों की सोच बदलेगी, पर्दे की बेड़ी में बंधी 'रानी' कही जाने वालीं महिलाओं को अब पंख मिल सकेंगे लेकिन देश में ढाक के तीन पात वाली कहावत आज भी अस्तित्व में है। उन्नाव, कठुआ, एटा, सूरत और ना जाने ऐसे कितने ही मामले होंगे जो सामने आए हैं और ऐसे अनगिनत मामले भी होंगे जो दबा दिए जाते हैं और सामने नहीं आ पाए। सरकार ने तो एक तरह से अपना काम करके पल्ला झाड़ लिया लेकिन असली काम तो किसी ने किया ही नहीं। दरअसल, असली काम है लोगों के दिमाग में महिलाओं के प्रति जो सोच है उसे सही करने की। लेकिन जब भी बलात्कार की कोई घटना जनाक्रोश का कारण बनती है तो हमारे राजनीतिक दल जनता की आंखों में धूल झोंकने के लिए कोई नया मुद्दा छोड़ देते हैं।

भारतीय मीडिया का नजरिया

नारी तुम केवल श्रद्धा हो, कहने वाले प्रसाद ने भी उसी 'कामायानी' में लिखा– "आँसू से भीगे आंचल पर मन का सब कुछ रखना होगा, तुमको अपनी स्मिति रेखा से यह संधि पत्र लिखना होगा।" आज महिला मीडिया की ओर आशा भरी निगाहों से देख रही है, जबकि मीडिया महिला को लोलुप दृष्टि से। मीडिया अपनी चमक को और चमकीला बनाने के लिए महिला का उपभोग करने के लिए आतुर है, जबकि महिला अपनी अस्मिता को साबित

करने के लिए मीडिया का उपयोग करने के वास्ते हलाकान है। इस जुगलबंदी में मीडिया की मंशा और उसका वर्तमान तो काफी हद तक स्पष्ट है, लेकिन महिला की मंशा और उसकी ऐतिहासिक स्थिति इससे काफी जटिल है। नए विश्व में जब से महिला का मनुष्य बोध जागृत हो उठा है, तब से वह अपनी निजता के प्रति भी सजग हुई है और पुरुष के बराबर ही स्वीकार किए जाने की उसकी आकांक्षाएं भी बेसब्र हुई हैं। इसी बेशब्री का परिणाम यह है कि महिला किसी ना किसी उपाय से मीडिया के दर्पण में खुद को देखने की अभिलाषा से व्यग्र है और मीडिया उसकी इसी व्यग्रता को भुनाने के लिए उसे विविध आयामों में दिखाने की मुनाफाखोरी में मुस्कुरा रहा है। यहां कभी महिला की लाचारियां हैं, कभी आंसू, कभी उसका प्रेम, कभी उस पर हिंसा, तो कभी उसकी देहदृष्टि। महिला के जितने भी आयाम हैं, वे सब के सब मीडिया के बिकाऊ माल हैं। महिलावादी इतिहासकार मेरी रयान ने भी यह माना था कि 18वीं और 19वीं सदी के सबसे सक्रिय दौर में महिलाएं पीछे दिखीं जबकि राजनीतिक प्रक्रिया और महिला अधिकारों के लिए उनकी भूमिका काफी दमदार थी। अगर उनकी भूमिका को उस समय इतिहासबद्ध किया जाता तो आज एक दूसरे तरह का इतिहास पढ़ने को मिलता। जया जादवानी का एक कथन याद आता है, "कौन–सी औरत खड़ी है इस स्क्रीन पर–वह जो आइटम गर्ल है, छोटे–छोटे कपड़े पहनती है, बड़े–बड़े पर्स, हाईहील के शू पहनती है। एक–एक लाख का माल शरीर पर. .. घर बनाती नहीं, तोड़ती है...। वैसे घरों का जो हाल है, टूट ही जाने चाहिए। भारतीय समाज नए का स्वागत करना चाहता है, पर पहल नहीं करना चाहता। यहां भीतरी बदलाव की प्रक्रिया अत्यन्त धीमी है। तभी इन चौनलों पर दुर्गा पूजा, करवाचौथ, त्यौहार, ज्योतिष, तंत्र–मंत्र अपना जाल फैलाए बैठे हैं। इन्हें हमारा समाज ही सोचता और पालता है। यहां मीडिया की जिम्मेदारी और बढ़ जाती है कि वह इस काम से कैसे सही ढंग से कम्युनिकेट करे।"

भारत में महिला विमर्श

भारत में स्त्री विमर्श अधिकतर आम मध्यवर्गीय सवर्ण स्त्री के सवालों से ही जूझता रहा है। एक मत के अनुसार मनुस्मृति के अनुसार स्त्री और दलित की स्थिति एक ही है। अतः दोनों को एकजुट होकर अपने शोषण–दमन

के विरूद्ध संघर्ष करना चाहिए। इस मत के समर्थकों का कहना है कि सीता और द्रौपदी को रानी की हैसियत होने के बावजूद पितृसत्तात्मक दमन और प्रताड़ना भुगतनी पड़ी। इसके भिन्न मतावलंबियों में प्रमुख रूप से एम. प्रभावती, प्रभा मुथल, सुशीला मूले, आशा थोराट, अरुणा लोखाडे, कौशल्या नांडेश्वर आदि के नाम उल्लेखनीय हैं। इनका तर्क है कि देश के सामाजिक परिप्रेक्ष्य में दलित और सवर्ण स्त्रियों को अलग–अलग प्रकार की बाधाओं से गुजरना पड़ता है। हर देश का अपना अलग–अलग बुनियादी सामाजिक ढांचा है। ऐसे आंदोलन वैश्विक विचारधारा के विकास में सहायक हो सकते हैं लेकिन यह जरुरी नहीं कि हर आंदोलन इस वैश्विक विचारधारा की सैद्धांतिकी को आधार बनाकर चले। किसी एक मुद्दे को लेकर शुरू हुआ आंदोलन अपनी चेतना में कई स्तरों पर न्याय की लड़ाई को समेटे रहता है। भारत में महिला संघर्ष और महिला अधिकार के आंदोलन को इसी रूप में स्वतंत्रता आंदोलन के परिप्रेक्ष्य में देखने की आवश्यकता है। पश्चिम के महिला आंदोलनों और महिला विमर्श से तुलना करते हुए कई बार हमारे योग्य विद्वान भारतीय परिप्रेक्ष्य में महिला संघर्ष की उपेक्षा कर जाते हैं। हिन्दी के विमर्शात्मक लेखन पर भी इसी तरह का एक खास नजरिया चस्पां कर दिया गया है और उसका मूल्यांकन चंद लेखिकाओं के आधार पर करके एक सामान्य निष्कर्ष निकाल दिया जाता है। ऐसे में भारत के महिला–संघर्ष के इतिहास पर पुनर्विचार करना जरुरी है। महिला विमर्श एक वैश्विक विचारधारा है लेकिन विश्वभर की महिलाओं का संघर्ष उनके अपने समाज सापेक्ष है। भारतीय स्वतंत्रता आंदोलन का मूल ढांचा पितृसत्तात्मक राष्ट्रवाद का है लेकिन भारत में महिला आंदोलन भी इसी ढांचे के साथ विकसित होता हुआ दिखाई देता है। 19वीं सदी के उत्तरार्ध और 20वीं सदी के पूर्वार्द्ध के दौरान विकसित होते हुए महिला आंदोलन को भारत के तत्कालीन राष्ट्रवादी आंदोलन से अलग करके नहीं देखा जा सकता है लेकिन कई स्तरों पर उनके अपने संघर्ष भी रहे हैं। इस संघर्ष की शुरुआत वहीं से स्पष्ट होने लगती है जब राष्ट्रवादी आंदोलन के अगुआ महिला की तत्कालीन दशा में सुधार तो लाना चाहते हैं लेकिन उसे परम्परागत परिवार के दायरे में सीमित रखकर और सामाजिक स्तर पर महिला की राष्ट्रमाता की छवि निर्मित करके। जहां ना तो महिला का स्वतंत्र व्यक्तित्व है और ना ही उसकी अस्मिता। सन् 1949 में सिमोन द बोवुआर ने अपनी पुस्तक 'द सेकण्ड सेक्स' में स्थापना दी थी,

"औरत पैदा नहीं होती बल्कि बनाई जाती है।" उनकी बात आज भी प्रासंगिक है, क्योंकि हमारे तमाम भौतिक विकास के बावजूद हम मानसिक और सामाजिक स्तर पर महिला को वह जगह नहीं दे पाए हैं, जिसकी वह हकदार है। मीडिया भी इससे मुक्त नहीं है क्योंकि वह भी इसी सामाजिक व्यवस्था से खाद–पानी पीकर बनता और प्रभावी होता है। भारतीय समाज की विडम्बना है कि अधिकांश स्त्रियां पितृक संस्कृति को ही समर्थन देती हैं। इसीलिए 'स्त्री विमर्श' को लेकर आज भी अनेक स्त्री लेखिकाओं में गहरे अंतर्विरोध हैं। इसका कारण यही है कि स्त्री होते हुए भी उनके पास स्त्री दृष्टि नहीं है। स्त्री विमर्श को इस भयावह स्थिति में पहुंचाने के पीछे तीन स्पष्ट कारण हैं– एक, इसके वास्तविक स्वरूप से अनाभिज्ञता, दूसरा, पूर्वाग्रहस्ता और तीसरा, पश्चिमी नारी आंदोलनों का अंधानुकरण। स्त्री–विमर्श और देह–विमर्श का फिलहाल चोली–दामन का साथ है। देह मुक्ति की बात कही और समझी जा रही है। बहस यह भी है कि देह मुक्ति वस्तुतः देह से परे जाना है। देह से परे जाना क्या है? मान लो एक स्त्री का बलात्कार होता है। स्पष्ट है कि पुरुष (बलात्कारी) दोषी है। लेकिन एक सोच के अनुसार दाग स्त्री के देह को लगता रहा है। एक और उदाहरण लीजिए। भारतीय संदर्भ में। दो प्रेमी हैं। उनके देह संबंध स्थापित हो गए। किसी कारण विवाह नहीं हुआ। अब लड़की को प्रायः यह सलाह दी जाती है कि वह अपने देह–संबंध को छिपाए। नहीं छिपाएगी तो, यौन शुचिता के हिमायती होने के कारण पुरुषों से ताने सुनती रहेगी। अपवित्र कहलाएगी। ऐसे में देह मुक्त अनिवार्य हो जाती है और देह से परे जाने का अर्थ भी समझ में आता है– अर्थात् सारी पवित्रता, शुचिता आदि का ठेका देह से जोड़ देने वाली सोच का विरोध।

समाधान जरूरी है

वर्तमान स्वरूप में, स्त्री का अपने अधिकारों के लिए संघर्ष, आधुनिक राष्ट्र राज्य की उपज है। इस संदर्भ में एक उल्लेखनीय तथ्य यह है कि इन राष्ट्र राज्यों में आरंभिक वर्षों में स्त्री की स्थिति सुधारने की दिशा में कई ठोस कदम उठाए गए परन्तु ये सामाजिक क्षेत्र तक ही सीमित रहे। 1570–1700 के बीच नारीवादी, प्रबुद्ध स्त्रियों के उदाहरण दे–देकर सिद्ध करने की कोशिश कर रही थी कि यदि स्त्रियों को अनुकूल अवसर मिले तो वे पुरुषों

के समान साज में सकारात्मक योगदान दे सकती हैं। 1869 में जान स्टुअट मिलने अपनी पुस्तक 'ट्रीटाइज, दि सब्जैक्शन ऑफ वीमन में स्त्री के ऐतिहासिक दमन के लिए कानूनी व्यवस्था को जिम्मेदारी माना। आज जरूरत है शिक्षा की जहां उन्हें बचपन से ही स्वयं–सिद्धा बनना सिखाया जाए, स्वावलम्बी बनना सिखाया जाए ना कि किसी अवलम्बन का मोहताज बनाया जाए फिर कोई ताकत नहीं कि तस्वीर ना बदले। ना केवल स्वावलम्बी होना बल्कि शारीरिक रूप से भी फष्ट होना, अपनी रक्षा खुद करना भी सिखाया जाना जरूरी है और जरूरत पड़े तो दूसरों का भी सहारा बन सके।

'यत्र नार्युस्त पूज्ययंति तत्र रमति देवता'। एक समय था जब नारी को हम देवी के रूप में पूजते थे लेकिन आज आलम कुछ ऐसा है कि महिलाओं के सम्मान को सरेआम नीलाम किया जाता। इस तरह की घटनाएं किसी एक राज्य या शहर की नहीं है बल्कि पूरे देश को निगल रही हैं। बलात्कार सिर्फ शारीरिक तौर पर नहीं बल्कि शब्दों से भी महिलाओं का शोषण किया जा रहा है। घर हो या बाहर कहीं भी वह सुरक्षित नहीं हैं। सड़कों पर चलते वक्त लड़कों से मिली टिटकारिया उन्हें नारी होना एक गुनाह इस बात का एहसास कराती हैं। आखिर महिलाओं के खिलाफ कब ये अत्याचार रुकेंगे? कब देश के लोग जागेंगे? कब महिलाएं भी आजादी से निर्भय होकर खुलेआम घुम सकेंगी। अब प्रश्न ये उठता है कि जहां देश प्रगति की राह पर चल रहा है वहां महिलाओं की हालत बद से बत्तर हो रही है। उनकी स्थिति में कोई सुध ाार नहीं है। पहले उन्हें घर की सामग्री समझा जाता था और अब उन्हें अपने मनोरंजन के लिए खेलकर फेंक देने वाला खिलौना। लेकिन अब बहुत हो चुका है। अब महिलाएं जाग उठी हैं, उन्हें अपना अधिकार चाहिए। उन्हें अपने पर हो रहे इन अत्याचारों से निजात चाहिए। इसके लिए सिर्फ सरकार को ही नहीं बल्कि बुद्धिजीवियों के साथ–साथ समाज के वरिष्ठ नागरिकों को भी आगे आना होगा। सबसे पहले उन्हें अपनी सुरक्षा खुद करनी होगी। सिर्फ कानूनों से महिलाओं पर बढ़ रहे अपराधों पर लगाम नहीं लगाई जा सकती है बल्कि लोगों की सोच और मानसिक चिन्ता धारा में बदलाव अति आवश्यक है। लोगों के नजरिए में बदलाव जरूरी है। महिलाओं को पर्याप्त शिक्षा देना और उनके स्वास्थ्य का विकास करना होगा। आज स्थिति यह है कि आज के दौर में नवउदारवादी बाजारवादी संस्कृति के हमले से रिश्तों के लिहाज के सामाजिक मूल्य छिन्न–भिन्न हो गए हैं। प्रशासन, समाज सभी

इन पर हो रहे अपराधों की अनदेखी करता है। जब कोई गुनाह होता है सियासी खेल शुरू हो जाता है। पलभर के लिए राजनीति गरम होती है, बयानबाजी होती है और फिर सब ज्यों का त्यों हो जाता है। इन अपराधों के खिलाफ न तो तत्परता से कोई कदम उठाया जाता है और ना ही कड़ी कार्रवाई की जाती है। इसी का नतीजा है कि महिलाओं के खिलाफ अपराध के जो मामले न्यायालय तक पहुंचते भी हैं, उनमें से चार में से एक में ही अपराधी को सजा मिल पाती है। प्रशासन की यही विफलता, महिलाओं व युवतियों के बीच असुरक्षा फैला रही है। इधर सामंती तथा रूढ़ीवादी ताकतों ने इन हालात का फायदा उठाकर, महिलाओं के अधिकारों तथा स्वतंत्रताओं पर हमले तेज कर दिए हैं। कोई कहता है कि कि इन सबके लिए लड़कियां ही दोषी हैं। उन्हें सम्भलकर रहना चाहिए। समाज के धराशायी लोग उन पर कई तरह की पाबंदी लगा देते हैं। कहीं मोबाइल फोन का इस्तेमाल रोक दिया जाता है तो कहीं जीन्स पहनने पर रोक, तो कोई कह रहा है कि महिलाओं को अकेले घर से बाहर ना निकलने दिया जाए, तो कुछ रात को बाहर जाने से मना करते हैं। इस मामले में खाप पंचायत सबसे आगे है, इनका फरमान है कि बलात्कार से बचने के लिए व्यस्क होने से पहले ही लड़कियों की शादी कर दी जाए। उनके मुताबिक ऐसे कदम उठाने से महिलाएं खुद को अधिक सुरक्षित महसूस करेंगी। लेकिन क्या यह सब ठीक है? क्या इस तरह के कदमों से महिलाओं को सुरक्षा मुहैया कराना सम्भव होगा। जब तक लोगों की सोच में बदलाव नहीं आएगा तब तक कुछ नहीं हो सकता है। सिर्फ कानून और योजनाएं बनाने से कुछ नहीं होगा उन्हें लागू करना ज्यादा जरूरी है। तभी महिलाओं को अपनी मर्यादा प्राप्त हो सकती है।

19

तीन तलाक एक राजनैतिक एवं सामाजिक विमर्श

योगेश कुमार

शोध छात्र इतिहास विभाग

चौ0 चरण सिंह विश्वविद्यालय, मेरठ।

पंकज चौधरी

सहायक आचार्य राजनीति विज्ञान विभाग

राजकीय महिला महाविद्यालय,

कांधला कॉलेज, शामली।

''अधिकारों को पाने में पिछड़ रही ये नारी है,

सम्मान इनका जरूरी है क्योंकि माँ बहन ये हमारी है।''

तीन तलाक मामलारू इतिहास के परिप्रेक्ष्य में—

सर्वप्रथम तीन तलाक और समान नागरिक संहिता की बात मोहम्मद अहमद खान बनाम शाहबानों बेगम (1985) मामले से अस्तित्व में आयी। इस मामले में सर्वोच्च न्यायालय ने समान नागरिक संहिता पर बल दिया था। दरअसल शाहबानों को उनके पति ने तीन बार तलाक बोलकर तलाक दे

दिया था। इसके बाद शाहबानों ने अपने पति से हक मेहर के अलावा गुजारा भत्ते की माँग की और यह मामला अदालत में पहुँच गया। इस पर सर्वोच्च न्यायालय ने आदेश दिया कि धारा 125 के तहत मुस्लिम महिला को भी गुजारा भत्ते का अधिकार है। पहले तो भारत सरकार ने न्यायालय के इस फैसले की सराहना की, लेकिन जैसे ही मुस्लिम कट्टरपंथियों का दबाव सरकार पर पड़ा तो सरकार ने उनके सामने समर्पण कर दिया। तत्कालीन सरकार ने मुस्लिम कट्टरपंथी तत्वों को संतुष्ट करने के लिए न्यायालय के फैसले को ही पलट दिया। वोट बैंक के सामने मुस्लिम महिलाओं के हक की बात छोटी साबित हो गयी। जिसके द्वारा तलाकशुदा मुस्लिम महिलाओं को आजीवन दमन का शिकार होने के लिए छोड़ दिया गया।

तीन तलाक मामलारू वर्तमान परिप्रेक्ष्य में–

शाहबानों मामले के ठीक 32 साल बाद एक बार फिर से तीन तलाक का मामला सर्वोच्च न्यायालय तक पहुँचा। उत्तराखण्ड के काशीपुर की शायराबानों को उनके पति ने जबरन मायके भेज दिया और कुछ दिनों उन्हें तीन तलाक सुना दिया। जिसके बाद 2016 में उन्होंने सर्वोच्च न्यायालय का दरवाजा खटखटाया। उन्होंने अपनी याचिका में तीन तलाक के साथ–साथ बहुविवाह और निकाह हलाला को ही चुनौती दी। कुछ समय बाद ऐसी ही याचिकायें सर्वोच्च न्यायालय पहुँची। विडंबना यह रही कि मुस्लिम पर्सनल लॉ बोर्ड इस प्रथा को गलत तो मानता रहा लेकिन उसे अमान्य करने के लिए राजी नहीं हुआ तथा रूढ़िवादी दृष्टिकोण अपनाया। फिलहाल सर्वोच्च न्यायालय ने तीन तलाक पर अपना निर्णय सुना दिया है।

तलाक की अवधारणा व इसके प्रकार–

इस्लाम धर्म में विवाह (निकाह) एक 'अहदो' पैमान अर्थात् एक समझौता होता है जो एक पुरूष व स्त्री की आपसी सहमति (कबूल है) के बाद अस्तित्व में आता है। कुरान में विवाह (निकाह) को मीमाक–ए–गलीज (मजबूत समझौता) बताया गया है। इस्लाम में निकाह को समाप्त करने को तलाक कहते हैं।

'तलाक' अरबी भाषा का शब्द है। इसका शाब्दिक अर्थ है– ''निर्युक्त करना।'' मुस्लिम पति तलाक देने का एक तरफा अधिकार रखता है। वह इस

अधिकार का दुरूपयोग भी कर सकता है। मुस्लिम समाज में तलाक दो प्रकार का होता है–

(1) तलाक– उल–सुन्नत (वापस होने योग्य तलाक)

(2) तलाक–उल–विद्दत (वापस नहीं होने योग्य तलाक)

वर्तमान में चर्चा का केन्द्र बना तीन तलाक का मामला तलाक–उल–विद्दत की ही उपज है। इसके अनुसार मुस्लिम पति एक ही समय पर 'तलाक' शब्द तीन बार उच्चारित (तलाक, तलाक, तलाक) करता है। ऐसी स्थिति में तलाक पूर्ण, अंतिम तथा वापस होने योग्य नहीं रह जाता है। इसे ही तीन तलाक कहते हैं।

भारत का सबसे बड़ा कानून भारत का संविधान है। धर्म, प्रजाति, नस्ल, जाति, लिंग अथवा जन्म स्थान के आधार पर भेदभाव नहीं किया जा सकता। सभी को समान अधिकार सुनिश्चित कराना सरकार की जिम्मेदारी है।

अनुच्छेद 21रू जीवन जीना और आजादी से जीना प्रत्येक व्यक्ति का मूल अधिकार है। कानून के अलावा इस अधिकार में किसी प्रकार से हस्तक्षेप नहीं किया जा सकता।

अनुच्छेद 25रू सभी नागरिकों को अपने धर्म का पालन करने की स्वतन्त्रता है। व्यक्ति को उसके धर्म से जुड़े रीति–रिवाज, नियम–कानूनों को मानने की आजादी है।

अतः स्पष्ट है कि तीन तलाक प्रथा संविधान के अनुच्छेद 15 व अनुच्छेद 21 का उल्लंघन करती है। जिसके कारण यह असंवैधानिक है। तथा जो लोग तीन तलाक का पक्ष लेकर अनुच्छेद 25 का तर्क देते है तो मैं उनसे पूछना चाहती हूँ (कि क्या धार्मिक स्वतन्त्रता के नाम पर धार्मिक विकृति को स्वीकार किया जाना चाहिए?)

तीन तलाक पर सुनवाई हुई संवैधानिक पीठ–

देहरादून की एक मुस्लिम महिला द्वारा वर्ष 2016 में दाखिल एक याचिका पर सुनवाई करने के लिए 30 मार्च 2017 को सर्वोच्च न्यायालय ने पाँच न्यायाधीशों की एक संवैधानिक पीठ का गठन किया। इस संवैधानिक

पीठ की सबसे बड़ी विशेषता यह थी कि इसके पाँच न्यायाधीश पाँच भिन्न–भिन्न धार्मिक समुदाय से थे। इन पाँच न्यायाधीश में मुख्य न्यायाधीश जगदीश सिंह खेहर, न्यायमूर्ति कुरियन जोसेफ, न्यायमूर्ति रोटिगंटन काली नरीयन, न्यायमूर्ति उदय उमेश ललित और न्यायमूर्ति अब्दुल नजीर शामिल थे।

लम्बे संघर्ष के बाद आखिर 22 अगस्त 2017 को मुस्लिम महिलाओं को तीन तलाक से आजादी मिल गयी। सर्वोच्च न्यायालय ने ऐतिहासिक फैसला सुनाते हुए मुस्लिम समाज में 1400 वर्षों से प्रचलित एक बार में तीन तलाक अर्थात् तलाक–ए–विद्दत को असंवैधानिक करार देकर निरस्त कर दिया। न्यायालय ने निर्णय देते हुए कहा कि एक साथ तीन तलाक अर्थात् तलाक–ए–विद्दत संविधान में दिये गये बराबरी के अधिकार का हनन है। इसके साथ ही सर्वोच्च न्यायालय ने शरीयत कानून 1937 की धारा–2 में एक बार में तीन तलाक को दी हुयी मान्यता निरस्त कर दी।

सर्वोच्च न्यायालय ने तलाक–ए–विद्दत को असंवैधानिक घोषित कर दिया है लेकिन तलाक का दूसरा प्रकार अर्थात् 'तलाक–उल–सुन्नत' अभी भी पूर्व की भाति ही लागू रहेगा। इस प्रकार के तलाक तथा इसके भाग में पति–पत्नि के बीच सुलह की संभावना रहती है। इसलिए तलाक की यह विधि अभी भी कानूनन वैध और मान्य है। जबकि तलाक–ए–विद्दत में ऐसा नहीं था।

भारत में भले ही तीन तलाक जैसी अमानवीय प्रथा पर अब पाबंदी लगी हो लेकिन वर्तमान में कम से कम 22 इस्लामी देश है जिन्होंने पहले से ही इस प्रथा को समाप्त कर रखा है। इन देशों में पाकिस्तान, बांग्लादेश, श्रीलंका, अफगानिस्तान आदि देश भी शामिल है। मुस्लिम समाज में सदियों से चली आ रही तीन तलाक जैसी अनैतिक व अमानवीय प्रथा का उन्मूलन ही हो गया। इससे यह स्पष्ट हो गया है कि जब बात समानता व हक की लड़ाई की हो तो समाज में व्याप्त धर्म व परम्परा को घोड़ा पीछे तो हटना ही पड़ेगा। सर्वोच्च न्यायालय के इस निर्णय के बाद समान नागकि संहिता (अनु0 44) को लागू करने को बल मिलेगा। समान नागरिक संहितों के लागू होने के बाद ही भारत वास्तविक धर्मनिरपेक्ष देश बनेगा।

सन्दर्भ सूची

1. फुरकान अहमद– ''तीन तलाकरू सामाजिक–कानूनी पहलुओं पर जोर देने के साथ एक विश्लेषणात्मक अध्ययन, नई दिल्ली, 1994, पृ0 1–14

2. सलमान खुर्शीद– ''तीन तलाक– विश्वास की जाँच, नई दिल्ली, 2018, पृ0 3–11

3. फिरासत अली, फुरकान अहमद– ''मुस्लिम कानून में तलाकरू तीन तलाक का कानून'' दीप खण्ड दीप, 1983, पृ0 22

4. कुमुद देसाई– ''मुस्लिम कानून में शादी और तीन तलाक'', नागपुर, 2011, पृ0 8–11

5. फ्रेनिकल पत्रिका– तीन तलाक और सर्वोच्च न्यायालय का फैसला

6. समाचार पत्रः अमर उजाला, हिन्दुस्तान, अगस्त 2017

अध्याय–20

लोकतन्त्र में असमानता का दंश झेलती महिलाएँ

गौरी, शोध छात्रा

राजनीति विज्ञान

डी0 वी0 कालेज उरई (जालौन)

आज का युग लोकतन्त्र का युग है। यद्यपि प्राचीन काल में प्लेटो और वर्तमान चिन्तकों में से कुछ ने मनोवैज्ञानिक, सामाजिक और प्रशासनिक आधार पर लोकतन्त्र की आलोचना की है। तथापि आज कभी चिन्तन का केन्द्र बिन्दु लोकतन्त्र ही है। क्योंकि आज सत्ता और जनता के मध्य घनिष्ठ सम्बन्ध स्थापित करने वाली एक सुस्पष्ट व्यवस्था के रूप में लोकतन्त्र सर्वस्वीकार्य है। राज्य के विकास की लम्बी अवधि कि इतिहास में समय एवं परिस्थितियों के अनुरूप शासन प्रणालियों मं परिवर्तन आते गये। इस दृष्टि से राजतन्त्र, श्रेणीतन्त्र, कुलीनतन्त्र एवं अधिनायकतन्त्र शासन प्रणाली के विभिन्न प्रतिमान रहे हैं। इसी क्रम में आधुनिक लोककल्याण राज्य की अवधारणा की विउत्पत्ति के साथ ही लोकतन्त्र सर्वाधिक उपयोगी एवं लोकप्रिय शासन प्रणाली के रूप में प्रतिष्ठित हुई। लोकतन्त्र के मूलमंत्र है– स्वतन्त्रता, समानता और बन्धुत्व। आज वैश्विक स्तर पर सभ्य समाज इन आदर्श मूल्यों में आस्था प्रकट करता है। इसीलिये आज प्रायः सभी सरकारों अपने को लोकतान्त्रिक घोषित करती है। चाहे उनका वास्तविक स्वरूप लोकतन्त्रीय हो या राजतन्त्रीय अथवा साम्यवादी। व्यवहारतः इस सत्य से

इन्कार नहीं किया जा सकता कि आज भी विश्व में कई देशों में लोकतन्त्र की ओट में तानाशाही लागू है किन्तु कोई भी शासक अथवा विचारक वैचारिक रूप से इन्हें स्वीकार नहीं करता। क्योंकि लोकतन्त्र अपने वर्तमान स्वरूप में एक मात्र शासन व्यवस्था या शासन प्रणाली से आगे सामाजिक मूल्य के रूप में स्थापित हो चुका है।

यूनानी नगर–राज्य में सीमित प्रत्यक्ष लोकतन्त्र से अपनी विकास यात्रा के प्रथम चरण के बाद से ही लोकतन्त्र ने कई उतार–चढ़ाव को पार किया। इस बीच लोकतन्त्र ने विविध स्तरों को स्पर्श करते हुये नये–नये रूप धारण किये किन्तु जिस रूप में आज वह सर्वमान्य अथवा सार्वभौमिक बना। उसकी मजबूत नींव प्रथम व द्वितीय विश्वयुद्ध की विभीषिका से उत्पन्न समस्यों के बीच रखी गयी । जब फांसीवादी और नाजीवादी ताकतों ने समूची मानवता पर प्रश्नचिन्ह् लगा दिया। इस प्रकार 20 वी सदी में लोकतान्त्रिक शक्तियों की विजय हुई जब दूसरे महायुद्ध के बाद साम्राज्यवादी शक्तियां निर्बल हुई और एशिया, अफ्रीका तथा लैटिन अमेरिका के कई देशों में एकसाथ लोकतन्त्र प्रणाली का विकास हुआ।

लोकतन्त्र अपने राजनीतिक स्वरूप में शासन का एक विशिष्ट रूप तो है ही पर साथ ही यह सामाजिक व्यवस्था के रूप मे यह तंत्र एक ऐसे समाज की और संकेत करता है कि जिसमें समानता हो अर्थात जिसमें कोई सामाजिक छुआ–छूत, न बड़े–छोटे का भेद न हो। जहां जाति, धर्म, रंग, भाषा, लिंग भेद आदि के आधार पर किसी नागरिक को अधिकारों से वंचित नहीं किया जाता । आर्थिक लोकतन्त्र एक ऐसी अर्थव्यवस्था से सम्बन्धित है जिसमें धनवितरण में अधिक विषमताएँ न हो अर्थात धन पर आधारित खाइयों को पाट दिया जाए। सबको आर्थिक स्वतन्त्रता प्राप्त हो अर्थात सबको काम मिले, काम हेतु उचित वेतन मिले, असमर्थता की स्थिति में सामाजिक संरक्षण प्राप्त हो। बुढ़ापे बीमारी, अपंग होने की स्थिति में आर्थिक सहायता, उचित अवकाश मिले, बेगारी तथा बन्धक मजदूरी से छुटकारा हो आदि। सबको आर्थिक अभाव से छुटकारा मिलना सुनिश्चित हो सके।

संसदीय लोकतन्त्र की स्थापना की विशेषता है कि कार्यपालिका और व्यवस्थापिका में घनिष्ठ सम्बन्ध होता है। अर्थात व्यवस्थापिका से ही कार्यपालिका का निर्माण होता है तथा कार्यपालिका के प्रति उत्तरदायी होती

है। 'भारतीय संविधान में अनुच्छेद 325 व 326 के अनुसार प्रत्येक वयस्क नागरिक को जो पागल या अपराधी न हो मताधिकार प्रदान किया गया है तथा किसी नागरिक का धर्म, जाति, वर्ग, संप्रदाय, लिंग भेद के आधार पर भेदभाव के कारण मताधिकार से वंचित नही किया जा सकता। भारत् सार्वभौम वयस्क मताधिकार स्वतन्त्रता के पश्चात् लागू संविधान की देन है क्योंकि स्वतन्त्रता से पूर्ण भारत में भारतीय शासन अधिनियम 1935 में केवल 13 प्रतिशत लोगों को मताधिकार प्राप्त था।

वर्तमान समय में अधिकांश लोकतन्त्रों की प्रकृति अप्रत्यक्ष और प्रतिनिधिमूलक ही है। यहां एक बात उल्लेखनीय है कि लोकतन्त्र का आधार सहभागिता है और सहभागिता ने प्रतिनिधित्व को प्रोत्साहित किया। इसी श्रंखला में प्रतिनिधित्व को वयवहारिक रूप देने में मताधिकार की अवधारणा पोषित हुई यद्यपि सहभागिता प्रतिनिधित्व और मताधिकार लोकतन्त्र को सफल बनाने में महत्वपूर्ण है किन्तु उपरोक्त तीनों अवधारणाओं की व्युत्पत्ति लोकतन्त्र के मौलिक तत्व स्वतन्त्रता व समानता में ही हुयी। अतः यह कहना अनुचिरत नही होगा कि लोकतन्त्र और प्रतिनिधित्व सहभागिता एवं मताधिकार में परस्पर घनिष्ठ और अनन्य सम्बन्ध होता है। इसीलिये सार्वभौमिक वयस्क मताधिकार और निश्चित अन्तराल पर स्वतन्त्र और निस्पष चुनावों को लोकतन्त्र कीअन्य आवश्यक शर्तों के रूप में गिना जाता है। इसी कारण आज सहभागिता बढ़ाने के अनेकानेक प्रयास किये जा रहे हैं। दरअसल, प्रतिनिधियो पर प्रभावी नियन्त्रण रखने व उन्है शक्ति क दुरूपयोग करने से रोकने के लिये भी नागरिकों की सक्रिय भागीदारी पर बल दिया जा रहा है। यह माना जाता है कि लोकतन्त्र की समस्याओं यथा नौकरशाहीकरण, भ्रष्टाचार, केन्द्रीयकरण, पारदर्शिता और जबाव देही आदि के समाधान के रूप में सहभागिता बढ़ायी जाये। किन्तु वैविध्यपूर्ण राज्य में सहभागिता बनाये रखने का व्यवहारिक रूप प्रतिनिधित्व के माध्याम से लोगों को मताधिकार देकर लोकतन्त्र को मुकम्मल बनाया गया। 21वी सदी में हम लोकतन्त्र के जिस स्वरूप से वाकिफ है। वास्तव में वह सदियों से चली आ रही विकास प्रक्रिया का ही परिणाम है ठीक इसी प्रकार से मताधिकार से सार्वभौमिक वयस्क मताधिकार तक का सफर आसान नहीं रहा।

ऑक्सफोर्ड शब्दकोश के आधार पर मताधिकार का अर्थ है मत देने का

अधिकार । आधुनिक समय में लोकतन्त्र ने समानता के सिद्धान्त के आधार पर सभी नागरिकों को राजनीतिक समानता के रूप में 'एक व्यक्ति एक वोट' का अधिकार दिया है वह वयस्क मताधिकार पद्धति कही जाती है। परन्तु इस सिद्धान्त को विकसित होने और स्वीकृति प्राप्त करने में सदियां बीत गयी। स्पष्टतः लोकतन्त्र में मुख्य संघर्ष मताधिकार के विस्तार पर आधारित है। सर्वप्रथम इग्लैण्ड में राजनीतिक सुधारकों में इसके लिये लम्बे समय तक संघर्ष किया। इसमें प्रमुख नाम जेरमी बेन्थम का हैं। झध्यातव्य है कि इग्लैण्ड 1950 तक बहुलमत प्रचलित रहा। जिसमें कुछ नागरिक साधारण नागरिक के रूप में तो वोट देते ही थे साथ ही वे विशिष्ट वोट भी करते थे जिसका आधार उनकी सम्पत्ति तथा विश्वविद्यालयी स्नातक शिक्षा भी। संघर्ष के प्रारम्भिक दौर में उदारवादियों द्वारा यह मांग रखी गयी कि मताधिकार को जन्म के आधार पर नहीं बल्कि सम्पत्ति के आधार पर प्रदान किया जाये। यह मांग उदारवादियों द्वारा उस दौर में रखी गयी जिसमें मताधिकार वंशानुगत विशेषाधिकार के रूप में प्राप्त था। तब आज के वयस्क मताधिकार की संकल्पना नही थी। अतः उस दौर में सम्पत्ति के आधार पर मताधिकार को समानता से जोड़कर देखा गया । समय के साथ साथ निर्धनों द्वारा सम्पदा के आधार को विषमता पूर्ण ठहराकर सार्वजनीय मताधिकार की मांग की गयी। गौरतलब है कि प्रारम्भिक रूप में मताधिकार केवल पुरूषों को प्राप्त था इसमें महिलाओं को किसी भी आधार पर शामिल नहीं किया गया था।

महिलाओं के विषय में मताधिकार का संघर्ष प्रायः सभी लोकतान्त्रिक देशों में पुरूषों के मुकाबले लम्बा चला। संयुक्त राज्य अमेरिका में मताधिकार के रूप में पुरूष–स्त्री को 1919 में समानता प्राप्त हुई । इग्लैण्ड ने महिलाओं को 1928 में मताधिकार दिया, फ्रांस ने 1945 में। भारत ने संविधान लागू होने के साथ ही समान रूप से मताधिकार प्रदान किया । किन्तु स्वीट्जरलैण्ड में महिलाऐं 1978 तक इन्तजार करती रही। सहभागिता लोकतन्त्र का प्राण है। विकसित लोकतन्त्र में निश्चित रूप् से नागरिकों की सक्रिय राजनीतिक सहभागिता अधिक होती है। इसीलिये सच्चे अर्थो में लोकतन्त्र की स्थापना के लिये सर्वजनीन वयस्क मताधिकार को स्वीकृत किया गया। वयस्क मताधिकार से अभिप्राय उस विशेष अवस्था से है जिसे प्राप्त करने पर प्रत्येक नागरिक को देश की निर्वाचन प्रक्रिया के अनुसार मताधिकार दिया जाता है।

वयस्क होने से अभिप्राय यह मान लेना है कि उस अवस्था में प्रत्येक नागरिक में पूर्ण राजनीतिक समझ का विकास हो जाता है और वह अपने मताधिकार का प्रयोग उचित ढंग से करने में समर्थ होता है। यूनान में प्राचीन समय में स्वतंत्र जनों को ही मताधिकार प्राप्त् था, दासों महिलो को नही अतः यह सर्वजनीन नही था। प्राचीन यूनान में वयस्क पद्धति में एक अवस्था और निहित थी वह यह कि नागरिक के राजनीति से निवृत्ति के साथ ही उसका मताधिकार समाप्त हो जाता था। किन्तु आधुनिक लोकतन्त्र में सर्वजनीन वयस्क मताधिकार के साथ यह ताउम्र प्राप्त रहता है। वयस्क मताधिकार में जाति, धर्म, लिंग, व्यवसाय, शिक्षा, सम्पत्ति सम्बन्धी कोई योग्यता नही है और न ऐसे किसी आधार पर किसी वोट के महत्व को कम या ज्यादा का अन्तर रखा जाता है। वयस्कता की आयु निर्धारण में किसी सर्वमान्य मान्यता नही बल्कि यह देश का अपना निर्णय है। सन् 2014 चुनाव में भारतीय मतदाताओं की संख्या लगभग 81 करोड़ की इतनी विशाल मतदाताओं की संख्या वाले भारत में लोकतन्त्र का कुशल संचालन वैश्विक स्तर पर अद्वितीय उदाहरण है।

भारत जैसे विविधता पूर्ण देश में जहां अनेक धर्म, जाति, सम्प्रदाय के लोग अपनी–अपनी भाषा संस्कृति को धारण करते है वहां पर लोकतन्त्र की सफलता नित नये कीर्तिमान स्थापित कर रही है। निश्चय ही इस सफलता का स्त्रोत भारतीय संविधान है और इसका श्रेय संविधान निर्माताओं को ही दिया जाना चाहिये। प्रारूप समिति के अध्यक्ष डा0 भीमराव अम्बेडकर वयस्क मताधिकार के प्रबल समर्थक थे। सन 1928 में डा0 अम्बेडकर ने साइमन कमीशन के मध्य वयस्क मताधिकार की पुरजोर वकालत की। भारतीय संविधान में समान रूप से वयस्क मताधिकार सम्बन्धी उपबन्ध भारतीय संविधान निर्माताओं की दूरदर्शिता और लोकतन्त्र मं उकी पूर्ण आस्था, समर्पण को प्रदर्शित करता है। वे मताधिकार सम्बन्धी मतभेदों और मताधिकार सम्बन्धी वैश्विक संघर्ष आन्दोलनों से बखूबी परिचित थे। वास्तव में मताधिकार किसे दिया जाए, इसका आधार क्या हो इस पर मतैक्य वयस्क मताधिकार की संकल्पना से पूर्व नहीं था। प्रथमतः यह प्राकृतिक अधिकार हैं जो सबको प्राप्त होना चाहिये। दूसरा मताधिकार एक विशिष्ट अधिकार है जो उन्हीं को प्राप्त होना चाहिये जो इसकी उपयोगिता समझे। इस सम्बन्ध में मोन्टेस्क्यू का कहना है कि " प्रतिनिधियों को चुनने के लिये मत देने का अधिकार राज्य

के उन निवासियों को छोड़कर, जितनी दशा इतनी हीन हो कि उनकी अपनी कोई इच्छा ही न हो, सबको प्राप्त होना चाहिये। मताधिकार से सम्बन्धित तीसरा मत यह उठा कि सह नैसर्गिक अधिकार न मानकर एक ऐसा राज्य प्रदत्त पद माना गया जो सम्पत्ति, शिक्षा, धर्म, नस्ल, लिंग आदि योग्यता के आधार पर दिया जाता रहा । योग्यता के आधार पर विभिन्न देशों में मताधिकार ने उन लोगों में गहरा असन्तोष उभरा जिन्हे यह प्राप्त न हो सका। इसी असन्तोष से नारीवादी आन्दोलन को और तेज किया। पश्चिम में सर्वप्रथम नारीवादी चेतना का आगाज फ्रांसीसी क्रान्ति के समय पुरूषों के लिये स्वतन्त्रता समानता और बन्धुत्व आरक्षित किया गया और विंडिकेशन ऑफ राइट्स ऑफ मैन' नामक पुस्तक की रचना हुई। इसी पुस्तक के जवाब में मेरी वुल्सटनक्राफ्ट ने विंडिकेशन ऑफ राइट्स ऑफ वूमन की रचना कर अधिकारों की मांग कर नारीवादी आन्दोलन का नेतृत्व किया फ्रांस क्रान्ति के बाद भी महिलाओं की स्थिति मेंविशेष सुधार नही हुआ इसलिय महिला आन्दोलन जो आर्थिक अधिकारों की मोंग से आरम्भ हुआ क्रमिक रूप से 5 मार्च 1848 में सभी पुरूषों को समान रूप से वयस्क मताधिकार दिये जाने के बाद से राजनीतिक अधिकारों की मांग से जुड़ गया। 16 मार्च 1848 में महिलाओं ने अन्तरिम सरकार के सदस्यों को मांग–पत्र दिया जिसमें कहा गया कि दो प्रकार की स्वतन्त्रता, समानता और बन्धुत्व नहीं हो सकते। क्रान्ति में आधी आबादी (महिलाऐं) ने भी महत्वपूर्ण भूमिका निभाई है। किन्तु रिपब्लिक 1870–1939 तक रिपब्लिक सिद्धान्त पूरी तरह स्थापित हो चुकें थे। सरकार ने ढांचे पर विवाद, फार्ट प्रिसिंपल पर तीव्र वहसों ने महिलाओं को दरकिनार कर दिया ।

1909 में फिर ने फ्रेंच यूनियन फार वीमेन्स सफ्रेज स्थापना की । इस संगठन ने महिला मताधिकार का मुद्दा उठाया। अन्ततः 1936 में फ्रांस के नये राष्ट्रपति ने अपनी पापुलर फ्रंट की सरकार में न केवल महिलाओं को शामिल किया गया बल्कि अबतक दक्षिणपंथी भी महिलाओं के वोट में अपना राजनीतिक भविष्य देखने लगे थे। 1944 में फ्रांसीसी महिलाओं को राजनीतिक कानूनी समानता के रूप में मताधिकार की प्राप्ति हुई। इग्लैण्ड में 17वी सदी में सुधारों में महिलाओं ने महिलाओं के प्रति समाज के दृष्टिकोण पर प्रश्नचिन्ह लगाना शुरू किया इसमें जेन एंगर की पुस्तक protection for woman, जव defend them against the scandalous reports, लंदन में

छपी जिसेमं वाइबिल की नारीवादी व्याख्या की गयी, की बड़ी भूमिका नहीं। 1642 में हाऊस ऑफ कामन्स मे स्त्री–पुरूष समान अधिकार पर प्रतिवेदन दिया गया। अगले वर्ष महिलाओं को राजनीति व कानून में दोयम दर्जा दिये जाने के विरोध में यह प्रदर्शन हिंसक बन गया। 18वी सदी मं वार्ताओं, लेखों आदि के माध्यम से महिलाओं को समान राजनीतिक, कानूनी अधिकार दिये जाने की वकालत होन लगी। अंग्रेज विचारको में वेन्थम ने अपनी पुस्तक। चसंद वित parliamentary reform में महिलाओ को मताधिकार देने के साथ उन्हें समान स्तर प्रदान करने की पैखी की। जान स्तुअर्ट मिल ने सब्जैक्शन ऑफ वूमन पुस्तक में लिखा कि लिंग पर आधारित कानूनी अधीनता हमेशा से गलत थी। अब यह समाज में सबसे बड़ी बाधा थी। क्योंकि आधी आवादी को घर से बाहर समाज के लिये कोई योगदान देने की स्वतन्त्रता नही थी। इसलिये अब पूर्ण समानता पर आधारित व्यवस्था को इस असमान व्यवस्था का स्थान लेना चाहिये।

मिल 1865 सांसद बने और मताधिकार कानून में सुधार करने के लिये प्रचार प्रसार किया। इसी वर्ष इग्लैण्ड में पहली महिला मताधिकार समिति का गठन हुआ। मिल ने सांसद में भी महिला मताधिकार पर भाषण दिया। वे महिला मताधिकार की राष्ट्रीय सोसाइटी के अध्यक्ष रहे। मड मार्च ने भी महिला मताधिकार के लिये सांसदों पर आरम्भ से ही दबाव बनाने की नीति अपनायी । इग्लैण्ड में ऐमिलाइन पांखस्ट ने इसे नेतृत्व देकर, 10 फरवरी 1910 को क्रासपार्टी कन्सिलिएशन समिति के 54 सांसदों के समझौता विधेयक के बहुमत से पारित करवाया बिल स्त्री मताधिकार का समर्थन प्रस्ताव था। प्रथम विश्व युद्ध के पश्चात् 1918 में क्वालिफिकेशन ऑफ वीमन एक्ट पास कर दिया गया। जिसके तहत् तीस वर्ष की गृहस्थ महिला को जो विश्वविद्यालयी डिग्री धारक हो, मताधिकार दिया गया। अन्ततः 1928 में जनप्रतिनिधि एक्ट ने इग्लैण्ड में महिलाओं को समान मताधिकार प्रदान किया गया।

अमेरिका में नारी अधिकारों के लिये संघर्ष साराह ग्रीम्क और एजीलीना ग्रिंक वेल्ड ने आरम्भ किया। अमेरिका समाज में व्याप्त असमानता के परिवेश में नारीवादी स्त्री मताधिकार के साथ वे सभी अधिकार मांग रही थी जो पुरूषों को मिले थे। इस दिशा में मार्गेट फुल्लर की पुस्तक एक गम्भीर कृति है। फुल्लर पहली महिला थी जिन्हें विश्वविद्यालयी पुस्तकालय मं

संग्रहीत पुस्तकें पढ़ने का अवसर मिला। 1848 में पहला नारी अधिकार सम्मेलन अमेरिका में हुआ। जिसमें 'डिक्लेरेशन ऑफ सेंटीमेंट' पेश किया गया। दूसरा सम्मेलन (1850) में नारी की प्रकृति तथा स्त्रीत्व का पूर्ण विकास हो वे सभी अधिकारों की मांग रखी गयी। इस दिशा मं 1852 में हुआ सम्मेलन महत्वपूर्ण था क्योंकि इसमें कहा गया कि यदि नारी को सरकार चलाने के लिये कर देना कर्तव्य है तो फिर उसे सरकार, प्रशासन के गठन में भी सक्रिय भूमिका क्यों नही दी जाती है। नेशनल वीमेन सफ्रेज एसोसिएशन के साप्ताहिक पत्र में महिला अधिकारों की मांग लगातार जारी रही । वही 1877 के सम्मेलन में महिला मताधिकार सम्बन्धी संशोधन का मसौदा तैयार किया गया। फरवरी 1890 राष्ट्रीय महिला मताधिकार संघ का पहला वार्षिक सम्मेलन आयोजित हुआ। 1917 में न्यूयार्क राज्य में महिलाओं को मताधिकार प्राप्त हुआ। 26 अगस्त 1920 को अमेरिका के 36 राज्यों में महिलाओं को मताधिकार दिया गया।

उपरोक्त वर्णन यह स्पष्ट करता है कि स्थानीय, समुदाय, राज्य–राष्ट्र एवं विश्व स्तर पर प्राचीन समय से नारियों के साथ दोयम दर्जे का व्यवहार होता रहा है। शारीरिक, वौद्धिक, आर्थिक रूप से कमजोर बताकर महिलाओं को निर्णयन प्रक्रिया में शामिल नही किया गया चारित्रक दुर्व्यवहार का भय दिखा कर महिलाओं पर आर्थिक, धार्मिक, सांस्कृतिक प्रतिबन्ध आरोपित किये गये फिर इन्हीं क्षेत्रों में उनकी निर्योग्यताओं को गिनाया गया। समानता, स्वतन्त्रता को लोकतन्त्र का आधार बताने वाले समान अधिकार के पुरोधा देशों में भी नारी को मताधिकार व राजनीतिक सहभागिता से लम्बे समय तक वंचित रखा गया। यही वजह रही कि महिलाऐं जो सत्ता के ऊंचे पायदान पर पहुँची उनकी संख्या बहुत कम है। कालचक्र अपनी गति से चलता रहा किन्तु राजनीतिक क्षेत्र में निर्णयन की प्रक्रिया में पुरूषों का ही वर्चस्व रहा अन्य देशों की अपेक्षा भारतीय महिलाओं को मताधिकार के लिये आन्दोलन नहीं करने पड़े। उन्हें आजादी के बाद समान रूप से राजनीतिक अधिकार प्रदान किये गये। स्वतन्त्रता से पहले भारत में 1935 अधिनियम के तहत् सीमित मताधिकार दिया गया, उसमें भी महिलाओं को भी मताधिकार दिया गया। भारत में 1917 में महिलाओं का प्रतिनिधि मण्डल इएस मांटेग्यू से मिला और मताधिकार की मांग रखी ।

'वणकोर व मद्रास ने क्रमशः 1920 और 1921 में सीमित मताधिकार

(पढ़ी लिखी) महिलाओं को दिया। 1931–32 मं लार्ड लोथियन समिति ने महिलाओं के मताधिकार के लिये किसी भी भाषा में पढ़ी लिखी व किसी की पत्नी होने जैसी बेढ़गी शर्ते रखी गयी।

'भारतीय संविधान अनुच्छेद 14 में कानूनी समानता, अनुच्छेद 15 (3) में जति, धर्म, लिंग, एवं जन्म स्थान आदि के आधार पर भेदभाव न करना, अनुच्छेद 16 (1) में अवसरों की समानता, अनुच्छेद 19 (1) में समान रूप से अभिव्यक्ति की स्वतन्त्रता, अनुच्छेद 21 में स्त्री एवं पुरूष दोनों को प्राण एवं दैहिक स्वाधीनता से वंचित न करना, अनुच्छेद 23–24 में शोषण के विरूद्ध अधिकार अनुच्छेद 25–28 में धार्मिक स्वतन्त्रता, अनुच्छेद 29–30 में शिक्षा एवं संस्कृति का अधिकार अनुच्छेद 32 संवैधानिक उपचारों का अधिकार, अनुच्छेद 39 (घ) में पुरूषों एवं स्त्रियों की समान कार्य समान वेतन का अधिकार दिया। अनुच्छेद 40 पंचायती राज, जिसमें 73वें और 74वें संशोधन द्वारा 33 प्रतिशत महिलाओं को आरक्षण दिया गया। अनुच्छेद 41 में बेकारी, बुढ़ापा, बीमारी, और अन्य अनर्ह अभाव की दशओं में सहायता पाने का अधिकार, अनुच्छेद 42 में प्रसूति सहायता प्राप्ति की व्यवस्था, अनुच्छेद 47 पोषाहार, जीवन स्तर एवं लोकस्वास्थ्य में सुधार करना सरकार का दायित्व है। अनुच्छेद 51 (क) (3) भारत के सभी लोगों ऐसी प्रथाओं का त्याग करे जो स्त्रियों के सम्मान के विरूद्ध हो।

उपरोक्त संवैधानिक उपबन्धों के परिणाम स्वरूप ही देश के राजनीतिक परिवेश में महिलाओं की भूमिका आजादी के बाद से अपेक्षाकृत कम रही किन्तु अब महिलाओं में राजनीतिक चेतना की तीव्र गति से वृद्धि हो रही है। जिसका सुबूत पिछले चुनावों में महिलाओं की सक्रियता के आंकड़े हैं। तथापि देश की आधी आबादी राजनीति में अभी भी हाशिये पर है। महिलाओं की सामाजिक व राजनीतिक स्थिति में जो गिरावट मध्य काल वे शुरू हुई वह लगातार जारी रही। इसलिये भारत में राजनीतिक स्तर पर महिलाओं की भागीदारी नगण्य रही। भागीदारी बढ़ाने के लिये 1997 में एक अंतर संसदीय सम्मेलन दिल्ली में आयोजित किया गया। पाकिस्तान, चीन, नेपाल, बांग्लादेश और अफगानिस्तान, और सब–सहारा के कुछ पिछड़े देशों की संसदों में भी महिलाओं की भागीदारी भारत से अधिक है। विश्व की संसदों में नारी संख्या के सर्वे में भारत का 103वां स्थान है। 1971 में विश्व मानचित्र पर उमरा

बांग्लादेश में भी प्रत्येक पांच में से एक सांसद महिला है। नेपाल में प्रत्येक तीसरी सीट पर महिला सांसद विराजमान है। स्वतन्त्रता के बाद भी राजनीति में महिला भागीदारी की बात केवल सैद्धान्तिक है। व्यवहारिक रूप में महिलाऐं हर क्षेत्र में गैरबराबरी का दंश झेलती हैं।

सन्दर्भ ग्रन्थ–

1. श्याम सुभाष (2003) 'निर्वाचन हमारा संविधान' नेशनल बुक ट्रस्ट, इण्डिया PP. 221

2. नारायण इकबाल 2002 'मताधिकार, निर्वाचन तथा प्रतिनिधित्व शासन के सिद्धान्त जयपुर ग्रन्थ विकास प्रकाशन PP. 142 .145

3. चंदन संजीव : 'महिला मताधिकार के राजनीतिक संदेश'

4. नारंग ए एस 2003 भारत में लोकतन्त्र एक परिचय 'भारत में लोकतन्त्र समस्याऐं और चुनौतियां NCERT. P. 1.4

5. लैंगिक भेदभाव (2016 जनवरी 21) दैनिक जागरण PP. 15

6. झा ज्योत्सना (2016 जनवरी 21) 'वजहों पर हो प्रहार' दैनिग जागरण PP. 15

7. कुमारी डा0 रंजना (2016 जनवरी 21) सुधार की जडें सुध दैनिक जागरण PP. 15

अध्याय–21

"महिलाएँ एवं कानूनी प्रावधान"

ज्योति

शोध छात्रा राजनीति विज्ञान विभाग

डी0ए0वी0 (पी0जी0) कॉलेज, बुलन्दशहर

मो0नं0– 9634863300

स्त्रियों का उत्पीड़न रोकने और उन्हें उनके हक दिलाने के बारे में बड़ी संख्या में कानून पारित हुए हैं। अगर इतने कानूनों का सचमुच पालन होता तो भारत में स्त्रियों के साथ भेदभाव और अत्याचार अब तक खत्म हो जाना था। लेकिन पुरूष प्रधान मानसिकता के चलते यह संभव नहीं हो सका है। आज हालात ये हैं कि किसी भी कानून का पूरी तरह से पालन होने के स्थान पर ढ़ेर सारे कानूनों का थोड़ा सा पालन हो रहा है लेकिन भारत में महिलाओं की रक्षा हेतु कानूनों की कमी नहीं है। 16 दिसम्बर 2012 की रात निर्भया के साथ जो कुछ हुआ उसने देश में महिलाओं के अधिकार और सुरक्षा के प्रति जागरूक किया और महिलाओं की सुरक्षा के लिए ऐसे कानून बनाये गये जिनका प्रयोग वह एक हथियार के रूप में कर सकती हैं।

जमीन जायदाद में हक–

पिता की सम्पत्ति पर हक– महिलाओं को अपने पिता और पिता की

पुश्तैनी सम्पत्ति में पूरा अधिकार मिला हुआ है। अगर लड़की के पिता ने खुद बनाई संपत्ति के मामले में कोई वसीयत नहीं की है, तब उनके बाद प्रॉपर्टी में लड़की को भी उतना ही हिस्सा मिलेगा जितना लड़कों को और उनकी माँ को। जहाँ तक शादी के बाद इस अधिकार का सवाल है तो यह अधिकार शादी के बाद भी कायम रहेगा।

पति से जुड़े हक–

सम्पत्ति पर हक– शादी के बाद पति की सम्पत्तियों में महिला का मालिकाना हक नहीं होता लेकिन पति की हैसियत के हिसाब से महिला को गुजारा भत्ता दिया जाता है। महिला को यह अधिकार है कि उसका भरण–पोषण उसका पति करे और पति की जो हैसियत है, उस हिसाब से भरण पोषण होना चाहिए। वैवाहिक विवादों से संबंधित मामलों में कई कानूनी प्रावधान है, जिनके जरिए पत्नी गुजारा भत्ता मांग सकती है। सी0आर0पी0सी0 हिन्दू मैरिज ऐक्ट, हिन्दू अडॉप्शन ऐंड मेंटिनेंस ऐक्ट और घरेलू हिंसा कानून के तहत गुजारे भत्ते की मांग की जा सकती है। अगर पति ने कोई वसीयत बनाई है तो उसके मरने के बाद उसकी पत्नी को वसीयत के मुताबिक सम्पत्ति में हिस्सा मिलता है लेकिन पति अपनी खुद की अर्जित सम्पत्ति की ही वसीयत कर सकता है। पैतृक सम्पत्ति की अपनी पति के पक्ष में विल नहीं कर सकता। अगर पति ने कोई वसीयत नहीं बनाई हुई है और उसकी मौत हो जाए तो पत्नी को उसकी खुद की अर्जित संपत्ति में हिस्सा मिलता है लेकिन पैतृक सम्पत्ति में यह दावा नहीं कर सकती।

अनबन से जुड़े अधिकार– अगर पति–पत्नी के बीच किसी बात को लेकर अनबन हो जाए और पत्नी पति से अपने और अपने बच्चों के लिए गुजारा भत्ता चाहे तो वह सीआरपीसी की धारा 125 के तहत गुजारा भत्ता के लिए अर्जी दाखिल कर सकती है। साथ ही हिन्दू अडॉप्शन ऐंड मेंटनेंस ऐक्ट की धारा–18 के तहत भी अर्जी दाखिल की जा सकती है। घरेलू हिंसा कानून के तहत कभी गुजारा भत्ता की मांग पत्नी कर सकती है। अगर पति और पत्नी के बीच तलाक का केस चल रहा हो तो वह हिन्दू मैरिज ऐक्ट की धारा–24 के तहत गुजारा भत्ता मांग सकती है। पति पत्नी में तलाक हो जाए तो तलाक के वक्त जो मुआवजा राशि तय होती है, वह भी पति की सैलरी और उसकी अर्जित सम्पत्ति के आधार पर तय होती है लेकिन इतना ही नहीं

केन्द्र सरकार ने फैसला किया है कि तलाक होने पर महिला को पति की पैतृक व विरासत योग्य सम्पत्ति से भी मुआवजा या हिस्सेदारी मिलेगी। इस मामले में कानून बनाया जाना है और इसके बाद पत्नी का हक बढ़ने की बात कही जा रही है। अगर पत्नी को तलाक के बाद पति की पैतृक सम्पत्ति में ही हिस्सा दिए जाने का प्रावधान किया गया तो इससे महिलाओं का हक बढ़ेगा। वैसी स्थिति में पति इस बात का दावा नहीं कर सकता कि उसके पास अपनी कोई सम्पत्ति नहीं है या फिर उसकी नौकरी नहीं है। पैतृक सम्पत्ति में हक मिलने से तलाक के वक्त जब मुआवजा तय किया जाएगा, तो पति की सैलरी, उसकी अर्जित सम्पत्ति और पैतृक सम्पत्ति के आधार पर गुजारा भत्ता और मुआवजा तय किया जाएगा।

खुद की सम्पत्ति पर अधिकार– कोई भी महिला अपने हिस्से में आई पैतृक सम्पत्ति और खुद अर्जित सम्पत्ति को चाहे तो वह बेच सकती है इसमें कोई दखल नहीं दे सकता। महिला इस सम्पत्ति का वसीयत कर सकती है और चाहे तो महिला उस सम्पत्ति से अपने बच्चों को बेदखल भी कर सकती है।

घरेलू हिंसा से सुरक्षा–

महिलाओं को अपने पिता के घर या फिर अपने पति के घर सुरक्षित रखने के लिए डी0वी0 ऐक्ट (डोमेस्टिक वॉयलेंस ऐक्ट) का प्रावधान किया गया है। महिला का कोई भी डोमेस्टिक रिलेटिव इस कानून के दायरे में आता है।

क्या है घरेलू हिंसा–

घरेलू हिंसा का मतलब है महिला के साथ किसी भी तरह की हिंसा या प्रताड़ना। अगर महिला के साथ मारपीट की गई हो या फिर मानसिक प्रताड़ना दी गई हो तो वह डोमेस्टिक वॉयलेंस के तहत कवर होगा। महिला के साथ मानसिक प्रताड़ना से मतलब है ताना मारना या फिर गाली–गलौज करना या फिर अन्य तरह से भावात्मक ठेस पहुँचाना। इसके अलावा आर्थिक प्रताड़ना भी इस मामले में कवर होता है। यानी किसी महिला को खर्चा न देना या सैलरी आदि ले लेना या फिर उसके नौकरी आदि से संबंधित दस्तावेज कब्जे में ले लेना भी प्रताड़ना है। इन तमाम मामलों में महिला चाहे

वह पत्नी हो या बेटी या फिर माँ ही क्यों न हो, वह उसके लिए आवाज उठा सकती है और घरेलू हिंसा कानून का सहारा ले सकती है। किसी महिला को प्रताड़ित किया जा रहा हो, उसे घर से निकाला जा रहा हो या फिर आर्थिक तौर पर परेशान किया जा रहा हो तो वह डोमेस्टिक वायेलेंस के तहत शिकायत कर सकती है।

घरेलू हिंसा की धारा 12– इसके तहत महिला मेट्रोपॉलिटन मैजिस्ट्रेट की कोर्ट में शिकायत कर सकती है। शिकायत पर सुनवाई के दौरान अदालत प्रोटेक्शन ऑफिसर से रिपोर्ट मांगता है। महिला जहाँ रहती है या जहाँ उसके साथ घरेलू हिंसा हुई है या फिर जहाँ प्रतिवादी रहते हैं, वहा शिकायत की जा सकती है। प्रोटेक्शन ऑफिसर इसिडेंट रिपोर्ट अदालत के सामने पेश करता है और उस रिपोर्ट को देखने के बाद अदालत प्रतिवादी को समन जारी करता है। प्रतिवादी का पक्ष सुनने के बाद अदालत प्रतिवादी को समन जारी करता है। प्रतिवादी का पक्ष सुनने के बाद अदालत अपना आदेश पारित करती है। इस दौरान अदालत महिला को उसी घर में रहने देने, खर्चा देने या फिर उसे प्रोटेक्शन देने का आदेश दे सकती है। अगर अदालत महिला के पक्ष में आदेश पारित करती है और प्रतिवादी उस आदेश का पालन नहीं करता है तो डॉमेस्टिक वॉयलैस ऐक्ट–31 के तहत प्रतिवादी पर केस बनता है। इस एक्ट के तहत चलाए गए मुकदमें में दोषी पाए जाने पर एक साल तक कैद की सजा का प्रावधान है। साथ ही 20 हजार रूपये तक के जुर्माने का भी प्रावधान है।

यौन उत्पीड़न से सुरक्षा–

यौन उत्पीड़न छेड़छाड़ या फिर रेप जैसे वारदातों के लिए सख्त कानून बनाए गए हैं। महिलाओं के खिलाफ इस तरह के घिनौने अपराध करने वालों को सख्त सजा दिये जाने का प्रावधान किया गया है। 16 दिसम्बर की गैंग रेप की घटना के बाद सरकार ने वर्मा कमिशन की सिफारिश पर ऐंटि–रेप लॉ बनाया। इसके तहत जो कानूनी प्रावधान किए गए हैं। उसमें रेप की परिभाषा में बदलाव किया गया है।

आई0पी0सी0 की धारा 375 के तहत रेप के दायरे में प्राइवेट पार्ट या फिर ओरल सेक्स दोनों को ही रेप माना गया है। साथ ही प्राइवेट पार्ट के पेनिट्रेशन के अलावा किसी चीज के पेनिट्रेशन को भी इस दायरे में रखा गया

है। अगर वह महिला के प्राइवेट पार्ट में अन्य चीज डालता है तो वह भी रेप होगा।

बलात्कार के वैसे मामले जिसमें पीड़िता की मौत हो जाए या कोमा में चली जाए, तो फांसी की सजा का प्रावधान किया गया। रेप में कम से कम 7 साल और ज्यादा से ज्यादा उम्रकैद की सजा का प्रावधान किया गया है।

नए कानून के तहत छेड़छाड़ के मामलों को नए सिरे से परिभाषित किया गया है। इसके तहत आई0पी0सी0 की धारा–354 को कई सब सेक्शन में रखा गया है। 354–ए के तहत प्रावधान है कि सेक्शुअल नेचर का कॉन्टैक्स करना, सेक्शुअल फेवर मांगना आदि छेड़छाड़ के दायरे में आएगा। इसमें दोषी पाए जाने पर अधिकतम 3 साल तक कैद की सजा का प्रावधान है। अगर कोई शख्स किसी महिला पर सेक्शुअल कॉमेन्ट करता है तो एक साल तक कैद की सजा का प्रावधान है। 354–बी के तहत अगर कोई शख्स महिला की इज्जत के साथ खेलने के लिए जबरदस्ती करता है या फिर उसके कपड़े उतारता है या इसके लिए मजबूर करता है तो 3 साल तक कैद की सजा का प्रावधान है।

कार्य स्थल पर सुरक्षा–

कार्य स्थल पर भी महिलाओं को तमाम तरह अधिकार मिले हुए हैं। सेक्शुअल हैरेसमेंट से बचाने के लिए सुप्रीमकोर्ट ने 1997 में विशाखा जजमेंट के तहत गाइडलाइंस तय की थी। इसके तहत महिलाओं को प्रोटेक्ट किया गया है। सुप्रीम कोर्ट ने 12 गाइडलाइंस बनाई है। एंप्लॉयर या अन्य जिम्मेदारी अधिकारी की डयूटी है कि वह सेक्सुअल हैरेसमेंट को रोके। सेक्शुअल हैरेसमेंट के दायरे में छेड़छाड़, गलत नीयत से टच करना, सेक्शुअल फेवर की डिमांड या आग्रह करना, महिला सहकर्मी को पॉर्न दिखाना, अन्य तरह से आपत्तिजनक व्यवहार करना या फिर इशारा करना आता है।

मेटरनिटी लीव (प्रसव अवकाश)–

इसके लिए संविधान में प्रावधान किए गए हैं। संविधान के अनुच्छेद–42 के तहत कामकाजी महिलाओं को तमाम अधिकार दिये गए हैं। संसद में 1961 में यह कानून बनाया था। इसके तहत कोई भी महिला अगर सरकारी नौकरी में है या फिर किसी फैक्ट्री में या किसी अन्य प्राइवेट संस्था में

जिसकी स्थापना इम्प्लॉइज स्टेट इंश्योरेंस ऐक्ट 1948 के तहत हुई हो, में काम करती है तो उसे मेटरनिटी बेनिफिट मिलेगा। इसके तहत महिला को 12 हफ्ते की मैटरनिटी लीव मिलती है। जिसे वह अपनी जरूरत के हिसाब से ले सकती है। इस दौरान महिला को वही सैलरी और भत्ता दिया जाएगा। अगर महिला का अबॉर्शन हो जाता है तो भी उसे इस ऐक्ट का लाभ मिलेगा। इस कानून के तहत यह प्रावधान है कि अगर महिला प्रेग्नेंसी के कारण या फिर वक्त से पहले बच्चे का जन्म होता है या फिर गर्भपात हो जाता है और इन कारणों से अगर महिला बीमार होती है तो मेडिकल रिपोर्ट आधार पर उसे एक महीने का अतिरिक्त अवकाश मिल सकता है। इतना ही नहीं डिलिवरी के 15 महीने बाद तक महिला को दफ्तर में रहने के दौरान दो बार नर्सिंग ब्रेक मिलेगा। केन्द्र सरकार ने सुविधा दी है कि सरकारी महिला कर्मचारी जो माँ है या बनने वाली है तो उन्हें मेटरनिटी पीरियड में विशेष छूट मिलेगी। इसके तहत महिला कर्मचारियों को अब 135 दिन की जगह 180 दिन की मेटरनिटी लीव मिलेगी। इसके अलावा वह अपनी नौकरी के दौरन दो साल (730) दिन की छुट्टी ले सकेगी। यह छुट्टी बच्चे के 18 साल के होने तक वे कभी भी ले सकती है।

जबरन गर्भपात कराये जाने के संबंध में कानूनी प्रावधान–

जबरन अबॉर्शन कराए जाने के मामले से निबटने के लिए सख्त कानून बनाए गए हैं। 1971 में इसके लिए एक अलग कानून बनाया गया– मैडिकल टर्मिनेशन ऑफ प्रेग्नेंसी ऐक्ट। ऐक्ट के तहत यह प्रावधान किया गया है कि अगर गर्भ के कारण महिला की जान खतरे में हो या फिर मानसिक और शारीरिक रूप से गंभीर परेशानी पैदा करने वाले हों या गर्भ में पल रहा बच्चा विकलांगता का शिकार हो तो अबॉर्शन कराया जा सकता है। अगर महिला मानसिक व शारीरिक रूप से सक्षम न हो या महिला के साथ बलात्कार हुआ हो और वह गर्भवती हो गई हो तो महिला का अबॉर्शन कराया जा सकता है। अगर किसी महिला की मर्जी के खिलाफ उसका अबॉर्शन कराया जाता है, तो ऐसे में दोषी पाए जाने पर उम्रकैद तक की सजा हो सकती है।

दहेज निरोधक कानून–

दहेज प्रताड़ना और ससुराल में महिलाओं पर अत्याचार के दूसरे मामलों

से निबटने के लिए कानून में सख्त प्रावधान किये गए हैं। दहेज प्रतड़ना से बचाने के लिए 1986 में आई0पी0सी0 की धारा 498–ए का प्रावधान किया गया है। इसे दहेज निरोधक कानून कहा गया है।

सजा–

इस मामले में दोषी पाए जाने पर अधिकतम 3 साल तक कैद की सजा का प्रावधान है। वहीं अगर शादीशुदा महिला की मौत संदिग्ध परिस्थिति में होती है और यह मौत शादी के 7 साल के दौरान हुआ हो तो पुलिस आई0पी0सी0 की धारा 304–बी के तहत केस दर्ज करती है। दहेज निरोधक कानून की धारा 8 कहता है कि दहेज देना और लेना संज्ञेय अपराध है। दहेज देने के मामले में धारा–3 के तहत जुर्म साबित होने पर कम से कम 5 साल कैद की सजा का प्रावधान है।

पोक्सो कानून–

(प्रोटेक्शन ऑफ चिल्ड्रन अगेस्ट सेक्शुअल ऑफेंसेस ऐक्ट)

बच्चों के खिलाफ बढ़ते यौन अपराध को रोकने के लिए और बच्चों को ऐसे अपराधों से संरक्षण देने के लिए सरकार ने 14 नवम्बर 2012 में प्रोटेक्शन ऑफ चिल्ड्रन अगेंस्ट सेक्शुअल ऑफेंसेस (पोक्सो) ऐक्ट बनाया था। नाबालिग बच्चों को प्रोटेक्ट करने के लिए यह कानून बनाया गया है। 18 साल से कम उम्र के बच्चों (लड़का या लड़की) के साथ किसी तरह का सेक्सुअल ऑफेंस पोक्सो कानून के तहत अपराध होगा। इस कानून में सजा का प्रावधान अपराध की गंभीरता के हिसाब से किया गया है लेकिन गंभीर मामलों में उम्रकैद तक की सजा भी दी जा सकती है।

निष्कर्ष एवं सुझाव–

महिलाओं को प्रदत्त अधिकारों एवं उनके लिए बनाये गये अधिनियमों के बाद भी महिलाओं की स्थिति शोचनीय है। महिलाओं पर होने वाले अत्याचारों के रोकने के लिए पर्याप्त अधिनियम है जिनके कारण भी महिलाओं की स्थिति में सुधार नहीं हो पा रहा है। स्वतन्त्रता के पश्चात् से वर्तमान तक विभिन्न अधिनियम जैसे– हिन्दू विवाह अधिनियम, विशेष विवाह अधिनियम, विवाह–विच्छेद व तलाक, वेश्यावृत्ति उन्मूलन अधिनियम, गर्भपात

की चिकित्सा द्वारा मान्यता जैसे प्रमुख सुधारों से महिलाओं की स्थिति में पर्याप्त अंतर आया है, फिर भी बहुत सी कमियाँ हैं, जिनकी वजह से इन कानूनों का लाभ महिलाएँ नहीं उठा पाती।

1. पूरे देश में महिलाओं के प्रति होने वाले अपराधों का विश्लेषण करें तो स्पष्ट है कि अधिकांश मामलों में रिपोर्ट ही दर्ज नहीं करवाये जाते। चाहे पारिवारिक दबाव हो या सामाजिक दबाव जिसके चलते बहुत सी घटनाएँ परिवार की चारदीवारी में ही सिमट कर रह जाती है।

2. महिलाओं के उत्थान एवं संरक्षण के लिए पर्याप्त कानून एवं अधिनियम है, किन्तु लोगों को विशेषकर महिलाओं को कानून एवं अधिकारों का पर्याप्त ज्ञान ही नहीं है। अतः ऐसे कानूनों का पर्याप्त प्रचार, प्रसार या जानकारी समय–समय पर महिलाओं को प्रदान की जानी चाहिए।

3. घरेलू हिंसा से संबंधित मामलों में महिलाएँ आगे नहीं आतीं, यदि पीड़ित महिलाएँ ऐसे घटनाओं के विरूद्ध आवाज उठाना भी चाहे तो समाज में इसे उचित नहीं माना जाता। ऐसी घटनाओं को रोकने के लिए कानून व सरकार के साथ समाज को भी अपनी उचित भूमिका निर्वहन करनी चाहिए।

4. देश में कुल मतदाताओं में आधी संख्या महिलाओं की है, मगर इसके बावजूद भी लोकसभा तथा राज्य विधानमण्डलों में उनका प्रतिनिधित्व घोर निराशाजनक है। अतः राजनीति में भी महिलाओं को अपनी भागीदारी सुनिश्चित करनी चाहिए।

5. भा0द0सं0 की धारा 498ए के अन्तर्गत विवाहित महिला पर सभी अत्याचार अपराध है, किन्तु इसे व्यवहार में दहेज प्रताड़ना से जोड़ दिया जाता है, जो कि उचित नहीं है क्योंकि महिलाएँ फौजदारी मुकदमा के लिए हिम्मत नहीं जुटा पाती और साथ ही उनको घर से निकाले जाने का भी डर रहता है।

6. महिलाओं की स्थिति सुधारने में गैर–सरकारी संगठन अधिक प्रभावशाली भूमिका निभा सकते हैं। साथ ही उत्पीड़ित महिलाओं को सरकारी व गैर सरकारी संगठनों द्वारा पर्याप्त सुविधा दी जानी चाहिए तथा महिलाओं के लिए स्वरोजगार योजनाओं आदि को भी पर्याप्त महत्व दिया जाए।

सन्दर्भ सूची

1. देसाई नीरा और गैत्रयी कृष्णराज वीमेन एण्ड सोसाइटी इन इंडिया अजंत पब्लिकेशन्स, दिल्ली, 1987, पृ0 46
2. संयुक्त राष्ट्र संघ रिपोर्ट वनडे वीमेन ट्रेडस एण्ड स्टेटिक्स (डीरीलली) 1995
3. पाण्डेय, डॉ0 जयनारायण, भारत का संविधान, सेन्ट्रल लॉ एजेन्सी, दिल्ली, 41 वाँ संस्करण 2008
4. यादव राजाराम, भारतीय दंड संहिता, 1860 पंचम संस्करण 2005, लॉ पब्लिकेशन्स, इलाहाबाद।
5. आहूजा राम, क्राइम अगेन्स्ट वुमेन, जयपुर रावत पब्लिकेशन्स, 1987
6. रोजगार और निर्माण, मार्च 2005
7. महिलाओं से संबंधित विभिन्न समाचार पत्रों के आलेख।

अध्याय–22

महिला सुरक्षा का कवचः स्वयं सहायता समूह

ममता रानी

शोध छात्रा,

समाजशास्त्र एम0 एम0 एच0 कॉलेज गाजियाबाद

चौ0 चरण सिंह विश्वविद्यालय,मेरठ

आधुनिक भारत में महिलाओं के सशक्तीकरण के सरकारी और गैर सरकारी स्तर पर विभिन्न कार्यक्रम, योजनाएं और नीतियां बनी हैं। अनेक संवैधानिक बंधों–उपबंधों के माध्यम से उनके लिए सुरक्षा कवच बनाने के प्रयास किये गये। किन्तु आज 21 वीं सदी में भी उनकी सुरक्षा का सवाल ज्यों का त्यों बना हुआ है। महिलाओं की सुरक्षा से जुड़ा हुआ असली सवाल उन्हे आर्थिक रुप से सक्षम बनाना है। आर्थिक सशक्तीकरण का जो काम समाज और सरकार के स्तर पर होना था वह कही न कही नही हो पाया। स्वयं सहायता समूहों के माध्यम से महिला सुरक्षा और सशक्तीकरण का कवच विकसित किया जा सकता है। प्रस्तुत लेख में महिलाओं की सुरक्षा स्व–सहायता समूह के विचार में ही छिपी है, इसी विचार को केन्द्र में रखकर चर्चा की गई है। स्व–सहायता समूह है क्या? यह बनता कैसे है? यह अपनी अवधारणा को चलाता कैसे है? स्व–सहायता समूहों में निहित शक्ति कैसे अपने सदस्यों को सशक्त करती है? कैसे महिलाओं को सुरक्षा कवच प्रदान करते हैं स्व–सहायता समूह? शोध–पत्र में इन्ही बिन्दूओं को केन्द्र में रखकर महिलाओं

की सामाजिक आर्थिक सुरक्षा के लिए स्व–सहायता समूह एक कवच का काम करते है यह सब समझने का प्रयास किया गया है।

स्व सहायता समूह अपनी आय से स्वैच्छिक रूप से तय की गई छोटी बचत करने के लिए बनाए जाते हैं। धीरे–धीरे इन पैसों को जमा करके ऋण, ब्याज, लाभ और बैंक से जुड़ाव की प्रक्रिया शुरू होती है। आगे चलकर इन समूहों को आर्थिक कार्यक्रमों का हिस्सा बनाया जाता है।

स्वयं सहायता समूह समान प्रकार के 15 से 20 लोगों विशेषकर महिलाओं का वह समूह है जिनके सदस्य स्वेच्छा से इसकी सदस्यता प्राप्त कर पारस्परिक सहयोग व एकता जैसे सिद्धान्तों के आधार पर बचत व साख जैसी आर्थिक गतिविधयों की शुरूआत करते हैं।

''स्वयं सहायता समूह योजना'' की संकल्पना मात्र एक ऋण प्रणाली न होकर महिलाओं के सशक्तीकरण की एक विधि भी है। इससे महिलाओं की आय एवं रोजगार वृद्धि में स्वयं सहायता समूह एक बड़ा योगदान करते हैं। उनके जीवन स्तर में सुधार आता है। सरकार ने विधिवत तरीके से स्वयं सहायता समूहों का स्वर्ण जयंती ग्राम स्वरोजगार योजना (कार्यक्रम) के माध्यम से सफल प्रयोग किया भी है। स्वयं सहायता समूह योजना का उद्देश्य महिलाओं में गरीबी रेखा के नीचे जीवन यापन करने वालों का विकास करना सम्मिलित है।

स्वयं सहायता समूह की अवधारणा के अध्ययन से एक विशेष तथ्य सामने आया है कि महिलाओं के ऐसे समूह जिनमें महिलाओं की संख्या अधिक है, अधिक सफल और निरन्तर कार्यशील रहे हैं। सदस्य समूह में सम्मिलित अपनी इच्छा से हुआ हो, किसी लाभ, ऋण या प्रलोभन से प्रेरित होकर समूह में शामिल न हुआ हों। समूह की अवधारणा, पारस्परिक सहयोग व एकता पर बल देती है। एक समूह में सभी सदस्यों को एक–दूसरे की सहायता करने की भावना होना आवश्यक है। इसके साथ ही समूह में बचत व साख जैसी आर्थिक गतिविधि होना आवश्यक है। सामाजिक कार्यक्रमों की गतिविधियों से समूह आरम्भ किया जाता है, परन्तु यह अनिवार्य है कि समूह गठन के बाद जल्दी ही समूह के सदस्य बचत व साख प्रारम्भ करे।

किसी भी स्वयं सहायता समूह को कुछ शर्ते पूर्ण करना अनिवार्य है जैसे

कि स्वयं सहायता समूह की सदस्य संख्या 10 से 20 होनी जरुरी है। समूह में महिला सदस्य का नाम गरीबी रेखा से नीचे के परिवारों की सूची में से होना आवश्यक है। एक परिवार में से एक ही महिला, समूह में शामिल हो सकती है। लेकिन इसका निर्णय लेने का अधिकार समूह को ही है। समूह बनाने के बाद बैठकें होना आवश्यक होता है। सदस्यों की आर्थिक, सामाजिक स्थिति लगभग एक जैसी होनी चाहिए। सदस्य समूह में स्वेच्छा से जुड़ते हैं। अतः बदलने की सम्भावना कम रहती हैं। लेकिन समूह के हित के लिए सदस्य बदलना आवश्यक है। समूह में पैसे एकत्रित करके इसे बैंक में जमा करने हेतु खाता खोला जाता है। जो किसी के व्यक्तिगत एक नाम से नहीं होगा, बल्कि समूह के नाम से होगा।

स्व–सहायता समूह को स्थापित करने में औसत रूप से 3 से 4 माह का समय लग ही जाता है। समूह का लगभग एक से डेढ़ वर्ष के पश्चात् समूह के आकार, समूह की आयु, बचत की नियमितता, बैठकों में उपस्थिति आदि के आधार पर मूल्यांकन किया जाता है। समूह के मूल्यांकन की सफलता के आधार पर बैंक समूह द्वारा की गई बचत के 2 से 4 गुना ऋण दे सकता है। जो समूह के ऋण देने की क्षमता में वृद्धि करता है और पर्याप्त रूप से आवश्यकताओं की पूर्ति करता है। इसके अन्तर्गत दिया जाने वाला ऋण समूह के नाम से दिया जाता है। इसमें सामुदायिक सम्पत्ति का उपयोग किया जाता है। जो सदस्यों में ऋण अनुशासन को प्रोत्साहित करता है। सामुदायिक जिम्मेदारी से आशय जब तक समूह का पहला सदस्य ऋण नहीं चुकाएगा तब तक समूह के अन्य सदस्यों को ऋण का लाभ नहीं मिलेगा। ऐसी स्थिति में समूह के अन्य सदस्य ऋणी को ऋण की अदायगी के लिए प्रोत्साहित करते हैं। स्व–सहायता समूह के सदस्य इस ऋण का उपयोग आय प्रदान करने वाली गतिविधियों मुर्गीपालन, पशुपालन, कपड़ा व्यवसाय, डेयरी उद्योग, मत्स्य पालन, टोकरी, चूड़ी और मिट्टी के बर्तन आदि छोटे–छोटे कार्यों में कर सकते है। जिससे उनकी आय में वृद्धि होगी तथा रहन–सहन के स्तर में भी सुधार होगा।

अभी तक हुए अध्ययनों ये स्पष्ट हुआ है कि स्वयं सहायता समूह अपने सदस्यों की सामाजिक–सांस्कृतिक पूंजी में भी इजाफा करते है। शुक्ला, दीप्तिमा (2007) ने अपने अध्ययन में बताया है कि महिला सशक्तिकरण के

मुद्दे को अधिकांशतः राजनीतिक तथा सामाजिक क्षेत्र में अध्ययन का एक पहलू माना गया है किन्तु यह देखा गया है कि यदि महिलाएँ और विशेष तौर पर ग्रामीण महिलाओं को आर्थिक रूप से सशक्त किया जाए तो न केवल समाज एवं घर में उनकी स्थिति में अप्रत्याशित सुधार आता है वरन् उनकी राजनीतिक चेतना और राजनीतिक भागीदारी में भी अभिवृद्धि होती है। इसलिए यह आवश्यक है कि यदि ग्रामीण महिला को सही मायने में सशक्त करना हैं। आर्थिक उत्थान व इस उत्थान के लिए स्वयं सेवा समूहों द्वारा उनका दिशा निर्देशन उनके आर्थिक जीवन को सशक्त कर सकता है।

डॉ. यादव, जी.पी. एवं शर्मा, ज्योति (2008) ने अपने अध्ययन के आधार पर बताया है कि लघु वित्त एक ऐसी हकीकत है, जो महिलाओं की सामाजिक–आर्थिक स्थिति में अवश्य ही परिवर्तन लाएगी। लघु वित्त द्वारा कई क्षेत्रों में महिलाओं को न केवल आत्मनिर्भर बनाया गया, बल्कि स्थानीय साहूकारों के पंजों से भी मुक्त करवाया

डॉ. श्रीवास्तव, सुखपाल (2009) ने ''महिलाओं को एक जुट करते हुए स्वयं सहायता समूह'' नामक लेख में बताया है कि स्वयं सहायता समूह के पीछे मान्यता यह है कि बिखरे हुए लोगों को उत्पीड़ित व शोषित किया जा सकता है लेकिन यदि उन्हें संगठित किया जाए तो वे बड़ी ताकत बन जाते हैं। ग्रामीण भारत में महिला स्वयं सहायता समूहों ने लाखों अशिक्षित गरीब तबके की महिलाओं को न केवल घर की चौखट के बंधन से मुक्त करके बाहर निकाला है बल्कि उन्हें महत्वपूर्ण आर्थिक स्वतन्त्रता प्राप्त करने में समर्थ बनाया है। इसके साथ–साथ उन्हें एक सामूहिक आवाज भी दी। सहयोग, उद्यमशीलता और सामूहिक की भावना का विकास करने में सफलता अर्जित कर रहे हैं। ग्रामीण क्षेत्रों में उपेक्षित और वंचित वर्ग, विशेषतः महिलाओं के उत्थान के लिए गठित इन समूहों ने ग्रामीण रोजगार, बचतों के संकलन तथा प्रोत्साहन और ऋण व्यवस्था के क्षेत्र में नवीन आशा और उत्साह का संचार किया हैं। महिलाओं की भागीदारी इसका सर्वाधिक उत्साहजनक पक्ष है। स्वयं सहायता समूह ग्रामीण विकास में एक तरह से महत्वपूर्ण भूमिका निभाता है। पाटीदार, कु. माधवी (2001) ने अपने अध्ययन के आधार पर बताया है कि स्व–सहायता समूह योजना आदिवासी महिलाओं के आर्थिक स्वावलंबन का मूलमंत्र बनती जा रही हैं। अशिक्षित एवं अज्ञानी होने के

बावजूद महिलाओं द्वारा इस योजना का भरपूर स्वागत किया गया है एवं महिलाएँ उत्साही होकर इसकी सदस्य बनती जा रही है। इस योजना से केवल महिलाओं की आर्थिक समस्याओं का ही समाधान नहीं हो रहा है बल्कि सामाजिक एवं राजनैतिक जागृति भी आ रही है। बेदी, कौर परमजीत (2001) ने हिमाचल प्रदेश में किये एक अध्ययन के आधार पर बताया कि यहाँ कि महिलाएँ अब अनपढ़ और पिछड़ी नहीं रही। पिछले एक दशक से यहाँ की महिलाओं में काफी सामाजिक व राजनैतिक जागरूकता आई है। इन महिलाओं ने खुद सहायता समूह बनाकर समाज को नई रोशनी दिखाई है और अपने हकों के लिए आवाज उठाई है। ये महिलायें खुद सहायता समूह बनाकर कर माली मदद की गतिविधियाँ चला रही हैं। इलाके में पैदा होने वाले फलों के जैसे अचार, चटनी, मुरब्बा बड़े पैमाने पर तैयार करके इन्हें मार्केट में पहुँचा रही हैं।

माने, कविता (2002) ने अपने अध्ययन के आधार पर बताया है कि इस योजना की महत्वपूर्ण उपलब्धि यह है कि महिलाओं को ऋणग्रस्तता से, विशेषकर साहूकारों की सूदखोरी से मुक्ति मिलने लगी है। अब ऋण लेने के लिए उन्हें साहूकारों के पास अपनी जमीन, पशु या फसल गिरवी नहीं रखनी पड़ती है। महिलाओं की आर्थिक स्थिति में सुधार होने के कारण अब उनका जीवन स्तर भी बेहतर होने लगा है।

देवपुरा, प्रतापमल (2003) ने अपने अध्ययन के आधार पर बताया कि यदि थोड़ी सी बचत करने की आदत बनाये तो एक बड़ी पूँजी बन सकती है। लोग मिलकर स्वयं सहायता समूह का निर्माण करें। ये स्वयं सहायता समूह रोजगार बढ़ाने में अहम भूमिका निभा सकते हैं। पंचायतें इस दिशा में पहल करें, लोगों को एकत्रित कर स्वयं सहायता समूह निर्माण की योजनाओं व उसके फायदों से अवगत करायें। इस कार्यक्रम से स्व–बचत की आदत का विकास होगा और फिजूलखर्ची पर अंकुश लगेगा।

सिंह, रणवीर (2003) ने ''स्वयं सहायता समूह–ग्रामीण बैंकिंग में एक नयी क्रान्ति'' नामक लेख में बताया है कि स्वयं सहायता समूह की संकल्पना एक बहुत ही नाजुक विकास प्रणाली है। समूह के सदस्य, बैंक एवं गैर–सरकारी संस्था स्वयं सहायता समूह के निर्माण एवं संचालन में विशेष महत्व रखते हैं।

चौहान, कु. मनीषा (2004) ने अपने अध्ययन में स्पष्ट किया है कि "स्वयं सहायता समूह योजना" के माध्यम से आदिवासियों को प्रत्येक कार्य के लिए आन्तरिक ऋण आसानी से उपलब्ध हो जाता है। साथ ही इस योजना के माध्यम से बैंकों से सरलता से ऋण मिल जाता है। इन ऋणों पर ब्याज भी रियायती दरों से देना होता है। सेन, प्रकाशचन्द्र (2005) ने अपने अध्ययन में स्पष्ट किया है कि समूह के सदस्यों को अपने विचार व्यक्त करने के अवसर मिलते है जिसमें जरूरत पड़ने पर एक–दूसरे की मदद कर सकते है। समूह को नई बात सीखने, नये स्थानों पर जाने, नए लोगों से बातचीत करने का अवसर मिलता है। शोषण के खिलाफ लड़ाई करने की हिम्मत आती है, समाज में व्याप्त बुराईयों से लड़ने जैसे दहेज प्रथा, बाल विवाह, शराब, मृत्यु भोज आदि कुरीतियों के खिलाफ आवाज उठाने की ताकत बढ़ जाती है।

डॉ. कंचन, सुभा (2006) ने अपने अध्ययन से स्पष्ट किया है कि स्वयं सहायता समूह महिलाओं को आत्मनिर्भर और सशक्त बनाने का महत्वपूर्ण साधन है परन्तु कुछ समस्याएँ ऐसी हैं जो समूह की प्रभावशीलता को कम करती है यदि इन समस्याओं का समाधान कर लिया जाये तो निश्चित ही स्वयं सहायता समूह महिलाओं के सशक्तीकरण का एक सार्थक माध्यम बन सकता है।

निष्कर्ष के रूप में यह कहा जा सकता है कि महिलाओं के सशक्तीकरण हेतु जिस सोच एवं दूरदर्शिता के साथ सरकार ने स्वर्ण जयंती ग्राम स्वरोजगार योजना के अन्तर्गत स्वयं सहायता समूह का क्रियान्वयन किया था और यह माना गया था कि इससे गरीबी रेखा से नीचे जीवन यापन करने वाले लोगों को समुचित लाभ की प्राप्ति हो सकेगी। साथ ही इससे जहाँ एक ओर समय, शक्ति एवं धन का उचित उपयोग हो सकेगा तथा जन सहभागिता बढ़ सकेगी, वहीं दूसरी ओर पंचायत राज संस्थाओं की सहभागिता बढ़ेगी तथा समस्त कार्यक्रमों में पारदर्शिता आयेगी। यहीं नहीं इससे सबकी जवाबदेही भी बनेगी एवं परिणाम भी स्पष्ट रूप से दिखाई देंगे। परन्तु अध्ययन क्षेत्र में स्वयं सहायता समूह से सम्बंधित कुछ समस्याओं के कारण यह योजना अपने उद्देश्यों में अभी पूर्ण रूप से सफल नहीं हो पाई है। फिर भी सही मायनों में देखा जाए तो स्वयं सहायता समूह योजना ग्रामीण महिलाओं को आत्मनिर्भर और सशक्त बनाने में महत्वपूर्ण भूमिका निभा रही है। समूह के माध्यम से महिलाएँ छोटी–छोटी बचत कर रही है तथा उनकी विभिन्न

प्रकार की आवश्यकताओं की पूर्ति हेतु ऋण भी उपलब्ध कराया जा रहा है। इसके साथ ही महिलाएँ उन समस्याओं को भी हल करने में सफल हो रही है जिन्हें वे व्यक्तिगत रूप से हल करने में असमर्थ थी। यही नहीं समूह के माध्यम से महिलाओं में आत्मसम्मान और स्वयं के साधन प्रबंधन की क्षमता का भी विकास हुआ है। यदि सरकार स्वयं सहायता समूह से सम्बंधित कुछ समस्याओं का समाधान कर दे तो निश्चय ही यह योजना अपने उद्देश्यों में पूर्ण रूप से सफल योजना है। स्वयं सहायता समूह योजना गरीबी उन्मूलन की दिशा में महिलाओं की सामाजिक–आर्थिक सुरक्षा हेतु एक मजबूत कवच साबित होगा।

References:-

1- Agrawal, R.C.k~ ;2003) 'Economics of Development and Planning', Lakshmi Narayan Agrawal, Educational Publishers, Anupam Plaza-I, Block No.k~ 50/15, Sanjay Place, Agra

2- Chaudhari, C.M.k~ ;1991) 'Research Methodology', RBSA Publishers, Jaipur.k~

3- ä.k~ Mishra, N.k~ ;2009) 'Tribal Culture in India', Kalpaz Publications, Delhi.k~

4- Karmarkar, K.G.k~ ;1999)'Rural Credit and Self Help Groups Micro Finance Need and Concept in India Thousand Oaka Calif and London',Sage Publication, New Delhi.k~

5- Lalitha, S.N.k~ & Nagarajan, B.S.k~ ;2002) 'Self Help Groups in Rural Development', Dominant Publishers & Distributors, New Delhi.k~

1. अग्रवाल, ए.एन. (1975) ''भारतीय अर्थव्यवस्था'' विकास पब्लिशिंग, अंसारी रोड़, नई दिल्ली।

2. बाजपेई, एस.आर. (1998) ''सामाजिक अनुसंधान तथा सर्वेक्षण'', किताबघर, कानपुर।

3. डॉ.तिवारी,संजय एवं डॉ.तिवारी, अंशुजा (2008)''महिला उद्यमिता''ओमेगा पब्लिकेशन्स,दरियागंज, दिल्ली

4. डॉ. पन्त, डी.सी. (2009) ''भारत में ग्रामीण विकास'' कॉलेज बुक डिपो, जयपुर।

5. डॉ. माथुर, बी.एल. (2009) ''ग्रामीण अर्थव्यवस्था'' अर्जुन पब्लिशिंग हाऊस,दरियागंज,नई दिल्ली

6. डॉ. सिंह, निशांत (2009) ''भारतीय महिलाएँ एक सामाजिक अध्ययन'' ओमेगा पब्लिकेशन्स, नई दिल्ली

7. डॉ.वर्मा, सवलिया बिहारी (2009)''ग्रामीणअर्थशास्त्र एवं सहकारिता'',विश्व भारती पब्लिकेशन्स,नई दिल्ली

8. डॉ. तिवारी, संजय एवं डॉ. श्रीमती शैलप्रभा कोष्टा (2009) ''ग्रामीण विकास (सरकार की विविध योजनाएँ)'' ओमगा पब्लिकेशन्स दरियागंज, दिल्ली।

9. डॉ. त्रिपाठी, रेणु (2008) ''भारत में आर्थिक नियोजन'' ओमेगा पब्लिकेशन्स, दिल्ली।

10. डॉ.सिंह,राजेन्द्र (2002)''भारतीय अर्थव्यवस्था में गरीबी उन्मूलन की समस्याएँ''राधापब्लिकेशन,नई दिल्ली

11. डॉ. उपाध्याय, हरीशचन्द्र (1999) ''सामाजिक सर्वेक्षण, अनुसंधान एवं सांख्यिकी'' एटलांटिक पब्लिशर्स एण्ड डिस्ट्रीब्यूटर्स, अंसारी रोड़ दरियागंज, नई दिल्ली।

12. डॉ.मेहता, बसन्त (1994)''गरीबी तथा बेरोजगारी उन्मूलन में बैंकों की भूमिका'' शिवा पब्लिशर्स डिस्ट्रीब्यूटर्स, उदयपुर

13. शर्मा, श्रीमती मंजू (2008) ''भारतीय समाज में महिलाओं का विकास'' राज पब्लिशिंग हाऊस, जयपुर।

14. शर्मा, ओ.पी. (1996) ''भारत की अर्थव्यवस्था बदलता परिवेश'' सबलाइम पब्लिकेशन्स, जयपुर।

15. श्रीनिवासन, गिरीजा(2002)''स्वयं सहायता समूहों का प्रशिक्षण''महिलाएवं बाल विकास विभाग,नई दिल्ली

16. यादव, सुबहसिंह (1991) ''भारत में नियोजन एवं विकास'' रूपा बुक्स प्रा. लि. तिलक नगर, जयपुर।

17. डॉ. अग्रवाल, गोपालकृष्ण एवं डॉ. पाण्डेय, शीलस्वरूप (2000) ''सामाजिक शोध एवं सांख्यिकी'' साहित्य भवन पब्लिशर्स एण्ड डिस्ट्रीब्यूटर्स प्रा.लि., आगरा।

18. सिंह, राजेन्द्र(2001)''भारतीय अर्थव्यवस्था में गरीबी उन्मूलन की समस्याएँ'' राधा पब्लिकेशन,नई दिल्ली

19. मिश्र, जगन्नाथ (1985) ''भारतीय आर्थिक विकास की नयी प्रवृत्तियाँ'' विकास पब्लिशिंग हाऊस प्रा.लि. अंसारी रोड़,नई दिल्ली

20. माथुर, बी.एल., यादव जे.पी. एवं कटेवा रविन्द्र के., माथुर सुनीता, मिश्रा अशोक के. (2005) ''भारत में आर्थिक पर्यावरण'' आर.बी.एस.ए. पब्लिशर्स चौडा रास्ता, जयपुर।

21. मुकर्जी, रविन्द्रनाथ (2002) ''सामाजिक शोध व सांख्यिकी'' विवेक प्रकाशन जवाहर नगर, नई दिल्ली।

22. त्रिपाठी, मधुसुदन (2008) ''महिला विकास एक मूल्यांकन'' ओमेगा पब्लिकेशन्स दरियागंज, नई दिल्ली

23. सिंह, मीनाक्षी निशांत (2009) ''महिला सशक्तिकरण का सच'' ओमेगा पब्लिकेशन्स अंसारी रोड़, दरियागंज, नई दिल्ली

अध्याय–23

नारी क्या केवल भोग की वस्तु हैं

(सूर्यबाला का उपन्यास सुबह के इन्तजार तक के संदर्भ में)

सुनील कुमार एस यादव

पीएचडी छात्र एम.ए हिंदी एएमण्फिल हिंदी

एम.एड.एएम.ए समाजशास्त्र

उच्छ शिक्षा और शोध संस्थान

दक्षिण भारत हिंदी प्रचार सभा मद्रास

यधारवाड़ शाखा धारवाड़ कर्नाटक.०१

चलभाषा .8277555220

भारत पुरुषप्रधान समाज है यहँ पुरुष का हर क्षेत्र में मंक दखल है। महिलाएँ परिवार की सभी जिम्मेदारीयों को बखूबी निभाती है फिर भी उनपर अनेक पाबंदीयाँ थोपिजाती है। परिवार और समाज द्वारा कई कारणों से उनके अधिकारों को कुचलकरएआवाज को दबाकर कई प्रकार की हिंसा किया जाता हैं। दुर्गाए सरस्वतीए लक्ष्मीए गंगा.जमुना आदि के रूप में पूजतें हैं लेकिन माँ, बहन, पत्नी बहू–बेटी के साथ घिनौना और पशुता से भी क्रूर हैवानियत करने में कोई संकोच भी नहीं रखतें हैं।

न जाने कितनी महिलाओं के साथ दुष्कर्म कर मार दिया जाता हैं।

विरोध करने पर चेहरे पर एसिड फेंक दिया जाता हैं। जान से मारने की धमकी देकर घुट–घुटकर जीने पर मजबूर किया जता हैं। प्रताड़ना एंव मानसिक हिंसा न सहपाने की वजह से जहर पीकर खुद–खुशी कर लेती हैं तो कुछ नदी में शव के रूप में मिलती हैं। बलात्कार की वारदात आम बात होती जा रही हैं। बच्चियों पर होरहे गैंग रेप की खबर सुन दिल सहम उठता हैं। समाचार पत्रिकाएँ और मीडिया न्याय दिलाने की कोशिश में इस खबर को खूब उछालातें हैं। सभ्य लोग सड़कों पर नारा देतें हैंए महिला संघटन सामने आतीं हैंए सरकार सक्त कानून बनाने की बात कर मुवाजा घोषित करता हैं। बस कुछ ही दिनों में सब पीडिता को भूल जातें हैं और वह अकेली रह जाती हैं । बलात्कारी कनूनी हथकंडे अपनाकर छूट जाते हैं या फिर कम सजा काटकर छुटजातें हैं ।

बलात्कार अत्याचार रेप न तो ये शब्द नया हैं न यह कृत्य नयाए बस पीडिता नई होती हैं और पशुता की सीमा लाघंनेवाला दानव नया होता हैं। मानवता को शर्मसार करता यह शब्द कानो पर पड़ते ही आत्मा की कंदराओं सेए मन के भीतर से एक चीत्कार उठती हैं। जिसमें एक रोष होता हैं। कुछ सवाल होते हैं कि क्या हम सचमुच में नागरिक हैं। नारी कितनी स्वतंत्र हैं। हम किस सभ्यता की ओर जा रहे हैं।

हिंदी कथा साहित्य के सुप्रसिद्ध महिला कथाकार सूर्यबाला द्वारा लिखित सुबह के इंतजार तकष् एक समाजिक उपन्यास हैं। इसमें बलात्कार से पीड़ित एक युवती की संघर्ष की गाथा हैं। केंद्र बिंदु में एक अत्यधिक निम्न स्थर गरीब परिवार से मनु हैं जिसके साथ दुष्कर्म होता हैं यानी बलात्कार। बलात्कारी पुरुष मनू से विवाह करने से इनकार करता हैं । मनु पीड़ाए दुःख दर्द मानसिक हिंसा के कारण मौत को गले लगना चाहती हैं लेकिन छोटे भाई कि आकांक्षाओं को पूरा करने के लिए कटिबद्ध होकर अपना संपूर्ण जीवन बुलू को पढ़ा.लिखाकर डॉक्टर बनाने में लगा देती हैं। सामाज के द्वारा मनू को दिए गए हिंसाए पीड़ाए यातनाए प्रताड़नाओं को स्वीकार कर तिल–तिल जीवन व्यतीत करती हैं। अंतत स्वयं और अपने परिवार को उबारकर सम्मानजनक स्तर पर पहुंचाती हैं और खुद बिमारी से त्रस्त होकर मृत्यु का शिकार हो जाती हैं। इस तरह पीडिता कि व्यथा का मार्मिक एंव कारुणिक चित्रण इस उपन्यास में मिलता हैं।

मनू का परिवार हमेशा तंगहाली अभाव और आर्थिक पीड़ा से ग्रस्त होता हैं। जब कोई इनके घर का कुंडा खटखटाता तोए माँ पेटीकोट पर लपेटा टुकड़ा फेंक फटी पर धूलि सी साडी पहनतीए पिताजी तमाम छेद वाली बनियान के ऊपर धारीधार कमीज ढाल लेते और बुलू के खाट पर पड़ी मैली तकिये को साफ चादर से ढँक दिया जाताए तो जाकर घर का कुंडा खुलता था। दुःख अभाव से त्रस्त होकर भी यह परिवार समाज से अपनी वास्तविक सच्चाई को छुपाता था। अत्यंत निम्नवर्ग परिवार के कारणए तंगहाली के बिच मनू हाईस्कूल पास कर दो साल से घर में बैठी थी और छोटे भाई बुलू की पढ़ाई फीस ना भर पाने की वजह से स्कूल से नाम कट जाता था। किसी तरह निम्नता से त्रस्त बुलू नौवीं पास तो कर लेता हैं लेकिन दसवी कि परिक्ष नहीं दे पाता हैं। परिवार की आर्थिक स्थिति को समझकर पढ़ने कि इच्छा होते हुए भी बुलू गिराज में काम करता हैं।

मनू के पिताजी पढ़े लिखे होकर भी गरीबी के कारण अपनी उम्र से ज्यादा के लगते इसलिए कोई ढंग का काम न मिलता और जो मिलता ज्यादा दिन तक टिक नहीं पाता था। माँ की भी यही दशा थी। बिल न भर पाने की वजह से नल और बिजली का कनेक्शन कट गया थाए मनू की पढाई पहले बाद में बुलू की पढ़ाई छूट गई थी। फटे कमीज को नील ढालकर चमकाने टूटे खंघे से बाल झारनेए फटी और पुरानी साडी को धोकर सलीके से मरम्मत कर पहनने की कोशिष होती थी। गरीबीए लाचारी और मजबूरी ने मनू के परिवार को ध्वस्त और झकझोर कर रखदिया था। सोलह सत्रह साल कि मनू के जीवन में समय दोपल की खुशिया और उम्र भर के लिए गम लेकर आता हैं। मामा–मामी एक दिन घर आकर मनू के माँ–बाप से मनू को अपने साथ भेजने को कहतें हैं। अच्छा सा लड़का देखकर शादी करवाने और तौर–तरिका सिखाने की बात करतें हैं। तंगहाली से जूझते माँ–बाप सोचतें हैं कि न जाने कौनसा देवदूत–सा लड़का मिलजाए मेरी मनू कोष् और अच्छा खान.पिना मिलेगा सोचकर मनू को भेजा देतें हैं। अंतर मन से मनू नहीं जाना चाहती क्योंकि उसे पता हैं कि मामा–मामी अपने बेटे पिंकू की देखभाल के लिए ले जा रहे हैं ना कि उसकी शादी के लिए। मजबूरी और विडंबना ने इसके सिवा मनू के सामने कोई रास्ता न छोड़ा था पारिवारिक स्थिति को देखकर बे मन से चली जाती हैं ।

मनू माम–मामी के घर का सारा काम करती हैं जैसे पिंकू की देखबाल करना खाना बनाना आदि मनू के आजाने से मामी को बड़ा सुख–चौन मिलगया था। शुरू–शुरू में गाँव से कस्बे में आई मनू को सब अटपटा लगता था लेकिन बदलते समय के रंग में ढल गई और फैशन रहन–सहन बोल–चाल पहनाव–ओढाव आदि आधुनिकता के पढाव में जम गई। जूडा बांधना क्रीम–पाउडर लिपिस्टिक लगनाए नए पैटर्न का स्वेटर और नए डिजाइन कि साडी में काशिदाकारी सिखाने और सिखने में मग्न होती गयी। परिणाम मनू अपने गाँव के संस्कारों को पिछडेपन और मुर्खता का प्रतिक मानकर अपने विचार और दृष्टिकोण में पूर्ण आधुनिक और प्रगतिशील उदार दिखने का प्रयत्न करने लगी।

मामी के घर दो–चार आदमियों का आना–जाना लगा रहता जैसे नल का टोंटी ठीक करनाए मिटटी का तेलए कोइले की बोरी रख जाना गेंहू पिसवा लाना घर के अन्य काम करना। बदले में मामी उन्हें कुछ ना कुछ खिला–पिला देती थी। इन आदमियों की भाव–भंगिमा मनू ना पसंद करती। उनके होटों और आँखों पर छलकती चापलूस मक्कारी से नफरत करती। उनकीं हँसी से खिजलाहाट महसूस करती। उनका घर में आना हीं मनू को गभराहट होती थी। एक श्याम मामा–मामी ६ से ६ सिनेमा देखने गए थे। यह रात मनू के जीवन में जहर घोल गयी। घर में सिर्फ मनू और पिंकू थे। रात को एक आदमी आकर कुंडा खटखटाकर सामान रखने की बात कहता हैं। मामा घर पर नहीं कहती हैं मनू लेकिन समान न अंदर रखवाया तो डांट के डर से कुंडा खोलती हैं। आदामी के चालएबर्ताव से डर महसूस करती हैंए सामान रखते ही अचानक से आदमी ने झपट कर मनू के मुह को हाथ से दबाकर दुसरे हाथ से कमरे में ले जाकर बलपूर्वक बलात्कार करता हैं। आतंक भय और दहशत से काँपती मनु छठपटाती हैं लेकिन दरिंदगी के आगे कुछ नहीं करपाती हैं। न जाने कब तक वह आधे होशएआधी बेहोश में अपना विध्वंस देखती असहायएनिस्पंद पड़ी रह गई थी।

सिनेमा से लौटकर मनू की स्थिति देख मामी–मामी डर जातें हैं सुबह उस आदमी को बुलाकर ठेकेदार के सामने उसके बदचलन की बात बताने की धमकी देतें हैं लेकिन वह यूनियन और ठेकेदार के सामने मामा के बुरे कामों की सूचना देने की धमकी देता हैं । मामा डरकर उसके सामने शादी

का प्रस्ताव रखते हैं लेकिन वह खारिज कर देता हैं। मामा.मामी बहुत परेशान हो जातें हैं कोई रास्ता नजर न आने पर मनू के पिता को बुलाकर घर भेज देते हैं। मनू के साथ हुए दुष्कर्म को जानकर पिता के पाँव तले की जमींन सरक जाती हैंए माँ जिंदा लाश बन जाती हैं। छोटा भाई बुलू मनू से बात नहीं करताए इस तरह परिवार के सभी सदस्यों से कटी–कटी रहती हैं।

गिराज के अन्या साथियों की वजह से बुलू शराब पिने की बूरी आदत का शिकार हो जाता हैं। मनू के साथ हुए दुष्कर्म से चिंतित माँ.बाप को बुलू की वजह से और दुखी हो गए। बुलू को पढ़ने की इच्छा बहुत थी इस इच्छा को मनू पूरा करना चाहती हैं। एक रात माँ–बाप को बिना सूचित किये बुलू अपनी दीदी मनू को लेकर सुबासपुर शहर चला आता है और धर्मशाला के गोसाई बाबा से मनू को विधवा बताकर ठहरने के लिए कोठारी प्राप्त करता हैं। बुलू के जुबान से विधवा शब्द सुनकर मनू बहुत दुखी होती है। मर–मरकर जिंदा रहनेवाली मनू को यह सदमा सहा न गया। गोसाई बाबा का व्यवहार मनू को अच्छा लगा तो अपने साथ हुए दुष्कर्म को बताकर कहती है मैं विधवा नहीं हूँ। सच्चाई जानकर बाबा धर्मशाला छोड़ने को कह देतें हैं। मनू की सच्चाई को समाज स्वीकारने को तय्यार नहींए जबकि इसमें मनू का कोई दोष नहीं हैं। सच कहने की सजा मनू को धर्मशाला छोड़ना पडा और अंजान शहर में बुलू को नया ठिकाना खोजने की नौबत आगयी। मनू अपने आप को क्षत विक्षत मानकर कई बार कुएँ या नदी में छलांग लगाकर प्राण त्यागना चाहती हैं पर बुलू के बारे में सोचकर रुक जाती हैं।

कलंकित यथार्थ की बखान करने की सजा मनू को मिल रही हैंए विक्षित अहं की त्रुष्टि के लिए समाज को बदलने का प्रयास झूठा साबित हो रहा हैं। जिंदगी काटने को दौड़ रही थी। धर्मशाला छोड़ते हुए न क्षमा कर पा रही थीएन क्षमा माँग पा रही थी। डूबने वाले को तिनके का सहारा सही रहने को एक कोठारी मिलजाती हैं। प्रताड़ित मनू चीख–चीखकर रोना चाहती हैं। पर थके–हारे सोये बुलू की नींद न खुल जाये सोचकर तड़प उठती हैं। खामोश हो जाती हैं। पीड़ा से त्रस्तए बलात्कार की शिकार मनू खुलकर रो भी नहीं पाती हैं। कोठरी की मालकिन काकी से मनू अपनी सच्चाई न छुपाकर सच–सच बता देती हैं और कोठरी से न निकालने के लिए हाथ–पाँव जोड़कर प्रार्थना करती हैं।

काकी की मदत से पेट में पल रहे भ्रूण से मुक्ति के लिए बहुत अपमान झेलती हैं। दाई की बात दिल को चिर देती हैं कुकर्म करते समय नहीं सोचा था कि ये दिन भी देखने पड़ेंगे देखने में कैसी सीधी–भोली दिख रही हैं और अंदर इतने गुण घुल रहे हैं ! पहले मजे मारेंगी जब थुक्का–फजीहत की नौबत आ जायेगी तब चलेंगे दाई–मिडवाइफ करने! लाख कोशिश करके भी मनू स्वाभाविक प्यारए अपनत्व भारा व्यवहार किसी के साथ नहीं कर पारही थी क्योंकि उसके भीतर न कोई अहसासए न कोई कर्त्तव्य बाकि रहगया था। लेकिन वह मरना नहीं जीना चाहती हैं। मन से नहीं केवल एक स्थूल शरीरी से। वह ना तो नदी पोखर में गिरकर न जहर खाकर मरना चाहतीए न संवेदना में तिल–तिलकर जलना चाहती हैं सिर्फ एक मरी खाल की तरह वह जीना चाहती हैं । मनू दो.तिन घरों में काम करने लगती हैं। रात को काम से लौटते वक्त पान की दूकानए होटल और हेयर कटिंग सैलून से नुकीली आवाजें आतीए कुछ भद्दे इशारे होतेए भद्दी भाषा का प्रयोग होता। कुछ पुरुष जान–बुझकर पास से गुजरते। इन पुरुषों की मानसिकता से मनू प्रताड़ित होती थी। लेकिन पीड़ा को सहन कर लेती।

आखिरकार मनू का गर्भपात हो जाता हैं वह कहती हैं एक मृत्यु मुझे कितनी बड़ी मुक्ति दे गई। सोचो अब मै मुक्त हूँ। निरापद कुछ हीं दिनों में अतिती की धूल झाड़कर मनू उठ खड़ी होती हैं। भट्टानी भाभी की सहायता से कन्या विद्यालय में टीचर कि नौकरी करती हैं। लेकिन स्कूल में भी मनू पर कीचड़ उछालते हैंए पढ़े–लिखे टीचर्स स्कूल के बच्चों पर बुरे संस्कार की छाया पड़ेगी कहते हैं । एक मछली सारे तालाब को गंदा करती हैं कहकर प्रताड़ित करने लगेए बर्छिली और कसौली बातें तीर की तरह मनू के दिल में चुभकर घाव कर जाते थे। उसे लगता कि अभिशप्त इतिहास आज भी उसके साथ हैंए समूचे जीवनए वर्तमान और भविष्य के साथ अविभाज्य हो गया हैं। इस तरह तपती–जलती–सुलगती मनू घुट–घुटकर जीवित थी केवल बुलू को पढ़ाकर कुछ बनाने के लिए ।

मनू कहती हैं मान–अपमान सब मेरे हैं मैं हार न मानूंगीए इन्हें अपनाकर देखूंगी हिम्मत जुटाकर लड़ती रही। टीचर की नौकरी के साथ मनू प्राइवेट से बीएए पास कर लिया। उसी कालेज से बुलू की इंटर करवाईए आगे की पढ़ाई के लिए दो–तिन ट्यूशन और पढ़ने लगी। काकी और भट्टानी भाबी कि सहायता से तिन साल संघर्षपूर्ण जीवन चलाकर बुलू को मेडिकल कालेज में

दाखिला करवाती हैं । काकी की कोठारी छोड़ अभिशप्त अतित के सारे दुःख–दर्द समेटकर मनू मेडिकल कॉलेज के पास के कोठारी में रहती और पास के हाईस्कूल में सर्विस भी करती हैं। अंतिम वर्ष की पढाई तक बुलू दीदी के पास रहा लेकिन अंतिम वर्ष आते ही गुरुजनों की सलहा से हॉस्टल में आजाता है। मनू अकेली होकर भी खूब मेहनत करतीए भाई की पढाई का सार खर्चा उठाती अभिशप्त जीवन बिता रही थी। बुलू के लिए नाश्ता रख देती और खुद भूखी रहतीए कुछ न खाती केवल चाय पर जीवित रहती।

दिन–ब–दिन मनू दुबली–पतली होती जा रही थी। दीदी की बिगड़ती तबियत से बुलू चिंतित था। हॉस्टल से दीदी के पास लौटने की कोशिश करता पर न लौट पाने की लाचारी से दुखी था । मित्र की सहायता से दीदी की संपूर्ण चेकअप करवाता हैं। युट्रेस और ओवरी के कैंसर रिपोर्ट सुनकर बुलू के सर आसमान टूटपड़ता हैं। डॉक्टर शुक्ला की बात बुलू के मन को चिरदेती हैं मैं यह नहीं समझ पाया की इतना दर्द पीड़ा को तुम्हारी दीदी ने कैसे सहा इतने साल। ऑपरेशन सफल नहीं हुआ कैंसर ने मनू के प्राण हर लिएए बुलू बहुत रोता हैं। अंतिम साँस तक मनू हार नहीं मानती न झुकती न सच्चाई को छुपाती हैं अभिशप्त जीवन की यातना कष्ट दर्द दुःख मान–अपमान तिरस्कार पीड़ाओं की असहज घूंटों को पीकरए बुलू को एक मुकाम तक पहुंचाती हैं। आज बुलू बनाम डॉण् बलवीर वर्मा एम.बी.बी.एस.ए गिराज में नहीं सरकारी अस्पताल में डॉक्टर हैं इसका श्रेय केवल मनू को ही जाता हैं ।

मातृ दिवस अंतरराष्ट्रीय महिला दिवस आदि को बड़े चाव और सुचारू रूप से मनाते हैंए अन्याय के खिलाप सड़क पर नारे लगते हैं। उतने ही होश–जोश से महिलाओं के प्रति हो रहे बलात्कार तथा हिंसा के विरुद्ध एक सशक्त आवाज उठानी होगी। हर नागरिक को अपना फर्ज जिम्मेदारी से निभाना होगा। नारी को शिक्षित करना होगा। महिलाओं के प्रति दहेज प्रथा यौन हिंसा असमानता कन्या भ्रूण हत्या घरेलू हिंसाए बलात्कार वैश्यावृति मानव तस्करी लैंगिक भेदभाव बाल मजदूरी बाल विवाह तथा देवदासी आदि राक्षसी सोच को सच्चे मनसे त्यागना होगा। इस तरह जब पुरुष प्रधान समाज महिलाओं को सम्मान और प्रतिष्टा प्रदान करेंगे तभी परिवार गाँव देश और राष्ट्र आगे बढेगा तथा विकास की ओर उन्मुख होता जाएगा इसमें कोई शक नहीं हैं।

अध्याय–24

वर्तमान परिदृश्य में महिला सुरक्षा की चुनौतियाँ

एकता चौहान

असि. प्रोफेसर

राजनीति विज्ञान विभाग

ए0के0पी0जी0जी0 कॉलेज खुर्जा

भारतीय नारी हूँ मैं, कितने बंधनो से बंधी, जीवन के कुरूक्षेत्र में न जाने कितने तीरों से बिधी, न तो मृत्यु के आंलिगन का अधिकार और ना ही जीवन को अंगीकार करने की अधिकारिणी। जन्म से मृत्यु तक हर सांस किसी न किसी पुरूष के अधिकार में लेने को अभिशप्त। मैं हमेशा ऐसी ना थी। मैनें वह दौर, देखा है, जहां मातसन्ता होती थी। मैं अधिष्ठाता थी, जीवन के हर क्षेत्र में सक्रिय थी। फिर ऐसा क्या हुआ कि आज जन्म देने वाली को जन्म लेने से पूर्व, भ्रूण से ही अपने अस्तित्व के लिए आशकिंत रहना पड रहा है। अगर जन्म मिल भी जाये तो जीवन भर आंतकित रहने को विवश हो जाती हूँ।

महादेवी वर्मा की कविता है– मैं नीर भरी दुःख की बदली..................। लड़कियां मानो माटी की गुड़िया हो। हर मोड़ पर टूटने और बिखरने का डर

है। हर मोड़ पर परेशानियां। पैदा होने पर परेशानी, पहले ही पता लगा लेते हैं और गर्भ में मार दिया जाता है। वहां बात नहीं बनी तो 5–6 साल की उम्र में ही सही पढने से वंचित। कुछ बड़ी हुई तो बाल विवाह का डर, वो भी नही हुआ तो गिद्ध की तरह हर वक्त घूरती नजरों का खौफ। अगर पढ़ने लिखने गई तो अवसर न मिलने का डर। अवसर मिल गए तो उसे बनाए रखने के लिए कीमत चुकाने का डर। शादी के लिए दहेज का डर, दिया तो भी पति और ससुराल में प्रताड़ना का डर, नही दिया तो जलाकर मारने का डर। तो फिर दुःख की बदली, कहां...................... सागर कहना ही ठीक होगा। कहते हैं कि समय के साथ साथ परिस्थितियाँ बदल जाती है सोच बदल जाती है, परन्तु कुछ चीजे ऐसी है जो बदल नहीं पा रही है। महिलाओं की हालत को भी इन्हीं में शुमार किया जा सकता है। आज भी सामाजिक ताना बाना ऐसा है कि उसमें स्त्री को असहाय व अबला ही समझा जाता है। यद्यपि भारतीय संविधान में महिला व पुरूषों को समान अधिकार मिले है। इसकी प्रस्तावना में सभी नागरिकों को अवसरों की समानता का अधिकार दिया गया है। संविधान में अनुच्छेद 14 में स्त्री व पुरूष के सामाजिक, आर्थिक राजनीतिक न्याय के साथ कानून की समानता की बात कही गई है। इसके साथ ही अनुच्छेद 15(3) में राज्यों को महिलाओं के कल्याण के लिए विशेष प्रावधान बनाने का अधिकार भी दिया गया है। भारत में महिलाओं की सुरक्षा और उनके प्रति होने वाले अपराध को लेकर तमाम कानून है जिनमें अनैतिक व्यापार निवारण अधिनियम 1956, दहेज प्रतिषेध अधिनियम 1961, गर्भधारण पूर्व लिंग चयन प्रतिषेध अधिनियम 1994, सती निषेध अधिनियम 1987, घरेलू हिंसा कानून 2005 बाल विवाह प्रतिषेध अधिनियम 2006, कार्य स्थल पर महिलाओं का लैंगिक उत्पीड़न प्रतिषेध अधिनियम 2013 प्रमुख हैं।

इसके अलावा राजधानी दिल्ली में 16 दिसम्बर 2012 को हुई नशंस सामूहिक बलात्कार की घटना के विरूद्ध राष्ट्रीय स्तर पर हुए आकोश की पृष्ठभूमि में दंड विधान संशोधन 2013 पारित किया गया और यह कानून 3 अप्रैल 2013 से देश में लागू हो गया। इस कानून में प्रावधान है कि तेजावी हमला करने वालों को दस वर्ष की सजा और बलात्कार के मामले में अगर पीड़ित महिला की मृत्यु हो जाती है तो बलात्कारी को न्यूनतम 20 वर्ष की सजा होगी। इसके अलावा महिलाओं के विरूद्ध अपराध की एफ0आई0आर0 न दर्ज करने वाले पुलिस अधिकारियों के खिलाफ भी सजा का प्रावधान है।

इसके अलावा भारत ने अर्न्तराष्ट्रीय स्तर पर कई ऐसे प्रावधानों पर हस्ताक्षर किए हैं जो औरतों को विशेष दर्जा दिलाते हैं। इन सभी कानूनों के बाद भी ऐसा नही हैं कि महिलाओं के प्रति होने वाले अत्याचार व भेदभाव में कमी आई हो। सच्चाई और कानून नियमों के बीच आज भी गहरी खाई है। औरतें गरीब हैं (व्यक्तिगत तौर पर), अशिक्षित हैं, अधिकारों से वंचित है, सामाजिक व आर्थिक मुददों पर हाशिए पर हैं। वहीं महिलाओं के साथ होने वाले अपराध और अत्याचार का ग्राफ सबसे ऊंचा है भारत औरतों के लिए खतरनाक देश तो पहले ही था, लेकिन अब 'द' थॉमसन रॉयटर्स रिसर्च फांउडेशन की ओर से महिलाओं के मुद्दों को लेकर 559 विशेषज्ञों की राय पर आधारित सर्वे के जारी परिणाम में विश्व में महिलाओं के लिए सबसे असुरक्षित 10 देशों में भारत पहले स्थान पर आ गया है। सात साल पहले के इसी सर्वे में भारत चौथे नम्बर पर था। यह रिपोर्ट ऐसे समय आयी, जब भारत में महिलाओं के साथ दुष्कर्म के मामलो का ग्राफ बढ़ा है। भारत सरकार द्वारा भले ही इस रिपोर्ट को विदेशी साजिश और धारणाओं पर आधारित सर्वे बताकर खारिज कर दिया गया हो लेकिन नेशनल क्राइम ब्यूरो के आंकड़ो के मुताबिक वर्ष 2016 से 2012 के मुकाबले औरतों के साथ होने वाली हिंसा में 40 फीसदी का इजाफा हुआ है। सर्वे में यौन हिंसा और हमूयन ट्रैफिकिंग में भारत को सबसे आगे माना गया है। जिस देश में नारी को देवी माना जाता है, वहां इस रिपोर्ट को पाश्चात्य देशों का षडयंत्र मान कर भले ही खारिज कर दिया जाए, लेकिन विश्व पटल पर उसे थोड़े ही मिटाया जा सकता है।

कानूनों प्रतिबन्धों के बावजूद कन्याभ्रूण हत्याओं का सिलसिला, लगातार जारी है। लोग लिंग आधारित मानसिकता सें ग्रस्त है सभी को बेटा चाहिए इसलिए बेटे के इंतजार में बेटियों को खत्म किया जा रहा है। गर्भपात अधिनियम 1994 की धज्जियाँ उड़ाई जा रही है। लड़कियों की जन्मदर घटती जा रही है। जबकि उत्तराखंड हाई कोर्ट गंगा–यमुना के बाद ग्लेशियरों, झीलों, और घास के मैदानों तक को जीवित ईकाई का दर्जा देकर उन्हें इंसानों जैसे हक दिलाने का फैसला देते है तब यह सवाल जहन में गूंजता है कि क्या गर्भस्थ भ्रूण को ऐसा कोई अधिकार नही मिल सकता। हाल ही में नेशनल क्राइम रेकार्ड ब्यूरो ने छोटी बच्चीयों के प्रति होते और बढ़ते अपराधों के आंकड़े जारी किए थे। इसमें बताया गया था कि उत्तर प्रदेश में इन बच्चियों के प्रति दुष्कर्य के अपराध चार सौ फीसदी तक बढ़े हैं।

कठुआ, मंदसौर, मुजफ्फरपुर, देवरिया इसके ज्वलंत उदाहरण हैं। संरक्षण ग्रहों में इतनी सारी बच्चियों के साथ लंबे समय तक यौन उत्पीड़न होता रहा। मगर पुलिस व संबंधित सरकारी विभागों को इसकी भनक भी न मिली। अब समय आ गया है कि उपर से नीचे तक जवाब देहिता तय होनी चाहिए वरना 'बेटी बचाओ बेटी पढाओ' एक खोखला नारा ही रह जाएगा।

महिलाओं की सुरक्षा हमेशा से एक बडा मसला रहा है। उन्हें इतना कमजोर माना गया कि पुरूषों ने उनकी रक्षा का बीड़ा उठाना अपना फर्ज मान लिया। सुरक्षा तो नही दी लेकिन सुरक्षा के नाम पर हजार बंदिश जरूर लगाई। यह एक सच्चाई है कि समाज में स्त्री की भूमिकाओं और उसकी हैसियत का निर्धारण पुरूष द्वारा हुआ है। समाज द्वारा स्त्री को जो दर्जा दिया गया है वह उसकी मानसिक बनावट का नियामक है। फैंच नारी वादी लेखिका सिमन द वोउवा 'द सेंकड सेक्स' में ठीक लिखती है कि ''नारी बनती नहीं बल्कि बना दी जाती है।'' उसे यह बार–बार अहसास कराया जाता है कि तुम स्त्री हो। स्त्री पुरूष में भेद होता नहीं, बल्कि पैदा किया जाता है। पुरूष ने दमन के लिए स्त्रियोचित व्यवहार के जो प्रतिमान निर्धारित किए है, अधिक समय तक अर्जित होने के कारण अब स्वभाव बन गए हैं। सेक्स और अर्थ स्त्री के दो ऐसे मोर्चे हैं जिस पर वह पुरूष से हमेशा मात खा जाती है पुरूष उसे वस्तु बना कर भोगता रहा है और भुगतने के लिए वह अभिशप्त रही है। इस दमनकारी व्यवस्था में जीने वाली स्त्री के लिए सशक्तिकरण या सुरक्षा की कल्पना करना बहुत कठिन है। भारतीय समाज में कौन क्या हासिल करता है यह लिंग निर्धारित करता है। नर और मादा का भेद हमारी संस्कृति का अंग वन चुका है। स्त्री की जगह घर के अन्दर है और पुरूष की बाहर जैसी मानसिकता नारी को घर व परिवार की चार दीवारी के अंदर कैद कर देती है। यहां उसके मन की व्याकुलता, तडप, छटपटाहट व उससे मुक्ति की आंकाक्षा को कोई नहीं सुनता। यही वह सामाजिक राजनीतिक और आर्थिक शक्ति की संभावनाओं से काट दी जाती है। स्वतंत्रता लेकर पुरूष और शक्तिशाली हो जाता है और स्त्री शक्तिहीन अतंता पुरूष की यही शक्ति स्त्री शोषण हत्या बलात्कार का कारण बनती है। हाल ही में चले मी टू आंदोलन के जरिए दुनियाभर की लाखों औरतों ने अपने साथ हुए अन्याय के बारे में सभी को बताया। चौकाने वाला तथ्य यह था कि दर्शको से जिन ग्लैमर वर्ल्ड की औरतों को साधारण औरतों का रोल मॉडल बताया जा रहा

था, वे कितनी कमजोर निकली। जीवन भर वे यौन प्रताड़ना को ढोती रही, ऐेजिलिंना जौली से लेकर प्रियंका चोपड़ा तक ने कहा कि हॉलीवुड से लेकर वॉलीबुड तक औरतों को तरह–तरह के यौन अपराधों को झेलना पड़ता है मगर वे कभी कह नही पाती। स्त्री उत्पीड़न और अधिकारों को बात अक्सर होती है यह एक चुनौती के रूप में उभरा है लेकिन मुश्किल यह है आज के स्त्री विमर्श में स्त्रियों का एक बडा हिस्सा गायब है, जो जिन्दगी की बुनियादी जरूरतों से जूझ रहा है। समाज की बहुसंख्यक गरीब औरतों को कैसे शिक्षा मिले कैसे रोजी रोटी मिले का इंतजार है। और अगर कोई दुर्घटना या हादसा हो गया हो तो न्याय कैसे मिले, कैसे वे भयमुक्त होकर जांच एजेंसियों के पास जा सके। असली चुनौती यही होनी चाहिए। मशहूर अभिनेता और निर्देशक शेरवर कपूर ने कहा था कि 'असली शक्तिशाली औरत वह है जो पीठ पर बच्चे को बांधकर रात दिन खेतो और घरों में काम करती है। भारतीय अर्थ व्यवस्था में स्त्रियां उत्पादक कार्यो में सक्रिय भूमिका निभाती हैं। वे समूचे घर का 1/3 कार्य करती है फिर भी उनका कार्य अदृश्य ही रहता है। समस्या की गम्भीरता को मापने के लिए शालिनी डिसूजा के प्रपत्र 'पेड एवं अनपेड विमेन इन साऊथ ऐशिया' पर दृष्टि जाती है इस प्रपत्र से स्पष्ट है कि भारत की अधिकांश नारी आबादी अनुपादक कार्यो में लगी हुई है। निश्चित तौर से आर्थिक तंत्र पर उसका कोई अधिकार नही है। नारी एक ओर सामाजिक उपेक्षा की शिकार है तो दूसरी ओर आर्थिक रूप से कमजोर होने के कारण वह पीढ़ी दर पीढ़ी शोषित होने के लिए समाज के सामने प्रस्तुत हुई है। यू0एन0 रिपोर्ट से यह पता चलता है कि गरीब परिवार अपने घर की स्त्रियां के कार्यो पर आर्थिक रूप से निर्भर है। फिर भी इन स्त्रियों के स्वास्थ्य, शिक्षा भोजन आदि पर पुरूषों की अपेक्षा बहुत कम खर्च किया जाता है। इसीलिए महिलाओं की मृत्यु दर पुरूषों की अपेक्षा अधिक होती है।

अब समय आ गया है कि महिला सुरक्षा पर होने वाली चर्चा का विकेन्द्रीकरण किया जाए, उसका विस्तार किया जाए, सरकार हो या पीड़ित, परिवार हो या समाज सभी की यह जिम्मेदारी है कि महिला सुरक्षा को सही तरीके से परिभाषित करें। सुरक्षा संबंधित मुददों का विस्तार करें तथा उन मुददों पर गंभीर चर्चा करें, जिनसे समाज में महिलाओं को समानता का दर्जा प्राप्त हो, नहीं तो यह चर्चा अधूरी ही रही जाएगी। मौजूदा हालात में जो

स्त्रियों व लड़कियों के साथ हो रहा है उससे मुक्ति तभी संभव है जब समाज देवी और दासी के रूप में उन्हें न देखकर बराबरी का दर्जा दे। देश के जिन हिस्सों में स्त्रियों के प्रति इतनी हिंसा नहीं है हमें उन्ही पगडंडियों से विकल्प तलाशना होगा।

कहते हैं कि मिसाल कायम करने के लिए आसमानों से सुराख नहीं किए जाते। जमीन पर एक मजबूती का कदम भी कामयाबी और साहस की खूबसूरत इबारत बना देता है। ऐसी ही इबारत महिलाओं के लिए लिखने की जरूरत है। हमें जरूरत है रूढिवादिता के धागे को उधेड़ने की ताकि हमारे समाज में महिला को स्वतंत्र रूप से विकास का माहौल उपलब्ध हो सके। ऐसा माहौल जिसमें महिला अपने आत्मबल का लक्ष्य पा सके। अभी तक स्त्री का मूल्य आँका जाता था। अब समय आ गया है कि हम उसकी महव्ता को स्वीकार करें। स्त्रीत्व इस धरती का सबसे बड़ा उत्सव है जिसे पूरी तरह खिलने दिया जाए, तो हमारी सभ्यता की बहुत सी एकांगिकताएं और रूग्णताएं समाप्त हो सकती हैं।

संदर्भ सूची

1. सीमोनदू वो 3 वार (अनुवाद) प्रभा खेतान– स्त्री उपेक्षिता, हिंदी पॉकेट बुक नई दिल्ली
2. दैनिक जागरण नई दिल्ली, 5 नवम्बर 2017
3. अमर उजाला : नई दिल्ली, 23 जुलाई 2018
4. कादम्बिनी, जनवरी 2018
5. हंस अक्षर प्रकाशन प्रा.लि. नई दिल्ली
6. नारी उत्कर्ष, नई दिल्ली फरवरी 2015
7. भूमण्डलीकरण और मानव सुरक्षा, डा0 अरूण कुमार दीक्षित सत्यम पब्लिशिंग हाउस
8. महिला व विकास, डा0 राजकुमार, अर्जुन पब्लिशिंग हाउस

Chapter-25

Indian Women: Safety and Security in 21st Century

Dr. Alka Tomar
Associate Professor & Head,
Department of Political Science, B.S.M. (PG)
College, Roorkee, Uttarakhand.
Swati Tyagi
Asst. Professor Deptt. of English
Gochar college, Rampur Saharanpur

ABSTRACT

Women's security in India is heavily dependent on many different variables that include geographical locations, educational status, social status, and age. Policies on women's empowerment exist at the national, state, and local (Panchayat) levels in many sectors, including health, education, economic opportunities, gender-based violence, and political participation. However, there are significant gaps between policy advancements and actual practice at the Society. This paper suggests measures to protect women and giving way to empowering their capacity to make them secure.

INTRODUCTION

Economically empowering women may be one of the most impactful sets of development interventions, both in terms of growth and job creation. Women's Empowerment in India will take a look at our rich heritage and enlightened societies of the past where women were treated as equals, the concept of ¯India itself evolved quite recently, relative to the sum of its parts' histories. But the truth is that in the modern India, the woman has always been a second grade citizen in work place. The National Crime Records Bureau reported in 1998 that by 2010 growth in the rate of crimes against women would exceed the population growth rate.

- Status of Indian women today
- Treated as second hand citizen
- Practicing to act as the decisions made by male
- Lesser literacy rate
- Denied of opportunities
- Lack of communication skill even among educated women
- Cultural set up at family base
- Lack of interest in knowing current events
- Hesitation to take challenges

Women's Empowerment Principles in Brief

- Establish high-level leadership for gender equality.

- Treat all women and men fairly at work – respect and support human rights and non-discrimination.
- Ensure the health, safety and well-being of all women and men workers.
- Promote education, training and professional development for women.
- Promote equality through community initiatives and advocacy.

CHALLENGES FACED BY WOMEN IN INDIA

Health & Safety

The health and safety concerns of women are paramount for the wellbeing of a country, and are an important factor in gauging the empowerment of women in a country. However there are alarming concerns where maternal healthcare is concerned. In its 2013 report, UNICEF came up with shocking figures on the status of new mothers in India. The maternal mortality report of India stands at 350 per 1000, with as many as 83,000 women in India dying of childbirth complications in that year. Today, due to the burgeoning population of the country, that number is sure to have multiplied considerably. While there are several programs that have been set into motion by the Government and several NGOs in the country, there is still a wide gap that exists between those under protection and those not. The empowerment of women begins with a guarantee of their health and safety.

Education

While the country has grown from leaps and bounds since its independence where education is concerned, the gap between women and men is severe. While 82.14% of adult men are educated, only 65.46% of adult women are known to be literate inIndia. Not only is an illiterate women at the mercy of her husband or father, she also does not know that this is not the way of life for women across the world. Additionally, the norms of culture that state that the man of the family is the be-all and end-all of family decisions is slowly spoiling the society of the country.

Poverty in the Country

About a third of the country's population lives on less than 1.25USD per day. The GINI index keeps rising slowly over theyears, indicating that the inequality in the distribution of wealth in the country is increasing, currently hovering a little close to33.9. Poverty is considered the greatest threat to peace in the world, and eradication of poverty should be a national goal as important as the eradication of illiteracy. Due to abject poverty, women are exploited as domestic helps and wives whose incomes are usurped by the man of the house. If poverty were not a concern, then the girl child will be able to follow her dreams without concerns of sexual exploitation, domestic abuse illiteracy.

Discrimination

Another challenge that women entrepreneurs in India face is discrimination. Even when women entrepreneurs do approach banks for financing, they tend to face discrimination. Women report that bank officials tend to ignore them in meetings and prefer speaking to their husbands or male business partners. The fact that banks engage in gender bias prevents many women from even approaching them. Some women get so discouraged that they do not bother to seek bank financing and turn instead to informal savings groups.

Multiple Responsibilities

One other challenge is the responsibility of providing for the extended family and relatives. Most micro-enterprise financial resources are not usually isolated from personal finances and hence these family obligations are met from resources earned in the business. Their demands tend to drain the savings and income made by the business, since such finances would otherwise have been used in the enterprise for expansion and growth. Though some of them do assist in providing services in the enterprise (or in the family), the financial obligations in supporting them usually exceeds the services they provide.

Lack of Education

Lower education levels puts women entrepreneurs is a disadvantage compared to men. While gender gap in primary education in India has decreased in recent years, the gap remains high at secondary and tertiary education levels. Lower education does not emphasize entrepreneurship skills. It decreases the chances that women will have the knowledge needed to excel in business, and © 2014 IJEDR | Volume 2, Issue 2 | ISSN: 2321-9939 IJEDR1402222 International Journal of Engineering Development and Research (www.ijedr.org) 2704 thereby contribute to the country's overall economic growth. Lack of sufficient education and training for women is another impediment to micro-enterprise success. Culturally, and especially in the rural setting, the girl child was not given equal opportunity to study like the boys; hence they had limited education and training which tends to affect effective performance in later life.

Barriers to women empowerment

Barriers to women empowerment and equity lie ingrained into the cultures of certain nations and societies. Many women feel these pressures, while others have become accustomed to being treated inferior to men. Even if men, legislators, NGOs, etc. are aware of the benefits women empowerment and participation can have, many are scared of disrupting the status quo and continue to let societal norms get in the way of development. The increasing access to the internet has also resulted in the exploitation of women. As a result, the idea of releasing personal information on various interactive websites has created fear among many women. For example, in 2010, Working to Halt Online Abuse stated that 73% of women were victimized through such sites. Types of victimization include cyber stalking, harassment, online pornography, and flaming. Risks of being harassed in such manner prove that men continue to dominate women through ICTs. Recent studies also show that women face more barriers in the workplace than do men. Gender-related barriers involve sexual harassment; unfair hiring practices, career progression, and unequal pay where women are paid less than men are for performing the same job. Such barriers make it difficult for women to advance in their workplace career wise.

ACTION PLAN FOR WOMEN SECURITY

We wanted to illustrate ways to increase citizens' awareness and understanding, as well as to stimulate some kind of mutual responsibility.

Public safety for women

A new model in which trusted men in the community more actively supports the group of women. Equal access to education for women and girls will be ensured. Special measures will be taken to eliminate discrimination, universalize education, eradicate illiteracy, create a gender-sensitive educational system, increase enrolment and retention rates of girls and improve the quality of education to facilitate life-long learning as well as development of occupation/vocation/technical skills by women. Reducing the gender gap in secondary and higher education would be a focus area. Sectoral time targets in existing policies will be achieved, with a special focus on girls and women, particularly those belonging to weaker sections including the Scheduled Castes/Scheduled Tribes/Other Backward Classes/Minorities. Gender sensitive curricula would be developed at all levels of educational system in order to address sex stereotyping as one of the causes of gender discrimination.

The Internet as a tool of empowerment

The growing access of the web in the late 21th century, has allowed women to empower themselves by using various tools on the Internet. With the introduction of the World Wide Web, women have begun to use social networking sites like Face Book and Twitter to start activism. Through online activism, women are able to empower themselves by organizing campaigns and voicing their opinions for equality rights without feeling oppressed by members of society. For example, on May 29, 2013, an online campaign started by 100 female advocates forced the leading social networking website, Face Book, to take down various pages that spread hatred about women. Such achievement is a big step towards the empowerment of women regarding gender equality rights.

Economic benefits of women empowerment

Most women across the globe rely on the informal work sector for an income. If women were empowered to do more and be more, the possibility for economic growth becomes apparent. Empowering women in developing countries is essential to reduce global poverty since women represent most of the world's poor population. Eliminating a significant part of a nation's work force on the sole basis of gender can have detrimental effects on the economy of that nation. In addition, female participation in counsels, groups, and businesses is seen to increase efficiency. If implemented on a global scale, the inclusion of women in the formal workforce can increase the economic output of a nation. Therefore, women can also help businesses grow and economies prosper if they have, and if they are able to use, the right knowledge and skills in their employment.

Rights awareness

Many of the most impoverished women in India are confined to their households. They lack mobility and freedom of association and have no opportunity to learn their rights and take action to improve their lives and those of their family members. At least two of the most dynamic women volunteers in each village receive intensive training in the legal and reproductive rights of women. Given the trust and respect they already have in the village, they bring rights awareness to the doorstep of women currently confined to their homes. The Barefoot Lawyers become the one link impoverished women have to the worldwide movement for social justice, as well as to resources and educational opportunities.

Equal leadership

Women are denied a voice in the decisions that affect their lives. The best way to transform this condition is to uncompromisingly require that at least 50 percent of leadership positions be reserved for women: from village councils to parliaments. Studies show that when women becomes leaders in their local community, they transform the development agenda— focusing on water, sanitation, health, education and nutrition, and combating corruption, social exclusion and domestic violence.

Functional adult literacy

Hundreds of millions of women have never had the opportunity of formal education. Women are twice as likely to be non-literate as men. Literacy is more than skill acquisition; it is the reclamation of autonomous selfhood and agency. This means women experiencing themselves as makers of history rather than the victims of it. It means they can avoid being cheated in the marketplace, learn far more rapidly, and connect and find themselves in the great currents of human discourse worldwide.

Halting child marriage

Marriage before age 18 is a profound violation of human rights. It cuts short a girl's education and freedom of choice. It also often costs her life, because early pregnancy is a leading cause of maternal mortality. As women have organized and gained voice, they have made halting child marriage a top priority. Awareness campaigns are coupled with direct action to intervene and halt child marriage.

Prosecuting gender-based violence

In many cultures, domestic violence (including rape, incest and murder) is endemic and nearly always occurs with impunity. Women's faces are burned with acid when they spurn romantic advances; honor killings occur if women fall in love. If a woman were to report abuse or rape at a police station, she may be attacked again or imprisoned for having had unlawful sex.

CONCLUSION AND SOLUTION

The women play a strategic role in the society and in the economy. The status of women in India is not even in all the times and in all the places. During British rule and after independence many efforts are being made for improving the status of women in India. The government of India, by passing timely and essential Acts and implementing rules and regulations trying to empower and strengthen the women. No doubt the government of India has many weapons to fight for women empowerment, the prompt and strict implementation is quite essential. Unless the Acts, Policies, Rules, Regulations, etc., are strictly implemented the idea of women empowerment remains unachieved. Hence the efforts of the government are still inadequate and the process of empowering women in India is long way to go.

References

[1] Indian Women: Safety and Empowerment in 21st Century by 1Krishan Kant Meena, 2Ms. Rajesh Mehra Assistant Professor 1Dr. K.N.Modi University, 2 Jagannath University

[2] Entrepreneurship Development –By S.S Khanka. S. Chand & Company Limited. (Ram Nagar, New Delhi-10055).

[3] A Reflection Of The Indian Women In Entrepreneurial World

[4] Www.Iimahd.Ernet.In/Publications/Data/2005-08-07indirap.Pdf

[5] Www.Indianmba.Com/Faculty_Column/Fc1073/Fc1073.Html

[6] Sheetal Sharma ¯ Educated Women, Powered Women (2006)Yojana Vol.50 [6] D.D. Sharma & S.K. Dhameja Indian Entrepreneurship (Theory And Practice) Abhishek Publications Chandigarh-17

[7] In many © 2014 IJEDR | Volume 2, Issue 2 | ISSN: 2321-9939 IJEDR1402222 International Journal of Engineering Development and Research (www.ijedr.org) 2706 areas,

Chapter-26

Sexual Crime Against Women: A Look Beneath the Surface

"Blindness separates people from things; deafness separates people from people."

Anita Moral

'Helen Keller'

Alas! we are suffering from both in women safety issues.

Sexual crime against women has become a wider issue in India to be discussed for and to be disgusted for . Rape is the most common among all , though having strong anti-rape laws it is a menace out of control. According to the National Crime Records Bureau (NCRB) 2013 annual report, 24,923 rape cases were reported across India in 2012.According to NCRB 2015 statistics, Madhya Pradesh has the highest raw number of rape reports among Indian states, while Jodhpur in Rajasthan has the highest per capita rate of rape reports in cities followed by Delhi the capital city.There are many cases notably inhuman and atrocious all around the country, like: The gang rape of a 23-year-old student on a public bus, on 16 December 2012, sparked large protests across the capital Delhi. The following day, there was an uproar in the Indian parliament over the incident.In August 2013, a 22-year-old photojournalist, who was interning with an English-language magazine in Mumbai, was gang-raped by five persons, including a juvenile, This caused protests throughout the country .In May 2014 two girls aged 14 and 16 were allegedly gang raped and murdered in the northern state of Uttar Pradesh, though later investigations have alleged suicide as the cause of death in this instance.On 14 March 2015, a 71-year-old nun was allegedly gang-raped in Ranaghat, West Bengal . On 29 March 2016, the corpse of Delta Meghwal, a 17 year old Dalit girl, was found in her hostel's water tank. On 17 January 2018, Asifa, a 8-year old minor girl, was raped and murdered in Rasana village near Kathua in Jammu and Kashmir. The incident made national news when charges were filed against eight men in April 2018.

The horrified Muzzafarpur shelter abuse case (the state-funded shelter home)where sexual abuse of more than 30 inmates has been confirmed in medical tests.Deoria shelter home where sexual exploitation of 24 girls in a shelter home in Uttar Pradesh's Deoria, again has been waved country with a shaming crying. These are just the uproars and tip of the iceberg because a large number of rape cases go unreported in our country.

The question still remains unanswered when

having strong laws and improved policies to prevent sexual violence then why 39% increased rape complaints reported to the police?

A recent Thomson Reuters Foundation poll named New Delhi and Sao Paolo, Brazil the worst cities in the world for violence against women, going as far as calling Delhi India's "rape capital."

The existed efforts and laws would never be enough to control this menace If stubborn deep rooted attitude of people wouldn't be changed. Psychological and Sociological theories suggest the following major causes for sexual crimes against women:

Sexual objectification:

Sexual objectification changes the way people view women by reducing them to sexual objects—denied humanity and an internal mental life, as well as deemed unworthy of moral concern. Barbara Fredrickson and Tomi-Ann Roberts in 1997 states that, because of sexual objectification, women learn to internalize an outsider's view of their bodies as the primary view of themselves. Women, they explain, begin to view their bodies as objects separate from their person. Research indicates that objectification theory is valuable to understand how repeated visual images in the media are socialized and translated into mental health problems . Women are sexually objectified by various means like:

Objectification in cinema:

The portrayal of women in cinema is demeaning her image as being a person. With every passing time the role and cast of female protagonists in films has been reduced to the minimum. Even the so called good actresses are bind ups for item songs . The lyrics of the songs like jume ki raat, Sheela ki jawani, tandoori murgi, what can be else degrading then these lyrics?

Ironically, these songs buzz the blare in nightclubs, car stereos, and go on top to the charts. No one objects even enjoy the moves of jiggling and swaying on screen. And when it comes in practice as sexual crime we Indians are at forefront to protest, to post on social media walls, without understanding how we ourselves are encouraging the objectification of women.

Role of cinema can't be denied in framing mentality and attitude of youth and especially men towards women. This mindset is somehow definitely made up by the way indian cinema is depicting women. Cinema sometimes try to show some female centric movies too like 'Mardani'but again comical that the name chosen for her is Mardani (to be like a man). As if being a woman doesn't make her strong enough. So little is concerned about the deep impact of these movies on the mind of on-lookers.

Even feminists and females themselves are quick to judge men but they forget until unless woman herself stops her own sexual objectification her status is bound to remain the same where it is today.

Role of Pornography:

Pornography may be presented in a variety of

media, including books, magazines, postcards, photographs, sculpture, drawing, painting, animation, sound recording, phone calls, writing, film, video, and video games.Research concerning the effects of pornography is concerned with multiple outcomes.[Sehgal, David 2014 .Such research includes potential influences on rape, domestic violence, sexual dysfunction, difficulties with sexual relationships, and child sexual abuse.[BBC 2017. While some literature reviews suggest that pornographic images and films can be addictive, insufficient evidence exists to draw conclusions (Kraus, Shane, Voon, Valerie, 2015), Kuhn, Gallinet 2016).

According to one report, "in spite of the lack of formal research, though, the FBI's own statistics show that pornography is found at 80% of the scenes of violent sex crimes, or in the homes of the perpetrators." There is more than enough evidence, like findings from the FBI, that prove there is a link between pornography and sex crimes.

In fact, here's a bunch of evidence about that connection:

– The Michigan State Police Department found that pornography is used or imitated in 41% of the sex crimes they have investigated. [Campbell, M.C., & Campbell, J.M. (2005).)

– The University of New Hampshire did a study that showed that the states with the highest readership of pornographic magazines like Playboy and Penthouse, also have the highest rape rates.

– Dr. Victor Cline did research that showed

how consumers who become addicted to pornographic materials begin to want more explicit or extreme material and end up desiring to act out what they've seen.

– Now this one will make your skin crawl—Dr. James Dobson interviewed Ted Bundy, one of the nation's most notorious serial killers, on the day before his execution. Bundy said that the "most damaging kinds of pornography are those that involve sexual violence . . . The wedding of those two forces, as I know only too well, brings about behavior that is just, just too terrible to describe." Two doctors noted in their research-based book, Pornography and Sexual Aggression, that "certain [aggressive] forms of pornography can affect aggressive attitudes toward women and can desensitize an individual's perception of rape. They also found adult porn was connected with each of the 1,400 child sexual molestation cases in Louisville, Kentucky, and child porn was connected with the majority of them. Malamuth NM, Donnerstein E (Eds) (1984).Another review of controlled studies found that extensive consumption of the type of pornographic material commonly sold at adult bookstores was positively correlated with an increased self-reported willingness to commit rape or other forced sexual acts. (TZillmann, D. (1986). The facts are clear: pornography is harmful and research is proving it. No matter what people say to try and make pornography seem normal or harmless, there's enough evidence out there that says it's not that simple. With porn being so available, affordable, anonymous, and accessible, every consumer has a right to know the risks before clicking.

Discriminatory rear up practices:

Parenting and development plays an important role as how a child forms her own image and how she will be perceived in society by others. Early childhood is the most important phase of development of a person's life. This is when cognitive, social and emotional skills are learned,and this is the age when young girls and boys learn to form the worth of the other gender. Parents and society still follow the discriminatory and stereotyped rearing practices for girl child , that plays a crucial role in preparing mindset for girls in society, in males world and in the self world of girls themselves. For example, a very common and frequent stereotype dialogue by parents to a boy ,"why are you crying like girls?" "Are you so week?"

It means girls are week simply. So these type of stereotypes, role stereotypes not only weakens a woman in self but in the mind of other gender too.

Boys are taught and relaxed to have sexual orientation choices but girls aren't still allowed. Boys activities of teasing a girl are taken for granted , even the young boys see in family how their own family females are treated by male family members. This leaves a great impact on their subtle mind.

So rearing undoubtedly project female as subordinate and an object to be threatened by masculinity.

Improper law enforcement:

There are strong and improved laws to prevent, control , and punish the culprit and criminal. But each law defines the boundaries within which police departments and their officers operate. The law can also provide detailed guidelines on what actions should be taken in particular circumstances. Domestic violence act 2005, for example, gives officers detailed instructions on how to respond to domestic abuse victims. However, within the boundaries set by the law, police departments retain a certain amount of discretion over policy, and police officers have to determine whether the facts they face fall within the policy guidelines.

Laws are there but their implications for justice force the victim to roam like a fish in the dark , who never know when gonna be got justice. Meanwhile the psychological and social , pressure on the victim work like loose nut and bolts to less the evidences and weaken them. The crimes of violence against women, including sexual assault, domestic violence, and stalking, are complex and can pose challenges to responding officers. Often times, significant details are missed and necessary elements to document these crimes are left out of reports. After "Nirbhaya " case , The Justice Verma Committee was set up by the government in reaction to the widespread protests, with the aim of amending criminal laws to provide for quicker trials and enhanced punishment for criminals committing sexual assault of an extreme nature against women. The committee introduced a new anti-rape law in 2013, criminalising a range of sexual assaults and allowing for the death penalty. But this law has its own constraints like W.H.O reports about 70% women face violence and abuse and rape from their intimate partners, or acquaintances. So , once if a woman knows that her partner might be put to death, won't that deter her from reporting the rape?

Therefore despite having strong laws law enforcement techniques need to be improved and sensitive.

Conclusion:

Safety of woman is off course a tough row to hoe . Crimes can't be controlled in snap finger , a long way to go . Things should be reviewed at source level like Attitude formation towards women, role of objectification and controlling measures, impartial observation of feminists to control women objectification, balanced and gender equality rearing up practices , investigating officers attitude and sensitivity towards the victim, law enforcement techniques to improve the utility of existing laws and policies , and lastly a self determined courageous woman herself can only help in conquering the menace.

" Every woman has the potential and courage to make her world better at her own"

REFERENCES

[1] Anderson, K.J. (2003).

"Pornography". http://www.leaderu.com/orgs/probe/docs/porno.html

1. Baron, L., & Straus, M. (1984). Sexual

stratification, pornography, and rape in the United States. In N. M. Malamuth & E. Donnerstein (Eds.), Pornography, sexual aggression (pp. 185209). New York: Academic Press.

[3] Campbell, M.C., & Campbell, J.M. (2005). The Engines of World War III. Retrieved January 2011

5] Cline, V. (2009). "Pornography's Effects on Adults and Children". Retrieved January

2011 http://www.scribd.com/doc/20282510/Dr-Victor-Cline-Pornography-s-Effects-on-Adults-and-Children.

21] Malamuth NM, Donnerstein E (Eds) (1984): "Pornography and Sexual Aggression." New York: Academic Press.

28] Zillmann, D. (1986). "Effects of Prolonged Consumption of Pornography", Included in the Report of the Surgeon General's Workshop on Pornography and Public Health, United States Public Health Service, Office of the Surgeon General, August 4, 1986.

Chapter-27

Rethinking the Delhi Gang Rape – Addressing the Challenges of Women's Safety in India and Public Outrage: Isolated Phenomenon or Social Change?

Dr. Sarveshwar Pande

Faculty- Amity Business School,
Amity University (AUUP), Lucknow

ABSTRACT

In December 2012, a twenty-three year old college student, who was given the pseudonym "Nirbhaya" ("fearless"), was fatally gang-raped on a private bus in Delhi, India, galvanizing the country to swiftly adopt new legislative measures and catapulting the issue of violence against women in India into the international spotlight. Although assault and rape cases have made India infamous for its high volume of crimes against women, the reaction to this particular incident was much different from before. This paper investigates whether the governmental and societal responses represent social change, as indicated by changing attitudes towards violence against women in India. I study this question by analyzing scholarly literature regarding the factors that affect collective attitudes towards violence against women. In addition, this paper examines collective attitudinal change in the nation as indicated by media coverage of rape cases, crime statistic reports, influence of women's movements, impact of legislation, and public opinion polls. Despite an immediate backlash against the epidemic of sexual violence, the response has not contributed to a complete transformation in attitudes towards violence against women based on the indicators studied above. Even as the male-dominated nature of India's public sphere is being recognised, attempts to change it have been limited. Taking constructs of 'positive and negative liberty', this paper argues that public policy in Indian cities, with respect to gender, tends to focus on negative liberty; a shift to positive liberty is essential

Keywords: Nirbhaya, violence, media coverage, epidemic, male-dominated

It is little wonder that rape is one of the least-reported crimes. Perhaps it is the only crime in which the victim becomes the accused and, in reality, it is she who must prove her good reputation, her mental soundness, and her impeccable propriety.

Freda Adler

Background

In India, a woman is molested every 26 minutes, raped every 34 minutes and kidnapped every 43 minutes, according to the Home Ministry's

National Crime Records Bureau (NCRB). In 2012 alone, there were 24,923 registered rapes with police stations across the nation, representing only a fraction of the actual rapes10, given that less than 2% of women who have been sexually assaulted in India report the crime to police. These figures are alarming, especially when one looks at the larger gambit of crimes against women nationwide, which have steadily increasing from 195,856 cases in 2008 to 244,270 in 201212. According to NCRB, these include kidnapping/ abduction, dowry deaths, molestation, sexual harassment and cruelty by husband/family, apart from rape. Why did it need an incident so unspeakably brutal to trigger our outrage? What does that say about our collective threshold as a society? Why did hundreds of other stories of rape not suffice to prick our conscience?" Media analysts might say that the story of Nirbhaya was a tipping point unleashing much pent up anger in women about their sexual abuse in Indian's patriarchal society. The positive outcome in this, if any, was the unanimous cry for change – in social attitudes, policy and laws. the root of the entire issue of women's safety stemmed from how the birth of the girl child was decoded in Indian society. Despite being a nation that carried a strong cultural tradition of worshipping the mother goddess in various avatars across all sub-cultures, having a girl child in India is still seen as a burden for the family.

Compared to the sex ratio of 972 females per 1000 males in 1901, 2011 figures showed 914 females per 1000 males. The skewed sex ratio had been worrying policymakers for long. In addition to traditional factors, the strong preference for a male child over a female was known to stem from the desire for social mobility[15]. While having a boy implied he would be a wage earner and look after the parents during their old age, a daughter was seen as a liability driving the parents to indebtedness as they scrounged to pay for her marriage and dowry[16]. Traditional Hindu and Sikh beliefs held the view that the funeral rites of a parent should rather be performed by a criminal son than a noble daughter. In much of north India, especially states like Punjab and Haryana, the gender ratio was alarming, with the 2011 census showing a sex ratio of 895 and 879 females respectively for both states per 1000 males, while the national average was 940[17].

In 2007, when the sex ratio had dropped to 874 females per 1000 males, the Government of Punjab had called the situation a social emergency, with the health minister Laxmi Kanta Chawala famously stating that it was a matter of great shame that while a buffalo was sold for Rs. 30,000, a woman could be bought for as cheap as Rs. 3000. She said after 1947, the Punjabis had killed more daughters than the number of people killed during partition.[18] According to a study conducted by the Chandigarh-based Institute for Development and Communication for the Punjab Government, in 2006 every seventh household revealed it had practiced female foeticide and 89% of those interviewed revealed that there was no harm in gender selective abortions stating "a male child is our need." According to a study published in the British medical journal *The Lancet* in 2006, almost 10 million female fetuses were aborted in India in the preceding 20 years20

The United Nation's 'Safe Cities and Safe Public Spaces' programme, which started in 2010, recognised that cities all around the world were becoming unsafe for women. Delhi was one of the first five cities which the UN programme set its eyes on, because of the grave issues faced by the city's women. Rape cases in Delhi, for example, were the highest in the country in 2011. Delhi continues to be notoriously poor in ensuring women's safety. In 2015, the highest crime rate in the Sexual Offences category (Incidence of Sexual Offences per 100,000 of 5 Female Population) in the country was in Delhi As discussed earlier, Delhi faces serious issues of lack of safety for its women. A study, for example, published in 2013 as part of the UN Women's Safe Cities initiative, found that a large proportion of women in Delhi are fearful of going out alone at night. Less than five percent of Delhi's women said that public spaces in the city were 'safe' or 'very safe'. The same report said that the recorded incidence of violence against women in Delhi may in fact be understated, as many incidents remain. For this, the report said, the fault is in the culture of victim-blaming. As grave as the situation may be, the voices are also getting stronger in articulating demands for safety—and they are being raised by various sectors including women's groups, academics, students, the media, and political parties.

Rape and the issue of violence against women

in general have been endemic to Indian society, with high profile cases capturing national and international attention for brief bouts of time before dying down and becoming part of commonplace history. This is an ironic phenomenon, considering the majority of the population religiously worships female goddesses who represent courage, prosperity, and power. Currently, it is estimated that ninety-three women are being raped in India every day (Philip 2014). The National Crime Records Bureau (NCRB) in India has reported data about rape cases since 1971. From 1971 to 2011, the number of reported cases increased from 2,487 to 24,206 (National Crime Records Bureau 2013). First Information Reports (FIRs) filed for rape in 2012 showed an increase of 3% from the previous year. In 2012, 24,923 cases were reported, of which only 15% went to trial and only 2% led to conviction. Although such statistics are published, the actual number of rapes is far from being recorded, since the unreported figure is extremely high. The general consensus is that the "current levels of violence reported through national and local law enforcement record represent a minimum of actual violence against women cases" (Kaur 2014). Hence, the issue of violence against women, and more specifically, rape, is far more ubiquitous than it appears. As aforementioned, similar cases have occurred in the past and even after the Nirbhaya case that have simply blurred into history but the amplified reaction to December 16, 2012 is indeed an outlier that needs to be reviewed.

The gang rape in Delhi, India seemed to stop the country in its tracks and became a dire signal for attention to the epidemic of crime against women in India. This paper investigates whether the passion and action exhibited by the Indian public (including the media), as well as the federal government, is a true reflection of social change, as indicated by changing attitudes towards women in India.

According to Bicchieri and Mercier (2014), social change occurs through the establishment of a new positive norm. The common features of norm creation/change are: collective change of factual beliefs and attitudes, collective decision to enact change, realization of a social dilemma, and coordinated action. The first step is to ensure actors recognize there are problems with the status quo through the use of legislative interventions and media campaigns (Bicchieri & Mercier 2014). Consequently, based on the immediate reaction to the Delhi rape case, it is possible that the apparent shift in attitudes may have led to social change.

Despite the various responses to the case and the sheer brutality of the violence, it is apparent there needs to be some other factor to create social change, this being the cultivation of a more positive attitude towards women. After describing the facts of the case, I address the theories behind factors that influence violence against women and social and attitudinal change in the literature review. The research design explained whether collective attitudinal change has happened by looking at various aspects of society that contribute to the general social atmosphere. These include newspaper coverage of women involved in rape cases before and after the Nirbhaya tragedy, enforcement of the Criminal Amendment of 2013 and other laws, actions of women's movements, and public opinion polls. Next, using the constructs of social change and attitudes towards women described above, I explain how the data I have collected allow me to assess whether responses by various actors in society have contributed to collective attitudinal change, and if so, to what degree. Finally, I conclude that while an overwhelming response to the gang rape seemed to signify that India was moving towards social progress, a comparative data analysis of crime statistics, implementation of the legal reform, and newspaper rape coverage demonstrates that the case was not just another random phenomenon, but it was not exactly a harbinger of overhauling social change, either.

Literature Review

An important strand of the literature on social change emphasizes the role of collective attitude change and the replacement of norms.

According to **Bicchieri & Mercier (2014)**, a collective change of factual beliefs and attitudes is a key to creating a new norm. Because social norms are supported by shared normative beliefs, belief change has to be a collective effort: "For those interested in the removal of a negative norm, or the establishment of a new, positive norm, the issue of collective belief change thus becomes of paramount importance" This can occur very slowly, as more and more people gradually begin to adopt a new norm until a tipping point is reach where the minority, or less accepted, view becomes the majority. A new norm can also be favored by the development of normative expectations, potentially accompanied by sanctions for norm violators.

Simply put, an attitude is a collection of thoughts regarding another thought, person, or idea **(Bohner & Dickel 2011).** "Among the oldest reasons why attitudes are so prominent in social psychology is the conviction that attitudes guide information processing and influence behavior," and the behavior in question here is the violence committed against women. These researchers suggest that when individual attitudes turn into collective public opinion, the attitudes determine the social, political, and cultural climate of a society. Hence, if the social and cultural climate encourages a negative view and reaction to violence against women, this notion suggests it is the reflection of the prevailing attitude in society. As aforementioned, **Bicchieri and Mercier** added that collective belief change is crucial for the removal of a negative norm and replacing it with a new, positive norm.

There is much scholarship on the relationship of attitudes toward women and violence against them. **Flood (2008), Heise (1998) and Salazar (2005)** all argue that there is a concrete relationship between traditional gender-role attitudes and acceptance of violence against women.

When there is a recognition of gender-specific violence or violence against women, there is usually a tolerance of violence in the community overall. Thus while individual attitudes can change, to achieve widespread change in the attitudes of individuals, it is more important to change community customs on a larger scale **(Flood 2008; Heise 1998; Salazar 2005).**

Consistent evidence exists of an association between violence-supportive beliefs and values and the perpetration of violent behavior, at both individual and community levels. For example, men with more traditional, rigid, and misogynistic gender-role attitudes are more likely to practice marital violence (**Heise 1998; O'Neil & Harway 1997).**

Boys and young men who endorse more rape-supportive beliefs are also more likely to have been sexually coercive (**Anderson, Simpson-Taylor, & Hermann 2004).** The most coherent predictor of attitudes supporting the use of violence against women is attitudes toward gender roles, or beliefs about appropriate roles for men and women

(Berkel, Vandiver, & Bahner 2004; Good et al. 1995; Simonson & Subich 1999). Flood & Pease (2009) review other societal factors that affect one's attitudes towards violence against women including mass media, social movements, and criminal justice policies and legal reforms; these are the major categories in which I have compiled data for my analysis.

In a comparison of India's attitudes towards violence against women with that of other countries (the United States, Japan, and Kuwait), it is apparent there are differences in attitudes towards women between men and women, reflecting the established views towards each gender and gender roles on an international scale. **(Nayak, Bryne, Martin & Abraham (2003)** write that both men and women from India, in their respective gender categories, had the second-least positive attitudes towards sexual assault victims, with Kuwait having the most negative views in the study population.

This implies that both males and females did not feel as sympathetic towards sexual assault victims as participants in the US and Japan did, and even engaged in victim blaming. Indian men in the study tended to have the most negative beliefs consistent with more restrictive norms for women in the country, meaning that their views towards violence against women reflects the established repressive, subordinate status women have compared to men in India **(Nayak, Bryne, Martin & Abraham 2003).**

There is a large canon of literature about violence against women in India, but most of it focuses on domestic violence as a general phenomenon. Nevertheless, the reasons for why domestic violence is widely committed can help us comprehend the rape culture of India. **Mitra (2000) and Ahmed-Ghosh (2004)** suggest that women in India live in a male-dominated society subjugated by heteronormative (following established gender roles), patriarchal ideals. Women have consistently been denied economic, political, and social resources in India, as has been the case with most other "third world," or less developed, countries.

Additionally, the rigid social constructs of

caste, religion, traditional family structures, and corrupt, nondemocratic political practices have contributed to the proliferation of domestic violence in society **(Mitra 2000; Ahmed-Ghosh 2004; Dalal & Lindqvist 2012; Sharma & Gupta 2004)**. Thus, in a society that is so immune to domestic violence practices and irreverent of respecting women in the home, it is no surprise that the issue of violence against women has spread to a more public, societal level. Domestic violence is not a crisis unique to India, nor is it a recent occurrence there. What is unusual and problematic in India is the society's lack of recognition of it as a serious issue and failure to address it.

The courage of women, not only those in organized groups, to face up to domestic violence despite the adverse consequences that speaking out in public could have on their lives is a practice that has just recently picked up momentum in the public sphere **(Ahmed-Ghosh 2004).** "With the backdrop of the patriarchal social structure, the tradition of familial piety, and the asymmetrical gender expectations in India, this defiant movement to expose domestic violence has created the space for a national debate on the issue" **(Dalal & Lindqvist 2012)** believed that the issue of rape as a subcategory of violence against women has been investigated but to a lesser degree than domestic violence.

Many social scientists have discussed why rape is so prevalent in Indian society, and many of the explanations are similar to those attributed to domestic violence, but with more nuanced details. **Anand Soondas**, in his *Times of India* blog, "Why Indian Men Rape," writes, "The truth is that at the root of it all lies a culture built around hierarchies, of gender, faith, colour [sic], caste, region. We are, quite simply, not used to people being equal" **(Soondas 2012).** Rape is said to be so readily committed due to weak political structures, including the narrow focus of the legal definition of rape (prior to the reforms after the Nirbhaya case), the insufficiency of the crime penalties, low conviction rates as seen with the 2012 rates, and the lag time between the sentencing and its implementation **(Baxi 2012; Narrain 2013; Simon-Kumar 2014).**

Despite increased economic and social equity towards women over the past few decades, some scholars maintain that there is something inherent to Indian culture that results in the submissiveness of women to men. This prohibits a rapid shift in attitudes towards violence against women after a tragic event such as this rape incident **(Rao 2014; Nayak, Bryne, Martin & Abraham 2003; Roychowdhury 2013).** One reason often given for this is that men, especially in India, the nation with the largest film industry in the world, are aggravated by the promotion of sexualized images of women in films and on television, and are desensitized to women's pain, especially during depictions of rape on screen **(Shah 2013).**

They are the product of, and protected by, establishments such as the aforementioned traditional patriarchal system **(Narayan 2013; Sengupta 2013).** Consequently, social mores and traditions have created an environment that nurtures rape and victims in general; it is at this societal level where change needs to occur to hinder the promulgation of violence against women.

The governmental response to the Delhi rape case seemed to be an appropriate message to suggest that violence against women would no longer be tolerated. However, since the Nirbhaya incident there have been multiple analyses of the legal response. **Bhattacharyya (2013), Shastri (2013), Dube (2014), and Sharma, Unnikrishnan, & Sharma (2014)** all indicate that there are numerous shortcomings of the Criminal Amendment Act passed after the Nirbhaya incident that do not address the underlying problems in society, nor provide a plan for effective implementation of the legislation. The key limitation of these laws is in the reproduction of patriarchal ideologies embedded in them that further subordinate women in the name of upholding the family structure; they are still considered to be partially at fault, i.e. victim blaming, for the injustices that occur against them.

More importantly, the amendments made to the rape laws in India were not reflective of the recommendations from the Justice Verma report, which will be described in further detail in subsequent sections. **Dube (2014)** specifically provides examples showing that society was upset with "the failure of the Criminal Justice Machinery in preventing the atrocity, the lack of sensitivity on the part of the officials in responding to the situation, the inadequacy of law to respond to rising crimes and most important, a societal frame with utmost apathy and disregard for women, in general."

Overall, rape has been a persistent problem in India heightened by the systems of economic and social inequality and a lack of effective governmental remedies. It is evident that rape is perpetuated through long-lasting stigmas surrounding the status of women and the dominant patriarchal system in society. Clearly, such a drastic reform is an uphill battle but the purpose of my research is to examine the initial stages of social change, after what appears to be a pivotal event, for clues about how we might identify social change and how it occurs. Through the advancements set in place by political reforms, and heightened social awareness and media attention, it is possible that gender-based violence has been less widely accepted, thus reflecting collective attitudinal change. In my research design, I outline how I have conducted a study to measure this.

Research Methods

Based on the reviewed literature, I expect that while the initial impact of the Nirbhaya rape case was significant for legal advancement, there has not been a significant social change in India in terms of how violence against women is viewed. This expectation is based on the literature by Bhattacharya (2013), Shastri (2013), Dube (2014) and Sharma, Unnikrishnan, & Sharma (2014), who argue that the lack of implementation of and adherence to the Criminal Amendment Act of 2013 and the Committees' failure to address all the people's desires in the reformation suggest that there are shortcomings in both the general public and higher authorities' perceptions regarding violence against women. Moreover, these opinions regarding violence against women are greatly entrenched in the traditions and history of Indian society that has resulted in a patriarchal class system, as Mitra (2000), Ahmed-Ghosh (2004), Dalal & Lindqvist (2012), and Sharma & Gupta (2004) describe.

The two larger constructs that are the focus of this project are violence against women and social change. I examine how one act of violence against women may have contributed to achanging attitude towards violence against women. On the surface, it may have seemed like the response to the case, through increased public attention to the issue, heightened media attention, and passage of legislation, was an indicator of the larger construct of social change in different ways. However, when looking at social change through the lens of changing attitudes towards women, the response to the case can be summarized as a phenomenon that has brought heightened awareness and focus to the issue of violence against women.

Changes in attitudes towards violence against women, as a way to measure social change, are assessed by looking at public opinion polls, newspaper accounts of rapes before and after the Nirbhaya case, increased participation and activism by women's movements, and legal reforms made by the federal government. Using a research design of discourse analysis and secondary source analysis, I performed a mostly qualitative study.

The utilization of crime and participation statistics makes the design a bit quantitative in the textual analysis. I expect that there has been an increase in media coverage, specifically in newspapers, of rape cases after the December 2012 attacks, that only inadequate measures which do not address the fundamental problem have been set in place after the passage of the Criminal Law (Amendment) Act of 2013, and that there has been a heightened number of women's movements and campaigns geared toward preventing sexual violence against women in India.

Social Change/Public Opinion

The most appropriate way to assess public opinion of a society is by conducting surveys of the general public to gain first-hand perspectives on pertinent issues. To gauge the collective views in India on the topics of violence against women, attitudes towards women, women's safety, and effectiveness of anti-rape laws, I analyzed responses from polls conducted by newspaper outlets and independent research organizations before and after the Delhi gang rape.

While these polls were largely administered in urban areas and do not follow any one specific variable or question over time, they do provide valuable information about how violence against women has been perceived in this decade. Moreover, the reader will notice that less public opinion data is available (at least on the Internet) prior to the Nirbhaya case, implying that more attention has been given to the subject of violence against women after the incident.

Technology and Womens safety

Tthreats to women's safety, as numerous studies have already shown, can also be found inside the home. According to National Crime Records Bureau data, among rape offenders in 2014, 86 percent were known to their victims. In Delhi, this number was 96 17 percent. Yet the private sphere has not had the same focus. Marital rape, for one, is still not defined as a crime in India. Maneka Gandhi, Minister for Women and Child Development, has said, "It is considered that the concept of marital rape, as understood internationally, cannot be suitably applied in the Indian context due to var ious factor s l ike level of education/illiteracy, poverty, myriad social customs and values, religious beliefs, mindset of the society to treat marriage as a sacrament, 18 etc." There is immense focus on so-called 'customs' and the 'mindset' that the minister spoke about. The patriarchal nature of such mindset is not criticised. The state rarely acknowledges sexual abuse in the private sphere, let alone instituting measures to address it. There is willingness to challenge certain acts of violence, but patriarchy itself, a hegemonic system of exploitation, remains 19 largely unchallenged. Current technology based safety policies do not take into account the exact nature and extent of the violence that is being committed against women.

Further, these solutions make it the woman's

responsibility to be safe; she is expected to be always on a state of hyper alertness in a public place—and then make the panic button or some other gadget work in case of a threat to her safety. Implicit here is the "maleness" of the public sphere, where the woman never really fits in without her safety tools. Gender-relations analysts have found that women's use of public space in Delhi is 20 "legitimately allowed" only when they have a purpose to be where they are—either because of work, schooling, or anything related to their domestic duties like going to market. This 'legitimacy' of public presence is, moreover, hinged on time: there are only certain hours of the day where it is acceptable for women to be seen in public spaces; say, not late at night. Yet even during the day, it is difficult for women to be in certain public spaces. "What women do not have is the license to just be or "hang around" in public spaces" (Ibid.) S. Phadke argues that this lack of license dictates their 21 relationship with the public sphere. S. Ranade also points out that in a patriarchal setup, the male body is the normative, whereas the female body is constantly seen as "out of place" depending on space and time. The presence of women in the public sphere is thus seen as a 22 transgression and therefore causes anxiety.

Male hegemony over public space is recognised but not challenged. A study in Mumbai found that at any given point of time, the ratio of women to men in a public space was 23 no more than 28 percent. All the panic buttons for example, are targeted at female users. There is a gap about discourse of enhancement of agency. Naila Kabeer defines agency as the "ability to define one's goals and act upon 24 them." Agency is reduced when one is constantly worried about the Other who is assumed to be outside of the home and will hurt 25 one or harm one in some way. Subsequently, fear dictates one' s every move and empowerment takes a backseat. Control lies outside of the self. For homeless women, the private sphere, that is the space where women are sanctioned to legitimately be seen, (which might not even necessarily be safe), does not exist. The gendered public space dominated by 26 men is all the space they have. The very demand for the technological solutions mentioned in the beginning of this section is indicative of how unsafe India's cities are. Technology might be helpful to enhance public safety in certain ways, but as noted earlier, its scope is limited so far. Moreover, there is lack of discourse about changing the space itself. Jane Jacobs talks about the "eyes on the street" concept that is essentially about reconfiguration of the space itself so that more people have reason to be present there at all times to make the overall space more 27 comfortable for all.

Both CCTVs and GPS tracking through mobile applications are instances of an increase in surveillance, which has a complex relationship with liberty itself. Kavita Krishnan, prominent Indian feminist leader, notes that women "live in constant surveillance in society: they are watched and their movements are monitored and controlled by their families, by lovers and husbands, or stalkers – and all this watching is often justified with the 'safety' argument. 'Safety' becomes a means to justify the loss of 28 autonomy." While CCTVs have been helpful in investigating crimes, their role in actually deterring crimes is unclear.

Conclusion

Safety should not becomes an excuse to limit women's movement and freedom. It took a horribly tragic gang rape on a normal evening in December 2012 to awaken the largest democracy in the world from its oblivion about one of the greatest human rights issues of our time. Based on my findings, it is apparent that this awakening has not yet caused a collective attitudinal change in Indian society and that violence against women continues to persist.

However, there are still positive outcomes of the various responses to the Delhi gang rape case, including: the media's increasingly detailed reporting of rape cases, the government's swift passage of overhauling legislative reforms, the greater emphasis by women's movements on combatting sexual violence, and the public's recognition of violence against women as a major concern in society. Looking at these responses, it is evident a new positive norm suggested, that condemns violence against women has begun to emerge among many Indian individuals. I have discovered that while traditional gender expectations endure, the issues of violence against women and rape have become more salient since the Nirbhaya case. Even though sweeping social change has not yet happened, the increased focus and awareness of this concern is the first step in this direction. While Indians still may be following traditional gender attitudes, the media has certainly improved its quality of reporting rape cases since the Delhi rape case. Accordingly, the media at the time was not invested in reporting such violent crimes in a manner that would ignite the public to create change or recognize the pervasiveness of the issue.

Although the media may continue to press more attention towards crimes against women, the increase in the number of gang rapes and incidents involving minors suggests that the media has not been able to act like a deterrent to prevent individuals from committing such crimes nor has it successfully influenced government officials and politicians. It was certainly a pleasant surprise that the Indian government expeditiously passed federal legislation that broadened the scope of sexual assault crimes and implemented harsher penalties for such violations of the law. The definition of rape was expanded, gang rape became a criminal offense, the age for statutory rape was raised to eighteen years old for a woman, and minors, women, and senior citizens do not have to travel to a police station to report a rape; the police are required to go to their residence to file a statement. These are just few of the many changes to the penal code that occurred in the 2013; nevertheless, this law fails to address many other forms of harassment and violent crimes and has not been properly implemented, as seen by the increase in crime rates since its enactment. The Indian government, has stalled social change in terms of preventing additional crimes and due to the maintenance of traditional misogynistic views in the upper echelons of its political parties. It has not fully responded to the needs of the electorate, as seen by its inability to fully incorporate all suggestions into the amended anti-rape laws and its failure to hand down justice to perpetrators due to the backlogged judicial system.

Therefore, even though individual attitudes can change, to achieve collective attitudinal change, it is more important to transform community customs through a top-down policy that enforces the idea that violence against women cannot be tolerated in society. Women's movements have increased their focus on the issue of sexual violence rather than advocating more for economic and political equality. These movements have been legitimized through support by some politicians and esteemed celebrities, causing an increased number of citizens of all ages and both sexes to join such causes. Nonetheless, the participants in these organizations at the local level have frequently resorted to using violence to combat violence, an extralegal technique that has often proved ineffective multiple times in history. With a more organized platform that strives to advocate for women's rights through political campaigning and as well as provide resources for those who have suffered from sexual assault, I conclude that women's movements can play an integral role in creating social change in India.

Scholars have established that there is a concrete relationship between prevailing social attitudes and social change, that traditional gender-role attitudes lead to a greater acceptance of gender-based violence. When one acknowledges that there is recognition of violence against women in a society, that means an overall tolerance of violence exists, as well. Public opinion polls demonstrate that basic traditional attitudes and gender roles still persist among a large portion of the population. The matter of violence against women in India is a tremendous blemish on Indian society, and its citizens are increasingly becoming aware of the fact that something needs to be done about the problem. Government would act more effectively to remedy the situation of genderbased violence in the country. Notwithstanding the acceptance of the problem and desire for change, the notion that the common citizens feel that the government is obligated to take action and has not provided appropriate deterrent methods to halt rape from occurring is a huge problem in itself. This suggests that while many people today are convinced that violence against women is a crisis in the nation, they are not actually doing anything to stop such crimes from happening, as seen by the increasing incidents of rape cases since Nirbhaya's. Rather, the public is hoping that the government will find a solution, but any solution is deemed inadequate and hypocritical, especially from those politicians who indulge in victim blaming and simply place violence against women on their platform to receive votes.

If the public demands change from higher authorities, such a transformation can happen through two avenues. One solution is holding politicians accountable for fulfilling their campaign agendas of assertively tackling the issue of violence against women. In a government whose officials are elected to be representatives of the people, these leaders need to set the tone and path for their constituents. Secondly, nationwide educational reforms in India need to be implemented that mandate females go to school through high school and that sex education and/or gender studies be required components of the middle school and high school curricula. Such policies would assist in ensuring that students learn about gender roles, sexual assault prevention, and relationships; additionally, equal access to education would result in greater economic opportunities for women, which would consequently aid to reducing the rate of violence committed against them.

The prevalence of violence against women in India is not a phenomenon isolated within this country, but the manner in which various agents in Indian society have dealt with the issue is unique. Facing a history of submissiveness and heteropatriarchy, women have continued to be oppressed by the traditional gender norms and patriarchal societal system. Let us hope that India has not taken a step backwards in its effort of combating the widespread problem of violence against women in its borders.

References

Ahmed-Ghosh, H. (2004). Chattels of society: Domestic violence in India. *Violence Against Women, 10(1)*, 94-118.

Al Adawy, H. (2014). The spark of 'Nirbhaya': Indian feminist interventions, common challenges and prospects. *Institute of Regional Studies, Islamabad.*

Anderson, V. N., Simpson-Taylor, D., & Hermann, D. J. (2004). Gender, age, and rapesupportive rules. *Sex Roles: A Journal of Research, 50(1-2)*, 77-90.

Bawa, J. S. (2015). Leslee Udwin proves we must ban sexual violence, not India's Daughter. *Hindustan Times.* http://www.hindustantimes.com/comment/leslee-udwin-proves-weneed-to-ban-sexual-violence-not-india-s-daughter/article1-1342228.aspx.

Baxi, P. (2012). Rape cultures in India [Blog entry]. http://kafila.org/2012/12/23/rape-culturesin-india-pratiksha-baxi/

Berkel, L., Vandiver, B., & Bahner, A. (2004). Gender role attitudes, religion, and spirituality as predictors of domestic violence attitudes in white college students. *Journal of College Student Development, 45(2)*, 119-133.

Bhattacharyya, R. (2013). Criminal Law (Amendment) Act, 2013: Will it ensure women's safety in public spaces?. *Space and Culture, India, 1*(1), 13-27.

Bhushan, K. (2012). The impact of media on attitudes towards domestic violence in India (thesis). *Amherst College.*

Bicchieri, C., & Mercier, H. (2014). Norms and beliefs: How change occurs. In *The Complexity of*

Social Norms (pp. 37-54). Springer International Publishing.

Bohner, G., & Dickel, N. (2011). Attitudes and attitude change. *Annual Review of Psychology,(62)*, 391-417.

Boocock, R. (2013). Indian men wear skirts to halt violence against women. *New Statesman.* http://www.newstatesman.com/world-affairs/asia/2013/01/indian-men-wear-skirts-haltviolence-against-women.

'Boys will be boys': An update on women's rights in India. (2014). *Development in Action. http://www.developmentinaction.org/boys-will-be-boys/*

Bush, D. M. (1992). Women's movements and state policy reform aimed at domestic violence against women: A comparison of the consequences of movement mobilization in the U.S. and India. *Gender & Society, 6(4)*, 587-608.

Dalal, K., & Lindqvist, K. (2012). A national study of the prevalence and correlates of domestic violence among women in India. *Asia-Pacific Journal of Public Health, 24(2)*, 265-277.

Desai, S. (2014). Gulabi Gang: India's women warriors. *Al Jazeera.* http://www.aljazeera.com/indepth/features/2014/02/gulabi-gang-indias-women-warrriors-0142261032061 2382.html.

Drache, D., & Velagic, J. (2013). A report on sexual violence journalism in four leading English language Indian publications before and after the Delhi rape. ICA South Asian Communication Workshop.

Dube, D. (2014). Public opinion in the wake of the Nirbhaya gang rape. *International Journal of Advanced Research in Management and Social Sciences, 3(1),* 89-103.

Flood, M. (2008). Engaging men: Strategies and dilemmas in violence prevention education among men. In *Value base of social work and social care: An active learning handbook*, 129-144.

Flood, M., & Pease, B. (2009). Factors influencing attitudes to violence against women. *Trauma, Violence, and Abuse, 10(2),* 125-142.

Ganguly, G. (2007). *Indian Feminisms: Law, Patriarchies, and Violence in India.* Aldershot, Hmapshire, UK/Burlington, Vermont, USA: Ashgate.

Ghosh, S. (2014). 91% voters want action to end the rape epidemic: Survey. *One India.* http://www.oneindia.com/new-delhi/91-per-cent-voters-want-action-to-end-rapeendemic-survey-lse-424765.html

Good, G. E., Heppner, M. J., Hillenbrand-Gunn, T. L., & Wang, L. F. (1995). Sexual and psychological violence: An exploratory study of predictors in college men. *Journal of Men's Studies, 4(1)*, 59-71.

Heise, L. (1998). Violence against women: An integrated, ecological framework. *Violence Against Women, 4(3)*, June, 262-283.

Hindustan Times. (2014). Two separate cases of sexual assault reported in Capital. http://www.htsyndication.com/htsportal/article/Two-separate-cases-of-sexual-assaultreported-in-

Capital/6080892.

Kabeer, N. (2015). Grief and rage in India: Making violence against women history?. *Open Democracy*. https://www.opendemocracy.net/5050/naila-kabeer/grief-and-rage-in-indiamaking-violence-against-women-history.

Kannabiran, K. (2010). Feminist deliberative politics in India. In Basu, A (ed.) *Women's Movements in the Global Era: The Power of Local Feminisms*: 119 156. Boulder, Colorado: Westview Press.

Kannabiran, K., & Menon, R. (2007). *From Mathura to Manorama: Resisting Violence Against Women in India*. New Delhi: Women Unlimited.

Kapur, R., and Cossman, B. (1996). *Subversive Sites: Feminist Engagements with Law in India*. New Delhi: Thousand Oaks.

Katzenstein, M. F. (1989). Organizing against violence: Strategies of the Indian women's movement. *Political Affairs, 62,* 53-71.

Kaur, S. (2014). An analysis of lacking security and increasing rape crime in India. *InternationalResearch Journal of Social Sciences, 3(1),* 1-7.

Mathais, R. (2013). Farhan Akhtar starts 'MARD' (Men Against Rape and Discrimination). *Business of Cinema*. http://businessofcinema.com/bollywood_news/farhan-akhtar-startsmard-men-against-rape-and-discrimination/64493.

Mitra, N. (2000). Domestic violence as a public issue: A review of responses. *Tata Institute of Social*

Sciences.

Narang, M. (2014). Changing status of women in Delhi, 1990-2010. *Asian Journal of Multidisciplinary Studies, 2(8),* 52-63.

Narrain, A. (2013). Violation of bodily integrity: The Delhi rape case among others. *Economic & Political Weekly, 48(11),* 17-20.

National Crime Records Bureau. Ministry of Home Affairs. (2014). *Crime in India 2013.* New Delhi, India: National Crime Records Bureau.

Naqvi, F. (2013). For the women of India, Parliament must speak. *The Hindu.* http://www.thehindu.com/opinion/op-ed/for-the-women-of- india-parliament-mustspeak/article4482470.ece.

Nayak, M. B., Byrne, C. A., Martin, M. K., & Abraham, A. G. (2003). Attitudes toward violence against women: A cross-nation study. *Sex Roles, 49*(7-8), 333-342.

Nelson, D. (2013). India's Red Brigade ready for battle. *The Telegraph.* http://www.telegraph.co.uk/news/worldnews/asia/india/10136867/Indias-Red-Brigadeready- for-battle.html.

Nigam, S. (2014). Violence, protest and change: A socio-legal analysis of extraordinary mobilization after the 2012 Delhi gang rape case. *International Journal of Gender and Women's* Studies, *2(2),* 197-221.

O'Neil, J. M., & Harway, M. (1997). A multivariate model explaining men's violence toward women: Predisposing and triggering hypotheses. *Violence Against Women, 3(2)*, 182-203.

Pew Research Center. (2010). Gender equality universally embraced, but inequalities acknowledged. http://www.pewglobal.org/2010/07/01/gender-equality/.

Pew Research Center. (2013). Indian election highlights women's personal safety concerns. http://www.gallup.com/poll/168956/indian-election-highlights-women-personal-safetyconcerns.aspx.

Pew Research Center. (2014). Sexual violence against women on India's election agenda, but not really. https://news.vice.com/article/sexual-violence-against-women-on-indias-electionagenda-but-not-really.

Philip, C. (2014). 93 women are being rape in India every day, NCRB data show.http://timesofindia.indiatimes.com/india/93-women-are-being-raped-in-India-every-day-

NCRB-data-show/articleshow/37566815.cms (accessed February 5, 2015).

Phillips, M., Mostofian, F., Jetly, R., Puthukudy, N., Madden, K., & Bhandari, M. (2015). Media coverage of violence against women in India: a systematic study of a high profile rape case. *BMC Women's Health, 15*(1), 3.

Phukan, R. (2014). Nirbhaya gang rape and after – how effective are the new laws. *Maps of India*. http://www.mapsofindia.com/my-india/india/nirbhaya-gang-rape-after-howeffective-are-the-new-laws

Rao, S. (2014). Covering rape in shame culture: Studying journalism ethics in India's newtelevision news media. *Journal of Mass Media Ethics, 29(3),* 153-167.

Reuters. (2014). Women feel no safer in Delhi, 2 years after Nirbhaya gang rape. *Times of India.* http://timesofindia.indiatimes.com/india/Women-feel-no-safer-in-Delhi-2-years-afterNirbhaya-gang-rape/articleshow/45531107.cms.

Roychowdhury, P. (2013). 'The Delhi gang rape': The making of international causes. *Feminist Studies, 39(1),* 282-292.

Rukmini S. (2014). As funds dry up, fast-track courts close down. *The Hindu.* http://www.thehindu.com/news/national/as-funds-dry-up-fasttrack-courts-losedown/article6324428.ece#1b?ref=infograph/0/

Salazar, L. (2005). Moving beyond the individual: Examining the effects of domestic violence policies on social norms. *American Journal of Community Psychology, 32(3-4),* 1-12.

Shakil, A. (2013). Protests, the Justice Verma committee and the government ordinance. *Economic & Political Weekly, 48(6).* http://www.epw.in/web-exclusives/protests-justiceverma-committee- and-government-ordinance.html.

Sharma, B.R., & Gupta, M. Gender based violence in India: A never-ending phenomenon. *Journal of International Women's Studies, 6(1),* 114-123.

Sharma, P., Unnikrishnan, M. K., & Sharma, A. (2014). Sexual violence in India: addressing gaps between policy and implementation. *Health Policy and Planning, 29(4)*, 1-4.

Shastri, S. C. (2013). The Criminal Law (Amendment) Act, 2013- Does it fulfill long awaited demand of the Society?. *Journal of Development Management, 1(4)*, 449-455.

Simon-Kumar, R. (2014). Sexual violence in India: The discourses of rape and the discourses of justice. *Indian Journal of Gender Studies, 21*(3), 451-460.Simonson, K., & Subich, L. M. (1999). Rape perceptions as a function of gender-role

traditionality and victim- perpetrator association. *Sex Roles, 40(7-8)*, 617-634.

Soondas, A. (2012). Why Indian men rape. *Times of India*, http://blogs.timesofindia.indiatimes.com/onefortheroad/why-indian-men-rape/.

Talwar, R. (2013). *Courting Injustice: The Nirbhaya Case and its Aftermath.* Carlsbad: Hay House India.

The Hindu. (2013). Ordinance bypasses all vital recommendations of Verma panel. http://www.thehindu.com/news/national/ordinance-bypass es-all-vital-recommendationsof- verma-panel/article4372835.ece (accessed December 12, 2014).

Times of India. (2014). Four drivers rape Tamil Nadu college girl.

http://timesofindia.indiatimes.com/city/chennai/Four-drivers-rape-Tamil-Naducollegegirl/ articleshow/38712385.cms (accessed December 13, 2014).

Uptown, J. (2012). Why mostly men at the Indian anti rape protests? Because women protesting might still get groped. *Slate*. http://www.slate.com/articles/double_x/doublex/2012/12/india_s_anti_rape_protests_are_women_getting_groped.html.

Weldon, S. L., & Htun, M. (2013). Feminist mobilisation and progressive policy change: Why governments take action to combat violence against women. *Gender & Development*, *21(2)*, 231-247.

Zaman, R. (2014). Ladies' special buses in Delhi still awaiting special treatment. *The Hindu*. http://www.thehindu.com/news/cities/Delhi/ladies-special-buses-in-delhi-still-awaitingspecial-treatment/article5779994.ece

Chapter-28

EXPLOITATION OF WOMEN – A CAUSE OF CONCERN: PRESENT STATUS, ISSUES AND ROAD AHEAD

Dr. Himanshu Rastogi

Associate Professor Amity Business School, Amity University – Uttar Pradesh, Lucknow Campus.

ABSTRACT

Sexual harassment, whether in the form of eve-teasing, molestation, rape, or any other kind of crime against women, is a common curse to be seen not only in India but across the world. With the active role played by media in the 21st century, more and more such cases are being reported in various forms, whether print or television. Such cases are on the rise in particular in India.. The International Men and Gender Equality Survey 2011 Questionnaire reported that 24% of Indian men had committed sexual violence at some point during their lives. 65% of Indian men believe women should tolerate violence in order to keep the family together, and women sometimes deserve to be beaten. This raises a big question on the safety of women in India. However, after a fatal gang-rape in 2012 which sparked widespread protests about sex abuse, have now started to protest and speak out, with 53 percent saying they always or most often reported harassment. This change in approach and more so, after introduction of some harsh punishment and women helpline numbers, can be seen as a welcome measure as regard protection and maintenance of female integrity is concerned. This paper tries to study this problem of harassment of women in various forms, from closed doors of a house to the open roads, trains, malls, workplace, etc. and also suggest legal and remedial measures if introduced can help in bringing down the crime rate, especially against women, drastically. After all it's a common concern, so it does need a common goal and effort, if society has to be safer place for our sisters, mothers, wives and friends.

Keywords: Sexual Harassment, Crime against Women, Violence, Safety of Women

INTRODUCTION

In India women have always been given special status been admired as Goddesses. In spite of such high regards for women in Indian culture, presently the condition of women is in poor state and has been subject to exploitation of various categories such as home violence, eve teasing, and rape and so on. Violence against women in

India is an issue rooted in societal norms and economic dependence. Female feticide, domestic violence, sexual harassment and other forms of gender-based violence constitute the reality of most girls' and women's lives in India. Wife battering affects the physical and psychological wellbeing of the abused women and even that of their children. Although female participation in public life is increasing and laws have been amended, India still has a long way to go to make Indian women equal citizens in their own country. In our society, many women are violently treated by their intimate partners while they suffer in silence. In some cases, domestic violence leads to the death of these women. Apart from domestic violence females are also targeted at all places be at work, on road, shopping malls, amusement parks, public gathering or attending functions and so on. The magnitude of assault is not always physical, but also in the form of improper gestures, livid remarks and comments, bad touch while passing and so on and the women is supposed to bear all this without any reaction. In nutshell it can be said that Women experience violence in many ways, from physical abuse to sexual assault and from financial abuse to sexual harassment or trafficking. Whatever form it takes, violence against women can have serious long-term physical and emotional effects. The growth and prosperity of economy is restricted because of the ever increasing crime against women there by limiting their contribution in the economic development of India.

OBJECTIVE OF PAPER

1. To understand the different forms of

women exploitation in present society.

2. To know the Indian penal and special local laws of crimes against women.
3. To provide suggestion to restrict crime against women in India.

WOMEN EXPLOITATION DURING LIFE CYCLE

Women continue to be subjected to harass over the entire life cycle irrespective of their class, caste and educational status. They have been the victims of exploitations like physically, socially, morally, mentally and economically since long time in their life. Moreover women are suppressed and exploited from the womb stage. Following are different stages of women exploitation

1) Pre–birth Stage

In today's modern era, people still thought that baby girl would be a burden of a family in future, they are not economically and socially productive as like as boy. This conventional thinking comes up with a terrifying thing i.e. Female Foeticide (Sex-selective abortion).

2) Infancy Stage

In India, Female Infanticide and gender discriminations are very common at many places mostly in villages and tribe areas. The girl- child gets deprived from the better facilities like, health care and nutrition. Consequently from the initial stages of development, they remain weak and isolated. This is because of the same reason as stated earlier.

3) Girlhood Stage

At this stage a she experienced massive gender discrimination in part of Health, Nutrition & Food, other social benefits and Education too. Due to constant ignorance, women are victimized in the form of physical, sexual and psychological abuse, female genital mutilation and trafficking for lucrative business spread all over the world both for labor and sex.

4) Adolescent Stage

This is a stage when they become matured, can understand the social and economic bondage. At this stage she undergoes from a pitiable form of violence or exploitation in the form of early marriage, eve-teasing, Dating and courtship violence (e.g. acid throwing and date rape); economically coerced sex, rape, forced prostitution, trafficking, , crime committed against women etc. She faces many kinds of boundations like on dress code, use of mobiles phones, restricted movements etc.

5) Reproductive Stage

At reproductive age she bears the pain of forced marriage by her own family just because of the sake of their honour. After getting married they have to face domestic violence, marital rape; dowry abuse and murders; partner homicide; forced pregnancy, sexual , psychological , emotional and physical tortured by intimate partner and non-partners. Consequently, sexual abuse in the workplace and rape is very common as read out in common newspapers in all parts of the country.

6) Elderly Stage

At the time of elderly, she becomes helpless due to absence of workability or sexual beauty. Consequently, they are again ignored and exploited. Forced "suicide" or homicide of widows for economic reasons; sexual, physical and psychological abuse are commonly faced by women in this age

FORM OF WOMEN EXPLOITATION

1) Domestic Violence

Domestic violence can include forced sex, physical abuse, and emotional abuse, such as cruel words or threats. It can happen between married people, to a couple who lives together or apart, or to a same-sex couple.

2) Sexual Assault

Sexual assault is any type of sexual activity or contact, including rape that happens without female's consent. Consent is a clear "yes" to sexual activity. Not saying "no" does not mean consent. Sexual contact without consent is sexual assault or rape. Sexual assault can include non-contact activities, such as someone "flashing" or forcing female to look at sexual images. Sexual assault is also called sexual violence or abuse.

3) Sexual Assault in College

Sexual assault on college campuses is a common problem that often goes unreported. It includes any unwanted sexual activity, from unwanted touching to rape. Alcohol and drugs often play a role in sexual assault on campuses. One study found that 15% of young women experienced incapacitated rape during their first year of college. Being incapacitated means these young women were raped when they could not give consent because they did not know what was happening. Many young adults use alcohol or drugs for the first time during college. Using drugs or drinking too much alcohol can make one unaware of what is happening around.

4) Rape

The U.S. Department of Justice defines rape as "the penetration, no matter how slight, of the vagina or anus with body part or object, or oral penetration by a sex organ of another person, without the consent of the victim." Although other types of sexual assault may be done by men or women, rape is almost always done by men. Most women who are raped are raped by someone they know, such as a former or current intimate partner, an acquaintance, or a family member. Giving consent means giving a clear "yes" to any type of sexual activity. It is also rape when penetration takes place when female is drunk high, drugged, or asleep and cannot give consent.

5) Dating Violence

Dating violence is physical, sexual, emotional, or verbal abuse from a romantic or sexual partner. It happens to women of all races and ethnicities, incomes, and education levels. It also happens across all age groups and in heterosexual and same-sex relationships. Some people call dating violence domestic abuse, especially when one lives with its partner. Dating violence includes:

- **Emotional and verbal abuse** — yelling, name-calling, bullying, isolating the victim from her family and friends, saying she deserve the abuse or are to blame for it, and then giving gifts to "make up" for the abuse or making promises to change
- **Physical abuse** — hitting, shoving, kicking, biting, throwing objects, choking, or any other aggressive contact

It can also include forcing female to get pregnant against her will, trying to influence what happens during her pregnancy, or interfering with her birth control.

6) Emotional and Verbal Abuse

Emotional and verbal abuse may begin suddenly. Some abusers may start out behaving normally and then begin abuse after a relationship is established. Some abusers may purposefully give a lot of love and attention, including compliments and requests to see their life partner, in the beginning of a relationship. Often, the abuser tries to make the other person feel strongly bonded to them, as though it is the two of them "against the world." Over time, abusers begin to insult or threaten their victims and begin controlling different parts of their lives. When this change in behavior happens, it can leave victims feeling shocked and confused.

7) Financial Abuse

Financial abuse happens when an abuser has control over finances in a relationship and withholds money from the victim. Often, a woman does not leave an abusive relationship because she fears she will not be able to provide for herself or her children. Financial abuse can make the victim feel as if she can't leave. This fear is often the main reason women don't leave an abusive relationship.

8) Sexual Harassment

Sexual harassment happens when someone at workplace, home, or school makes unwelcome sexual advances to females mostly or requests sexual favors. It also includes verbal or physical behaviors that may affect her job, home, or education. These acts are sexual harassment when they are without victim's consent, or are unwanted, and interfere with the work or create a hostile or offensive environment. Sometimes sexual harassment is also sexual coercion. Coercion is when one is forced in a non-physical way into sexual activity. Sexual harassers can be anyone — men or women, and can be managers, co-workers, landlords, teachers, or other students. Sexual harassment does not mean one is in a sexual relationship with the person doing it.

9) Human Trafficking

Human trafficking is a form of slavery. It happens when a person is forced or tricked into working in dangerous and illegal conditions or having sexual contact with others against their will. A person who is trafficked may be drugged, locked up, beaten, starved, or made to work for many hours a day. Girls and women are the most common victims of sex trafficking, a type of human trafficking.

10) Physical Abuse

Physical abuse is any physical force that injures or puts someone's health in danger. Physical abuse can include shaking, burning, choking, hair-pulling, hitting, slapping, kicking, and any type of harm with a weapon like a knife or a gun. It can also include threats to hurt, harm children, or family members. Physical abuse can also include restraining someone against the will, by tying up or locking the victim in a space.

11) Sexual Coercion

Sexual coercion is unwantcd sexual activity that happens when one is pressured, tricked, threatened, or forced in a nonphysical way. Coercion can make one think she owe sex to someone. Having someone threaten to spread rumors about victim if she don't have sex with them or someone having an authority figure, like a boss, property manager, loan officer, or professor, use their influence or authority to pressure the victim into having sex are examples of sexual coercion.

12) Stalking

Stalking is repeated contact that makes someone feel afraid or harassed. Someone may stalk by following or calling the victim often. Stalkers may also use technology to stalk by sending unwanted emails or social media messages. About one in six women has experienced stalking in her lifetime. Women are twice as likely to be stalked as men are. Mostly stalkers are known people.

13) Domestic Violence

In Indian family the man is the master and women is the inferior and subordinate partner and societal pressure force women to maintain this status quo. Wife beating is the most prevalent form of violence against women in the Indian society and it is viewed as a general problem of domestic discord.

14) Female Infanticide and Feticide

This is playing a significant role in lop sided sex ratio in India. Poor families in certain regions of the country sometimes resort to killing baby girls at birth, to avoid an unwanted burden on family resources. Sex selective abortion has also been common in the country. It's dangerous to abort the foetus after 18 weeks of pregnancy and quiet harmful for mother too at such a late stage.

RECENT CASES OF VIOLENCE AGAINST WOMEN – RAPE

Kathua Rape Case

An eight-year-old innocent girl was brutally raped for days. She was sedated, tortured before finally killing her inside a temple. The nomadic girl had gone missing on January 10 and her body was recovered from the Rasana forest on January 17, 2018. Trust betrayed.

Sitapur Gang-rape

A father allegedly 'gifted' his daughter to his friends and later joined them to gang-rape her in Sitapur district, about 70 km away from Lucknow. What a disgusting situation? Can father be relied upon.

9-Year Girl Raped in Manipur

This is even more shocking; a 13-year-old boy allegedly raped a nine-year-old girl at his home in Mainpuri, Uttar Pradesh. The boy had reportedly lured the girl with a silver ring. According to police the alleged rape was committed when the girl was alone at home. The suspect had lured her to his house and committed the crime.

10-Year-old raped and Killed in Chhattisgarh

A 25-year-old man raped and then killed a 10-year-old in Chhattisgarh during a wedding. Police said the 25-year-old accused, who had been arrested, admitted to have raped and killed the child by smashing her head with a stone. Finding everyone involved in the wedding, he lured the girl away and committed the crime. The body of the child was found dumped in a dry riverbed in the village.

11-Year-Old Raped in Assam

In Nagaon district in Assam, an 11-year-old girl was raped and then burnt alive, an entire village came together to help the police catch the accused. At Lalung Gaon, 150 kilometres from state capital Guwahati, the girl who was all alone at home was raped on March 23, 2018.

A 4-Month Infant Raped in Indore

A four-month-old baby was raped and murdered in the Rajwada area. The infant's body was found in the basement area of the heritage Shiv Vilas Palace, blood smears on the stairs telling a horror story. A suspect, a member of the family, is in custody. How brutal?

RAPE VICTIM AND ACCUSED RELATIONSHIP

The 2015 National Crime Record Bureau (NCRB) data on the proximity of offenders to victims as per Table 1 below shows that in 95 per-cent of all rape cases, the offender knew the victim. For example, 27 per-cent of rapes are committed by neighbours, 22 per-cent involves the promise of marriage and per-cent are committed by immediate family members and relatives. The data further stated that at least 2 per-cent of all rape cases involves live-in partners or husbands (former partners or separated husbands — rape within marriage is not recorded), 1.6 per-cent are committed by employers or co-workers and 33 per-cent are committed by other known associates.

Table-1: Rape Victim and Accused Relationship -2015

Sl.No	Accused Relationship	No. of rape Victims	% of Rape Victims
1	Neighbours	9356	27.00%
2	Promise to Marriage	7623	22.00%
3	Immediate Family Members/ Relatives and Friends	3119	9.00%
4	Live-in Partners or Husbands	693	2.00%
5	Employers/	554	1.60%

	Co-workers		
6	Other Known Persons	11435	33.00%
7	Unknown/stranger	1871	05.40%
	Total	34651	100.00%

Source: National Crime Record Bureau Report 2015

INDIAN PENAL CODE AND SPECIAL LOCAL LAWS OF CRIMES AGAINST WOMEN

The principle of gender equality is enshrined in the Constitution of India. In order uphold and implement the Constitutional Mandate, the State has enacted various laws and taken measures intended to ensure equal rights, check social discrimination & various forms of violence and atrocities. Although women may be victims of any of the general crimes such as 'murder', 'robbery', 'cheating', etc. only the crimes which are directed specifically against women i.e. gender specific crimes are characterised as 'Crimes against Women'. Various new legislations have been brought and amendments have been made in existing laws with a view to handle these crimes effectively. These are broadly classified under two categories.

(1) Crime Heads under the Indian Penal Code (IPC)

- Rape (Sec. 376 IPC)
- Attempt to commit Rape(Sec 376/511 IPC)

- Kidnapping & Abduction of Women (Section 363, 364, 364A, 365, 366 to 369 IPC)
- Dowry Deaths (Section 304B IPC)
- Assault on Woman with Intent to Outrage Her Modesty (Sec. 354 IPC)
- Insult to the Modesty of women (Sec. 509 IPC)
- Cruelty by husband or his relatives (Sec. 498A IPC)
- Importation of Girl from Foreign Country (up to 21 years of age) (Sec. 366 B IPC)

Abetment of Suicide of Women (Sec. 306 IPC)

(2) Crime Heads under the Special & Local Laws (SLL)

Special Acts enacted for protection and safety of women have been clubbed under SLL These gender specific laws in which criminal cases recorded by police throughout the country are –

- The Dowry Prohibition Act, 1961
- The Indecent Representation of Women (Prohibition) Act, 1986
- The Commission of Sati Prevention Act, 1987
- The Protection of women from domestic Violence Act, 2005
- The Immoral Traffic (Prevention) Act, 1956

Table-2: Crime Head-wise Cases Registered under Crime against Women during 2011 - 2015

No	Crime head			Year			Percentage variation in 2015 over 2014
		2011	2012	2013	2014	2015	
1	Rape#	24,206	24,923	33,707	36,735	34,651	-5.7
2	Attempt to Commit Rape*				4,232	4,434	4.8
3	Kidnapping & Abduction of Women	35,565	38,262	51,881	57,311	59,277	3.4
4	Dowry Deaths	8,618	8,233	8,083	8,455	7,634	-9.7
5	Assault on Women with Intent to Outrage her/ their Modesty	42,968	45,351	70,739	82,235	82,422	0.2
6	Insult to the Modesty of Women	8,570	9,173	12,589	9,735	8,685	-10.8
7	Cruelty by Husband or His Relatives	99,135	1,06,527	1,18,866	1,22,877	1,13,403	-7.7

8	Importation of Girl from	80	59	31	13	6	-53.8
9	Abetment of Suicide of Women				3,734	4,060	8.7
A	Total IPC Crime against Women	2,19,142	2,32,528	2,95,896	3,25,327	3,14,575	-3.3
10	Commission of Sati Prevention Act	0	0	0	0	0	0
11	Indecent Representation of Women (P) Act	453	141	362	47	40	-14.9
12	The Dowry Prohibition Act	6,619	9,038	10,709	10,050	9,894	-1.5
13	Protection of Women from Domestic Violence Act				426	461	
14	Immoral Traffic (Prevention) Act#	2,436	2,563	2,579	2,070	2,424	17.1
B	Total SLL Crime against Women	9,508	11,742	13,650	12,593	12,819	1.8
	Total(A+B)	2,28,650	2,44,270	3,09,546	3,37,922	3,27,394	-3.1

Source: http://ncrb.gov.in/StatPublications/CII/CII2015/chapters/Chapter%205-15.11.16.pdf

'*'Newly included crime head; '#' Exclude child rapes registered under the section 4 & 6 of Protection of Children from Sexual Offence Act 2012.

Incidence of Crimes

A total of 3,27,394 cases of crime against women (both under various sections of IPC and SLL) were reported in the country during the year 2015 as compared to 3,37,922 in the year 2014, thus showing a decline of 3.1% during the year 2015. These crimes have continuously increased during 2011 - 2014 with 2,28,650 cases in 2011, which further increased to 2,44,270 cases 2012 and 3,09,546 cases in 2013, to 3,37,922 cases in 2014. It declined to 3,27,394 in 2015.

Uttar Pradesh with 16.8% share of country's female population has reported nearly 10.9% of total crimes committed against women at all India level, by registering 35,527 cases and West Bengal accounting for nearly 7.4% of the country's female population, has accounted for 10.1% of total cases of crimes against women in the country by registering 33,218 cases during the year 2015.

Crime Rate

(Crime rate- 53.9)

The crime rate under crimes against women was reported as 53.9 in 2015. Delhi UT has reported the highest crime rate (184.3) compared to 56.3 at all India level during the year 2015, followed by Assam (148.2), Telangana (83.1), Odisha (81.9), Rajasthan (81.5), Haryana (75.7) and West Bengal (73.4).

Trend Analysis

The crime head-wise details of cases reported under crimes against women during the year 2011 to year 2015 along with percentage variation are presented in 2 The cases of crimes against women during the year 2015 have decreased by 3.1% over the year 2014 and increased by 43.2% over the year 2011. The IPC component of crimes against women has accounted for 96.1% of total crimes and the remaining 3.9% were SLL crimes against women.

SUGGESTIONS TO CONTOL EXPLOITATION AGAINST WOMEN

1. In order to restrict and control exploitation and violence against women it is the need of the hour to create awareness among male dominated society that it their moral duty to respect women and raise voice if the find anywhere the women are being exploited.

2. Females are to be strengthened emotionally through expansion of education and physically by way of providing self-defence training to them. Primary self-defence training should be made compulsory for all females up to class XII.

3. Strong social, moral and cultural values in the society should be inculcated among people for this grass root changes are needed impacting positively the mindsets, attitudes and beliefs backed by strong laws with provision of instant action and pun-

ishment against wrong doers to the women.

4. It is also suggested that we the people and the government should try to create healthy environment for women and girls everywhere by providing legal, political and social security system which is really effective and workable and not only paper policy.

5. Efforts to enhance economic empowerment to women can also help them to raise their voice against exploitative and violence oriented acts of male, which were normally borne by females because of being economically dependent on males.

6. Poor investigations, harsh cross examination of victims, senseless adjournment of cases and faulty assessment of evidence and furnishing of evidence by victims in presence of culprits are areas that need reforms.

7. All Crucial cases related to crime against women should be tried in fast-track courts and the trial to be completed within 2 months, without the necessary judicial reforms and infrastructure in place it will be extremely difficult to achieve the desired conviction rate.

8. Establishment of RCCs and SATUs in all major cities and towns is essential, which can act as a one-stop centre for medical, social, psychological and legal support of rape victims. Government, in collaboration

with NGOs and other public health organizations, should set up more help-lines through which the victims have access to a network of professionals who are trained to support them in seeking care as well as legal recourse's personnel on standardized protocols in post-rape care is imperative.

CONCLUSION

Males are because of the female fraternity. After all female is the one who gives birth to new infants and feeds and takes care of them throughout life in the form of mother, sister, wife and daughter. In Indian culture our shastras and history is witness of the fact the respect women used to govern. With the passage of time and also due to invasions time and again subsequently leading our country be slave under Mughals and British rules for centuries the Indian basic culture got dented and acute crime against women started from there. Even after independence still things have not changed for women and they are subject to all types of exploitation ranging from domestic violence to physical and emotional attacks to rape and so on. Though of late voices against women violence have started getting louder and the demand for women empowerment and women rights have been gaining momentum from all corners of the society, still the need is sweeping legal reforms to be introduced which could put the guilty of women crime against bars with harsh punishment within no time. Hope India will again see the light of day where women are given the status of Goddess and treated accordingly.

REFERENCES

1. Kumar, Alok. Pathak, Asha. Kumar, Sandeep. Rastogi, Pooja. And Rastogi, Prateek. (2012), "*The Problem of Child Sexual Abuse in India laws, Legal Lacuna and the Bill – PSCOB-2011*" J Indian Acad Forensic Med. , Vol. 34, Issue 2, PP. 147-149.

2. Kumari, Jyoti. (2016), "*Women Exploitation in Everu phase of Her Life and Ineffectiveness of Laws in India,*" International Journal of Research in Economics and Social Sciences, Vol. 6, Issue 9, PP. 195-205.

3. Manikamma, Nagindrappa and Radhika, M.K. (2013), "*Women Exploitation in Indian Modern Society,*" International Journal of Scientific and Research Publications, Vol. 3, Issue 2, PP. 1-11.

4. Saryal, Sutapa. (2014), "*Women's Rights in India: problems and Prospects,*" International Research Journal of Social Sciences, Vol. 3, No. 7, PP. 49-53.

5. Sharlon, Prescila.S. (2014), "*Domestic Violence Against Women in India: a family Menace,*" Indian Journal of Applied Research, Vol. 4, Issue 12, PP. 170-175.

6. Vidushi, Vimal. and Sethi, Gagandeep. (2016), "*Domestic Violence in India- An Analysis,*" International Journal of Applied Research, Vol. 2, Issue 8, PP. 461-465.

7. http://indpaedia.com/ind/index.php/Crimes_against_women:_India#2007-2016

8. http://ncrb.gov.in/StatPublications/CII/

CII2015/chapters/Chapter%205-15.11.16.pdf

9. https://www.firstpost.com/india/ncrb-data-shows-95-rape-victims-in-india-known-to-offenders-3433136.html

10. https://www.indiatimes.com/news/india/6-horrendous-rape-cases-in-2018-so-far-show-that-minors-are-biggest-victims-of-sexual-assaults-343892.htm

11. https://www.womenshealth.gov

Chapter-29

SEXUAL HARASSMENT OF WOMEN : CAUSE OF CONCERN AND REMEDIAL MEASURES

Dr.Nimish Gupta

Amity University, Lucknow

ABSTRACT

Sexual harassment is a recurring problem around the globe. Different nations have taken measures to deal with the consequences of such a problem. Although documented since long before the Industrial Revolution, the sexual harassment of women in the workplace has only recently been the focus of sustained research in vocational behavior. Over the last decade-and particularly the past year-interest in this topic has accelerated dramatically, yielding a body of research that throws considerable light on what is known and what is yet to be learned concerning this pernicious barrier to women2 s career development. Despite high rates of gendered violence among youth, very few young women report these incidents to authority figures. Although, there are strict rules in law around the world, workplace sexual harassment continues to be experienced by many women and some men in a variety of organizational settings. Variously ascribed through individual (psychological or legal consciousness) frameworks, sociocultural explanations and organizational perspectives, research consistently demonstrates that, like other forms of sexual violence, individuals who experience workplace sexual harassment suffer significant psychological, health and job related consequences. Yet they often do not make formal complaints through internal organizational procedures or to outside bodies. Laws, structural reforms and policy initiatives have had some success in raising awareness of the problem and have shaped rules and norms in the employment context. However, there is an imperative to target further workplace actions to effectively prevent and respond to sexual harassment. It is against this perspective, the present paper purports to highlight the issues related to sexual harassment at work place, the laws prevailing to protect women against this problem and steps taken care of for preventing the sexual harassment at workplace.

Keywords : Inequality, Gender, sexual harassment, law for prevention.

INTRODUCTION :

It goes without saying that despite the existing legal provisions women are often deprived of their basic rights, subjected to sexual harassment, given low-paid marginal jobs, excluded from the decision–making process in both politics and economy, not acknowledged as contributors to the family and society as a whole. Women have faced discrimination both at home and at the societal level. While gender inequalities in many arenas have been on the agenda of social research and activism for decades, gender inequality in organizational leadership has been sadly overlooked. Women have attained remarkable success in what was once considered the "male domain", of the working world. Worldwide the number of women in the workforce has increased over the years with a corresponding increase in the number of highly educated women equipped with technical know-how. However, discrimination against women in the workplace has impacted their advancement in jobs that acquire higher societal recognition among men. Gender inequality in the workplace is exhibited in various forms, such as occupational segregation, gender-based wage gap and discrimination. Working women have constantly battled against not only horizontal segregation, but also, the separation of women and men into gender specific jobs.

Advancement of women in management jobs has not kept pace with the correspondence increase in the number of working women. Their presence in senior management level is negligible. Women are graduating and entering management positions, yet there is a bottleneck at middle management levels1 while entry is easier, progression slows down after the middle level and in most situations, regardless of their technical and professional qualifications or achievements, women are prevented from climbing up in the corporate ladder to reach the top. In India, research and surveys reveal that men out-number women in terms of attaining top managerial positions. Review of secondary sources shows that data on Indian female managers is almost non-existent.

REVIEW OF LITERATURE :

A few studies that have been conducted on the issue of women representation in management jobs reveal that women are lagging far behind men in managerial jobs. Globally women comprise around 10 percent of senior management positions in Fortune 500 companies (Chadha, 2002). In India their presence is known to range between a high of 5.8 percent (Kulkarni, 2000, p.11) to a low of roughly 3 percent (see Chadha 2002, Mehra 2002, and Singh 2003) of all administrative positions. According to the study by Koshal, et al (2006)5, 2 women per 100 economically active men take administrative and managerial positions in India. Recently the Confederation of Indian Industry released a study "Understanding the Levels of Empowerment of Women in the Workplace in India" covering 149 large and medium size companies across regions. The report highlights that women comprise 16 percent at junior management level, 4 percent each at middle and senior levels, and only 1 percent in organizational leadership positions (CEOs)

The worldwide statistics shows that in 2000-

2002 women's overall share of managerial jobs was between 20 percent and 40 percent in 48 countries. As far as senior management positions are concerned female representation is much less. Women take 20 percent of senior managerial positions in the US and 19 percent in the world on an average. In US and Europe9 25 percent of companies do not have women in senior management at all. Female representation is even less as far as board membership is concerned.

The International Business Owners Survey (IBOS) 2004 conducted by Grand Thornton outlines that 42 percent (59% globally) of business in India include women in senior management positions, but women occupy 12 percent (19% globally) of the senior management posts available. As evident from the data above, India is lagging far behind world's average in female representation in management. Indeed, it is hard to imagine that women constituting 48 percent of population (Census 2001), 48 percent of the marginal and 17 percent of the main workers (Census 2001), they take only 2-3 percent administrative and managerial positions. This discrepancy clearly sheds light on the solid "glass ceiling" that Indian women face in their professional careers.

CURRENT SCENARIO OF WOMEN SAFETY

Women safety is a very big concern in a country like INDIA where women are playing an outstanding role in each and every field.

The status of women in India has gone through many great changes over the past few millennia.

From equal status with men in ancient times through the low points of the medieval period to the promotion of equal rights by many reformers, the history of women in India has been eventful. In modern India, women have adorned high offices in India including that of the President, Prime Minister, Leader of the Opposition and Speaker of the Lok Sabha. However, women in India continue to face social challenges and are often victims of abuse and violent crimes and, according to a global poll conducted by Thomson Reuters, India is the fourth most dangerous country in the world for women, and the worst country for women among the G20 countries. Women's security is a critical issue in today's world and its very much needed for every individual to be acting over such an issue. Many unfortunate incidents have been taking place in women's case.

Problems may come from any direction such as women walking on the road after the work, going to super market or many other reasons for which they go alone. People at home are not sure of their return safely. Another factor is woman die without knowing the reason as they attend excursions and industrial trips conducted by the organizations. It happens due to attacks on woman but not suicides. In 2013 there happened an incident which is a gag rape in New Delhi in the case of 23 year old woman in bus at 9:30 PM. Another incident that has taken place at Mumbai in the case of woman who is leaving her native place after Christmas holidays has been kidnapped and killed. These are some of the problems that have taken place in the day to day life of women.

The IT companies are looking forward to the security problem and require a system that will efficiently evaluate the problem of women employees security working in night shifts.

India is a peace loving country and one of the safe destination for the tourists across the world. However, a few incidents in recent past brings to attention that there is a need for women safety. Many women's in developed countries still fear to go outside alone due to number of cases of violence against women. To make women safety safer many attempts have been made but, still a safer and secure system is needed that can ensure safety during public transport and in general. This, paper presents a system that is capable of providing more security and safety.

In recent years, acts of assault and violence against women are rising at a menacing rate. With escalation of female employees in industries and other sectors of the commercial market, it is now becoming a necessity for females to travel at late hours and visit distant and isolated locations as a part of their work regime. However, the exponential increase in assault, violence and attacks against women in the past few years, is posing a threat to the growth and development of women.

SEXUAL HARASSMENT : A CAUSE OF CONCERN

Sexual harassment is one of the most venomous problems that the society is facing today. The term had not been coined till the 1970's, however since it's docking in the public forum, the concept has rapidly expanded. It has taken different connotations and inspired varied viewpoints over the period of time. Sexual harassment can be broadly defined as 'an unwelcomed sexual advance that leads to the creation of a hostile and offensive work environment for a person'. The laws of different countries have attempted to define it in different ways. However, analyzing the phenomenon of sexual harassment through the narrow prism of 'unwanted sexual behavior' would highly limit our understanding of the concept.

Sexual harassment and other forms of sexual violence in public spaces are an everyday occurrence for women and girls around the world – in urban and rural areas, in developed and developing countries. Women and girls experience and fear various types of sexual violence in public spaces, from unwanted sexual remarks and touching to rape and femicide. It happens on streets, in and around public transportation, schools and workplaces, in public sanitation facilities, water and food distribution sites and parks. This reality reduces women's and girls' freedom of movement. It reduces their ability to participate in school, work and public life. It limits their access to essential services and their enjoyment of cultural and recreational opportunities. It also negatively impacts their health and well-being. Although violence in the private domain is now widely recognized as a human rights violation, violence against women and girls, especially sexual harassment in public spaces, remains a largely neglected issue, with few laws or policies in place to prevent and address it. It is a booming issue in major cities like Delhi nowadays.

There is a difference between bullying and harassment and the phenomenon is not country specific but universal. Workplace bullying is gender agnostic and can be perpetrated by both male and even a female boss.

It is not incident specific because bullying is persistent which affects the emotional, psychological and mental health of the victim. It can start off with individual bullying and can lead up to serial bullying which can go on for years and can involve inter departmental teams to create a situation where the employee has no other option but to leave the organization.

Other facets involve client bullying, cyber bullying, non-cooperation, name–calling, and harboring deep seated resentment due to various reasons like linguistic and cultural difference or even the victim being more talented and capable than others.

Unfortunately, there is no law to address workplace bullying as bullying is very difficult to define and quantify because it rarely crosses the zone of obvious or overt ways such as physical abuses or lewd gestures.

EXAMPLES OF SEXUAL HARASSMENT OBSERVED FREQUENTLY :

Harassment faced by women, the following

unwelcome behavior or sexual gesture comes under the definition of sexual harassment as defined by the Supreme Court of India:

- Physical contact and advances
- Sexually colored remarks
- Showing pornography
- Demand or request for sexual favors in lieu of office promotion
- Any other verbal or non verbal conduct that is sexual in nature
- Any rumors at workplace with sexually colored remarks about a working woman
- Spreading rumors about a woman's sexual relationship with anybody.

LAW FOR PREVENTION OF SEXUAL HARASSMENT :

The Indian judicial experience with sexual harassment started with the case of *Vishaka v. State of Rajasthan*. The case dealt with the brutal gangrape of Bhanwari Devi, a social worker who was working to spread awareness to end child marriage. The court decided to use this opportunity to create a protective framework for the female workforce of this country, an area where there had been huge lacunae in Indian Law. Thus comprehensive guidelines were issued by the Supreme Court to ensure that the female workforce of this country is protected from sexual violence and sexually charged gender-discrimination in the workplace.

There were several judgments after the Vishaka Judgment that emphasized on the need for a comprehensive law on sexual harassment. The case of *Apparel Export Promotion Council v. Chopra* is one of them, which emphasized that sexual harassment is gender–based discrimination and quoted the International Labour Organization for the same. The Sexual Harassment at Workplace Bill was tabled in the Parliament in 2007. This in turn prompted cases such as *Grewal v Vimmi Joshi* that emphasized on the stipulations of the bill while delivering judgments related to sexual harassment. However, none of them vigorously asked for a bill to be passed, thereby turning a blind eye to the issue. It was finally after 16 years that a bill was passed relating to sexual harassment in India. One would thus naturally expect the bill to be highly comprehensive and free from faults. However, that was not the case to be. The bill not only faulted on certain essential provisions, but also failed to take account of certain inviolable theories relating to the aspect of sexual violence.

When one looks at the current workplace scenario, an analysis of the Indian Act for the said problem becomes increasingly necessary. Recent high–profile cases such as the Tarun Tejpal case, and the allegations against the Supreme Court Judges have brought considerable attention to the problem of sexual harassment in India. This article focuses on the complexities that grip the problem and carries out a specific legal analysis of The Sexual Harassment of Women at Workplace (Prevention, Prohibition and Redressal) Act 2013, so as to bring across the fault lines that pervade the Act, which need to be looked into.

It is in light of these stipulations that The Sexual Harassment of Women at Workplace (Prevention, Prohibition and Redressal) Act 2013gets intrinsically linked with Labour Law. Labour law relates to the relationship between the employers and the workers, thereby emphasizing on the conditions of work. Sexual harassment degrades the working conditions of women workers, and thus the Act addresses this problem through the labour law paradigm. It becomes necessary to clarify at the outset that the Act specifically relates to employment relationships and does not cover acts arising out of the conduct of a party that does not fall within the said purview. Thus the Act contains stipulations through which the employers can take actions only against their employee(s). For a third party, however, all suitable assistance needs to be provided for helping the victim file the complaint in the appropriate forum.

Apart from the above, certain specific laws are also prevailing for helping the women against sexual harassment which are listed below :

OFFENCES UNDER THE INDIAN PENAL CODE AND RELEVANT PUNISHMENTS

Section 354A : Sexual harassment is: unwelcome physical contact and advances, including unwanted and explicit sexual overtures, a demand or request for sexual favours, showing someone sexual images (pornography) without their consent, and making unwelcome sexual remarks.

Punishment: Up to three years in prison, and a fine.

Section 354B : Forcing a woman to undress.

Punishment: From three to seven years in prison, and a fine.

Section 354C : Watching or capturing images of a woman without her consent (voyeurism).

Punishment: First conviction – one to three years in prison and a fine. More than one conviction – three to seven years in prison and a fine.

Section 354D : Following a woman and contacting her or trying to contact her despite her saying she does not want contact. Monitoring a woman using the internet or any other form of electronic communication (stalking).

Punishment: First conviction – up to three years in prison and a fine. More than one conviction – up to five years in prison and a fine.

13 Section 509 : Insulting the modesty of a woman by saying any word or sound or making any gesture which intrudes on her privacy.

Punishment: Up to three years in prison and a fine.

REMEDIAL MEASURE : CREATING AWARENESS

Awareness Generation and Capacity Building – Sexual harassment at workplace emerging from gender discriminatory attitudes is a complex interplay of gender, power and sexuality. Vibrant discussions on these aspects ought to be a starting point for a prevention initiative with employees. However compelling large number of employees to go through mundane online content is a dangerous trend. Though usage and popularity of online modules is justified basis their low cost and accessibility for organizations that have geographical spread, negative effects of online training were confirmed by a team of US Equal Employment Opportunity Commission which discovered that training done over the last 30 years did not yield expected results. It failed to act as a prevention tool because it was symbolic compliance to law more focused on warding away legal liability rather than putting end to sexual harassment. There was little effort to actually reduce discrimination or harassment towards women. Researches done in the US cited similar negative and harmful effects of online modules consisting of cartoons and unreal examples. Such trainings made men less capable of perceiving inappropriate behavior. They were more likely to blame victims as they were not able to relate to the cartoonish examples thereby leading to lack of self–reflection. Section 19 of the 2013 Act mandates that workshops or awareness programmes for employees to be organized by employer. In March 2017 the Ministry of Women and Child Development (MWCD) of Government of India (GOI) published a training module on its website making it obvious that the awareness generation is to be done through classroom sessions. Contradictory to this method many employers in India are choosing to use online training modules to generate awareness. Propaganda for usage of online training can be understood from the EY (2015) survey which revealed that out of total surveyed companies 46% of companies did not have online modules for training new employees. From this it can be derived that remaining 54% of surveyed companies were carrying out awareness programs in some manner and probably using online modules for creating awareness. On one hand while there is dismal performance on part of employers to create awareness amongst employees any effort to create awareness should be counted. But most online awareness content available in India is simplistic and generalized due to absence of nuanced understanding on the issue. It leaves out grey areas related to the issue and law thus has potential of doing negative messaging due to absence of in person facilitation. It is important that Indian employers learn lessons from the US. Need of the day is that the government monitors contents and mode of awareness sessions happening in private sector to ensure that employers are investing resources in live facilitators who use real life examples, discuss nuances and address complex issues related to gender relations at workplace.

RECOMMENDATIONS

Out of the above analysis, we were able to point out the various suggestions given for increasing the safety of women:

- There should be an increase in the police patrolling. They should be an increase in the number of cops in the cities.

- Register FIRs in all cases of rape, sexual harassment and other crimes against women. Prosecute cops found persuading women to drop such complaints.
- Awareness drives should be set up make the women learn to fight back.
- The government should formulate more stringent rules and regulations. The criminals should be penalized heavily.
- All public transport must be on GPS, install CCTVs on buses, make drivers and helpers/conductors wear non-tamper able photo IDs, create common database accessible by police and other enforcement agencies.
- Every bus should have a few panic buttons which alerts the police control room so as to run to a lady in distress.
- Airport, railway and bus stations need special focus, especially during odd hours. Also, special fares for taxis etc., should be enforced. Otherwise affordability factor might prevent them from opting to a better mode of safety. Vanitha autos also play a critical role and therefore there is a need observed for more number and visibility of Mahila auto rickshaws and taxis across the cities. Nevertheless, the safety for women auto drivers should also be given importance whilst they protect others.
- Strengthening of the public transport sys-

tem: This safety measure is a multi pronged approach and applies to autos, taxis, buses etc. Buses with surveillance cameras (minimum of two cameras) and woman conductors or guards will instill a sense of confidence and safety for women (MDTS AND IP CAMERAS). This is not only during nights but also during day time.

- Private buses and autos should be brought under this ambit and be under the GPS system. And specific regard at nights (evening 6p.m to midnight) and early morning (from 4 a.m.).
- There should be special buses (Private and public) with good connectivity among the different routes.

CONCLUSION :

The Sexual Harassment of Women at Workplace (Prevention, Prohibition and Redressal) Act 2013leaves a lot to be asked for. The Act has certainly not stood up to the expectations that would necessarily await an act that has been in limbo for about 16 years. Certain critical aspects have not been paid attention to and many provisions are self-defeating and nullifying. A general overhauling of the Sexual Harassment Acts, as they are, all around the world, has not been done and this becomes clearly evident when essential mechanism procedures such as clinical counseling facilities, medical insurances related to the violence, provision of legal expertise, compensation from the employer etc. have not been made available.

The Act, which should have been highly victim friendly, poses problems for the victim at each and every step. Law should be representative of the societal changes, especially in areas such as sexual violence and exploitation. The failure to link legal development with societal development in these cases says a lot about how much ignorance is there towards highly degrading activities like sexual harassment. The legislature needs to really revisit the Act and deal with the glitches that pervade the Act. A resolute and concerned effort is required on part of the legislature to deal with this problem and eliminate it in a highly afflicted society like India.

Following the Nirbhaya case of 2012 and the public outrage that it provoked, public safety for women has been increasingly deemed a political issue worthy of attention and concern, particularly in India's cities. The government's response has been to promote precautionary policies for women that, while may be well-meaning, tend to reinforce the prevalent social inclination to put the onus of their safety on women themselves, rather than addressing the deep-seated issues that cause them to feel unsafe, to begin with. These include the provision of buses exclusively for women and so-called 'panic buttons'. Even as the male-dominated nature of India's public sphere is being recognized, attempts to change it have been limited. Taking constructs of 'positive and negative liberty', this paper argues that public policy in Indian cities, with respect to gender, tends to focus on negative liberty; a shift to positive liberty is essential.

Changing mindsets and spaces is necessary if a more rounded goal of positive as well as negative liberty is to be aimed for India's women. Technology can provide a certain degree of negative liberty and perhaps some feeling of safety. While this sense of safety can be seen as a part of empowerment, it should not be mistaken for empowerment itself.

REFERENCES

The Indian Express, August 8, 2015, also see Piyush Pandey, "Sexual Harassment cases at workplace more than double in 2014", November 27, 2015 at www.thehindu.com.

Ritu Gupta, Sexual Harassment at workplace: A detail study of the sexual harassment of women at workplace (Prevention, Protection and Redressal) Act, 2013,1(1st ed., 2014).

Kalpna Sharma, Sexual Harassment of Women at workplace in India: an Ubiquitous Hazard, IOSR Journal Of Humanities And Social Science (IOSR-JHSS) Volume 22, Issue 9, Ver. 9 (September. 2017) PP 36-46.

Suhani Rao, "Bias and the Anti – Sexual Harassment Law" Lex Witness, Vol 6 Issue 11 June 2015.

Crime against women –National Crime Records Bureau at ncrb.nic.in/statPublicationlast accessed on 5/12/2016 18.

Anagha Sarpotdar, "Implementing or Ignoring the Law on Sexual Harassment?" Economic & Political Weekly, November 5, 2016.

Michael R. Cunningham, John W. Jones and Brian W. Dreschler, Personnel risk management assessment for newly emerging forms of employee crimes, International Journal of Selection and Assessment, 26, 1, (5-16), (2018).

Khushbu Sahu, Sexual Harassment of Women at workplace Act, 2013 : A half–baked move to women's safety at work" , LawZ , Vol 16 No. 4 Issue 176, April 2016.

Chapter-30

Women Empowerment in India: A Dream to be Achieved (Plight and Measures)

Dr. Poonam Rani Gupta

(Associate Professor)

B.D. K. (PG) College, Agra

'There isn't single country in the world-not one-where men and women enjoy completely equal opportunity... that is why we must change attitudes and policies. The aim must be to give each and every human being greater freedom to make choices about their own lives....'

-Gro Harlem Brundtland ***World Conference on Women***, Beijing, 2006.

Women constitute about half of the total population of our country but they suffer from many disadvantages as compared to men in terms of literacy rate, labour participation rate, earning and availability of opportunity. They also suffer physical and mental violence both at their homes and outside. Present paper is an attempt to portray not only the real plight of women in Indian society but also endeavours to suggest certain measures necessary for the empowerment of women in India as the empowerment of women is a necessity for the development of any society; since it enhances both the "quality and the quantity of human resources available for development" (Gupta.54, 2006).

Social, economic and political empowerment of the woman folk is the need of the day, as it is one only surest way of making women "equal partners in development" (Gupta.18). The empowerment of women is one of the central issues in the process of development of countries all over the world. The International Women's Day celebrated on 8th march every year has become a day of demonstration for equal opportunity and solidarity. But the question arises how relevant is celebration of Women's Day in view of the fact that their position in the society has not changed much. They are still treated as the 'weaker sex' who needs to be protected entire life-be it by her father, husband or son. The 'New Age Women' and the 'Women of Substance' in true terms are just words in books. Many of the barriers to women's empowerment and equity lie ingrained in cultural norms. Many women feel these pressures, while others have become accustomed to being treated inferior to men. Even if men, legislators, NGOs, etc. are aware of the benefits women's empowerment and participation can have, many are scared of disrupting the status of the women and continue to let societal norms get in the way of development.

The Government has been continuously implementing various schemes and programs for the socio-economic advancement and development of women in the country. The 'National Policy for Empowerment of women' was adopted in 2001 with the objective of ensuring women their rightful place in society by empowering them as agents of socio-economic change and development.

'Empowerment of women', is therefore, an important approach adopted in the Tenth Five Year Plan (2002-2007) and the Eleventh Five Year Plan (2007-2012) for development of women. Two important schemes in the areas of education viz. Sarv- Shiksha Abhiyan and Mahila Samakhya are being implemented by department of Elementary Education and Literacy. A number of other schemes include Swyamsidhs, Swashakti, Rashtriya Mahila Kosh, Swawalamban, Support to Training-cum-Employment Program (STEP), Swadhar, and Hostel for working women etc. are a step towards the empowerment of women. More recently Indian government has started several other programs in favour of the half population of the country viz. Beti Padhao, Beti Bachao Scheme, One Stop Centre Scheme, Women helpline scheme etc. With a view to empower women in India 108th Constitutional Amendment Bill (also called Women's Reservation Bill) was passed to reserve one-third of the seats for women only in the Lok Sabha to make them actively involved in every area. In other fields also the seats for women have been reserved for their active participation without any limitation and competition.

But, unfortunately these schemes are proving insufficient as traditionally, women are more backward in every respect in our society comparatively than men. Women's education is an instrument for liberation not only of women but of the Indian society as a whole. During the last three decades, planning of the socially, educationally and economically disadvantaged groups has been accelerated in India. It is only in the last decade beginning with the International Women's Year in 1975 followed by the attention of planners in India has been specially focused on women. These planners wished to promote an all round development of women through proper education. In this regard Dreze and Sen are of the opinion that education has five intrinsic values for improving social and economic conditions in Third World countries, both benefits for communities and societies, as well as individual social benefits.

It is a well known and universally acknowledged fact that the lack of education is the main cause for which women are the sufferer, more than men. The lack of education means the lack of self-reliance, self-confidence for which women are not able to come out of their problems. So educating a woman means educating a family. That's why our great social scientist Swami Vivekanand said, "Educate your women first and leave them to themselves, then they will tell you what reforms are necessary for them". (Powers of the Mind:1990) As per estimate, about 850 million people in the world are illiterates. Out of these, about 50 percent are in India alone. But if we take illiteracy rate among women the situation becomes more alarming. Four out of five women in this country are illiterates that mean they are denied the benefits of modern knowledge, improvement of functional skills and behavioral changes towards modernization. No doubt that there has been a tendency towards literacy in post- Independence era, but women to a large extent have been ignored. Consequently, a considerable majority of the women particularly from rural areas continue to be either illiterate or semiliterate. It means women are not given due opportunities in order to enable them to take the benefit of the modern technology.

Thus, education is the first and the foremost measure towards the empowerment of women. First of all education gives personal benefits for the individual in terms of self-confidence leading to motivation and interests in society. Social interactions are easier when persons are capable of reading a newspaper about social and political issues in the community and the rest of the World. Secondly, education gives access to a wider range of job opportunities and in general enables persons to take advantage of economic opportunities and to participate in local politics. Thirdly, a higher literacy rate facilitates public debates and demands for health care, social security and other needs. Public discussions enable people to hold politicians accountable for their promises of improvements in the social service sector. Information on ones society provides better possibilities for utilizing the service system. Fourthly, education indirectly prevents child labour, to the extent that implementation of legislation of basic education for all children, force parents to send their children to school which again gives less time for labour. Entering school broadens horizons for young people. This means that meeting other children and young people could result in new ideas of different opportunities in the future. The fifth effect of education and literacy enables oppressed groups in a society to become politically organized. Being a larger group makes it easier to insist on ones rights and demands concerning social and politically issues. An organized group achieves visibility in the society and is harder to oppress. The ability to resist operation not only concerns disadvantaged groups in society, but education does also have positive effects within families when girls are being educated (Dreze & Sen. 108, 2002).

Economic factors responsible for the sad condition of women have revealed that "Women carry two-thirds of the total work load in the country and receive not more than 10% of the total wages, out of which they probably do not get even 1% for their own use" (Sarah.213, 2005). An important reason for the low participation of girls in education among the disadvantaged sections of the population is that girls from a very early age begin to take care of their younger siblings and to house-hold work to relieve their parents to go out for work. Such girls indirectly generate income. This hidden income earned by them is of no help for them in the society. Thus, their exploitation continues and they cannot enjoy their right to control their own destiny.

Women's economic empowerment refers to the ability for women to enjoy their right to control and benefit from resources, assets, income and their own time, as well as the ability to manage risk and improve their economic status and well being.

Social factors are the chief among the factors responsible for the pitiable conditions of women in Indian society. Women are regarded to be passive and pliant units in social system which confers on them a subordinate status (unfortunately, women themselves accept such an attitude as being culturally conditioned for it) and their education is feared as it may make the women question such a system: hence, the negative attitude towards education of women. Due to our cultural and social heritage parents are often reluctant to send their daughters to boys' schools, especially for girls (though the percentage of such institutions is very few in numbers) inhibit their participation in education. The lack of women teacher and instructress similarly hinders the progress and do not suit girls in rural areas as they are required for work either at home or in rural areas as they required for work higher at home or in fields at the same time: hence, their low participation in school education. The unattractive school environment, especially in mixed schools, lack of physical facilities for sitting in class and the discriminating attitudes of teachers towards girls, etc., also adversely affect the participation of girls in education. Where schools are located at a distance from the home, especially also inhibits the participation of girls in education.

Researches show that the increasing access to the internet can also result in an increased exploitation of women (Martin. 167, 2000). Releasing personal information on websites has put some women's personal safety at risk. In 2010, Working to Halt Online Abuse stated that 73% of women were victimized through such sites. Types of victimization include *cyber stalking*, harassment, *online pornography*, and *flaming Sexual harassment* in particular is a large barrier for women in the workplace. "It appears in almost all industries, but is most notable in the following: business, trade, banking and finance, sales and marketing, hospitality, civil service, and education, lecturing and teaching.*"(Sutton,Pollock. 89,2000).* According to the International Labour Organisation (ILO), "sexual harassment is a clear form of gender discrimination based on sex, a manifestation of unequal power relations between men and women" (*World Survey on the Role of Women in Development)".*

Thus, the sad plight of women needs immediate measures. There is an urgent need to give top priority to women's education in the coming years to ensure development with social justice in the country .The problem of women's development, therefore, calls for sincere, dedicated all out efforts from the whole of society, from planners, administrators, philanthropists and social and educational workers. A movement for women's education in India will have to strike the very root of the parasitic system of social inequalities in the country. The measures to promote women's education will have to take into consideration the factors which inhibit the participation of women in the formal education system. Many of these measures have already been adopted in certain places, but in most cases partially have less impact. The measures need to be adopted uniformly, immediately and in a big way. The measures being suggested are as follows:-

- Education for girls up to the secondary stage should be made free in all parts of the country. Besides, incentives like free supply of books, stationery, uniforms, mid-day meals, attendance- scholarships and stipends should be provided at least to the 50% (instead of the mere 20% at present) of the girls who hail from the poorer sections of society. Such measures would reduce the economic constraints which stand in the way of greater participation of girls in education.

- Separate schools for girls should be established wherever there is a demand for them. However, the same standards and courses should be made available in such schools as in mixed schools.

- More women teachers should be employed and special facilities should be provided to attract them especially to the rural areas, for instance, they could be given free accommodation, special allowance, etc. where women teachers are still not available, at least school matrons should be appointed to look after the girls students.

- The school environment should be made more attractive so that girls' participation in the educational system is greater than at present. Adequate physical facilities like proper seats in the class, separate toilets, and suitable extra-curricular activities and games should be made available, in the school for girls and especially in mixed schools.
- The time schedule of the schools should be made flexible so that girls can attend classes when they are free from domestic chores.
- The common and relevant curriculum for boys and girls should be introduced to have equal educational opportunity and later equal job opportunity.
- Child care centers of Balwadis as part of the elementary education system are necessary to keep the siblings (for whom the girls are able to attend classes in the schools).
- Schools for girls should be set up at easy walking distance from their homes. Where this is not possible, adequate arrangements for free or cheap hostel facilities for girls should be provided.
- Special campaigns should be launched to change people's attitude in favor of girl's education. Such attitudinal changes are more likely if the benefits of education for

girls are obvious, for instance, schools can provide education which is relevant to their homes better in later life or would help them to enhance their income for women will have to be generated which is by no means an easy task.

- Impart vocational or employment related knowledge and skills.
- Considering the inadequacy of the educational needs of women the importance of non-formal programs cannot be overemphasized. However, the non-formal programs available at present tend to be as ineffectively utilized by women as the formal education opportunities and the socio-economic factors acting as barriers in both the cases are the same. Social constraints affect women as covertly as school-age girls and the whole value complex attached to the norm of house-bound women limit women's access to non-formal programs. For example, while women may work the whole day in the field, an agricultural extension programs would be directed only to male farmers. Again, economic constraints loom large where expenditure is involved or where paid leave facilities are not provided to working women. Women with family responsibilities are left with little time after the endless drudgery of household chores to participate in educational programs. Besides, there are no infrastructural facilities like child care services and domestic assis-

tance to facilitate their participation.

- While devising non-formal education programs for women care needs to be taken that these should enhance awareness, include literacy and numeracy as learning tools.

Besides education social empowerment of women at the level of family is one of the most important measures as in India family is the first agency to create discrimination and gender injustice. Domestic empowerment is concerned with freedom and autonomy of women in the family or in the households; both at parental as well as in in-laws' houses. There are several traditions and customs related to dressing up, food habits, space for movements etc. that are discriminatory. And domestic empowerment envisages ensuring equality for women in domestic life. Empowerment in the domestic field deals with socialization at home, succession, inheritance, the issue of domestic and social space, mobility, status and role at home, and so on.

A holistic approach to women's health which includes both nutrition and health services should be adopted and special attention will be given to the needs of women and the girl at all stages of the life cycle. The reduction of infant mortality and maternal mortality, which are sensitive indicators of human development, is a priority concern. This policy reiterates the national demographic goals for Infant Mortality Rate (IMR), Maternal Mortality Rate (MMR) set out in the

National Population policy 2004. In view of the high risk of malnutrition and disease that women face at all the three critical stages VIZ., infancy and childhood, adolescent and reproductive phase, focused attention would be paid to meeting the nutritional needs of women at all stages of the life cycle. This is also important in view of the critical link between the health of adolescent girls, pregnant and lactating women with the health of infant and young children. Special efforts will be made to tackle the problem of macro and micro nutrient deficiencies especially amongst pregnant lactating women as it leads to various diseases and disabilities.

Introduction of science and technology in the development programs for women should be strengthened to bring about a greater involvement of women in such areas. These will include measures to motivate girls to take up science and technology for higher education and also ensure that development projects with scientific and technical inputs involve women fully. Efforts to develop a scientific temper and awareness will also be stepped up. Special measures would be taken for their training in areas where they have special skills like communication and information technology. Effort to develop appropriate technologies suited to women's needs as well as to reduce their drudgery will be given a special focus too.

We can conclude our argument by the most famous statement of Pandit Jawaharlal Nehru, "To awaken the people, it is the women who must be awakened. Once she is on the move, the family moves, the village moves, the nation moves". In India, to empower women, first it needs to toll the knell all the demons killing women's rights and values in the society such as dowry system, illiteracy, sexual harassment, inequality, female infanticide, domestic violence against women, rape, prostitution, illegal trafficking and other issues. Gender discrimination in the nation brings cultural, social, economic and educational differences which push country back. The most effective remedy to kill such devils is making women empowered by ensuring the Right to Equality mentioned in the Constitution of India. Giving priority to the gender equality facilitates women empowerment all over the country. To get the high level goal of women empowerment, it should be promoted from the childhood in each and every family. It needs women to be strong physically, mentally and socially. Since the better education can be started at home from childhood, the upliftment of women needs healthy family to bring a holistic development of the nation.

References

1. Dreze, Jean, Amartya Sen. (2002) *Business & Economics* Oxford University Press, Oxford,

2. Gupta, Kamla, Yesudian, P. Princy (2006). "Evidence of women's empowerment in India: a study of socio-spatial disparities." Geo Journal .doi. 10.1007/s10708-006-7556-z.

3. *Morahan-Martin, J. (2000). "Women and the Internet: Promise and Perils ." Cyber Psychol-*

ogy & Behavior. **3***(5):683691.doi:10.1089/ 109493100501.*

4. Mosedale, Sarah (2005). "Assessing women's empowerment: towards a conceptual framework". *Journal of International Development.* **17** (2): 243–257 doi: 10. 1002/ jid.1212.

5. *"Statistics". AWARE RSS. AWARE. 22 April 2010. Retrieved 19 May 2016.*

6. *Sutton, J. & Pollock, S. (2000). "Online Activism for Women's Rights". Cyber Psychology & Behavior.* **3***(5): 699–706. doi:10.1089/ 10949310050191700.*

7. Vivekanand, Swami.(1990) *The Powers of Mind.* Digital Publication, Kolkata, www.editionnext.com.

8. "World Survey on the Role of Women in Development". Women's Control over Economic Resources and Access to Financial Resources, including Microfinance (Report). New York: United Nations. 2009.

Chapter-31

Sexual Assault: A Psycho-social Overview

Dr. Madhu Bala,

Dr. Neetu Chaudhary**

Abstract

Sexual assault is a heinous crime than murder which affects the whole life of victim. It destroys not only the body but also the mind. Through this paper provides an overview of the consequences of sexual assault, its psycho-social aspects and try to give the answer why people do such type of activity? Sexual assault is an act in which a person sexually touches another person without their consent or use physical forces to a person engage in sexual act against their will. The basic reason behind a man committing rape is his urge to establish power. Most of the person has resorted to use of sexuality to express power and anger. It seems to come from a feeling that their power as a man is at stake. This may be due to an inferiority complex or as a result of women gaining more power and privileges than expected. They resort to rape to express their anger and to get a self satisfaction that they are superior. This research paper will concern the theoretical overview of psycho-social reasons of this monstrous offence such as: patriarchal society, aggression, frustration, drug addiction, pornography etc. strongly works behind this offence.

Key Words: Sexual Assault and Psychological factors.

The World Health Organization (WHO) defines sexual violence as: any sexual act, attempt to obtain a sexual act, unwanted sexual comments or advances, or acts to traffic, or otherwise directed, against a person's sexuality using coercion, by any person regardless of their relationship to the victim, in any setting, including but not limited to home and work.

Sexual assault is a crime against humanity and violation of human rights of the women. The word rape is derived from the Latin word "Rapere" which means "to seize." A man is said to commit rape when he has sexual intercourse with a female: Against her will, without her consent, with her consent, when her consent has been obtained by putting her or any other person in whom she is interested in fear of death, or of hurt, with her consent, when the man knows that he is not her husband and that her consent is given because she believes that he is another man to whom she is lawfully married, with her consent, when at the time of giving such consent, by reason of unsoundness of mind or intoxication or the administration by him personally or through another person of any stupefying substance, she is unable to understand the nature and consequences of that to which she gives consent, and with or without consent when she is under sixteen years of age.

If any country recognize in international level due to increased number of sexual assault against women, really a shameful situation for government ,social workers, psychologist, sociologist, administration and women's related organizations. In India 15.5% urban women and 14.2% rural women are reported to have forced sex. In Pune studies on 2,306 married women showed that 20% women are reported into forced sex (2007).

But women related crime day by day increased in India. Now a day's every civilized Indian mind, questions arise, which reasons are responsible for shameful situation and how can resolve this big issue. Ancient Indian society said that women dress, fashionable dresses, women's involvement in outside affairs, pub etc., but last few years some cases of sexual assault related to children. Then are reason defines sexual assault in ancient society today, s society diminished. Sexual assault can occur at any place. It can occur at homes, schools, workplace and other public places. The culprits are usually male. The abuser is generally a member of the family or a relative or acquaintance in a position of exercising power and authority with the family. The 2002 Crime and Safety survey reports that in 58% cases the offender is known to the victim. In another study the perpetrators are fathers (4.1%), brothers (6.2%), other family members (6.8%), and stranger (10.5%) 5. In 40% cases the incident took place at the victim's home or another home.

This chart shows the ratio of sexual assaults in U.P and in whole India.

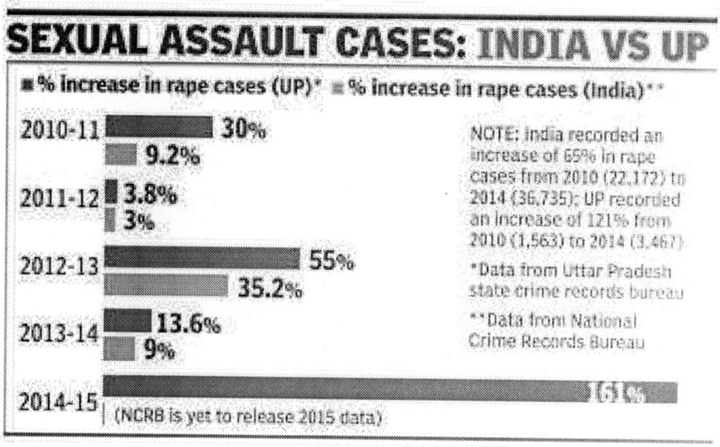

Psychosocial Overview:

Sexual assault cases increased day by day. No age is safe for sexual assault. Sexual assault can happen to women of any age. So what exactly are reasons of sexual assaults? Some psycho-social factors play a leading role in sexual assaults case, such as given below:

1-Patriarchal Society:

India is predominantly a patriarchal society. In Indian women are viewed as an object for sexual gratification, machine to produce children and a plummet for the parents who are happy to get rid of her by giving her hand in marriage. Women are considered weak and submissive who always needs a 'hero' to rescue her of all issues. In most of the cases the hero is a 'male'. Rape itself is a patriarchal frame, where the offence is understood to be plundering of property of a man/society/ community and not a violation of the right to bodily integrity of the women.

2-Aggression:

Aggression is overt, often harmful, social interaction with the intention of inflicting damage or other unpleasantness upon another individual. It may occur either in retaliation or without provocation. In humans, frustration due to blocked goals can cause aggression. Human aggression can be classified into direct and indirect aggression; whilst the former is characterized by physical or verbal behavior intended to cause harm to someone, the latter is characterized by behavior intended to harm the social relations of an individual or group. Aggression is sometimes responsible for sexual assaults. The goal of this sexual offender culprit is to humiliate debase and hurt their victim; they express their contempt for their victim through physical violence and profane language. For these culprits, sex is a weapon to defile and degrade the victim; rape constitutes the ultimate expression of their anger. This culprit considers rape the ultimate offense they can commit against the victim.

3-Frustration:

Frustration originates from feelings of

uncertainty and insecurity which stems from a sense of inability to fulfill needs. If the needs of an individual are blocked, uneasiness and frustration are more likely to occur. When these needs are constantly ignored or unsatisfied, anger, depression, loss of self-confidence, annoyance, aggression, and sometimes violence are likely to follow. Frequent thing, your body would get used to having daily sex (but that doesn't make it ok that she did that). When it stopped, of course you would feel sexually frustrated about it. So frustration is also responsible for sexual assaults. It's normal to have a sexual drive. After being raped, some people avoid sex while others seek it out more.

4-Drug Addiction:

Drug-facilitated sexual assault (DFSA), also known as vulture rape, is a sexual assault carried out after the victim has become in capacitated due to having consumed alcoholic beverages or other drugs. Alcohol has been shown to play a disinheriting role in certain types of sexual assault, as have some other drugs, notably cocaine. Thus people are more likely to act violently when drunk because they do not consider that they will be held accountable for their behavior. Some forms of group sexual violence are also associated with drinking. In these settings, consuming alcohol is an act of group bonding, where inhibitions are collectively reduced, and individual judgment ceded in favor of the group.

5-Pornography:

Pornography that emerged in the 1970s and

'80s, which highlighted pornography's harms to the women and children: (1) used in the production of pornography; (2) who have pornography forced on them; (3) who are sexually assaulted by men who use pornography; and (4) living in a culture in which pornography reinforces and sexualizes women's subordinate status. Pornography addiction is a purported behavioral addiction characterized by compulsive, repeated use of pornographic material until it causes serious negative consequences to one's physical, mental, social, and/or financial well-being. However, there is no diagnosis of pornography addiction in the current Diagnostic and Statistical Manual of Mental Disorders (DSM-5). The DSM-5 considered the diagnosis of hyper sexuality-related behavioral disorders (to which porn addiction was a subset), but rejected it because "there is insufficient peer-reviewed evidence to establish the diagnostic criteria and course descriptions needed to identify these behaviors as mental disorders.

Sexual assault is a big deal in present era. Above discussed factors and some other factors such as: peer and family factors, societal factors (war and natural disasters ,poverty ,physical and social environment, legal and social deterrents of victims reporting rape, social norms and gender based socialization etc.) is also responsible for this offender.

Sexual assaults are a solemn crime and have short and long term effects on the victims. After a woman is coercion her life is considered to be convicted. Some Sympathizes with her and some blames her for being coercion. Nobody is ready to accept her and marry her. Other impacts are Depression and anxiety, Embarrassment or humiliation, Feeling unclean and dirty, Self blame, State of numbness and shock, Preoccupation with rape, Post traumatic stress disorders-nightmares and flashback, Fear, anger and isolation, Hatred towards self body, Guilt, Sexual difficulties-reduced libido, painful intercourse, disgust with sex, avoiding sex, Marital difficulties, Relationship problems (inability to trust Others, intimate relations),Poor self perception, Low confidence, Self destruction/ suicidal tendency, drug or/and alcohol abuse, Insomnia, Eating disorders, Prostitution and STDs and HIV etc.

Now we conclude that many reason works behind sexual assaults and horrible consequences of this offence. So all organizations to help victims to cope up with the problems after various centers have been established to Provide counseling to victims, friends, and relatives of the victim. The victims of sexual assault should be encouraged to report such crime to the police and respective authorities. The legal proceedings to punish the accused should be fast.

Suggestions:

- Need to increase the role of family to give the moral education to boys in the family.
- The mind-set of the society has to change. In their homes too, the male and the female child should be treated equally.

- There is a need of implications of laws that can directly make an effect on this.
- There should be Social Worker in every college to counsel girls as well as boys.
- Moral education at school and college level should get adopted.
- Local police and school security should play a strong role.

References

American Psychiatric Association. (2013). Diagnostic and Statistical Manual of Mental Disorders (Fifth ed.). Arlington, VA: American Psychiatric Publishing.481, 797–798.

Almeida, D.,Maria, R., Martins; Cabral, Centurion, J.C., Narvaes, Rodrigo (2015). "Behavioral, hormonal and neurobiological mechanisms of aggressive behavior in human and non human primates". *Physiology Behavior.* ***143***:*121-35*

Aggarwal, NK. (1995). Psychosexual aspects of rape. *Delhi Psychiatric Society Newsletter, 3:3-4.*

Cameron, George Jelinek, Anne-Maree Kelly, Anthony F. T. Brown, Mark Little (2011). *Textbook of Adult Emergency Medicine E-Book. Elsevier Health Sciences. 658. ISBN 070204931X. Retrieved December 30, 2017.*

Dutta D. The absurdity of laws [serial online] [cited 2007 Oct 29]; Available from: URL: http://www.infochangeindia.org/agenda 4-07.jsp

Debbarma, J. &Aggarwal ,N.K. (2007). Psychosocial Aspects of Sexual Abuse of Women . *Delhi Psychiarty Journal, 10 (2).*

Grisso, JA; Schwarz, DF; Hirschinger, N; Sammel, M; Brensinger, C; Santanna, J; Lowe, RA; Anderson, E; Shaw, LM (1999). "Violent injuries among women in an urban area". *The New England Journal of Medicine.* **341** (25): 1899–1905.

Julie Freccero,J. & Harris, L.(2011) . Sexual Violence: Medical and Psychosocial Support. Working Paper of the Sexual Violence & Accountability Project Human Rights Center, University of California, Berkeley

Miczek, Klaus A.; Almeida, Rosa M. M. de; Kravitz, Edward A.; Rissman, Emilie F.; Boer, Sietse F. de; Raine, Adrian (2007). *"Neurobiology of Escalated Aggression and Violence". Journal of Neuroscience.* ***27*** *(44): 11803–11806.*

Miczek, K.A et al. (1993) "Alcohol, drugs of abuse, aggression, and violence." In: Reiss AJ, Roth JA, eds. *Understanding and preventing violence. SSocial influences.* Washington, DC, National Academy Press, 377–570.

Parashar, A., Varma A (2007). "Behavior and substance addictions: is the world ready for a new category in the DSM-V?". CNS Spectr. **12** (4): 257; author reply 258–9. PMID 17503551

Stein, Dan J.; Hollander, Eric; Rothbaum, Barbara Olasov (2009). Textbook of Anxiety Disorders. *American Psychiatric Pub. 3 5 9 –*

. ISBN 978-1-58562-254-2. Retrieved 24 April 2010.

Thacker, T.(2007) Physical,sexual abuse common in marriage.
Availablefrom:URL:http:// www.indianexpress.com/story/229154.html.

Violence against women (2002). [cited 2007 Oct 27]; Available from: URL : http:// www.who.int/medicacentre/factsheets/fs239/ en/index.

Chapter-32

Advancements of Science and Technology in Women Safety

Kanwaldeep Singh
Department of Physics, Guru Nanak College, Budhlada (Punjab)

Manjinder Kaur
Govt. Senior Secondary School, Bhagiwander (Punjab)

Abstract: Safety of women has been a problem globally and same is the case with developing countries. It has emerged as the biggest issue and great challenge for women in our country also. Nowadays, in the 21st century, she is not considered merely a sex-doll because she has contributed in the progress of our country and has won name and fame in each and every field. Not even a single field is beyond her reach but still we cannot say that she is fully secure in our society. In modern times, Science and Technology has played an important role in ensuring women safety. There is great opportunity provided by advancement in science and technology on the digital turf to make them feel safe and uplift their morale.

Key Words: Science and Technology, Women Safety, Gadgets.

Introduction:

Science and Technology has played an important role in the 21st century. It has contributed in each and every sphere of this world and the field of women safety is not lagging behind. In our present society there are several incidents related to women safety such as gang rapes, sexual harassment, etc. which are daily telecasted by T.V channels, newspapers and other social media. It highlights the plight of women in our society and the need of the actions that should be taken for women safety.

Women have contributed in every field such as banking, commerce, astronomy and science and technology, etc. but as they are contributing for the country, they are not secure here. There are many potential dangerous and harmful situations for women such as jogging, walking and travelling alone at night and someone breaking into your house whenever women feels insecure and needs assistance.

A recent WHO survey indicates that 35% of women experience some form of abuse or physical violence. This figure is quite shocking in today's technology ridden era. This figure could rise up to alarming levels if we consider the number of cases which gets unreported. There is great opportunity provided by advancement in science and technology on the digital turf with the aid of mobile applications and wearable devices for ensuring women safety.

For the last several years many good initiatives have been taken for their safety and empowerment. With the advancements in Science and Technology this problem has been solved to some extent.

The following technological advancements have large role to play and are contributing appreciably playing their part for the safety of women in demanding situations:

(1) Deterring difficult situations: The following devices can help an individual in difficult situations.

CCTV Cameras- CCTV Cameras are very helpful in women's safety. They should be placed at public places and working places. These devices will act as a major deterrent for a lot of unwanted incidents such as eve teasing, following someone, lewd talk, inappropriate touching etc. which is done by people who are not hard criminals but are uneducated sexually starved men who think that they are not under any surveillance or can't be caught.

OBD device- OBD device can be plugged into your car when you are travelling. This device will help you to check the performance of car and will let you know about the problems related to engine, battery and other components. Knowing this, you can get these issues fixed in time and not get stuck with an unexpected breakdown.

Govt. run website: A list of persons or criminals involved in women harassment cases is displayed on this website. It will help as deterrent as well as helpful in identifying such criminals.

(2) Defending oneself: There are various gadgets that can be used when a women finds that she is in danger or needs help.

Online classes and tutorials: Science and Technology has given new platform to women for online classes and tutorials where they can get education regarding safety of women. They can also get self defense training such as judo, karate, etc.

Stun Guns: This is an electrical self-defense device that uses high voltage to stop an attacker. Touching a person with the prongs of the device quickly immobilizes the attacker.

Pepper Sprays: This is the most commonly used device for self defense. Pepper spray is a chemical compound that irritates the eyes to cause tears, pain and temporary blindness.

These are not lethal weapons but a good gift of science and technology for women.

In another development, an innovative way have been worked out by students from North Carolina University, US for women safety in the form of a nail polish that detects the presence of drugs in any drink. With the help of nail polish, women can ensure her safety simply by stirring the drink with her finger. A change in colour of the nail polish indicates a spiked drink and this would help women to take preventive steps before the happening of any undesirable incident.

(3) Getting help: This is where a lot of the apps come into picture. Using access to basic phone features like contact list, GPS, SMS etc these apps will help you to send a message to your trusted contacts or police helpline to let them know where you are and what is the trouble and you need their help etc.

Ride Safe App: It can be used on your mobile which makes your daily travel safer. It detects your deviation from your daily intended route in real time. Whenever you hire a cab or taxi, you have to fill your destination on this app and if the driver deviates from your intended route your friends, family and this app will let it know. A free automatic SMS will be sent to your selected contacts whenever you reach at your destination.

GPS tracking device- There are GPS tracking device that can always keep a family member updated about a person's location. A GPS Tracker system can let them know where you are, how far you are, how much time will you take to reach home, whether you need their help or not.

Safetipin: It is one of the good options for personal safety of women. It incorporates all the essential features such as GPS tracking, emergency contact numbers, direction to safe locations etc. It also pins the safe areas along with their safety scores to go at the time of any problem.

Raksha App: This app plays an important role in women's safety. It is equipped with a button, which will send alerts to your friends and family members with your location in a situation of distress. It enables the selected contacts to see your location. Moreover, if the app is switched off and is not working then also you will be able to send alerts by simply pressing the volume key for three seconds.

Himmat App: The Himmat App is a safety app launched by Delhi police. In any problematic situation, the user will send SOS alert from the app which will be transmitted to Delhi police control room.

A Dutch company designed a wearable bracelet capable of sending alerts to friends, family and police in problematic situation. The device works with Bluetooth connection to sync to an app on the wearer's smartphone. The app also uses the smartphone's microphone to record the incident and subsequently transmits the wearer's location along with the audio recording of the incident to the police.

There are other large numbers of useful apps which can be helpful to women in case of emergency, such as Women Safety App, Smart 24*7 App, Shake 2 Safety App, Bsafe App, Spoto Locator App, Tracko App, etc.

(4) Identifying the criminals: For identifying criminals with past record in women harassment incidents, some initiatives can be of great help.

CCTV cameras: These are very helpful in

identifying the criminals.

Button cameras: These are small invincible cameras that activate and click a photograph on experiencing sudden shocks and these pictures will be sent to a group of people automatically.

GPS map camera: It is used to click a picture of a place where a women is in problem along with its google map, address, weather and date. When you send a picture, it will be sent along with longitude and latitude to your selected contacts.

AVA device: An AVA is a wearable device that pairs with your mobile phone and if your ever find yourself in a spot of trouble, all of you need to do is to activate a single button on the device to make your contacts aware of your problems.

Apart from this, Tech Mahindra has launched 'Fightback Plus' and has provided chip embedded key chains and lockets. These are helpful in locating user's location when a user presses a panic button on feeling unsafe.

Conclusion:

Women safety is a big social issue which needs to be solved urgently by the effort of all. While technology has played a significant role to ensure safety of women and in its empowerment, law and order should be strictly implemented. There should be continuous and sincere efforts from the law enforcement agencies as they have to provide better policing, fast track courts, and better citizen awareness initiatives that will encourage women to come forward and register complaints.

References:

1. https://www.gadgetsnow.com/slideshows/7-best-women-safety-apps/Smart24x7/photolist/512 85633.cms, last visited 19/08/2018.

2. Women's Safety: A Shared Global Concern. ICPC, Canada, 2008.

3. Women's Safety: From Dependance to Autonomy. CAFSU, Canada, 2002.

4. The Global Assessment on Women's safety. UN-HABITAT, Kenya, 2010.

Chapter-33

Media and Information Literacy: An Effective Approach to Women Empowerment

Inderjeet Singh

Assistant Professor

Department of Library & Information Science.

Guru Nanak College, Budhlada(Mansa)Punjab

Abstract

The present paper presents an overview of information literacy that plays an important role in the overall development of society. Women empowerment is a burning issue in the present era of information and communication technology. The paper focus on the concept of information literacy and its various models, which are very important for the overall growth and development of women in the internet era. Information is an important aspect of human life .If the women are information literate then they can become aware about the rights and status of women in the society.

Introduction

Information Literacy is defined as a set of abilities that require individuals to recognize when information is needed and have the ability to locate, evaluate and use effectively the needed information. In the era of information technology information is being produced in the very rapid speed. Nowadays information is available in different medias and formats. But this information is in unfiltered form, it is difficult for an individual to understand and evaluate the available information. Due to this it is an important factor to develop the information literacy skills to use information effectively and efficiently. An information literate individual is able to determine the extent of information needed, to access the needed information effectively and efficiently and to evaluate the information and its sources critically. According to Unesco, "Media and Information Literacy recognizes the primary role of information and media in our everyday lives. It lies at the core of freedom of expression and information - since it empowers citizens to understand the functions of media and other information providers, to critically evaluate their content, and to make informed decisions as users and producer of information and media content".

Information literacy forms the basis for lifelong

learning. It is common to all disciplines, to all learning environments, and to all levels of education. It enables learners to master content and extend their investigations, become more self-directed, and assume greater control over their own learning. An information literate individual is able to:

- Determine the extent of information needed.
- Access the needed information effectively and efficiently.
- Evaluate information and its sources critically.
- Incorporate selected information into one's knowledge base.
- Use information effectively to accomplish a specific purpose.
- Understand the economic, legal, and social issues surrounding the use of information, and access and use information ethically and legally" (ALA/ACRL 2011). Information is an important aspect for every human being .The women play an important role in the development of society in various ways. But women face various problems in their life at every step. In the various states of India, especially in rural areas women get very less opportunities of educations. Even their parents did not send the girls for higher education at far places due to ragging and insecurity of them. Nobel laureate Amartya Sen (2001)

takes a comprehensive and deeply concerned look at the many faces of gender inequality that is prevalent in many countries. He observes seven types of inequalities the women often suffer from viz. mortality inequality, natality inequality, basic facility inequality, special opportunity inequality, professional inequality, ownership inequality and household inequality.Sharda (2014) argues that Indian media gives low priority to the subject of portraying women as equals in the society. She contends: The Indian media likes nothing better than to see their womenfolk as homemakers and a compulsive buyer who buys the latest dress, shoes, accessories, cosmetics mostly at the expense of husband's money. Although it purports to show them as independent characters, the media actually portrays them as consumers rather than as modern, liberated women.

Need of Information Literacy Skills:

In the fast changing information environment information literacy is an urgent need for the overall development of women in the society. Even UNESCO is stressing on the women literacy in the developing countries. The mid-term review of the UN Literacy Decade suggested that Literacy has never been more necessary for development; it is key to communication and learning of all kinds and a fundamental condition of access to today's knowledge societies. With socio-economic disparities increasing and global crises over food, water and energy, literacy is a survival tool in a fiercely competitive world. Literacy leads to empowerment, and the right to education, includes the right to literacy – an essential requirement for lifelong learning and a vital means of human development and of achieving the Millennium Development Goals.

In recent years there has been an increased focus by international development agencies on women and girls (DFID, 2011). There is a heightened expectation that investing in women's education will result in better-nourished children, healthier pregnancies, reduction in HIV / AIDS or more effective economies. The links between learning and such outcomes cannot be claimed to be causal but rather strong associations between literacy learning and wider outcomes have been evidenced.

CILIP have developed an information literacy model that contains eight competencies / understandings that a person requires to be information literate:

- A need for information
- The resources available
- How to find information
- Need to evaluate results
- How to work with or exploit results
- Ethics and responsibility of use
- How to communicate or share your finding

- How to manage your findings.

Initiatives for Women Literacy:

Programmes of learning that are designed to empower women must be clear about the barriers and challenges which women face, so that strategies can be designed to respond to them. Identifying and resolving barriers such as distance to travel, male attitudes to women's roles and capabilities, and power structures, open up participation in learning. Plan and carry out research at the outset to help identify barriers to empowerment and learning; understand what women want or would like to learn and, in the process, raise awareness of the planned learning opportunities. Develop clarity about the sort of changes aimed for, such as women taking on new responsibilities, becoming members of governance systems or mobilizing for change (for example, securing water supplies, health services or girls' education). Remove the barriers relating to venues, distance to travel, child or elder care, and timing of learning. Use the media, including press, radio and television, to raise the public profile of women's learning opportunities and inform women and the wider community. Work with community leaders, influencers and families to raise awareness and inform them, gaining their support for women's participation in learning. The following initiatives must be taken for the women empowerment:

More information literacy programmes should be organized in the society.

Information literacy programmes should be

conducted by the educational institutes with the help of clubs and NGOs.

Awareness should be given through press and social media about the information literacy programmes.

Motivate the women participants to participate in information literacy programme.

Challenges and Solutions

It is a very tough task to make the women information literate. There are many social, political, economic and illiteracy problems which discourage the women to learn new technologies and other media. Moreover the women living in remote and rural areas cannot get the proper education and many women got married in very early age. Due to illiteracy and early marriages they cannot learn get the basic information about their health, children, jobs and other women beneficial schemes of government. Nowadays government implementing many digital services, those are only accessible through smart phones, laptops or by visiting the cyber cafés. But due to lack of education and other skilled training they cannot access the services and failed to take the government benefits in various ways. To encourage the women,Women's organisations, such as Nirantar, provide platforms for women to articulate their rights and advocate in collective ways. Developing advocacy and lobbying skills, such as those demonstrated by the women in Sierra Leone, can lead to the development of new services such as health and water. Such successes encourage women to take on more responsibilities and lobby for further services. The following points should be taken care to promote women literacy:

- Plan learning activities that create routes towards empowerment and change.
- Plan incremental strategies and activities that eliminate or reduce the identified attitudinal and cultural barriers which women face and lead to different power relationships.
- Mobilise partners from official organisations and the voluntary sector. They can bring more knowledge, resources and public endorsement to the learning. They can also act as referral and advocacy agents.
- Offer learning spaces for men alone, in order to address some of the challenges they face and explore their responses to women's empowerment.
- Develop shared learning opportunities for women and men to encourage joint understanding and solutions.

Conclusion

As the women empowerment is a very burning issue in the era of information technology. The Internet and Social media also deteriorating the image of women by presenting in the glamorous way. Many films and other serials are presenting the women as the main culprit of all social problems, Due to this many incidents such as dowry, female foeticide, acid attacks and many other incidents are happening daily. To prevent such type of incidents and to empower the women information literacy can play an important role in the uplift of women in the society. Moreover many national and international level organizations and women welfare associations are doing the efforts by conducting many national and international level seminars and other training programmes. Even the Centre government of India is also promoting the programme "Beti Bachao , Beti Prado".The basic thing is to create the awareness among the women ,especially the rural area and the working women. So that they can get the information about their rights and other government schemes.

References

1. www.unesco.org/new/en/communication-and-information/media-development/media-literacy/mil-as-composite-concept.
2. Sen, Amartya (2001). Many faces of Gender Inequality; Frontline 18(22). Oct 27(9).
3. http://www.ala.org/ala/mgrps/divs/acrl/standards/informationliteracycompetency.cfm.
4. Adhikari, Sharda (2014). Media and Gender Stereotyping: The Need for Media Literacy; International Research Journal of Social Sciences; Vol 3(8); 43-49; August 2014.
5. https://www.cilip.org.uk/.

6. unesdoc.unesco.org/images/0022/002234/223466e.

7. DFID. 2011. A new strategic vision for girls and women: stopping poverty before it starts.https://www.gov.uk/government/uploads/system/uploads/attachment_data/file/67582/strategic-vision-girls-women.pdf

Chapter-34

Portrayal of Women in Advertisements Leading Towards Violence Against Women

Suheba Khan.
Centre for Women's Studies,
Aligarh Muslim University.

Aehsan Ul Haq.
Department of Commerce,
Aligarh Muslim University.

Abstract

Daily, we come across many advertisements while watching television. If done ethically, advertising is beneficial to advertisers as well as consumers. However, there is a rising concern about some companies using unethical methods of advertising which is having a harmful effect on the society. This paper is based on primary and secondary data collected through different books, published journals and advertisements running on Indian television. Descriptive research design and content analysis research technique have been used for the analysis of different television advertisements. The paper focus on the representation of women in Indian advertisements. How these advertisements portray women on television through a very short and effective tool of media that leave a great impression on people's mind. This paper will focus on how these advertisements reinforce stereotypical image of women through patriarchal norms and values. Women are often depicted in advertisements as objects of desires and such depiction often leads to violence against them.

Key Words:women, advertisements, portrayal, violence.

"Advertising is our environment.

We swim in it as fish swim in the water.

We cannot escape it...advertising messages are inside

our intimate relationships, our homes, our heats and heads."

-Kilbourne (1999)

Introduction

Media, for a long period of time, featuring women as objects of sexual pleasure from music videos to video games, which further make advertisers believe that such displays are the mean to attract more and more audience. For a number of products (specifically products of male grooming), advertisements depict women in stereotypical role: most of the time as sexual objects (Capella, Michael L., Hill, Ronald Paul, Rapp, Justine M. & Kees, Jeremy, 2010). In today's world of multimedia, violent images are more accessible than ever before. Violence portrayals dominate the cable broadcasts, movies, video games and the internet too. Many individual activists and organizations around the world have been protesting against violent images continue to dominate in all kinds of media content. (Rifon, Nora J., Royne, Marla B. & Carlson, Les, 2010)

Many scholars have warned that advertisers are not doing justice to the depiction of women as violence against women is often glorified in advertisements' portrayal of women. Anderson and Colleagues (2003) discussed the impact of violent content exposure on human beings, they suggested that on the basis of social learning theory, even short term exposure to violent content on television has the power to turn into aggressive thinking and feeling by triggering the human tendency for imitation. According to Social Learning Theory (SLT), human behaviour is sculpted through the observation of other people and consequences of their actions. In addition, much of this learning take place without the intention of learning and also without the awareness that learning is taking place. Media plays an important role in this process. Media provides symbols on which children and adults obtain attitudes, emotions, and new styles of conduct. (Capella, Michael L., Hill, Ronald Paul, Rapp, Justine M. & Kees, Jeremy, 2010)

Review of literature

Dr. Anshu Raina (2014) in her article "Representation of Indian Women in Advertisements" suggests that on Indian Television, there are numerous commercials which are demonstrating women as items who are there to be consumed, particularly the promotions of deodorants. The notices of Wild Stone, Denver Deodorants and so on are extremely basic cases of making the picture of women in individuals' brains as somebody who does not have any control over her faculties and can without much of a stretch be controlled by the scent only. Such portrayals convey wrong messages to the group of viewers uniquely to the youthful people.

Manita Kahlon (2013) in her article "Portrayal of Women in Advertising" says thatsponsors generalize ladies transparently. Women are depicted as a thing, an item and accordingly their subjectivity and humankind is denied. Their principle obligation is to satisfy wants and needs of others. Men are made to think by commercials' depiction of women that they are only a provider of joy. In numerous notices the body parts of women are featured and in some cases showing up independently like demonstrating just the pictures of lips, confront, legs, breasts, butts and so forth. Divided body parts of women influence individuals to think that they are simply objects or figures to play with. Such depictions of women make them less human without any emotions and feelings in the brains of the others and themselves also. In such pictures of women, the head is regularly missing which strengthen the possibility that reasoning and utilization of mind isn't women's regions and they are minor objects of desires. This has further impacts in the lives of ladies, something other than disparaging the picture of them. Such depiction frequently prompts cruelty against women since men are set up to trust that women are simply protests who have no reasons or wants and when women don't obey men or satisfy their sexual needs, the occasion transforms into violence against them.

Liesbet Van Zoonen (1994) in his book "Feminist Media Studies" argues that other than unimaginative illustration of women, media has conjointly been criticized on the problem of pornography by several feminists. It's believed that looking at porno has some serious effects on men's behaviour towards women. Feminists believe that pornography encourage and permit violence against women. Andrea Dworking (a radical feminist activist) and Catherine MacKinnon (a radical feminist lawyer) introduced an advance approach against pornography. They projected that pornography isn't solely a criminal act that encourage violence against women however it's conjointly a violation of civil rights of women because it expressly shows women sexually subordinated to men. They argued that pornography stops women's access to opportunities and equal rights. It also develops harassment and character degradation, it promotes sexual violence against women and also restrains women from physical exertion of their rights as equal voters and from taking part in public life.

Himashree Patowary (2014) in her article "Portrayal of Women in Indian Mass Media: An Investigation" discusses that as a piece of visual media, commercials undertake an essential part in endorsing distinctive items however there has been a developing feedback against the projection of women in promotions as they depict women as a bit of adornment. The author additionally infers that the sexual objectification of ladies likewise prompts violence against women. Women are likewise regularly observed as products.

Objective of the Study

As part of the audio visual media, advertisements are very important when it comes to influencing the choices and attitudes of people. But these advertisements have been accused of portraying women in negatively manner and ignoring the real aspects of women's lives by feminists. Women are either portrayed in typical traditional ways: busy in doing household chores, or if they are outside the home they are portrayed as mere a sex object with possible shortest clothes. The main objectives of this paper are:

- To study the portrayal of women in advertisements of different brands or products. How these advertisements portray women on television through a very short and effective tool of media that leave a great impression on people's minds.
- To study that on how these advertisements reinforce stereotypical image of women through patriarchal norms and values.

- To study how women's bodies are objectified in advertisements and often used as a piece of decoration to attract the audience, when sometimes they are not even needed for the product being advertised.
- To study the use of nudity and sexuality of women to attract the audience and the negative impact of this portrayal of women's body that sometimes leads to the violence against women.

Methodology

This paper is a descriptive study in nature. It is based on primary and secondary information. The secondary data and information have been comprehensively analysed for preparing this paper. The secondary information has been collected from different scholars' and researchers' published books, articles published in different journals, conference paper, working paper and websites. For primary data, some of the television advertisements are analysed to conclude the results.

Women in Indian Television Advertisements

Sexual portrayal of women has caught attention of many feminists. For a very long period of time feminists have been opposing the portrayal of women as sexually active than any women hardly can be seen without camera.In India the advertisements of deodorants have been portraying women in roles that are far away from the actual reality of women's lives.

In 2010, advertisement of Zatak Deodorant has started running on television but it got banned because it faced a lot of opposition by people concerning women's negative portrayal. But in the meantime that it started running and got banned, it has repeated on television many times that it has crossed through the eyes of almost all the daily viewers. The advertisement started with the view of room decorated with flowers and candles and a bride is sitting in the middle of the bed. A sound of applying deodorant caught her attention and as soon as the fragrance reached to her nose, she suddenly started acting wired. The bride stands up and started following the fragrance that leads her to the window of room which was opened where she sees a boy applying deodorant in the opposite house's window. Suddenly, the bride with the wedding Lenhga and heavy jewellery was so attracted towards a man that she is seeing for the first time, just because of fragrance of deodorant that she started putting off her jewellery in front of him in a way that she was clearly trying to seduce him, even her Chunri falls from her head and now her cleavage can be seen clearly. After all this seduction she puts off her ring that undoubtedly was her wedding ring and then the voice narrates "Just Zatak Her". The meaning of the narration "Just Zatak Her" can be interpreted as 'just attack her' or may be make a woman so vulnerable through the fragrance of deodorant that she losses her senses to him.

In 2010, another example of such representation of women is the advertisement of Wild Stone Smoke Deodorants. The advertisement starts with the entry of a young man into a train compartment, where a young lady is already sitting reading a book of none other than Sidney Sheldon (who is famous for his sexually intensive work). As soon as the man enters the compartment, the fragrance of deodorant reaches to the lady, and she started to act the same way as the lady in the former advertisement. Her body language, gestures, and postures clearly indicates towards the seduction. for the purpose of seduction, she stands up and clearly pretends to do something with her luggage. Wearing a black Saari, she gets the attention of young man when she shows off her back which is covered only by a thin strap. Further she puts off her anklet, staring at young man and then suddenly the Ticket Collector (TT) interrupt the situation and call her name "Mrs. Kumar". With the call of TT, advertisement ends endorsing the deodorant with the tagline "It Happens", having a hidden meaning that this particular product can make a woman fall for a stranger by only applying the deodorant.

These were just two examples of plenty of advertisements of deodorants running on Indian television that are showing the same picture of women and most of them are not even banned. In these particular advertisements what were advertisers trying to show that the fragrance of the deodorant can make a woman forget about her wedding her husband for whom she was waiting and even that she is married. In a country like India where marriage is always seen as something pure, sacred and heavenly relation, former advertisement shows a newly wedded bride attracting (sexually) towards a man that she is seeing for the first time, she even does not care about her husband or her marriage. In the second advertisement also, the portrayal of women does not differ from the first one as it also shows a married woman attracting towards a man who she is seeing for the first time. The reason behind that attraction was only the fragrance of deodorant that was being advertised. What massage is being spread by these portrayals to the general audience? What image of women it creates in the eyes of people? Can any woman be so blindly attractive towards an unknown person? These are some of many questions that can be asked to the advertisers of such advertisements.

Today, television is the part of everyone's life and everyone is influenced by the content seen on television on some level. Such portrayal of women has the tendency to make male audience think that the usage of these particular products can make women act in certain manner and when a woman would not react as shown in the advertisements, it's very possible that men adopt coercive behaviour towards them. "By viewing women as exclusively sexual beings whose purpose is to sexually arouse and gratify men, a power differential is created in which women generally are subordinate. This power hierarchy may support development of perceptions of women as appropriate target for sexually aggressive behaviours." (Lanis, Kyra, & Katherine, Covell, 1995) Everyone around the world have access to advertisements. Is it not possible that an average looking young man start to think that using any particular product will make them sexually attractive and women around them get definitely be affected by the change? And when the same will not happen, will it not turn into frustration which sometimes maybe leads to violence specially against women (Dr. Raina Anshu, 2014).

The reason behind the usage of women as sexual objects is the increasing of sale of the products being advertised. But advertisers need to understand the fact that nudity or sexuality would not increase sale but the quality of product or the creativity of the commercial do so. To see the effects of sexual content on consumers, Steadman conducted a research in 1969. He found out that to recall the brand name, sexually illustrated content help a very little. Generally, non-sexual content is more effective than the sexual content to recall the brand name. Another study was conducted in 1977 by Chestnut, LaChance and Lubits to see the effects of sexual portrayal of women in advertisements on the consumers. They observed that female sexual orientation in advertisements help in the publicity of the advertisements but do not have any long term effect on the brand name recognition.(Kerin, Rojer A., Lundstrom, William J. & Sciglimpaglia, Donald, 1979)

Conclusion

Today, violence against women is already growing at a high speed. With the objectification of women as sex objects through most of the contemporaryadvertisements; the men psyche that women are mere objects and can be used as per their needs, continues to be reinforced in male society. In recent years, a new image of women has emerged who is thought to be selfish, actively aggressive, sexist, abusive, insensitive, etc. Moreover, the important aspect to notice is that this new image is only seen in advertisements of male deodorants, which again show women in a negative sexist approach.It is strongly condemnable that Media is creating a new false image of women that has no relation with reality. They have so long been exploited by the media that these false messages go unnoticed and ignored by people's conscious & subconscious mind. But, still there are some people who care about the distorting image of women in advertising and the long lasting effects it can cause. On one hand the society is struggling to eradicate the problem of any form of violence against women; on the other hand same elements in society are directly or indirectly promoting the violence through advertisements whose sole motive is to earn their selfish business profits. There are many laws that make this a crime, likeIndecent Representation of Women (Prohibition) Act 1986, which prohibits the representation of women in any form that is harmful for them or is indecent in any form. Another act, The Consumer Protection Act 1986 also prohibits advertisers to create misleading facts in any form through their advertisements. It provides safeguards to consumers against false depiction of any product and other forms of exploitation.The society has always been the silent viewer of the tear shredding of the image of women. Right now, need of the time is to try to strongly implement the acts that are already made to protect the women in one form or the other. Simultaneously, there is a need to shackle the sleeping society and expose it to come up for the safety of women. The society has to necessarily and actively participate in the movement against the wrong portrayal of women advertisements and the first step towards it is to at least boycott those products that spread violence against women.

Suggestions

On the basis of conclusion, the following suggestion can be made:

- Advertisers should understand that the projection of women in advertisements affects the lives of women and they can sell their products with casting women in stereotypical roles.
- The false depiction of women's sexuality should ban on television.
- Women should be casted in advertisements of products that are related to them not just a piece of decoration to attract the audience.
- The objectification of women's body in advertisements needs to examine by authorities. The advertisers need to understand the harms that objectification of women's body can bring to society specifically to women.
- There must either be self-regulatory

mechanism or government should take stronger steps to control the portrayal of women in advertisements.

Bibliography

- Capella, Michael L., Hill, Ronald Paul, Rapp, Justine M. & Kees, Jeremy (2010). "The Impact of Violence Against Women in Advertisements". *Journal of Advertising*, Volume. 39, No. 4.
- Dr. Raina, Anshu (2014). "Representation of Indian Women in Advertisements". *Journal of Research in Humanities and Social Science*. Vol. 2 (12)
- Gerbner, George & Gross, Larry (1973). "Living with Television: The Violence Profile". *Journal of Communication.*
- Gulati, Monika (2014). "Analysis of Projection of Women in Advertisements on Society".*Global Journal of Commerce and Management Perspective*. Vol. 3. Global Institute of Research and Education.
- Kahlon, Manita (2013). "Portrayal of Women in Advertising". In Nawale, Arvind M., Vashist, Shivani & Roy, Pinaki (eds.). *Portrayal of Women in Media and Literature.* New Delhi: Access, an Academic Consortium.
- Kerin, Rojer A., Lundstrom, William J. & Sciglimpaglia, Donald (1979). "Women in Advertisements: Retrospect and Prospect". *Journal of Advertising*, Vol.8. Taylor & Francis Ltd.

- Lanis, Kyra, & Katherine, Covell (1995), "Images of Women in Advertisements: Effects on Attitudes Related to sexual aggression. *Sex role.* Volume 32 (9/10)
- Patowary, Himashree (2014). "Portrayal of Women in Indian Mass Media: An Investigation". *Journal of Education and Social Policy.* Vol. 1.
- Rifon, Nora J., Royne, Marla B. & Carlson, Les (2010). "Violence and Advertising: Effects and Consequences". *Journal of Advertising,* Vol. 39, No. 4.
- Zoonen, Liesbet Van (1994). *Feminist Media Studies.* London: Sage Publication.

Chapter-35

A Comparative Study of the Women of Hindu and Muslim Society

DR. NEERAJ KUMAR & DR. NITENDRA SINGH

Chaudhary Hari Singh Girls Degree College
Rampur Maniharan, Saharanpur

India is a powerful nation and famous worldwide for being the largest democracy in the world however, women backwardness is also very clear in the Indian society because of the social issues, problems and lots of restrictions against women. Status of women varies from society to society and from time to time. The comparatively lower status of women in Indian society and its variations among communities further puts questions, which needs to be properly understood and analyzed. In this article, an attempt has been made to compare the women of Hindu and Muslim society.

Difference between Hindu & Muslim Marriages

Hindu and Muslim marriages are different in several aspects as:

1. Aims and ideals Hindu marriage is a religious sacrament, wherein religious sentiments play an important role. Dharma is considered the primary aim of Hindu marriage; a son is desired to offer pindadan to pitras. On the contrary, the Muslim 'nikah' is a contract for the satisfaction of sexual appetite and procreation.
2. The endogamy rules restrict the Hindus to marry within their own caste. But among the Muslims, marriage takes place between kiths and kins.
3. As regards the rules of exogamy, the Muslim community applies it to very near relatives. But among the Hindus several types of exogamic rules prevail such as gotra exogamy, pravar exogamy and sapinda xogamy which stipulate that the relatives of seven generations from the paternal side and five generations from the maternal side cannot marry, each other.
4. As regards the features of the marriage system, in Muslim marriage, the proposal comes from the boy's side and it has to be accepted in the same meeting by the girl, in the presence of two witnesses. The Muslims also emphasize on the capacity of a person to contract marriage. They prac-

tise polygamy and have the consideration of irregular or void marriages. They have also a preferential system in mate selection. On the other hand, the Hindus do not have the custom of proposal and acceptance and they do not believe in the capacity of making a contract. The Hindus do not favour polygamy and do not have irregular or void marriages or a preferential system in mate selection.

5. Hindu and Muslim marriages differ from each other in the very nature of marriage. Among the Shia community of the Muslims there prevails a system of temporary marriage, called 'muta'. In the Hindu society, there is no provision for temporary marriage. Furthermore, the Hindus do not observe 'iddat' for contracting marriage.

6. The Hindus believe that in marriage, the wife and the husband are united together for seven lives. As such, the Hindu marriage is indissoluble which comes to an end only after the death of the spouses of course, at present the decision of the court is required for a dissolution of marriage. On the other hand Muslim male can divorce his wife according to his whims. Dissolution of marriage among the Muslims does not necessitate the intervention of the court.

7. Hindus look notwithstanding the enactment of laws for widow remarriage, the fact remains that the Hindus look down upon widow remarriage and socially re-

ject it. But the Muslims do not. Muslim widow is allowed to remarry after waiting for the period of 'Iddat'.

8. The dowry system prevails in the Hindu society but the Muslims practice Mehr.

How can a Hindu and a Muslim take divorce

A divorce is generally governed according to the personal laws in India. India being a multi-diverse country with people of different faith residing together, their traditional customs are generally governed according to their respective religion or personal law. Complications are expected to arise when people of different religion wish to get married or divorce.

In the event of divorce between a Hindu and a Muslim couple, there are certain considerations involved; depending under what structure they got married in the first place. Whether they got married under their personal laws or it was a civil marriage i.e. under Special Marriage Act, 1954.

Under Special Marriage Act, 1954

If marriage has been solemnised under provisions of special marriage act, then for obtaining divorce you will have to file for divorce in family court under Section 27 of Special Marriage Act. It lays down certain grounds for divorce.

Various grounds for obtaining divorce are –

- Having voluntary sexual intercourse with any person other than his or her spouse
- Desertion for a continuous period of not

less than two years

- Undergoing imprisonment for seven years or more for an offence under IPC
- Treated petitioner with cruelty
- Incurable unsoundness of mind

The Act Also provides the wife certain special grounds on which she can get divorce from her husband. They are –

- The husband has been guilty of rape, sodomy or bestiality
- In a suit under section 18 of Hindu adoption and maintenance act or section 125 CRPC a decree was passed and the wife has been living separately

You can also get divorce with mutual consent under section 28 of the Special Marriage Act. A petition can be presented by both parties that they have been living separately for a period of one year or more and they jointly decide that the marriage should be dissolved.

If married under personal law

If a Hindu and a Muslim couple have married either under Muslim law or Hindu, divorce proceedings will be governed by their personal law provisions only. In each cases, either party converts to their respective spouse religion.

Muslim law

Under the Muslim Law a marriage is dissolved either by the death of the husband or wife, or by divorce. After the death of a wife, the husband may remarry immediately. But the widow cannot remarry before a certain specified period called Iddat expires.

There are two categories of divorce under the Muslim law:1. Extra judicial divorce, and2. Judicial divorce Extra judicial divorce

- By husband- talaaq, ila, and zihar
- By wife- talaaq-i-tafweez, lian
- By mutual agreement

By Husband

Generally, both the parties to the marriage contract have certain specific right, but the husbands right in this respect is much greater than that of the wife. The husband can dissolve the marriage tie at his will. A divorce can also take place by mutual agreement.A Husband may divorce in the following manner -

- Talaaq: which is release from the marriage tie immediately or eventually
- Ila: where a husband of sound mind takes a vow that he will abstain from all relationship from his wife
- Zihar: where husband sane and adult compares his wife to his mother or any other female within the prohibited degrees

By wife

A wife cannot divorce herself from her husband without his consent. She can of course purchase her divorce from her husband and can have the marriage dissolved by Tafweez (delegation) and Lian in case the husband levels false charges of unchastity or adultery against his wife then this amounts to character assassination and the wife has got the right to ask for divorce on these grounds.

Judicial divorce

Marriage may also be dissolved by judicial decree under the Dissolution of Muslim Marriage Act, 1939, under following grounds.

Hindu law

Divorce under Hindu law is governed by Hindu Marriage Act, 1955 and Divorce Act, 1936.

Hindu Marriage Act, 1955 has set forth certain grounds for divorce such as adultery, cruelty, conversion, desertion, mental disorder, leprosy etc.

You can also get divorce with mutual consent under Hindu Marriage Act, 1955, which states that - A petition for dissolution of marriage by a decree of divorce may be presented to the District Court by both the parties to a marriage together, on the ground that they have been living separately for a period of one year or more, that they have not been able to live together and that they have mutually agreed that the marriage should be dissolved.

A wife can file for divorce if her husband is found guilty of rape, sodomy or bestiality. Similarly, if the marriage whether consummated or not was solemnized before she attained the age of 15 years, and the wife want to file for divorce, she can do so.

Hindus and Muslims: The true picture of divorce

The differential impact of divorce across gender, while higher for Muslims than Hindus, and higher for women than men, is also higher in poor regions than in rich ones.

Of the little bit that people have written, the data is dangerously misrepresented. For example, the oft-cited claim (including by Kapil Sibal on 26 May 2017 in this **article**) that 68% of all divorced women are Hindus while only 23.3% are Muslims, is flimsy and meaningless. Hindu women outnumber Muslims by five times, so it is only logical that the share of Hindu women in the divorced women population will be higher.

Some media reports have also suggested that the divorce rate among Muslims is lower than among Hindus (*PTI*, *India Today*, 8 April 2017). This is, again, plainly incorrect, as I show below. This claim was made by the women's wing of the All India Muslim Personal Law Board (AIMPLB) and the data used comes from self-selected 16 family courts in a country with 439 family courts (as on May 2016), which gives a hugely incomplete and distorted picture.

The data is pulled out from Census 2011 to see divorce rates in the two communities. Divorce stock ratio can be defined as the total number of divorced persons in a community to the total number of married persons in that community (I don't call it divorce rate because rate is a flow, and the census only tells us stock, but analogically, it's the same as divorce rate). This ratio is 2.0 for Hindus and 3.7 for Muslims. This means that for every 1,000 married Hindus, 2 are divorced, and for every 1,000 married Muslims, 3.7 are divorced (for India, this value is 2.4). Across gender, the disparity is wider (most men remarry but women can't, hence the disparity). For every 1,000 married Hindu women, 2.6 are divorced, while for 1,000 married Muslim women, 5.6 of them are divorced. As for men, the ratio is almost the same (1.5 for Hindu men and 1.6 for Muslim men). This implies that population and marital status adjusted, Muslims are more likely to be divorced than Hindus, and Muslim women take up almost the entire burden of this difference. About 78.7% of Muslim divorcees are women; for Hindus, this figure is 64.2%.

It must be said, at this point, that we don't know how many Muslims get divorced using triple talaq. And so, it cannot be claimed that higher divorce rates among Muslims are a result of triple talaq. But the purpose of this article was not to claim such a thing but to dispel incorrect data presently in circulation as regards Hindu and Muslim divorces and marriages.

References

1. Human development report office (HDRO & UNDP)

2. Women Leadership and policy decisions

3. Hindu & Muslim Law

4. http://lawmin.nic .in

5. Constitution of India, as amended from time to time

6. Times of India

7. The Hindu

8. Various Law Magazines

Chapter-36

"WIDOWHOOD: A STUDY OF ELDERLY WOMEN IN SLUM AREAS OF ALIGARH CITY"

Sana Hashmi

Research Scholar

Centre for Women's Studies

Aligarh Muslim University, Aligarh

ABSTRACT

Nowadays in India ageing is the burning issue for discussion. It is a process rather than an event. Every one of the society undergoes the process of ageing. Both gender- male as well as female are facing ageing but female are facing it differently due to their gender subordination and many other reasons such as health problem, financial problem and societal roles. There is one important factor is recognized by the author that elderly female face ageing very poorly because of widowhood. In this study the author tried to find out the status of elderly widows in India as compared to men. The main aim of this study is to highlight the low status of elderly widows due to religious and societal taboos.

KEYWORDS- Ageing, elderly women, low status, taboos and widows.

INTRODUCTION

During the Vedic period it is assumed that there was no gender discrimination in Indian society and the women were respected, free to engage in any occupation and always treated as equals with the men. But the situation has been changed today due to globalization, modernization and most important aspect privatization. Younger generation moved from their home town to another city for searching employment and remained their elder parents uncared. That is why they are treated as inferior, as an object. Women are also marginalized in terms of employment, insecurity, socio-economic problems and the many others. Women may alsoface "triple jeopardy" i.e., 1- of being old 2- of being a female 3- of being poor.

Facing ageing is not a new concept. But our views on elderly people are changing. The problems of elderly people have been noticed since last century. As per Population Census 2011, India currently has the world's second largest population of elderly people with nearly 104 million elderly people in which 53 million females and 51 million males. It is interesting to note that up to population census 1991, the number of elderly males exceeds the number of females.

Gender subordination is a pervasive future of life for most women in India. Particularly, widows in India are facing a lot of problems such as traditional norms, cultural practices and beliefs in the society. According to 2011census, 6.9% of women in India are widows; every fourth household in India has a widow. In absolute terms, the magnitude of such population has increased from nearly 2crores in 1971 to 7.2crores in 2001. Loss of spouses is equally painful for both husband and wife but widows face more problems and hardship because of being a female. The nature of family life and relationship is changingdue to increasing consumerism, globalization and growing individual thinking in all works of life. Migration of younger children to cities and other countries and the increasing number of nuclear family system are leaving elder generations uncared for, especially when there is a single parent. But it is a pathetic among the elderly poor especially, uneducated dependent widows.

In India, 58.6% elderly women are widows, 0.5% are divorced and separated and 0.9% elderly women are never married while the percentage of elderly widowed male are 18.4%, elderly divorced or separated are 0.3% and 1.7% are never married. The main reasons to become widow are the practice of child marriage, larger gap of marital status among male and female due to high age gap at the time of marriage and do not allow widowed women to remarry.

Why widowhood is considered a social issue

for women? This is because the gender concerns that reinforce the stereotyped patriarchal values bring about a social death for a widow. The society attributes personhood to woman only is she married and is living with her husband. Loss of spouse through death may result in profound consequences for the surviving spouse. After spending golden days with someone, sharing smiles and stories and moments together, it is hard to lead a single life after bereavement of the spouse.The adjustment for the elderly women in the family is a problematic after their husband's death. During old age, an individual has to comprise with their authority, decision making power and control of the family and has to accept the authority or decision of younger people in the family because of the economic dependency. The psychological problems faced by aged widows are complex and numerous such as anxiety, loneliness, isolation, marginalization, lack of emotional support, lack of access on resources and sincerity in care by others, fear of spending time alone and fear of death. Besides the above mention problems of widows, arrival of a daughter-in-law would lead to an apprehension or even a reality that she might divert her husband's attention away from husband's mother and towards his family.

SIGNIFICANCE OF THE STUDY-

According to Census Report, 2011 the population of elderly people in India is 104 million of which around 53 million are female and mostly elderly female are always isolated and neglected in every spheres of their lives as compared to elderly male. The situation, of elderly female and especially elderly widows who reside in slum areas is becoming worse day by day, because it the dirtiest place and most neglected part of the society. The present study tries to analyze the condition of elderly widows who live in slum areas of Aligarh city and also understand that what kind of taboos they have to face in their young age as a widow. This study is helpful for the elderly widows to remove the stereotypical images and unnecessary taboos towards them by the society.

OBJECTIVES

- To know the status of elderly widows female in India.
- To know about the religious and societal taboos which elderly widows have to face in Indian society.

RESEARCH METHODOLOGY

UNIVERSE AND SAMPLE

All the elderly widow female living in slum areas of Aligarh City were constituted in the universe of study

RESEARCH DESIGN

The research design was descriptive.

TOOLS FOR DATA COLLECTION

Personal interview schedule was used for the data collection.

SOURCES OF DATA

Both primary and secondary data were used

for data collection. Primary data was collected from personal interview schedule and case study while secondary data was collected from articles, journals, books, census handbook, newspapers and magazines.

DELIMITATION OF THE STUDY

- The study was limited to only 50 elderly widows.
- The study was limited only on one city of Uttar Pradesh and particularly one segment of the city i.e. Slum Areas.
- The research had to limit the data collection period to only 2 months due to dearth of time.

RESULTS AND DISCUSSION

The data that is collected for the present study shows thatmostly elderly widows are always considered as "EVIL EYES" the purveyors of ill fortune and unwanted burdens of poor families. Their families are treated them as an extra member of the families. They have no right to use any type of marriage symbols such as- kumkum, bindi, coloured sari, bangles and many other things. Even, people do not include them to attain any social gathering like wedding ceremonies and temple worship.

In these areas, mostly elderly widows are forced to live of the remainder of their life as an ascetic in the harsh condition of ashram or a temple. Respondents of these areas usually spend their time outside their homes even they have to sleep outside the homes because in their homes there are limited spaces in which their children sleep. They have no right to sleep inside the homes due to not hold on it. They eat badly, they become malnourished and ill.

Elderly widows of the study areas are victim of social stigma. Among the elderly widows, the most vulnerable groups are those who are living alone or with their married children. They face some of the major problems such as-responsibilities of child bearing, lack of companionship, violence against widows, hindrance in remarriage, control over sexuality, victimization and psycho-social adjustment with own family and society. We have civil laws of inheritance, customary laws relating to marriage and inheritance land ownership and child custody even after this, widows and their children live in the acute insecurity, deprivation and violence.

The basic cause of the vulnerability among elderly widows were restriction in the domain of-

1- Residence

2- Remarriage

3- Employment

Elderly widows are disadvantages in seeking gainful employment due to social restrictions on their mobility, lack of required skills and weak bargaining power in the labor market. Widows have the responsibilities of taking care of children. They take up work as domestic help and other low paid home based employment and in Chen's survey two-third of the widows were not gainful employed.

Much of production work done by widows and older women are non-paid, household chores and not recognized or valued. That is why they have no economic resources. Respondents of these areas said they have to engage in rearing and caring their grandchildren, some of them collect woods and grass all the daythen they got two times of meals otherwise their daughter in law do not give them food or even their children or daughter in law do not fulfill their fundamental needs. To fulfill their daily requirements they have to work to earn money while they are not capable to do it in this age after that they have to do.

According to Nation Sample Survey, 2004 14.5% elderly women are not dependent on others, 12.1% are partially dependent on others while 73.4% elderly women are fully dependent on children, other family members or non-relation. The overlap between incidence of widowhood and ageing is more predominant for women which cause serious economic and social consequences. Larger numbers of widows with very little access to income are totally dependent on family members and other relations and if income support and other support are withdrawn by them, if widows are abandoned by their children, the next possible resort for these widows are Varansi, Vrindavan and Mathura. They spend the rest of their lives for the so-called "Religious Pursuit". In the absence of adequate state sponsored or extra familial sources of support and care, older women and widows are increasingly vulnerable to neglect and destitution.

Destitution and poverty tend to be correlated

with denial of property rights among widows because women's property rights are largely linked to their marital status. Women's property rights in general tend to be weak, rendering aged widows progressively more vulnerable (Agarwal,1998; Kodoth and Irudaya Rajan,2008). In Indian society, mostly the property of husband has been distributed into husband's brother or children. Widows have no right on husband's property after their husband's death. In India, when a widow tries to manage the land on her own, without adults sons, her brother-in-law often insist on sharecropping or managing her land themselves, or simply attempt to deprive her of her rightful share of the land (often legitimizing their claim by arguing that they spent money on her husband's death ceremony and their children's maintenance).

The well-being of widows is not just a question of economic security, but also one of the dignity, self-respect and participation in society, many widows suffered from different forms of social isolation, psychological abuse or emotional distress. We can easily found that the social marginalization of widows frequently looks one or more of the following forms-:

1- Rumors and accusations

2- Enforced dress and behavior codes

3- Social ostracism

4- Physical violence

CONCLUSION

So it should be concluded that there should be need to change the attitude of society towardswidows and their widowhood through different sensitization programs by the intervention process of professional social workers in family, school, college, community level etc. The people must develop their positive behavior toward widows to treat them as a human being. Government and NGOs also needs to focus on spirituality, development, music and the entertainment and make them busy with different activities as per their skills and maintain discipline of the widows' home and old age home. It is also necessary to provide different services like counseling and referral services, recreational center, widows' pension timely, community based care etc.

REFERENCES-:

1- Agarwal, B. 'Widows Versus Daughters or Widows as Daughters? Property Land and Economic Security in Rural India'. In M.A.Chen (ED.), *Widows in India: Social Neglectand Public Action*(pp.124-169). New Delhi: Sage Publication. 1998.

2- Alam, M. 'Ageing, Old Age Income Security and Reform: An Exploration on Indian Situation'. *Economic and Political Weekly*, 39,3731-3740. 2004

3- Chakrauarty, I. 'The Plight of Older Women: Some Observations' .In P.K.B.Nayar. *Older Womenin India: The Context, Issues and Concern*(pp- 222-259). Delhi: The Women Press.2013.

4- Chen, M. A. OUP. *Perpetual Mourning: Widowhood in Rural India*. 2000.

5- Hashmi, Sana. (2017). 'Status of Elderly Women in India'. Indian Journal of Human Relations. Vol.51 Issue-2 July-Dec, 2017. ISSN: 0974-1089.

6- Panda, B. 'Socio-Economic Problems of Elderly Widows in Puri Town, Orissa'. International Journal of Applied Research. Volume:3/Issue:6/ June2013/ ISSN-2249-555X.

7- Rajan, S. I. U.S.Mishra and P. Sankara Sharma. *India's Elderly: Burden orChallenge?* New Delhi: Sage Publication. 1999.

8- Jenson, R. 'Caste, Culture and the Status and Well-Being of Widows in India'. In Wise, David A. Analysis in the Economies of Ageing (pp- 357-376). University of Chicago Press. 2005.

9- Rajan, S. I. and Sreerupa. 'Gender and Widowhood: Disparity in Health Status and Health Care Utilization Among Aged in India'. In Nayar, P.K.B.(*ED*). (Pp 237-259).

10- Reddy, P. A. *Problems of Widows in India*. New Delhi: Sarup and Sons. 2004.

Tondon, S. L. *Senior Citizen: Perspective for the New Millennium*. New Delhi